创新创业教育案例

电子商务创新与创业案例

杨 波 王刊良／编著

E-commerce Startups and Innovation Cases

中国人民大学出版社
·北京·

编者序

在2014年9月的夏季达沃斯论坛上，李克强总理首次提出“大众创业、万众创新”的号召，他提出要“在960万平方公里土地上掀起‘大众创业’‘草根创业’的新浪潮”，“形成‘万众创新’‘人人创新’的新态势”。此后，他在首届世界互联网大会、国务院常务会议和各种场合中频频阐释这一关键词。每到一地考察，他几乎都要与当地年轻的“创客”会面。他希望激发民族的创业精神和创新基因。

随着互联网和电子商务技术的发展，特别是近几年来移动互联网的迅猛发展，中国的创新创业，尤其是电子商务领域的创新创业模式呈现井喷之势，各种新的模式不断涌现，很多应用已经处于世界领先行列。

中国人民大学作为人文社会科学的学术高地，地处中国的创新中心首都北京，位于中国创新创业者的聚集地中关村，天生就具备了研究电子商务创新创业的条件和优势，也承担着研究和推动电子商务创新创业的使命和责任。

《电子商务创新与创业案例》根据网上公开的资料，整理了36个电子商务创新与创业的最新案例，包含了共享经济、互联网金融、互联网教育、B2B电子商务、移动生活、互联网医疗、大数据、物流、网络新媒体、社区电子商务、O2O应用等不同领域的电子商务创新与创业案例。

全书由杨波、王刊良审阅定稿。王星、田金英、陈宇菲、徐亚男、胡梦可、杜书彧、马茜、张榕、董昊、谢芃菲参与了本书的编写工作。

本书要特别感谢中国人民大学副校长、创业学院院长洪大用教授，中国人民大学创业学院执行副院长陈姚的大力支持。本书还要特别感谢中国人民大学商学院副院长支晓强教授，中国人民大学商学院MBA项目中心主任周禹副教授，没有他们邀请我参加商学院MBA的管理整合课，也就没有这本书的诞生。感谢中国人民大学商学院郭海副教授为本书撰写前言。感谢美国加州州立大学海峡群岛分校的陈明德教授为本书提供的宝贵意见。感谢IDC中国的武连峰副总裁给本书提供的灵感和支持。感谢中国人民大学出版社向华钢老师从选题策划到案例内容编写方面提供的宝贵意见和建议。

本书的大部分资料都来源于网上的公开资料，本案例集既可以为电子商务的教学提供案例参考，也可以为创新创业者的创新创业实践提供案例借鉴。一方面由于电子商务创新创业企业发展日新月异，另一方面由于编者水平有限，本书的错误和遗漏不可避免，错误和不当之处，还请各位读者批评指正。

杨　波

前　言

中国正在成为新一轮科技革命加速演进中的创新创业新星。中国互联网创业者数量逐渐壮大，创业者与创新公司数量呈井喷式发展。

2016年5月，中共中央、国务院印发《国家创新驱动发展战略纲要》，提出“分三步走”战略目标：第一步，到2020年进入创新型国家行列；第二步，到2030年跻身创新型国家前列；第三步，到2050年建成世界科技创新强国。为了全面推动创新创业的繁荣发展，中央和地方政府陆续出台了一系列创业优惠政策和帮扶计划，为“大众创业、万众创新”营造了良好的政策环境。

在这些利好政策的激励下，创业者数量逐渐壮大，创业者与创新公司数量井喷。2015—2016年，新增创业者数量突破千万。从新注册企业数量上来看，2015年到2016年第一季度，新增企业数量为550.26万家，第三产业占八成以上，约48.15万家属于“互联网＋”领域。

从创投规模看，中国成为全球第二大创投聚集地，仅次于美国，天使基金、创投机构总量接近3 000家。2016年度投资总额超过千亿美元。从企业数量上看，热点领域“独角兽”企业爆发，截止到2016年第二季度，中国“独角兽”企业累计达79家，95%以上属于“互联网＋”相关行业，主要分布在互联网金融、电子商务、交通和O2O四大领域。

国家对于创新创业的政策鼓励与积极涌入互联网创业项目中的创投资本，为中国的电子商务创新创业提供了肥沃的土壤。本书希望通过对近几年电子商务创新与创业案例的总结，引发对互联网创业感兴趣的读者和正在进行互联网创业的创业者们关于商业模式的思考，从而在创业过程中逐渐形成自己特有的商业模式，在激烈的市场竞争中获得竞争优势。

作为企业存在的最基本要素，商业模式已经成为创业者和风险投资者嘴边的一个名词，所有人都确信，好的商业模式是企业成功的保障。商业模式，简而言之，就是企业通过什么途径或者方式来赚钱。比如，汽车企业如何通过卖车来赚钱，食品企业如何通过卖食品来赚钱；快递企业如何通过送快递来赚钱；网络企业如何通过关注度和相关消费来赚钱；通信企业如何通过收话费来赚钱；超市如何通过平台和仓储来赚钱；等等。只要有潜在或直接的盈利环节，就有商业模式存在。

对于商业模式比较规范的定义就是：为实现顾客价值最大化，把能使企业运行的内外要素整合起来，形成一个完整的、高效率的、具有核心竞争力的运行系统，并通过最优实现形式满足客户需求、实现客户价值，同时使系统达成持续盈利目标的整体解决方案。

在企业经营和发展的过程中，有些具有资源优势的企业可能会处于竞争劣势：有一部分企业技术很强但是无法获得较好的经济效益，或者有一些质量好的产品也得不到市场认可。影响这些企业绩效的绝大部分原因在于，这些企业忽略了商业模式的创新，处于一种同质化竞争中。在美国，企业60%的创新是商业模式的创新，40%的创新才是技术创新。据《科学投资》杂志调查显示：在创业企业中，因为战略原因而失败的只占23%，因为执行原因而夭折的也只占28%，但因为没有找到盈利模式而走上绝路的却高达49%。因此，商业模式以及商业模式的创新是企业竞争制胜的关键。

那么企业如何形成自己的商业模式？企业形成自己的商业模式需要满足哪些要素？从要素结构观可以将商业模式划分为三个部分：价值主张、价值创造系统和价值获取机制。

价值主张即为特定客户细分群体创造价值的产品和服务。它是客户选择你的企业而不是其他企业的原因，每个价值主张都包含可选择的系列产品或服务，以迎合特定客户细分群体的需求。价值主张可能是全新的、破坏性的，也可能与现有价值主张类似，只是增加了功能和特性。

价值创造系统包含五个要素：渠道通路、客户关系、核心资源、关键活动和重要合作关系。

渠道通路是指企业接触其特定客户细分群体以传递其价值主张的方式，分为自有渠道和合作伙伴渠道。互联网创业企业的渠道与传统制造业的渠道有着巨大的差别。小猪短租就在渠道方面有着自己的想法和战略。首先，小猪短租的创始人通过说服自己的初创团队和社交圈在小猪短租上面做房东来拓展业务。小猪短租业务的本质在于怎样连接两个陌生人，让他们跨越障碍、互相信任。小猪短租通过寻找有意思的人和有意思的事，连接房东和住户，让这个社区变得更加美好。

客户关系是指企业如何与特定客户细分群体建立持久的关系。生鲜电商每日优鲜将企业的发展分为两条路：一条是加强产品端，选拔最优质的生产者进行专项扶植，打造黄金品牌；另一条是加强消费端，在仓储和物流环节，每日优鲜进一步拓展微仓站点，不断拓展可以享受2小时极速服务的客户范围。不仅如此，每日优鲜还积极寻找与客户进行互动的方式，在跨界合作成为生鲜电商领域热门现象的背景下，每日优鲜与Uber联手，将“食”尚潮流“玩”出了新高度。坚持以客户为中心，针对不同地区市民的需求和喜好推出不同的产品组合，也增强了每日优鲜与客户关系的巩固。

核心资源是让商业模式有效运转所必需的重要因素，它使得企业能够创造和提供价值主张、接触市场、与客户建立关系并盈利。人工智能技术在创新创业领域得到了广泛应用，其中，图像识别技术尤其是人脸识别技术取得了重大进展。旷世科技的创始人印奇、唐文斌和杨沐作为从清华大学培养计算机技术精英的姚期智实验班走出的同学，从大学二年级开始，就在微软亚洲研究院实习，参与人脸识别引擎的研发。他们看准了“深度学习”在图像化识别领域尤其是人脸识别领域会率先落地，所以他们把攻克人脸识别技术作为企业的第一步，并且从人工智能技术出发研制“机器之眼”，用它读懂世界。因此，他们以人脸识别技术为核心资源，开发游戏和产品，不断利用核心资源开拓正确的商业化道路。

关键活动是企业为了确保商业模式切实可行而必须做的最重要的事情。对于互联网创业企业而言，平台建设是企业发展的一个重要问题。e电工作为国内首创的电力服务供需交易平台，其平台建设给国内很多创业企业提供了很多有益的经验。通过“互联网＋物联网”的方式，平台帮助很多企业解决了雇用专职电工会遇到的两难问题。e电工平台的用户由需求侧和供给侧构成，当有企业需要电工服务时，它就可以向平台提交需求订单，然后平台将订单推送给电工，电工接单后再前往现场解决问题。此外，平台还会为电工提供有关技能培训和技术支持。e电工平台最大的特色是“互联网＋物联网”。企业负责人和电工可以不依靠人工，通过相应的物联网系统获得全面的用电信息，及时发现电路故障，解决了人工巡检发现问题不及时的安全隐患。同时，利用两网结合的方法，电工可以通过各种标准化的电子表单进行工作记录，既简化了工作过程，又降低了工作失误的可能性，提高了工作效率。

重要合作关系指的是让商业模式有效运作所需的供应商与合作伙伴网络。家装创业公司爱空间就通过合伙人模式实现了异地扩张。以上海地区为例，总部和合伙人共同注册当地控股子公司，总部投资600万元，分公司投资400万元。合伙人负责把控工人进度，操纵子公司，总部则负责供应链和资金，以客户口碑和成交量对合伙人进行考量。通过与不同的城市合伙人建立合作关系，爱空间在提高装修效率的同时，还保持了用户对于爱空间产品的满意度。

价值获取机制指的是企业获利的主要方式，涉及两个主要因素：成本结构和收入来源。成本结构指的是运营一个商业模式所引发的所有成本。收入来源指的是公司从每个客户群体中获取的现金收入。本书案例中的随手记就为互联网创业公司的变现问题给出了很好的解决思路。随手记以免费个人财务管理工具的方式占领了超过一半的市场份额，并且培养了超过2亿用户的财务管理习惯。它通过对用户的财务情况进行分析，向用户推荐合适的资源配置产品，不断寻找更多更好的金融产品，丰富产品库。

随手记论坛通过内容已经实现了1%的转换率，2015年年交易额为400多亿元。

在不断变化的互联网环境中，基于互联网情景的创业企业大量产生，新的商业模式也在不断涌现。本书从共享经济、互联网金融、互联网教育、B2B电子商务、移动生活、互联网医疗、大数据、物流、网络新媒体、社区电子商务、O2O应用这几个领域精选了36个电子商务创新与创业案例，希望能引起大家对商业模式创新方面的思考，指引中国企业在互联网商业环境下通过开发独特的商业模式为用户创造价值、为自己创造价值。

郭 海

目　录

共享经济篇

互联网金融篇

互联网教育篇

B2B电子商务篇

移动生活篇

互联网医疗篇

大数据篇

物流篇

网络新媒体篇

社区电子商务篇

O2O 应用篇

共享经济篇

1. PP 租车——汽车共享模式的倡导者：最大化利用社会资源

创业格言：共享经济就是一个突破点，它可以通过改变大家的生活习惯和消费观念，把社会上现存的资源最大化利用。

主角：张丙军，PP 租车联合创始人兼 CEO

摘要：中国有 3 亿多人有驾照，私家车存量只有 1 亿多辆，由于车辆资源的分布不均匀，政府不得不通过限行、限购这些手段控制供给。中国是全世界汽车供需矛盾最大的国家，对改善这一现状有强烈需求。租车作为城市交通的必要补充，可形成满足“高质量”出行需求的城市交通体系。但同时很大比例的私家车多数时候停在停车场中，大量汽车资源被闲置，不仅带来了停车位紧张的新问题，还需要车主承担高额的养护费用，很多私家车车主有意愿通过租赁的方式处置自己的闲置资源。PP 租车在这种背景下应运而生，同时解决了车主和租客各自的需求痛点。同时由于国内交通的密集特性，P2P 租车形式可以让租客在自己邻近范围内找到廉价又优质的私家车源进行租赁，并有更丰富的车型和价格可以选择，带来了高质量的用户体验。

关键词：共享经济；租车；P2P

引言

“我想先做一个小调查：在座有驾照的朋友请举一下手。好的，谢谢，请放下。有私家车的朋友请举一下手。好的，谢谢，请放下。”PP 租车 CEO 张丙军在过去一年的多场讲座中，经常以上述提问开场。而 PP 租车要做的，正是“有车人士”和“无车司机”这两拨人的生意。自 2013 年 PP 租车在北京创立起，在短短一年时间内，PP 租车获得的融资从最初 300 万元的天使轮融资发展到了 5 亿元的 C 轮融资；公司成员从最初在立水桥民宅蜗居、工作的四个人，发展到如今搬入崭新的办公地点——建国门万豪写字楼的近千名员工；平台车辆从 2013 年年初的寥寥 100 辆，迅速增长到了 40 多万辆；中国租车服务覆盖范围也从最初的北京一个点，扩张到了全国的主要一二线城市。可以说在过去一年中，作为 P2P 租车行业的先驱者，PP 租车经历了质的飞跃。这种共享汽车的形式不仅便利了租赁双方，也利用资源共享的形式解决了社会中的资源压力。

背景

2006 年从清华大学计算机系毕业后，张丙军留学于新加坡国立大学，攻读计算机系博士学位。毕业之后，张丙军加入了一家创业公司，但很快就遇到了发展瓶颈。张丙军开始重新思考自己人生的走向：我真的要创业吗？还是去读 MBA？还是干脆换一份工作？

决定创业的张丙军马上着手开始了自己的计划。张丙军和薛承坤是清华大学的同班同学，王嘉明是张丙军在新加坡国立大学的校友。2011 年年底，三个人开始考虑一起在业余时间做一些创业项目，开始的时候三个人用下班和周末的时间考虑如何创业。但是前两个项目都失败了，第一个项目是做一个浏览器插件，做到一半发现已经有人在做了，而且做得很成熟，他们才意识到自己选错方向。这三个月的时间让他们意识到了市场调研的重要性。第二个项目是做基于购物达人的电商，做到后来发现新加坡市场不够大，加上自己搞不定库存这件事，所以就卡住了，他们陷入了迷茫期。也是这段迷茫期让他们确立了选择项目的三大准则：你认可项目的价值，且能搞定，且它是一个很大的事儿。

PP 租车的诞生

2012 年 6 月，一个符合张丙军选择项目的三大准则的 P2P 租车想法逐渐成形。当时亚洲范围内 P2P 租车还没有人能做起来，虽然同行都认可这个想法，但当时被问到的最核心的问题是：这个模式在西方可以做，但在亚洲会如何？

他们花了一个多月的时间进行了市场调研，在停车场的问卷调查给了他们一个令人吃惊的结果，有 19%的车主愿意把自己的车租出来！他们估计了项目各个环节的实现难度，从开发软件和硬件、线上线下运营和服务的支持，到和保险公司的合作，认为这是一个符合他们“能搞定”原则的项目，同年 11 月他们就通过 TIS（科技孵化项目）拿到了政府和风投（即风险投资）的联合投资。12 月，他们就在新加坡把保险、用户流程以及软件、硬件的系统建立起来。DirectAsia 保险公司与 PP 租车签订协议，为所有车主及租客提供达 250 万元赔付额度的保险保障。张丙军的车作为第一辆车安装了为 PP 租车设计的智能盒子，在上线的第一天就接到了第一份订单，成为 PP 租车成功租出的第一辆车。几个月里 PP 租车逐渐成长，2013 年 2 月，新加坡政府嘉奖 PP 租车团队在缓解交通压力方面的出色作为，并认可了 PP 租车所提倡的用车模式对信任机制、社会和谐起到的积极作用。

在新加坡有了初步的尝试之后，考虑到项目的影响力以及中国市场的空缺，他们很快和投资人达成了一致意见，第一时间就决定把国内市场启动起来。在国内，很多人对 P2P 租车这个模式并不认可，有的投资人直接告诉他们，“在过去半年接触了不少于 7 个跟你们的项目一样的事情，都没做起来”。很多人质疑在中国“诚信”将是最大的一个坎，例如如果遇到偷换零件怎么办？如果在租到的车的油箱里加水怎么办？会有人愿意出租自己的车吗？怎样保证双方权益？

他们在国内的北京和上海做了调研，大约 17%的车主愿意把自己的车共享出来，虽然比新加坡稍低，但 17%的数字也足够让人兴奋，他们相信未来这个市场一定会是巨大的！回国开创国内 P2P 租车市场的张丙军等四人，在立水桥的一个民宅里，两个人在客厅打地铺，两个人睡卧室，在那样一个艰苦的环境里，度过了最初的那段日子。2013 年 10 月 10 日，PP 租车在北京正式上线，随着唯一的客服告诉大家有人下了订单而且进行了支付，PP 租车开始了国内的征程。目前，PP 租车已经逐渐成为国内租车行业的领头羊。

P2P 租车模式的神奇力量

张丙军在过去一年的多场讲座中，关于有私家车的人数和有驾照的人数的开场小问题，总能得到让他满意的答案。“中国的供需矛盾比美国严重太多”，张丙军心里清楚，他的创业项目正是建立在中国国情的特殊性之上，中国有 3 亿多人有驾照，私家车存量只有 1 亿多辆，而且政府还在通过限行、限购这些手段控制供给。虽然在创业初期的市场调研中，国内仅有 17%的人愿意把车租出来，但这也只是一个初始的比例。据目前估测，在 PP 租车推广过的城市，这个数字应该达到了 30%。随着 P2P 这个概念的普及，张丙军希望这个比例能达到 60%。“即使当前这个比率还是不大，但是规模已经远超传统汽车租赁行业里那四五十万辆车的天花板了”，张丙军相信这是未来发展的趋势。P2P 租车在中国普及得如此之快，主要在于三个方面：一是中国是全世界汽车供需矛盾最大的国家，对改善这一现状有强烈需求；二是中国人口密度大，道路资源紧张，车辆密度大，也适合共享；三是移动互联网迅猛发展，用户对新模式的接受程度不断提高。

张丙军并不将 Uber 视为竞争对手，前段时间，他还和 Uber 谈了几项合作活动。“Uber 这类产品，包括滴滴、快的，并不是简单的共享经济，代驾服务也是它很重要的业务构成，无法脱离劳动力的输出”，张丙军一边算账一边说，“打车是高频行为，月均频次大概可以到 9 次，但是在 PP 租车的平台，即使是活跃用户，平均下来也是一周到两周租一次车，所以从成长的角度来看，我们单量的增速会慢于专车、拼车。”张丙军始终瞄准的，都是以神州租车为代表的传统汽车租赁行业，在他看来，持有驾照却没有车开、有着自驾需求的用户，才是PP租车真正服务的客户群体。

“神州租车已经无法走出重资产运营的模式了，它的上升空间和车辆保有量呈严格的正比关系，而且为了追求覆盖率，必须不断地在线下投入部署门店或是提车点”，张丙军明确表示，“PP租车得益于历史机遇，它的竞争压力与神州租车并非来自同一条跑道，而这种模式之争，最终会由互联网在中国的密度决定生死时限。”PP租车的模式，是将私家车变成随时可提的共享车辆，车主通过移动应用加入平台，然后可坐享闲置车辆的出租收益。张丙军称，他的短期目标，是要让各大一线城市的用户，只要萌生用车需求，在任意地点的步行5分钟辐射范围以内，都能通过PP租车找到可以立刻开走的共享车辆。

如果说传统租车公司是通过大量购买车辆的方式来构筑自身竞争壁垒与扩充市场规模，那么PP租车则是通过搭建平台的方式完成上述任务的。平台一端连接用户，另一端连接私家车车主，而且随着平台不断得到完善，PP租车未来还将连接第三方租赁公司，使用户不仅能租到私家车，还能租赁到第三方公司的车辆。用户只需打开手机上安装的App（手机软件），就能通过App的定位功能租到离自己最近、最适合自己的车型。这种方式不仅降低了用户租车的时间成本，租赁价格也比传统租价便宜了30%。而便利性与价格正是用户看重的两个因素，PP租车平台可以说是完美解决了用户痛点。

PP租车的社会价值

P2P租车作为一种资源共享的形式，不仅能够为租客带来便利、为平台带来收益，同时对车主和对整个社会的资源利用也有着很大的价值。张丙军也正是看到了国内的这个机会：第一，大量闲置资源没有高效的处置渠道，把闲置的车辆放到平台出租，可以直接帮车主利用闲置资源变现；第二，租车本身是一种环保的活动，在政策上占据优势，P2P模式能够促使闲置资源被最大化利用；第三，北京的买车摇号政策导致很多人买不到车，租车成为一种潜在和必要的社会需求。

一般私家车多数时间停放在车库或停车位中，这些私家车资源并没有得到很好的利用，同时还占据着有限的停车位资源。买了车就要保养维护，就意味着要往车上投钱。以北京为例，北京目前私家车保有量仍在以每天上千辆的数量递增。然而汽油价格的上扬、停车费的上涨、维修保养费用的增加等让北京的车主们对“买车容易养车难”这句话的感受越来越强烈。在被调查的车主中，每月养车费用低于1 000元以下的只占不到10%，1 000元以上的占90%。很多私家车主有意愿通过租赁的方式处置自己的闲置资源。PP 租车的模式，是鼓励私家车车主通过第三方平台将闲置的私家车资源线上出租——这相比传统租车行业在模式上是一种尝试和颠覆。相比于传统重资产模式，P2P 租车的轻资产模式更具优势。通过充分调动存量社会资源来满足用户需求，P2P 租车可以将资本更多地投入在优化系统、完善用户体验等方面，而不是购置车辆，因此资金利用率更高。而对于社会来说，P2P 汽车共享的模式更是提高了整个社会的资源有效利用率，利用已有闲置资源解决短期内供需不平衡的问题。

目前中国有 3 亿多人有驾照，但是当前有 1 亿多人有私家车，而且分布非常不均匀，导致了重点城市的拥堵。而剩下的近 2 亿人的持照者又得在门槛极高的状况下争着买车，应如何满足这些人的基本用车需求？目前的解决方案是引导车辆分布均匀化，比如限购政策，但是这种极端的办法会影响人们的用车需求，如果二者兼顾就需要最大化地增加私家车利用率，这就只能是共享的模式。P2P 租车的模式能够使造车资源、停车资源以及需要配备的加油站资源最小化。根据新加坡政府与 PP 租车在新加坡做的一项调研显示，80%的无车族若有一个好的买车替代方案就会放弃买车，好的买车替代方案的标准为：(1) 价格低；(2) 用车地理位置便利；(3) 产品容易理解；(4) 可以随时使用。而这些标准 P2P 租车均可以满足。在国内很多城市实施机动车限购和限行政策的背景下，通过实施“汽车共享”，一方面汽车租赁与其他出行方式可以有效结合，从而形成满足“高质量”出行需求的城市交通体系，提高市民出行效率；另一方面会降低很多用车频率不高的人的购车欲望，降低城市管理中停车位的压力，也降低了因为车辆报废和养护带来的资源消耗。以北京为例，每年可降低 5%的汽车牌照需求，10 000 张号牌；盘活至少 10%的闲置汽车资源，550 000 辆汽车。

车主权益保障和租客使用体验提升

P2P 租车平台模式最大的难点就在于保证平台双方的易用性和利益，即平台的良性运转。

“车主对 P2P 模式的顾虑，是远大于拼车模式的，如果告诉车主，说你的车今天有一个空位，可以拉一个客人挣钱，他的担忧会比把车交给一个陌生人开走要少很多。”从创业之初，张丙军就意识到了安全这个最核心的问题。PP 租车主要依靠四个平台机制来消除用户的疑虑，保证两端的用户在良好的信用环境下享受租赁服务：

(1) 会员机制：所有在 PP 租车平台的租客和车主都必须实名认证，并有人员专门进行审核。

(2) 保险机制：通过与保险公司合作，在租客用车过程中，第三者责任险、车辆损失险同步默认生效，提供最高达百万元的保险额度，消除车主、租客的心理顾虑。

(3) 技术设备监控机制：车辆内置 PP 租车提供的智能终端设备，数字化记录车辆使用过程中的各项数据，包括车辆行驶里程、行驶区域等，并向车主提供实时车辆监控、车辆预警等管控信息。

（4）会员运营机制：交易过后，车主、租客设有评分制，通过打分情况评定每一位会员的信用值，循环优化平台社区的运营。

用户订车的使用体验也是困扰 P2P 租车行业的一个问题。因为整个订单过程较长，涉及车主、租客以及 PP 租车平台三方，如何能让用户最快、最方便订到车是一个挑战。PP 租车从最早的短信以及 App Push（消息推送）的尝试，到后期语音 IVR（互动式语音应答）自动呼出，到广播订车功能，到最新的免费送车上门，一步步在优化整个体验，让用户更方便地用到车。与此同时，工作人员还会在通过审核的私家车内安装一部智能盒子设备。这个盒子主要起两方面作用：一是 GPS 定位导航；二是智能钥匙，用户成功约车后，通过智能手机就能控制车辆开门与关门。

2014 年 7 月 22 日，PP 租车再次与去哪儿网、如家、汽车之家、高德地图等展开合作。在 PP 租车联合创始人王嘉明看来，公司的这些举措最终的指向都是为了提升平台服务体验，让用户和车主享受到 PP 租车更好的服务。

管理和文化

张丙军说他选择创业后明白了一个道理，只有被丢到创业的这种恶劣环境里倒逼自己，让自己最快速地成长，潜力才能得到最大限度地挖掘。创业是一个舞台，可以最大化地积累社会资源。“作为个人和团队来说，潜能都是无限的，最重要的是我们如何激发它，所以我们在设计成长框架时，一般把外部资源，比如说现金资源、商务资源以及市场空间做到不是瓶颈，而把瓶颈给团队，压缩到最短时间，产出最大结果。”这是张丙军对自己和团队的一种规划策略，在他看来，创业这个词和极致分不开，要把这一辈子的时间最大化利用，痛苦和需要付出的精力总数不变，只不过尽力倒逼自己尽早努力。

自己的要求容易实现，但团队层面上的价值观怎样形成呢？或者说，PP 租车是否有自己的独特文化？张丙军说：“我们团队的理念，首先是用户至上，这点毋庸置疑；其次就是团队共进，促进沟通和信息透明，在大步调一致的情况下保持机会均等，每个人都有创新的权利，要创业，必然是开放的心态。”对于创新能力期待这么高，一方面是为了培养员工打破规则的习惯，另一方面则是因为产品也受益于员工的微创新。比如之前的“不计免赔服务（1 500 元以下保险）”就是员工根据自己的体验提出的解决方案，在大范围测验后被正式推出。

张丙军表示，PP 租车的多种技术和理念都是第一次在 P2P 租车行业使用。原因是 PP 租车作为该行业的先行者，无论从技术储备、融资情况、市场规模中的哪个维度进行考量，都处于领先位置。为确保公司在行业的领先优势，张丙军称，PP 租车会始终保持一种危机感，因为有了危机感才能不断产生前进的动力。

盈利和转型

目前 PP 租车服务已相继覆盖全国一线城市。在未来一年里，PP 租车将集中精力进军二、三线城市，张丙军给自己定的目标是 30～60 个城市。张丙军称，PP 租车的商业成就，就是利用两年不到的时间迅速建立起了规模优势，卡住了竞争者的进入门槛，令其“连烧补贴的对等竞争地位都没有”。因此，他也开始考虑盈利方式的转变。当前每一次租车交易完成，PP 租车将在车主所赚取的租车收入中收取 30%的费用。张丙军表示，在过去一年中，PP 租车在战略上进行了一些调整以适应市场变化，减少了优惠券补贴等市场活动。

“平台挣钱，肯定不是在平台内部争利，我们主要的方向是车后服务这个巨大的市场，私家车资源是整个社会车辆体量最大的一块儿，而我们这个模式就是从绑定私家车资源开展的，存在天然的服务机遇”，张丙军用“亲密”来形容 PP 租车与车主的关系。张丙军认为，“我们的核心价值在于对私家车资源的数据掌握，行驶信息、车况信息、车主身份、保险单信息我们全有，在此基础上，我们希望的方式是开放各个环节的合作，介入交易。”而在张丙军所罗列的几个项目品类里，汽车保养、维修以及周边游，都是十分理想且“后劲十足”的合作路径。

谈到关于 PP 租车平台的未来规划，张丙军希望尽快把这个项目推广到全国去，希望它在每个城市增长的速度能够和限购、交通拥堵、尾气污染的恶化速度赛跑。“2020 年的中国如果只要有 1 亿人买车，就有 5 000 万人愿意把车租出来，能满足 7 亿多有驾照没车开的人的日常用车需求，那么这个社会就会变得更舒适，这就是我们要达到的目标。现在恶化速度是很快的，但是我们做得还不够快，还要再快一点。”除了推广之外，张丙军有着更宏大的蓝图，之后要从社区建设的层面推广 P2P 租车，把车主和租客的关系连接起来，他说：“现在我们是相对轻快地做一些市场宣传，但是还没有开始做产品和预留收入，因为目前的抽成全部补贴给车主了，预计一两年之内将正式启动这个项目。”张丙军希望 PP 租车能做一个早期联合的发起者，以开放的心态把社区空间的热情调动起来之后，让有这样热情和兴趣的人去运作。

尾声

当 P2P 走入人们视野时，“共享经济”的概念也随之而来，我们心中对 P2P 平台有多大的信任，就将享受多大的自由空间；同样，我们对社会资源负担多重的责任感，社会就会回馈给我们多大的便利。不妨索性把自己的闲散资源贡献出来，方便那些有即时需求的人。和“金字塔”模式不同，“共享”是一个圆形的概念，教人上下求索、能量永动。

用户层面——闲散社会资源得以高效利用。保证共享车的车主赚钱，租客则享受便宜的价格、便捷的租车体验以及保险保障。

城市层面——缓解交通压力，保护环境，共享经济。比如 2012 年新加坡政府直接投资了 PP 租车，就是希望 P2P 租车模式能辅助解决交通拥堵、环境污染等问题，实现三方利好。

社区层面——抽成盈利，反馈社区。PP 租车接下来会在社区打造一个共建型基金，与服务社区的其他项目展开合作。

商务层面——从消费观念过渡到共享观念。这是更加形而上的一种影响，鼓励用户在拥有之前考虑以借贷的形式使用公共或者他人的产品。

基于这四个层面，亚洲第一个共享经济协会在新加坡成立。我们熟知的 Airbnb、Uber 新加坡分部都参与其中。张丙军忙着组织中国第一个共享经济协会，希望把其他各个垂直行业里的共享经济平台联合起来，从社会层面推进“access but not ownership”（使用而不占有）的概念。这是共享经济行业的一个常见概念，当供需关系变得愈加透明时，交易行为终将离开一切形式的中介——无论是行政上的还是商业上的，这种既不提升 GDP、也不创造社会资源的经济形态，唯一解决的，就是所有经济学派都在关心的帕累托最优问题。

张丙军希望，PP 租车可以成为共享经济的倡导者，改变大家的生活习惯，“过去我们是以消费为驱动，使用产品都需要购买，然而在面对当下资源调配的低效率和诸多限制时，共享经济就是一个突破点，它可以通过改变大家的生活习惯和消费观念，把社会上现存的资源最大化利用。”

问题

1. P2P 租车与分时租车（如 Car2Go 项目）模式相比，会有哪些明显的优势和劣势？

2. 在你看来，以共享经济为理念的 PP 租车和实现车辆完全自有的神州专车，谁更能赢得未来？

参考文献

[1] 创业者说：PP 租车的“共享经济”模式可能性. http://tech.163.com/14/0618/07/9V0NO065000915BF.html.

[2] 张丙军：租辆车和限购与污染赛跑. http://shiningdoer.com/articles/zhang-bing-jun/.

[3]【创业谈】PP 租车王嘉明：汽车共享的模式分析与创业领悟. http://www.

cheyun. com/content/3848.

［4］没有车也可以做神州租车？看共享版的租车玩法. https：//www. huxiu. com/article/118344/.

［5］PP 租车王嘉明：租车平台使私家车利用率提高 50％. http：//www. techweb. com. cn/internet/2015-05-19/2154292. shtml.

［6］PP 租车：把私家车租出去. http：//magazine. cyzone. cn/articles/201412/3594. html.

［7］PP 租车让北京都市有车族更懂养车. http：//tech. hexun. com/2013-12-23/160829746. html.

［8］PP 租车. http：//baike. baidu. com/item/PP 租车.

［9］【我是创业者】"PP 租车"张丙军：倒逼自己永远不会错，商业价值不会成为创业原动力. http：//36kr. com/p/216245. html.

2. 小猪短租——与陌生人分享自己的家：有人情味的住宿

创业格言：让分享和信赖悄然发生。

主角：陈驰，小猪短租创始人兼 CEO

摘要：共享经济下的短租，在一个比较狭义的定义里，它要求首先是一个独立的个人，然后需要有闲置的房间或整栋房屋。短租这些房源是闲置的资源、时间的再利用。小猪短租在房东接待房客的时候，房客住在房东家的时候，连接两个陌生人，让他们跨越障碍，互相信任。共享经济的核心无外乎就是闲置的资源加上个人对陌生人的热情。小猪短租通过精细的运营和质量保证体系，连接人和人之间的情谊，打造多样性、充满人情味的美好住宿体验。

关键词：短租；P2P；旅行

引言

在旅行成为时尚、出行变成常态的当今社会，有一个问题开始变得至关重要，那就是我们在离开家的时候，到底住在什么样的地方才最合适？旅馆，没办法满足高标准的卫生要求；便捷酒店，吃饭是一个难题；星级宾馆，价格太高。在这样的情况下，美国出现了 Airbnb，中国有了小猪短租。地铁上，小猪短租的广告十分醒目。精致的住宿环境，房主和房东融洽相处的照片，都让人觉得在旅途中选择短租，不仅解决了住宿吃饭问题，还能得到当地人最地道的推荐帮助，更重要的是可以交到朋友，体验和在自己的亲戚家做客差不多。

背景

陈驰在创办小猪短租之前有着丰富的工作履历，毕业于四川大学华西医学中心的他留院做了长达 4 年的临床医生。2002 年，28 岁的陈驰为摆脱“在体制内这辈子已经能看到头”的无力感，不顾各方反对辞去了四川大学华西第二医院住院医师的工作，准备出国留学。后来在留学申请迟迟得不到回应的情况下，在一家药企做了一年销售。因 3721 公司在西南地区开设分公司，陈驰在朋友的引荐下进入互联网行业。两年后，陈驰成为了 3721 公司西南大区总监。2003 年年底雅虎收购 3721 公司，陈驰见证了 3721 公司发展最快的几年。然而，2005 年雅虎将其在中国的全部资产“打包”并出资 10 亿美元换取阿里巴巴 40%的股份，时任雅虎中国总裁的周鸿祎辞职。陈驰跟随周鸿祎来到北京，经历了奇虎从无到有、不断试错的成长过程，他对互联网行业有了更多理解，也看到了互联网行业用不着“拼爹”而相对公平的一面。2008 年，意识到自己负责的销售业务无法为奇虎创造更多的价值后，陈驰离开了奇虎。陈驰随后选择了加盟同是创业公司的酷讯，成为机票、酒店销售副总裁。随着酷讯业务的转型，原创始成员陆续离开，2009 年酷讯被美国 TripAdvisor 收购，陈驰再次感受到了束缚。2011 年 6 月，陈驰加盟赶集网，成为蚂蚁短租总经理。2012 年 5 月，陈驰辞去蚂蚁短租总经理的职位，与原负责赶集网团购业务的王连涛联合成立小猪短租。

尽管在多个知名互联网公司的职业经历都可以和辉煌画等号，但让陈驰毅然决定出来单干的理由还是其初衷：“哪怕遭受挫折，每天都想接触新挑战。”努力获得成绩需要的是智慧和坚持，而敢于把骄人成绩归零，除了智慧，更重要的是勇气。陈驰在采访中向创业邦记者表示：“我这个人最不缺乏的就是勇气。”

和其他创业者不同，陈驰把创业目光放在短租项目上，这并不是亲身体验或者是灵光乍现。只是有同事向他介绍了 Airbnb 的模式，而当时他也正在 OTA（在线旅行社）行业做酒店预订业务。陈驰听完同事的介绍之后，觉得这个项目在国内还没有开展，自己如果能抢占市场会带来很大的商机。Airbnb 模式被复制到中国的进程似乎并不太顺利。2011 年，全盘复制 Airbnb 的爱日租投入千万美元而无果，因无视中美短租市场差异，最终倒闭。而途家、住百家等品牌也开始慢慢走起了不同于 Airbnb 的路线。途家的房源多来自房地产开发商，由我爱我家前副总经理创立的住百家，用户群体更倾向于中国出境的自由行客户。甚至连 Airbnb 似乎也并没有重视在中国的发展，其“睡在山海间，住进人情里”的首页标题更像是一种美好愿景。真实的情况是，由于没有及时跟进地推、运营和维护，Airbnb 上充斥着大量二手房东、中介和小旅馆。真正愿意分享房源的房主只能被淹没其中。在国外，“沙发客”是最常见的住房分享模式。即使没有完整的房间，有一个沙发能给旅人歇歇脚，也算是雪中送炭。Couchsurfing 就是类似的“沙发客”网站。而在国内，人们分享住房的意识和观念还十分保守。

小猪短租的诞生

2012 年 5 月，陈驰和王连涛出走后成立的小猪短租共有 70 位成员，绝大多数人员来自原蚂蚁短租团队。据陈驰所说，团队成员均有足够的期权，上下班不用打卡，短期考核不用 KPI（关键绩效指标），公司设有食堂且每周老总必和员工至少吃一次饭，在会议中上下级可以“互拍桌子”也成为这家轻型互联网公司的内部规定。对于成立半年就能获得千万元级别的风投，陈驰认为，这是因为公司业务领域得到了风投认可，而且在谈投资时，陈驰和王连涛真诚地为对方阐述了行业、企业发展中遇到的和将会遇到的困难，团队也因此得到肯定。“我们的团队是一个相互信任的、善于反思的团队。”陈驰说。对于融入资金小猪短租将会用得非常谨慎，不会在营销上烧钱。

当下中国正处于互联网红利时期，移动互联网的出现让各种模式都变得“社交化”，就像有人用 Uber 打车是为了多和司机师傅侃两句。各种顺风车的兴起调动了人们闲置的私家车资源。如果“打车”这种行为能够完全互联网化、社交化，那么住宿为什么不可以？确实，短租市场的“蛋糕”很大，但是作为第一个品尝的人，怎么吃是一个难题。对于陈驰来说，小猪短租面对的首要问题就是房源从何而来。由于当时国内市场个人信用系统薄弱，构建陌生人的交易平台并非易事。可陈驰并不这么认为，在采访中他反复提到，信任问题在现在或者是不远的将来都不会成为问题，因为实名制体系将越来越完善。尽管如此，陈驰在短租起步之初，仍然为打破信任壁垒伤透脑筋。因为在国内从来没有这样一个市场，会有这样一群人能接受让陌生人住进自己的家里。

小猪短租当时有一个接近 30 人的地推团队，他们之前曾在奇虎、赶集、团购等网站都有过历练，地推能力都很强，但进入到 P2P 的短租领域，他们发现这些曾经的经验全派不上用场，因为找不到实体，不知道谁是有闲置房间的个人房东，不知道个人房东的门槛是什么。后来他们重新回顾 Airbnb 早期开拓阶段，发现在没有供给的情况下，Airbnb 创始人把自己的房间和沙发拿出来分享，让自己的员工做房东，教育和说服邻居做分享，沿着人际关系一点一点积累早期的种子房东。陈驰首先是说服自己的母亲将房子出租，而后每次请亲戚朋友吃饭，都会不断做思想工作请他们分享自己的房子。在他的带领下，小猪短租初创团队不仅纷纷分享自己的房子，也开始沿着自己的社交关系，鼓励自己的亲戚朋友在小猪短租平台上做房东。在这个过程中陈驰发现，房东的顾虑不完全是安全问题，因为小区物业配备健全的安保措施。房东的顾虑主要还是感觉有陌生人在家不自在，是一种社交上的恐惧感。后来陈驰和他的团队陆续招募了 6 位个人房东，把他们的房源放在平台上。陈驰把短租交易的在线沟通设置为公开可视状态，这样在房东与用户沟通时，可以通过聊天记录发现房东和用户彼此担心的是什么，怎样做决策，运行机制有什么问题，安全机制有什么问题，通过这些问题的积累不断地调整和优化网站结构和交易环境的设计。

正是凭着最开始的这股韧劲，早期的星星之火终成燎原之势，截至 2014 年年底，小猪短租平台上已经拥有房源 12 000 个左右，覆盖了全国 160 多个城市，超过 3 000

名个人房东在小猪短租平台上分享出了自己的闲置房源。这对于陈驰来说并不意外，他认为今天的小猪短租之所以被大家接受，是因为前期他们的团队付了相当大的努力。

在人和人之间的情谊中发展

“我其实没有太多的展望。共享经济的核心无外乎是闲置的房间加上个人的引领和他对陌生人的热情。因为这样产生出来的房源是没有成本的：不像酒店有租金、人力的成本，这些房源是对闲置的资源、时间的再利用。对小猪短租而言，在房东接待房客的时候，房客住在别人家的时候，帮助他们跨越障碍，互相信任，连接两个陌生人，才是业务的本质。我们没有什么太大的展望，把这些做好了，公司自然而然会往前发展。”陈驰说到了分享住宿的经济背景：“我们国家有这么多人口，这么大的人口流动性，还有这么多闲置的房子，如果这么多房子通过这么多人分享住宿的方式来被体验，其远景之大，我们都不需要去展望。只需要做好这个最基础的工作。”

陈驰这样总结：“我们不仅仅是提供一个比酒店更好的住宿，也不仅仅是让房东可以把闲置资源变成收入。在现实环境中，每多一次共享经济的体验，参与者对当前社会环境下人与人之间的信任便会多一分。我们其实都愿意给予陌生人以善意帮助和理解，与其面对社会现象只是说说而已，还不如参与其中，促进社会的涅槃早日完成。”

陈驰表示，从赶集网出来创立小猪短租，就是想做一个不同于标准公寓并具有个性化住宿色彩的共享经济模式。A轮融资还算顺利，但真正投身去做的时候，陈驰发现其中存在很多问题。首先类Airbnb的共享经济是一个“三无产品”：第一，没有供给（个人房源），即线下没有实体去操作；第二，没有用户，没有用户说自己需要去别人的房子进行租住体验；第三，在P2P模式下，关于租房特别是合租，涉及线上交易决策、线上交易模型、用户顾虑、房东顾虑、入住体验模型及需要解决的安全机制等，当时对陈驰来说这些还是一片空白，这当中包含的交易场景、交易模型、用户体验模型都不存在。因此首先要解决的是供给问题，没有供给也不知道用户使用场景，不清楚怎么建立交易环境，在网站刚上线的三四个月内，团队一直处于一种无绪的状态。陈驰总结说：“我们花了3年时间，验证了Airbnb模式在中国是走得通的。我们完成了这个模式从0到1的过程，接下来是从1到100。”

“最早期我们的房间很少，位置很偏僻，只有简单的单间、沙发，体验还不太好。这时我们只能影响到一部分低收入年轻群体，他们在毕业旅行或者找工作的时候，住一个廉价的房子就可以了。但我们的用户多样性发展得很快，用户平均年龄已经从最初的20多岁发展到近30岁了。出行的目的有学生旅游，家庭出游，去一个地方看病，去一个地方做短期项目或培训，以及一些更复杂的需求。”根据小猪短租自己的数据，其平台上以旅游为目的的消费只占40%左右。量变带来质变，陈驰认为，小猪平台已经从最开始的毛糙单一，发展到今天的多样性和充满人情味。“也就是说，能让陌生人和陌生人互相展示彼此最好的那一面。人和人通过这种模式联系在一起的时候，陌生人和陌生人之间的关系能够得到一些可见的重塑。这是我们在做企业之外产生的一种额外的社会价值。”小猪的平均房价从最开始的每晚大概100多元，发展到现在每晚200～250元。“入住的天数逐渐变多，7天、10天、一个月甚至两个月的都有。我们现在的客单价有时候在1 000元左右，大概住5～10天。”

而陈驰认为，这里面本质的是，随着更多更好的房子被分享出来，能够更好善待陌生人的房东也大量出现了。小猪短租的副总裁潘采夫认为，小猪短租最吸引他的一点就是人与人的连接。“我的任务是去寻找有意思的人和有意思的故事，就和之前在媒体干的活儿一样。”虽然之前因为发展速度过快，有大批量的二房东或中介入驻平台，但小猪短租在慢慢调整方向，坚决把房东的一手真实房源比例控制在80%以上。小猪短租CEO陈驰说：“共享经济是小猪的原点。”草头（化名）是小猪短租上的一名房东，他认为自己成为房东的最大动力很简单，“就是每个来我家住的人在离开时说非常感谢，然后依依不舍的那种感觉”。一位曾经住过他房子的朋友给他的评价是——“感觉家很温馨。今年8月如果来北京，一定住你家!”

好的产品和模式自己会讲故事，人们会不自觉地分享经历见闻，从而让这个社区变得更美好。“共享经济的内涵是什么？是个人的行为加上个人的资源，加在一起才叫共享经济，所以我们本质上不是连接房子，连接的是人。让人真正参与进来分享，共享经济才会蓬勃发展。只有连接个人和个人的房子，而非整栋房子的时候，住宿的多样性才会真正地迸发出来！如果一栋楼一栋楼地拿，那其实又变成做一个酒店了。”小猪短租的理念是让分享和信赖悄然发生，它具有完善的安全机制和信用机制，见图2-1。

图2-1　小猪短租的理念

资料来源：分享让生活充满期待. http://www.xiaozhu.com/xzweb.php? op=help_userguidegreenhand.

精细化运营和个性化用户体验

连接人和人之间的情谊，打造多样性、充满人情也更美好的住宿体验，这个“更美好”的前提是平台要提供足够安全的保障。小猪短租在这一点上有详细的规定。

在小猪短租网站的房源列表页上，一套完善的运营规则决定着房源排列的先后顺序，并且这一结果只能受房源质量、房东服务质量、房客点评情况等因素影响，无法人为干涉。如此一来，平台上那些得到认可的房东则会更加容易地被房客搜索到，进而得到更多订单；而小猪短租平台则能够确保始终向市场提供优质供给。同时由于房客和房东的互评机制，房客的行为也能得到一定的约束。房东在平台上发布房源信息，会有线下人员进行审核。有些情况下，他们甚至会深入到家，亲眼看看到底是不是有房子出租。与此同时，房东和房客都需要将个人真实信息和证件照上传到网站，双方的前期交流和付款活动也都限制在平台上完成。小猪短租还会为房东安装智能锁，为双方购买保险等。一旦房东发生任何财产损失，小猪承诺赔偿。除此之外，小猪短租还与蚂蚁金服下的芝麻信用合作，将个人征信体系引入在线短租行业。小猪平台上的注册用户可授权开通自己的信用名片，并通过及时点评等维护信用分数。

从一个普通用户萌发想做一个房东的意愿开始，小猪短租的线下运营团队便会在整个过程中始终提供支持。不管是帮助化解房东的各种担忧，还是解答“我该在哪里租房”或“我现在的房子适不适合做短租”之类的疑问，甚至是提供简单的装修建议、确定上线后的价格、调价等细节问题，这个团队都能够实时提供支持。

在小猪短租平台，一旦房客选择了自己心仪的房源之后，便需要和房东进行充分的线上沟通。沟通的内容围绕双方所关注的一些问题，例如房客关心房子的情况、是否可以带宠物、是否需要押金、卫生如何打扫等问题；而房东则关注对方的生活习惯、来此地的目的等问题。当然，只有在房东和房客双方达成一致意见后，该笔交易才会继续进行。而在具体入住后，双方也会产生更多的交互行为。由此可以发现，在整个交易过程中，社交元素不可避免。

当然，这一切都建立在事先对房东和房客真实身份信息进行验证的基础上。就像小猪短租 CEO 陈驰所说，当房东和房客的真实身份被锁定后，两个陌生人间的关系被还原到了熟人社会，双方都会开始自觉约束自己的行为，在整个交易过程中也会流露出更多的人情味。

管理和文化

当医生的职业经历看似和互联网、创业毫无关系，可陈驰依然觉得当医生时期形成的左右脑思维让他受益匪浅。小猪短租中有的员工跟着陈驰长达十年之久。在企业内部，大家开会时可以逾越上下级关系拍桌子讨论，团队成员均有期权。这种宽松的管理方式，在陈驰看来是大部分互联网创业公司和传统企业存在的较大差别。“不以绩效为考核标准，更多的是注重战略和愿景。大家的利益和愿景是共同的、共享的。”这是创业公司在必要阶段必须要做的。

直到现在，陈驰仍将自己的房子拿出来出租分享。除此之外，他还和房客聊天，做足了“一线”的功课，他表示：“我们后来都把自己的房子拿来做短租，只有这样，才最清楚市场，不然产品做不到最好的用户体验。”

盈利和转型

陈驰坚信小微代理、私人房东和房客之间可以创造出巨大的消费市场，这个理念类似于淘宝所提倡的“小而美”。小猪短租的服务费率是10%，只面向房东收取。但现阶段小猪短租将其服务费收入多用于用户营销活动，如返给用户作现金券，它并不打算短期内盈利。“由于短租属于共享经济，具有规模经济的特点，当间夜量足够大时，短租平台的呼叫费、销售费、管理费等人力成本比OTA更低，边际效用将大大增加。”

不过，共享经济、协同消费的繁荣主要需要三个条件，这三个条件不够成熟也是目前中国短租市场面临的最大困难。一是物质基础，发展短租需要房东拥有更多有特色的闲置房源；二是社会诚信体系，尤其是点对点、端对端的交易，房主和房客之间的交易需要有安全和诚信保障；三是随着人力等成本要素不断上升，相对于传统工业化的酒店产业，协作消费模式的优势也会逐步突显。

陈驰认为，小猪短租获得融资后最需要做的是保持冷静。在他看来，前进的道路上比拼的是耐力，所以必须合理分配“体力”，唯有如此才能成为蓝海的大赢家，而不是被“淹死”。未来，短租市场对于传统的旅馆住宿方式会形成很大的冲击，甚至会改变未来人们在外的住宿方式。对于自己所做的这件事，陈驰认为：“相比去关注这件事情最后能发展到多大规模，我更关注的是这件事情能不能满足我对生活的希望，它是有挑战性的。”

2016年6月，小猪短租宣布改名，去掉“短租”一词，改为“小猪”。为配合改名，官网和手机App页面已经做出了更新，原本的口号是“有人情味的住宿”，现在换成了“居住自由主义”。陈驰要做品牌的升级和改变，要把业务做得更广。根据他的说法，小猪以住宿短租业务起家，但未来想做的不仅仅是短租，而是建立一个满足新中产阶级的多样化平台，包括保洁、管家、就业、装修、摄影、智能设备、长租、旅游等业务。但实际上，这些业务是原本短租业务的延伸。

尾声

2016年6月22日，途家全资收购蚂蚁短租，一时间使得短租行业备受关注，小猪作为短租行业中蚂蚁短租的有力竞争对手，处境显得有些尴尬，C2C一端的业务则面临更大挑战。与此同时，小猪声称欲构建大的共享经济生态圈，以平台模式容纳更多相关行业，促进短租业务的发展，然而搭建这一业态并非易事。小猪短租还在不断地尝试和进步，未来还有很长的路要走。虽然还会做很多升级和改变，但房屋共享经济的核心无外乎就是闲置的房间加上个人的引领和他对陌生人的热情，把各个地方闲置的资源调动起来。而真正吸引人的，还是这些分享背后，人与人之间相互温暖的故事。

问题

1. 随着短租行业基本业务的搭建，传统的酒店市场是否会逐渐被短租这种新机制产生的市场所超越？

2. 尽管2016年被许多人视为资本寒冬期，但对短租行业而言，仍有一批又一批的挑战者加入了战场，在群雄逐鹿中，你认为制胜的关键因素是什么？

参考文献

［1］小猪短租联合创始人陈驰：打工仔的创业逆袭. http://business.sohu.com/20130117/n363813362.shtml.

［2］专访小猪短租创始人陈驰——拒绝一成不变，永不缺乏勇气的创业者. http://www.cyzone.cn/a/20150401/271626.html.

［3］小猪短租能做成中国版Airbnb吗?. http://www.jiemian.com/article/328536.html.

［4］小猪短租创始人陈驰：妇产科医生逆袭互联网（2）. http://finance.ifeng.com/a/20130114/7553174_1.shtml.

［5］小猪短租创始人陈驰：复制Airbnb到中国. http://mt.sohu.com/20150514/n413064476.shtml.

［6］听陈驰讲述小猪短租的创业经历. http://www.chinaz.com/start/2014/0711/359190.shtml.

［7］小猪短租陈驰：最艰难时账面资金不到100万美金，员工年底双薪还没发. http://newseed.pedaily.cn/201504/201504011319718.shtml.

［8］小猪短租：用了三年时间，我们不再被嘲笑. http://www.traveldaily.cn/article/93921.

［9］小猪短租交易额破1亿：走向风口的“猪”?（2）. http://www.ebrun.com/20140924/111055_2.shtml.

［10］小猪短租能做成中国版Airbnb吗?. http://www.cyzone.cn/a/20150721/277671.html.

［11］在线短租案例：小猪短租如何做“分享经济”. http://www.iyiou.com/

p/14121/.

［12］小猪短租创始人陈驰：妇产科医生逆袭互联网（3）. http://finance. ifeng. com/a/20130114/7553174_2. shtml.

［13］小猪短租去掉“短租”，说要把业务做得更大. http://www. qdaily. com/articles/28523. html.

3. 易到——国内专车市场的开拓者：在竞争中颠簸前行

创业格言：创始人往往是一个企业的灵魂，决定着企业的方向、战略和文化。而创始人的性格和价值观则直接决定着一个公司能走多远。

主角：周航，易到创始人兼 CEO

摘要：交通，似乎是最容易被共享的资源。无须经过任何商业启蒙的人都知道，共享交通工具更方便、经济。但是到了移动互联网时代，共享衍生出了各式各样颠覆性的玩法。易到，这个国内专车市场的开拓者，历经艰辛，从 0 到 1，不试图取代出租车，先解决高端人群高品质、差异化、个性化的需求，既满足目标用户的需求，又可以温和地进入市场，获得生长空间。但在 2015 年，易到却遭遇悲情之年，先是被 Uber、滴滴降维攻击，后又遇到神州专车的打劫。2015 年年底，专车烧钱补贴大战烽烟再起。在这场战争中，易到打了一波小反击，通过“充返 100%”的土豪行动，抢到不少用户。而易到和乐视合作打造的汽车共享生态的商业模式，或许也可能成为当前“互联网+”趋势下的一次大胆尝试。

关键词：出行；O2O；创新

引言

作为很早就看到专车市场机会的创业者，周航一直把“共享汽车社会”作为易到的终极愿景，他也被贴上了“有情怀”的标签。

“未来每一辆车都应该接入易到的平台，变成易到的一分子。易到应该成为一个（汽车）共享的网络，这是我们每天梦寐以求的事。”然而直到现在，这还是一个乌托邦。

易到总部的楼下就是中国最大的互联网公司之一——腾讯，这是周航推崇的极少数公司之一，他说：“腾讯最强大的地方在于，它敢于把自己干掉。QQ 已经如此伟大了，它却让微信团队去革自己的命。这才是一个真正的创新企业。”

周航要革租车市场的命，易到是他革命的实验田。

背景

“让一切美好更易到”是易到自成立以来的初心。周航常说：“人，应该生而平等。”不愉快的出差经历、看似高不可攀的专车待遇，催生了周航创办易到的想法。“有一次我去上海出差，在虹桥机场等了近一个半小时的出租车。另一次等出租车的经历更惨，排长队，费了半天劲儿，终于排上了，结果被告知排错队。”他发现，很多商务人士和自己一样，经受着异地出行难的困扰。

“好生活不应该只属于少数人，不应该只属于特权阶层，可以属于每一个人。”2010 年，周航萌生了进入租车市场的念头，他想让“每个人不需要购买车辆就能在每个城市享受专车待遇。”在经历了 2005—2009 年的高增长后，汽车租赁市场异常火爆，神州租车、一嗨租车斗得正酣，“新兵”也迫不及待地加入。但周航并没有选择杀入火爆的传统租车市场，而是将目光投向了互联网，他想用互联网的方式重构租车业。周航说：“汽车租赁行业现在是小而散，2009 年汽车租赁公司全国约 6 000 家，其中仅 20 家自有车辆超过 300 辆，大多数汽车租赁公司都是 5 个人 50 辆车。”他希望整合这些汽车租赁公司的车辆，用互联网的方式把它们的闲暇时间充分利用起来。

易到的诞生

如何用更快的方式让这些潜在客户用上满意的车辆？周航的互联网思维开始快速地运作起来。他开始琢磨，用互联网的技术和方式快而巧地搞定一切。

2010 年，在线租车平台易到诞生。真格基金为易到提供天使投资。真格基金创始人之一徐小平说：“易到是一个美好的梦，无论能不能做成，都要投资，我愿意跟他们一起做梦。”徐小平和股东们没有干涉周航做梦。在易到建立初期，有股东曾经提出一个在当时看来可以挣快钱的方式。但被周航否定了，他坚持做现在的模式。

万事开头难。作为国内第一个吃螃蟹的人，易到做的是一件还没有人做的事情。正因为如此，当时的周航处处碰壁，饱受各方的质疑。

现在回忆起那段经历，周航喜欢用攀登珠穆朗玛峰来比喻：“在登顶之前，你会心存敬畏，感觉那 8 000 多米神圣不可侵犯。然而，在离开最后一个大本营开始冲顶的时候，你能考虑的只是前进，没有办法后退。”

在业务推广初期，易到过得异常艰难。一般来说，高端消费群体是对认知度十分忠诚的一类人，要想在这个群体中提升品牌认知度，单纯凭借价格战或者广告轰炸，效果很不理想。

在最初几个月，每月平均只有几十个单子，大家都看不到未来。回首那段经历，周航心里依然满含愧疚，让大家跟着自己开辟一个还不知道什么样子的未来。

不过周航坚信，未来中国的汽车租赁市场都有数十倍的发展空间。

To B 模式向 To C 模式的转变

做租车这一行，易到难免被拿来与当时号称国内最大的租车公司神州租车做比较。对于经常性地被拿来与神州租车相较，易到 CEO 周航其实挺无奈："我们本来就是两种不同的模式，没有可比性。"

与神州租车不同，易到没有一辆车，也没有一个司机，而是作为一个网络平台，把线下无数的小微汽车租赁公司整合起来。在司机和用户两端，易到分别有两个不同的 App，司机的终端通过车内 Wi-Fi 进行即时车辆定位，用户则通过手机终端对自己进行定位。在这个过程中，易到平台会通过 YMS（易到用车智能交通引擎）调度所有有效的运营车辆，在最短的时间内为用户提供车辆服务。

周航表示，共享出行这项服务的基本特征就是要足够可靠，响应要足够及时，所以这种服务天生就适合用共享的方式，这样才能确保车辆密度足够大。而神州专车是 B2C 模式，虽然服务质量有保障，但是响应速度不够快，而用车的首要需求就是能随时随地叫到车，这是比服务体验更优先的需求。周航说："我们从一开始就致力于用共享的方式整合中高端车辆，不整合低端车辆。"

2011 年，成立约一周年的易到拿到了晨兴创投的 A 轮融资。当时的易到更看中企业商务用车的商机，定位为 B2B 的易到四处扩张、打广告，以吸引汽车租赁公司、用车者的注意。但不久周航就发现，在第一轮融资后，子弹一直空放，没有什么效果。尽管易到没有多少销售收入进账，却不得不养着约 100 人的庞大销售团队。

易到是一家不购车却提供租车服务的公司，其车源来自各家汽车租赁公司，用车客户来自各大企业。由于各大用车企业还不熟悉易到，在那段时间，周航和销售团队成员一样，要么挨家挨户找有用车需求的公司谈判，要么就是和创业团队的成员一起，守在公司墙壁上的 GPS 地图定位大屏幕前，等着有订单时闪动的信号。直到发现个人租车需求和移动互联网的新商机后，困局才被打破。

易到联合创始人兼市场副总裁朱月怡说："2012 年，我们发现虽然没有投入多少精力做个人租车业务，但个人用户的订单增长速度却远远超过预期。"2012 年第二季度，易到迅速调整方向，从 To B 市场扩展至 To C 市场，从电话网络扩展至移动 App 应用端。此外，考虑到个人用户对租车价格更敏感，易到大幅降低了价格，调整后，易到的价格仅为出租车价格的 1.5 倍，过去易到的价格相当于出租车价格的 2～3 倍。由于当时全国的物价都在上涨，易到的价格不涨反降，所以 7 月的订单数迅速上升。

2012年7月后，易到季度销量翻倍增长。公司的业务结构迅速发生变化，业务重心从企业用户转向个人用户，二者的比例后来掉了个个儿。此前，易到的业务量有六成来自企业用户，四成来自个人用户。

2012年，易到营业收入成倍增加，同时也成为风投的宠儿。2013年4月，易到宣布获得宽带资本1亿元人民币的B轮融资；2013年12月，易到完成C轮融资，携程和DCM领投。

从“大哥”到“小弟”的竞争态势

在某种程度上，移动互联网给周航提供了一个很大的创业机会，然而这个行业的门槛却很低。低门槛意味着随之而来的残酷竞争。在如今的移动互联网竞争中，即使是两三个人的作坊式团队，依然可以做出类似的产品。不管是租车还是打车，易到面临的都是一场白热化的竞争，而这场竞争最终陷入了新政策引发的讨论热潮中。

“宁可面西而死，也绝不往东而生。”这是周航对自己此番创业的要求，绝对不掉头。然而，周航的自信并不能保证易到接下来会一帆风顺。

随着出行O2O领域不断有重量级选手涌入，产业升级迭代加快，竞争门槛水涨船高。可口可乐与易迅开启品牌战略合作，美的与阿里巴巴联手构建物联网系统。2014年，各个产业中几乎都出现了传统企业和互联网企业的纵深合作。

在周航看来，做垂直服务必须铸就一个竞争门槛，要提供领域内原有企业所不能提供的服务。不过，这个世界上没有不可被模仿的东西，如果有人告诉你，他的东西是不可被模仿、不可被复制的，那他一定是骗你的。从谷歌（Google）到脸书（Facebook），很多人都觉得它们最核心的是技术，但是同类的产品和技术却不断出现、迭代，所以它们最核心的其实不是技术，而是技术系统以及由技术构成的服务模式，它们能够为用户创造全新的价值。

2014年，易到曾制订过很有雄心的拓展计划，除了扩张国内城市的覆盖外，还计划进入海外市场。但是理想很美好，现实却很骨感。就在易到忙于拓展新业务的时候，一方面Uber（优步）借助百度扩大在中国的市场份额，另一方面滴滴开始对旗下的专车业务进行大规模补贴，迅速占领市场。易到拓展的新业务并没有迅速占领市场，反而被滴滴和快的很快超越。

根据易观的数据，在不到半年的时间里，滴滴专车的市场份额就超过了50%，同时带动市场扩容15倍。面对一个能够快速推动行业发展的大平台，易到更久的专车运营经验及管理模式似乎能够帮助两家企业实现双赢。

一时间，滴滴、易到合并且估值超过80亿美元的市场传闻成为行业热点话题。不过，一个月之后，滴滴、快的突然合并也让滴滴和易到的谈判彻底搁浅。

2015 年是易到遭遇市场危机的一年，数据最能说明问题。Analysys 易观智库产业数据库发布的《中国专车服务市场季度监测报告 2015 年第 1 季度》数据显示，2015 年第 1 季度，滴滴专车中国专车服务活跃用户覆盖率为 80.9%，名列第一，易到用车居次，活跃用户覆盖率为 17.5%，Uber 则仅以 8.1%的比例位列第三。

而到 2015 年第 2 季度，滴滴专车、Uber 和神州专车分别以 82.3%、14.9%和 10.7%的比例占据中国专车服务活跃用户覆盖率的前三名，而易到用车此时的活跃用户覆盖率仅为 2.7%，跌出前三甲。

乐视控股打造易到生态

2015 年 10 月 20 日，易到公司宣布其获得乐视 7 亿美元的战略投资，顺利完成 D 轮融资。乐视控股方面也通过官方微博表示，乐视汽车正式签署对易到的股权投资协议。在交易完成后，乐视汽车将获得易到 70%的股权，成为易到的控股股东。2016 年 2 月 25 日，乐视控股原 CMO（首席营销官）彭钢出任易到总裁一职，易到开始触底反弹。

对易到而言，乐视为其提供了很好的生态空间，不管是硬件——手机、电视、未来的汽车，还是内容——影视、音乐、体育，或者电商——不管是线上的电商，还是线下的几千个乐趴，这三方面的确给易到提供了很大的生态的、战略的调整空间。

乐视一向的习惯是讲究“生态化反”，而在入股易到之后，“生态专车”的概念也很快被提了出来。提及生态的重要原因还在于，在专车市场烧钱的状态下，20%的管理费远不能够支撑运营，“羊毛出在猪身上”的互联网盈利模式，专车市场的玩家自然也深谙此道。

“竞争对手的规模都很大，而且大家都很能烧钱，也很会烧钱。在这种情况下，如果只靠现有的方式，肯定无法获得投资者和行业的认同，甚至无法长期持续下去。”彭钢表示。因此各家都在寻找适合自己的定位和变现模式，比如滴滴专车是中国出行第一大公司，Uber 是全球共享经济先驱之一，神州专车是纯高级出租车公司的 B2C 版本。

按照这个逻辑，其实无论是滴滴专车还是 Uber，都在打造生态圈。比如，滴滴专车是出行生态圈；Uber 是共享生态圈，Uber 还获得了丰田汽车的战略投资，双方将开展汽车租赁和无人驾驶技术的研发；神州专车则是重资产生态圈。而对于乐视和易到而言，生态营销以及基于专车的汽车生态，是其强调的概念。

易到生态包括“平台＋服务＋应用＋终端”四个环节，面向乘客提供出行之外的消费、购物、娱乐等服务，跟 Uber＋战略类似，只是涵盖范围更广；另外，其面向司机提供维保、二手车买卖、汽车金融等服务，2015 年与海尔产业金融合作推出“海易出行”汽车租赁服务，其在司机端的布局与神州专车类似，但没有神州专车深入和具体。整体来说，易到与乐视合作，让其在玩法上确实变得与众不同，例如充值易到送乐视手机就是很典型的生态化反，乐视与易到实现了双赢。

易到的确可以越来越多地借鉴和学习乐视的生态商业模式，简单总结起来，就是把握汽车共享的大趋势，以互联网平台为核心，以用户价值为导向，垂直整合外部资源，建立生态化的商业模式。

绝地反击

从 2015 年 11 月底开始，随着乐视控股易到，易到获得乐视的雄厚资金注入后，随即推出了系列“充多少返多少”（相当于五折优惠）的营销活动，高品质服务加上更低的用车价格，使得易到迅速实现逆转。

加入乐视生态圈后，易到用车率先学会的或许是前者最擅长的资本运作。数据显示，在 2016 年 1 月 7—9 日“专车节”期间，易到平台有 75.1 万用户累计充值 9.65 亿元，人均充值额为 1 285 元。在司机方面，“专车节”期间的易到平台司机可享受佣金双倍返政策，该平台新增车主注册量达 30.6 万人。这已经不是易到用车第一次推出充值返现活动。在 2015 年 11 月 17 日开启的为期一个月的充值返现活动中，易到便已经获得近 5 亿元的充值。

周航此前在微博上发布消息表示：“感谢千万用户和百万车主如此给力，10 亿元这个数字更是易到与乐视生态融合的初效，激励我们继续用脚下的每一步，书写行业的历史，一起见证生态的力量。”

2016 年 6 月 21 日，易到在北京举办主题为“见证”的 2016 年夏季发布会，周航宣布：“易到的日完成订单数已经突破 100 万。至此，乐视董事长贾跃亭年初为易到制定的‘百万日订单、新增百万司机、新增百万车辆’3 个 100 万目标已提前 6 个月完成。”（见图 3 - 1。）

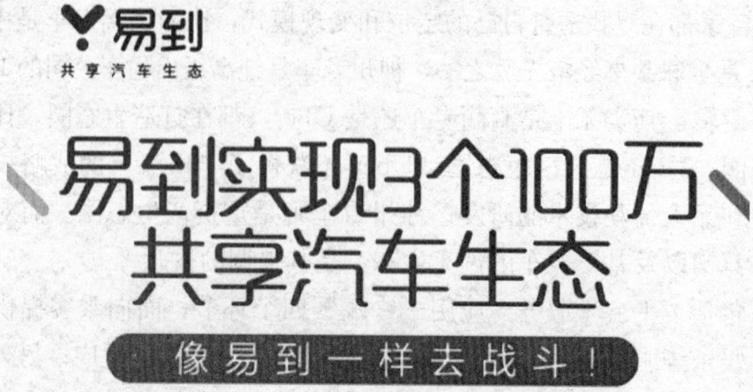

图 3 - 1　易到实现 3 个 100 万

国内知名第三方数据机构艾瑞咨询集团的数据显示，易到已稳扎行业第一阵营，并已经在多个维度数据指标上超越 Uber（见图 3－2）。

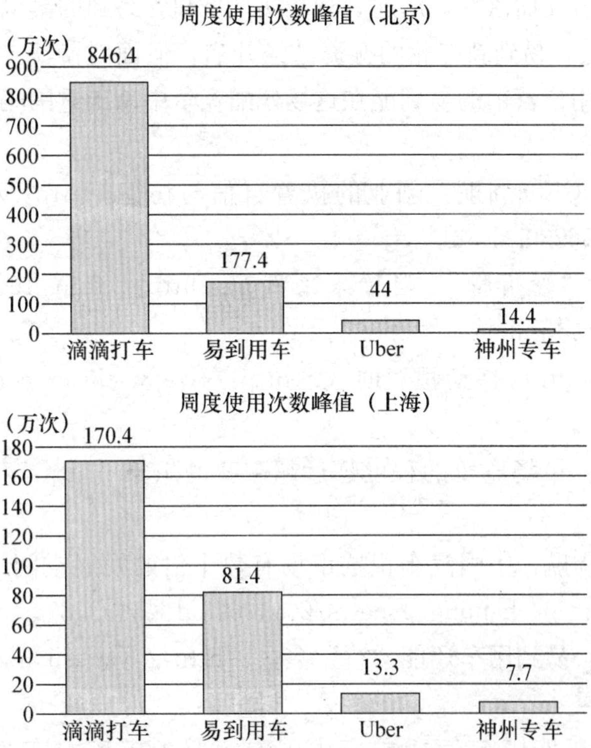

图 3－2　出行领域用户数据（艾瑞咨询）

资料来源：告别“用车”　易到共享汽车生态战略全面开启．http://news.xinhuanet.com/auto/2016－06/23/c_129085288.htm.

尾声

作为曾经专车市场的先行者，易到与竞争对手相比“性价比”不高，充值返现活动在一定程度上缓解了该问题。不过，市场最终竞争的还是哪个平台司机和车辆更多、用户体验更好。易到平台对司机的扣点不低。在平台订单少的前提下，更低的扣点是吸引司机最好的方式之一。

易到似乎与几个主要竞争对手的发展思路不同。行业龙头滴滴专车已经逐步弱化补贴，不断推出新业务，迎合专车新政策。“正规军”首汽约车更多的是稳字当先，摸索发展模式。而周航能否借此实现自己关于“共享汽车社会”的终极梦想，一切都仍是未知数，如果周航期待有好运气降临，也许他需要回头看一看来时走过的路。也许，贾跃亭身上的赌性和激进会对他有所刺激。也许，他将会对商业、人性有着更加深刻的顿悟。

问题

1. 易到是最早创立的专车平台，却反被后起之秀滴滴专车、Uber 赶超，目前前途未卜。为何先行者反而落后，后起者却能实现反超？易到的案例给了你怎样的启示？

2. 2016 年年底，易到新一轮的融资已经开启，但面对滴滴专车和神州专车的围剿，靠烧钱和补贴用户营销的易到能在这场残酷竞争中杀出重围吗？

参考文献

[1] 易到用车 CEO 周航：创业的执着自信与彷徨. http://www.chinaz.com/news/2014/0619/356230.shtml.

[2] 易到用车"爱折腾"：目标未来汽车. http://tech.163.com/14/0523/10/9SU2590C000915BF.html.

[3] 易到用车：开启移动租车时代. http://www.ebrun.com/20120621/48624.shtml.

[4] 易到周航：市场竞争的程度远远超乎我的想象. http://www.investide.cn/news/331240.

[5] 易到用车周航：中国汽车租赁市场有数十倍的发展空间. http://finance.sina.com.cn/360desktop/chanjing/gsnews/20140523/162519208749.shtml.

[6] 裁员背后：易到用车还能"行"多久. http://yangsiliang.baijia.baidu.com/article/89404.

[7] 易观国际：2015 年第 1 季度中国专车服务市场季度监测. http://www.199it.com/archives/348179.html.

[8] 易到用车发布系列倒计时海报，如何死如何生?. http://industry.caijing.com.cn/20160617/4134450.shtml.

[9] 易到新政：烧钱还是圈钱. http://finance.ifeng.com/a/20160111/14159529_0.shtml.

[10] 告别"用车" 易到共享汽车生态战略全面开启. http://news.xinhuanet.com/auto/2016-06/23/c_129085288.htm.

4．滴滴——颠覆移动出行领域 O2O：打造全球最大的一站式多元化出行平台

创业格言：当努力到无能为力的时候，上天自然会打开一扇窗。

主角：程维，滴滴创始人兼 CEO

摘要：互联网的高速发展正在加速改变着我们的衣食住行。在出行领域，滴滴已经是当前全球最大的一站式多元化出行平台，涵盖出租车、专车、快车、顺风车、代驾及大巴等多项业务，打通了出行 O2O 闭环。迄今，滴滴的估值已近 300 亿美元，拥有超过 3 亿用户。但令人惊奇的是，这样一款产品，上线才不过四五年时间而已。

关键词：出行；O2O；创新

引言

回顾滴滴的创业之路，程维说，他相信，当努力到无能为力的时候，上天自然会打开一扇窗。

早期，BAT（百度、阿里巴巴、腾讯）创业的时候，当时的巨头是华为、万科，而且它们看不懂互联网。但今天，巨头都身处互联网行业，它们对创业公司也很重视，也有自己的顾虑。如果它们盯上了你，来找你谈，是一件好事，说明你做的事情已经引起了它们的重视。如果它们还没来找你，说明你做得还不够大，没引起它们的重视。

但在细分领域，如果做到最好，一定能够打败巨头。

移动互联网发展的速度以分钟计，以秒计，不能懈怠，战役一场接一场。从寻找技术合伙人，到线下业务的开展，再到与对手在市场上的正面碰撞，滴滴无数次陷入绝境，但又想尽一切办法去赢，最终它才走到了今天。

背景

程维毕业于北京化工大学，2005 年进入阿里巴巴旗下 B2B 公司从事销售工作，后

因业绩出色晋升，成为当时阿里最年轻的区域经理。2011 年，程维就任支付宝 B2C 事业部副总经理，负责支付宝产品与商户的对接。在此次职业转换之后，程维开始从销售负责人转向做产品经理，其视野也从前端销售开始向全面运营转变。在决定创业后，程维并没有直接辞职，而是又在阿里待了 9 个月，在思考创业方向。

他决定做滴滴，其实更多是靠个人直觉。

在阿里工作期间，程维需要在杭州和北京两边跑，经常因为打不到车而误机。程维的老家是江西，有一次老家的亲戚来北京，约定晚上 7 点在王府井附近吃饭，结果他们 5 点半来电话告诉程维已经在打车了，等到 8 点又打电话问能不能去接他们。

在最初有了创业的想法后，程维想在中关村找一间办公室开始创业，但是他没有钱，甚至请不起中介，于是他便借了一辆车从四环往中关村一个楼一个楼地找，最后找到了中关村 E 世界，一个卖场，它上面的仓库可以以很便宜的价格租给他们使用。

一开始，程维问身边所有聪明人打车软件靠不靠谱，他们都说这条路根本走不下去。2011 年，对司机来说，智能手机还没有普及，也根本没有移动支付的习惯，他们最多只能做一个信息平台，没有任何商业价值。更何况，中国没有诚信环境，你叫到了车，车也不一定来，车要来你也未必等。这条路还有政策上的阻碍，挑战非常大，聪明人都告诉程维这根本不可行。但是，他还是选择了义无反顾地走下去。

程维说："当时对这件事的判断只有二三十分的成熟度，我感觉这是一个机会，如果有软件能帮人们叫到出租车，并且很多人会用，这是可行的。如果是百分之百地清晰了，可能这件事已经没有机会了。"

滴滴的诞生

按照滴滴的天使投资人王刚在接受《福布斯》采访时的说法，滴滴起步时并不顺利。最初的产品是外包开发的，但总达不到上线标准，推出时间一拖再拖。

程维觉得两个月要把产品做好，临时招聘团队是来不及的。他找到的公司要价 15 万元，被他砍到 8 万元。对方信誓旦旦，向他保证功能肯定全部实现。程维留了一个心眼，先付款 30%，做到一半的时候付款 50%，做完验收再付款 20%。结果那 20% 永远都没付出去。后来，程维了解到这家公司在山东有合作的学校，于是找了学校的老师合作，滴滴最初的产品是一位中专老师带着几个学生做出来的。

在拿到软件后，他到交通委演示滴滴打车，叫十次车，能响六七次。在不响的时候，大家就盯着该响起来的手机沉默 10 秒钟，程维尴尬地把话题岔开。后来他学乖了，第二次再给别人演示的时候，就带上两部手机，哪一部响就拿哪一部出来。

在产品上曾走了弯路，也与早期选择技术合伙人不够慎重有关。因为程维和他的创业团队都不懂技术，所以找了一位技术合伙人就创业了。四个月后，程维果断地让这位技术合伙人离开了公司，在公司账上没有多少现金的情况下，他们付出了数百万元人民币的代价。

直到2012年年底，程维请来了百度的研发经理张博，这才彻底补齐了技术的短板。当时程维手中有三个CTO（首席技术官）候选人，张博的特点是简单、正直、愿意付出代价、好沟通，和其他候选人相比经验不算特别资深，但和滴滴很匹配。事实证明选择张博是非常明智和正确的，用程维的话形容，“张博是上帝送给滴滴最好的礼物”。

有了技术合伙人之后，一切问题就迎刃而解了。这个漏洞多得跟筛子一样的外包产品让滴滴的技术部门擦了一年的屁股。程维说：“一分钱一分货，我们对创业者的建议是，宁可慢一点，也要建立起靠谱的团队后再去做，磨刀不误砍柴工。”

2012年9月，滴滴的App正式上线。但是上线后产品的问题非常多，数据包太大，漏洞有30多个，不仅耗电，还耗费大量流量。出租车司机使用产品后都很气愤，甚至怀疑说：“难怪你们不收钱，你们和运营商是一伙儿的，是专来骗流量的!”

但是，产品的上线只是一个开始。比开发产品更难的，是如何开拓线下市场。

滴滴的创业团队原计划两个月内拉到1 000个司机。结果40天里，他们拜访了北京的100多家出租车公司，没有一家出租车公司愿意跟他们签约。到了第40多天，北京昌平的只有200辆出租车的银山出租车公司，成为第一家与滴滴打车合作的公司。银山的老板允许程维在司机例会上用15分钟时间介绍他们的产品。当时有100个司机在场，只有20个人有智能手机。

大多数在司机例会上给司机讲课的，是洗座套、卖机油的人，都是想办法赚钱的。看到滴滴的产品，司机们面面相觑，这是新型骗术吧?“出租车行业这几十年来，工作方式没有变化，就是扫马路、趴活儿，路越来越堵，油越来越贵，活儿越来越难做，收入下降，社会地位下降，没人愿意做出租车司机，没人愿意嫁给出租车司机。”程维说。

最初因为找不到用户使用打车软件，他们就亲自出马在各个写字楼的食堂发传单，但还是没有起色。为了让更多的出租车司机安装上自己的软件，地推团队都摆个桌子，在火车站、机场等出租车聚集点推广产品，就这样一点点地打通司机市场。

程维说：“最重要的是永不放弃，你要推动这个世界改变，推动力越大，反作用力就越大，最终比较的是你自己的心理有多强大，解决问题的方法多种多样，不变的是将事情一点点向前推动。”

滴滴的运气是好的，但这些运气的前提是整个团队在不停地努力，把事情做到极致。2012 年 12 月 12 日对滴滴来说是一个很难忘的日子。这一天北京突然天降大雪，司机在路边找不到乘客，乘客也找不到司机，为了坐上车，好多人被迫下载滴滴的 APP。那天之后，订单数一下子达到 10 万多，同时在那个月滴滴拿到 A 轮 300 万美元的融资。

业务模式的确立

滴滴在成立之后打的第一场硬仗就是要拿下北京市场。在出行领域，滴滴并不是最早起步的，当时有一家直接的竞争对手摇摇招车。这家公司的产品推出得比滴滴早，融资比滴滴顺利，它们的早期目标与滴滴一样，都是要让更多的出租车司机安装上自己的软件。滴滴在起步后迅速占领了除首都机场 T3 航站楼以外的所有重要据点，摇摇招车则跟一家机场第三方公司签了协议，把控了 T3 航站楼。T3 航站楼很特殊，每天的出租车吞吐量超过两万辆，相当于北京其他聚集点车辆数量的总和。这是一个至关重要的阵地，没有占领 T3 航站楼让程维寝食难安。

滴滴团队商量再三，没有采用跟摇摇招车一样的方式去找第三方合作，他们担心这种合作有不确定性风险。后来，机场管理部门接到了投诉，摇摇招车的这个推广点被取消了。当摇摇招车疯狂地寻找其他入口时，滴滴已经守住了自己的阵地。

滴滴并没有简单复制摇摇招车的产品经验，而是独立思考自己的业务模式。滴滴有着阿里的基因，如何做一个平台它是有些经验的。针对对手，在早期滴滴始终坚持四不做：不做黑车、不做加价、不做账户、不做硬件。

1）不做黑车。毫无疑问，滴滴不能做政策风险太大的事情。

2）不做加价。因为滴滴不想让产品变得太复杂，所以让对手先做加价，试水了市场接受度后，滴滴才考虑是否跟进。另外，加价会被认为变相改变价格体系，当时有强烈的反对声浪，政策风险过大。还曾有投资人建议做竞价，但平台最忌讳把产品设计得太复杂，司机、乘客都搞不懂，这样不利于大规模扩张。

3）不做账户。对于乘客，付钱难不是痛点，打车难才是痛点。在早期如果给司机带来的收入不够多，他们不会配合，所以为了不影响扩张速度，滴滴暂时没有做账户。

4）不做硬件。当时还有创业公司给司机送 iPad，程维的看法是，平台公司不能用硬件做壁垒，规模是平台唯一的壁垒。能否给司机带来优质订单是核心，硬件不是核心——如果没有订单，司机会在你的设备上安装别人的 App 抢单；有订单，司机就会买最好的设备来安装你的 App 抢单。

在创业早期，滴滴抵制住了很多非本职业务的诱惑，做了很多减法，目的只有一个：跑得最快。滴滴的成员们很清楚，区域性打车软件根本活不下来，全国第一的覆盖率是最重要的，且核心重点城市的优先级更高。

首次与腾讯牵手

后来北京的数据显示，滴滴逐渐超过了摇摇招车。利用逆袭摇摇招车的这次机会，滴滴开始了 B 轮融资，并做出了最纠结的融资决定——接受腾讯的投资。

此时滴滴受到了很多风投的追捧，当然也包括腾讯。滴滴本不想在 B 轮融资的时候就站队，所以一开始没有想过拿腾讯的钱。在腾讯副总裁、腾讯产业共赢基金董事总经理彭志坚的努力和撮合之下，程维和王刚有了一次和马化腾面谈的机会。马化腾大气地基本答应了他们所有的条件，包括不干涉公司业务的独立发展和不谋求控制权，只有一条，他希望能占有更多股份。

滴滴团队最大的担心是，快的已经拿到阿里的投资，如果腾讯等不及，转身去投资摇摇招车，滴滴将会变得非常被动。此外，滴滴目前的优势在线下，如果如日中天的微信的强大入口不为滴滴所用，他们就失去了一个最好的战略资源，同时公司也需要一个强大的伙伴去一起面对政策的不确定性，活下去才是最重要的。

最终，程维和王刚达成一致意见，决定接受腾讯领投，由此拉开了与腾讯合作的序幕。

与快的从“大战”到“联姻”

2013 年年末，打车市场最火爆的补贴大战打响，恰逢腾讯大力推广微信支付，滴滴的支付补贴行为立刻出现在了市面上，风口的补贴、背靠腾讯的大力输血，让叫车出门成为全民的选择。

作为滴滴的竞争对手，快的快速做出反应，这家诞生在杭州的公司果断地选择了站队阿里，而阿里旗下的支付宝此时也急需找到抵抗微信支付的方法，快的成为其最好的出口，于是减免大战爆发。

疯狂的补贴成为 2014 年整年最热门的话题，在最疯狂的月份里，两家公司均因补贴行为而导致月开支高达数亿元人民币。据统计，2014 年上半年，在滴滴与快的为争夺出租车市场发动的补贴大战中，双方共补贴超过 24 亿元资金。

当时还在高盛的柳青就是在这时候了解了滴滴，了解了程维。在补贴大战进行的同时，有一天，程维打电话告诉王刚，他想要挖柳青过来。他们密切接触了十多天，不夸张地说，每天有超过 16 个小时在交流，柳青和程维的家人、同事聊天，把滴滴调查了个底朝天。用程维的话来说，柳青赌的不是钱，而是把整个人赌进来了，她做的背景调查绝对超过所有的投资机构。柳青的这个决定肯定让所有人都大跌眼镜。王刚曾评价说，柳青和程维在业务上是绝配。什么是绝配？价值观相同、能力互补，就是绝配，就像马云和蔡崇信是绝配、马化腾和刘炽平也是绝配一样。程维、柳青两个人都极为聪明，有正气，做事都拼命。程维草根出身，从底层的销售一步步成长，他对市场的敏锐度、深入一线的执行能力是柳青所需要的；柳青出身名门，有大家风范，她的人脉资源、国际视野、在资本市场里呼风唤雨的能力，又是程维所需要的，因此他们这个组合很快就产生了化学反应和叠加效应。

柳青为滴滴付出很多，有一个这样的例子：她的孩子以前是读寄宿学校，周末回家。但之前的公司周末要开会，她见不到孩子，她就把孩子从寄宿学校转学到公立学校，每天晚上可以回家看到孩子。但没想到，滴滴每天晚上开会也开到很晚，经常到十一二点。滴滴团队后来竟想出来这样一个“变态”的方案：每天晚上先让柳青九点下班，回去哄孩子睡觉，十一点再在她家楼下开会。

这就是滴滴团队拼的程度，这就是滴滴能赢的原因。不仅是她，整个团队都很拼命。比如在补贴大战的时候，因为服务器宕机，技术团队曾经五天五夜不下楼，大家形容当时 CTO 张博的状态是“整个人都是恍惚的”，还有一名工程师老婆生小孩都没有来得及去医院陪护。

柳青加盟后给公司带来了直接的变化。在滴滴 D 轮融资拿到 DST 1 亿美元之后，DST 联合创始人兼总裁尤里·米尔纳曾经来到滴滴，说过三句话：“第一，Uber 要灭了你们；第二，如果要活命，只有一个办法，和快的合并；第三，合并后我可以再给你们 10 亿美元。”因此，滴滴团队做好了继续融资的准备。柳青的优势在这次融资中充分发挥出来。她在和程维的配合下主导了滴滴 F 轮的近 7 亿美元的融资，这也是中国移动互联网史上最大的一笔融资。

融资后，滴滴和快的是继续火拼，还是握手言和，共同面对其他竞争者，双方开始进行更有诚意的沟通，双方的管理团队也有了更加默契的分工，财务投资人当然都乐见其成。大家不约而同地选择了中国互联网界最棒的“红娘”、华兴资本创始人包凡做中间人，开始了不间断的正式谈判。在此过程中，柳青成为关键人物。因为和马云、马化腾、刘炽平相熟，和快的团队也互相信任，这场被称作“情人节计划”的合并谈判在 22 天内完成。这一事件的背后，既有来自 Uber 这样的庞大对手的压力，也有资本甚至是市场策略层面的助推——持续补贴并不是最好的市场策略。

合并在顺利进行（如图 4－1 所示）。在 2015 年年初的协议签署仪式上，程维曾留下 12 个字：“打则惊天动地，合则恩爱到底。”在合并 100 天的发布会上，程维宣布：“我们完成了互联网历史上没有人做到的最成功的合并，因为互联网历史上还没有竞争到这种程度的对手完成了合并。在两三个月的时间里面，我们已迅速完成了产品的排兵布阵，并把整个团队完全融合在一起，双方管理层无一人离职。”

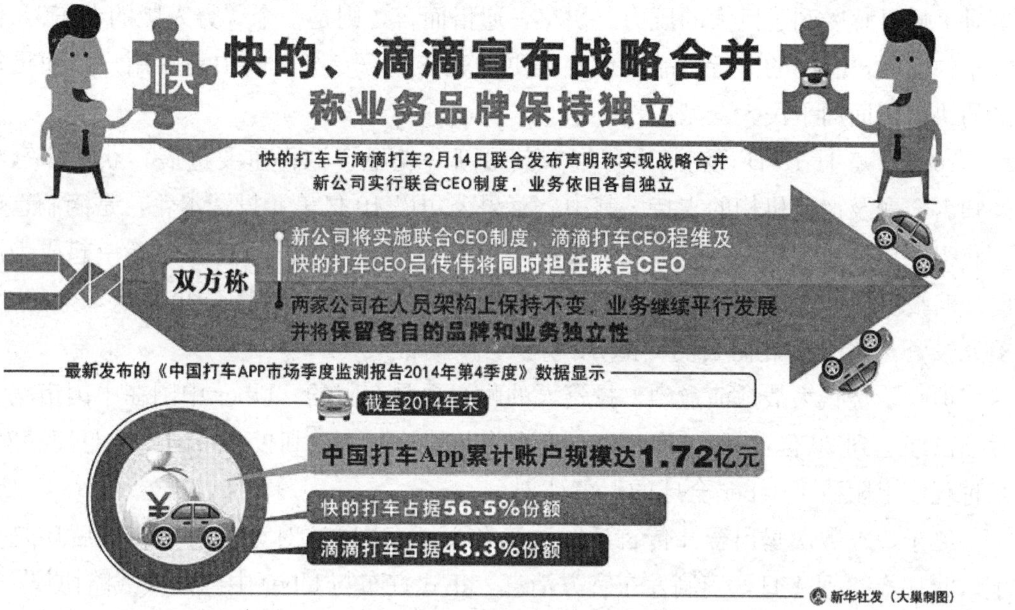

图 4-1 滴滴与快的合并

资料来源：三问快的与滴滴合并. http://www.sxdaily.com.cn/n/2015/0215/c266-5627776.html.

从与 Uber 的“价格战”到最终合并

在滴滴专注于与快的合并事宜之际，Uber 似乎拥有了一些难以超越的竞争优势，如更好的应用，更稳定的技术，它正在迎头赶上，在短短几个月时间内就控制了中国私家车打车市场近 1/3 的份额。为争夺市场份额，滴滴和 Uber 都在消费者和司机两方面提供激励措施。

这一次程维的对手是估值 500 亿美元的 Uber，以及它背后的斗士——特拉维斯·卡拉尼克。2015 年 3 月，Uber 降价 30%，订单量呈几何数上涨，上半年 Uber 中国烧掉了近 15 亿美元。2015 年，特拉维斯·卡拉尼克一半以上的时间都在中国，要知道在 Uber 全球排名前五的城市中，中国占据四席。滴滴与 Uber 又开始了新一轮的对决。这种对决不仅体现在持续火热的“价格战”上，还体现在持续的业务扩张和融资上。

2015 年 6—12 月，滴滴开始多元化发展业务线，持续开发增量出行市场，相继推出顺风车、代驾、快车、大巴等业务，继续拉动用户规模的进一步增长，而在一系列业务中，用户价值极高的两大业务线，就是面向白领、解决其上下班出行通勤需求的顺风车和快车业务线。顺风车瞄准的，是此前已经比较成熟的拼车市场，目标是借助滴滴已有的“高频入口”向下实现市场侵占。在滴滴顺风车上线后，拼车市场中的竞争对手顿时感受到了巨大的压力。快车，通俗而言，则是一个“穷人版的专车”。借由快车的上线，滴滴的出行产品线也变得更加完善——专车面向中高端用户，而更加经济的快车则面向平民大众型用户。

2016 年 5 月 13 日，滴滴出行宣布其最新一轮融资取得重要进展，获得多家海内外知名金融及产业机构的支持。其中，苹果公司以 10 亿美元投资本轮，是滴滴迄今为止获得的单笔最大投资。通过此次投资，苹果公司与腾讯、阿里巴巴等一起成为滴滴的战略投资者。与此同时，6 月 2 日，Uber 宣布获得来自沙特公共投资基金的 35 亿美元投资，属于 G 轮融资的一部分。

但是，烧钱大战愈演愈烈，投资人的耐心也是有限的。Uber 中国在中国市场上的亏损已经达到 20 亿美元，Uber 也一直在将其他地区的盈利投入中国市场与滴滴对战，某种程度上阻碍了 Uber 全球的上市计划。

终于，在数次曝出合并传言后，滴滴和 Uber 中国这对竞争对手，最后还是牵手了。2016 年 8 月 1 日，滴滴发布官方消息，正式宣布与 Uber 中国达成战略协议。双方将相互持股，成为对方的少数股权股东。Uber 将持有滴滴 5.89%的股权，相当于 17.7%的经济权益，Uber 中国的其余中国股东将获得合计 2.3%的经济权益。同时，滴滴创始人兼 CEO 程维将加入 Uber 董事会。Uber 创始人特拉维斯·卡拉尼克也将加入滴滴董事会。

尾声

经过几年厮杀，两次大并购，滴滴终于迎来了短暂的“和平时代”。然而，在滴滴开始采取对用户涨价和对司机减少补贴的策略，以行业垄断之势攫取利润，填补近年来数十亿美元的亏损窟窿之时，一波被称为“史上最严”的网约车新政来袭。在北京、上海、天津等地，网约车新政细则做出了更严苛的限制，其中影响最大的是多地要求驾驶员拥有本地户籍。一旦细则落实，对于滴滴来说无疑是巨大的打击。

程维说：“任何关头，我们没顶住，就会死掉!”

网约车改变了中国人的出行方式，让打车变得更简单，少了拒载，少了绕路。科技让生活更方便，虽然会有阻碍，但旧的模式一定会改变。

问题

1. 滴滴收购 Uber 中国之后，柳青和程维在公开信里骄傲地宣称，滴滴成为了唯一同时获得百度、阿里巴巴和腾讯投资的互联网公司。在中国的互联网世界，各个企业似乎总在激烈竞争的时候合并，合并的受益者是谁？兼并收购之后又会对中国的商业环境产生怎样的影响？

2. 随着网约车新政细则的相继出台，京、沪、深等地陆续推出“京人京车”“沪籍沪牌”等新政细则，在网约车新政的限制下，滴滴该如何突破困局？

参考文献

[1] 滴滴创始人程维讲述创业史：做滴滴就是不断的闯关. http://tech.ifeng.com/a/20150323/41020222_0.shtml.

[2] 程维创业故事. http://www.xuexila.com/gushi/lizhi/1716619.html.

[3] 滴滴打车的破冰之旅. http://news.163.com/14/0826/17/A4JE3VOF00014SEH.html.

[4] 滴滴打车 CEO 程维：初期我们是怎么做推广的. http://www.huxiuvip.com/news/yygl/713.html.

[5] 【悦读】2012 年北京的第一场雪，让滴滴活了. http://www.ceweekly.cn/2016/0726/158747.shtml.

[6] 投资人王刚独家口述：滴滴如何用八十万成为百亿美金公司?. http://tech.163.com/15/0226/19/AJDEBE6B000915BF.html.

[7] 滴滴投资人自述：柳青家人对她加入滴滴心情矛盾. http://www.timenews.cn/a/20150305/179158.html.

[8] 滴滴快的柳青：和程维是一对绝配　没有失败过的女人. http://finance.eastmoney.com/news/1682,20150703523311038_0.html.

[9] 滴滴出行的 4 年产品迭代之路. http://mt.sohu.com/20160514/n449416498.shtml.

[10] 滴滴出行“乘客”迎来 Apple. http://mt.sohu.com/20160513/n449207946.shtml.

[11] 滴滴与 Uber 合并：补贴大战不是全部原因　真正的推手是他们. http://finance.sina.com.cn/chanjing/gsnews/2016-08-01/doc-ifxunyxy6243463.shtml.

[12] 网约车新政：是时候和滴滴说再见了?. http://auto.ifeng.com/quanmeiti/20161011/1069046.shtml.

5. e电工——首创电力服务O2O模式：解决闲置全职电工资源问题

创业格言：分享即是拥有。

主角：谢国强，e电工平台创始人兼CEO

摘要：e电工平台是国内首创的电力服务供需交易平台，是共享经济在电力服务领域的垂直应用。通过“互联网＋物联网”的方式，平台帮助很多企业解决了雇用专职电工会遇到的两难问题。e电工平台已经有上万名电工和很多大型企事业单位加入，但是目前平台的影响力仍然比较有限。要想e电工平台成为成功的大型电力服务交易平台，后续发展战略的选择就显得至关重要。

关键词：发展战略；共享经济；物联网；用电管理

引言

2016年3月的某一天，谢国强一个人站在办公室的窗边沉思着，背后的办公桌上放着日前召开的e电工平台发展战略会议的相关记录。经过公司上下两年多的努力，e电工平台目前已经拥有了上万名注册电工，但是对于今后的发展战略，公司管理层却出现了意见分歧。为了接下来的工作能够顺利进行，谢国强总经理需要尽快对e电工平台未来的发展战略做出决策。

背景

e电工平台是浙江省新能量科技股份有限公司所开发的电力服务交易平台。

浙江省新能量科技股份有限公司成立于2003年，一直致力于电力行业高新技术开发和电力O2O服务。新能量公司对自身的发展战略有三个定位：

1）电力信息化服务公司。新能量公司自创办之日起，就一直专注于推动电力服务信息化。新能量公司开发有用于电力项目招投标的电子系统。在这套系统运营过程中，年收入最高达到1 000万元以上。新能量公司还以这套系统为基础为国内很多电力公司完成了招投标电子化项目。此外，公司还开发了新能量电力商务网。该网站主要提供全国各类电力行业招投标项目和电力设备交易的有关信息，以及电力领域的最新技术、政策等资讯。

2）用电管理服务提供商。新能量公司相继研发电网建设项目管理平台（ePM）、机器人电工（eTP）、TRMS系统等电力管理技术，为很多企业提供用电管理服务解决方案。TRMS系统是新能量公司通过物联网和云计算技术开发的综合用电管理系统。这套系统借助GPRS（通用分组无线服务技术）、局域网、ADSL（非对称数字用户环路）等多种外部通讯方式构建了一个可扩展、开放型的电力用户变电站监控平台，可为电力用户以及相关政府部门提供一个第三方用电服务平台。该系统的主要目标是实现无人值守、智能运行和负荷控制。

3）电力服务平台化运营互联网公司。平台化运营是新能量公司新提出的战略定位，主要目的是希望能改变之前以完成客户的具体项目为目标的运营模式，将公司上下游的供应商和客户整合到一个平台上进行服务。具体来说就是通过集成已有的电力运行监测平台和移动终端，利用移动互联网技术和云技术建立一个电工、电网公司、电力设备制造商、物业公司、工商专变用户、充电桩业主等多方互通的平台，构建一个能够实现快速响应的电力服务需求与供应的通道。

平台的现状

e电工平台是国内首个电力服务交易平台，目前主要应用于变配电运维、电力抢修、高压巡线以及充电桩和太阳能电站等领域。

e电工平台的用户主要由两类群体构成，即需求侧用户和供给侧用户，如图5－1所示。

需求侧用户：以需要用电管理服务的企业用户为主，如变电所、大型酒店、商场、地铁等。目前的合作客户有杭州地铁、银泰百货、绿城集团、国家电网、浙江国际大酒店、萧山机场等。

供给侧用户：来自不同电力施工企业的、持有国家相关证书的专业电工，包括专变用户电力主管、值班电工等，覆盖高压、低压、特种等多个类别。

当有企业需要电工服务时，它就可以向平台提交需求订单，然后平台将订单推送给电工，电工接单后再前往相应现场解决问题。此外，平台还会为电工提供有关技能培训和技术支持。

e电工平台目前主要有以下四个子系统：

e电工管理系统，主要负责电工基本信息管理、电工培训、考核与授证管理、企

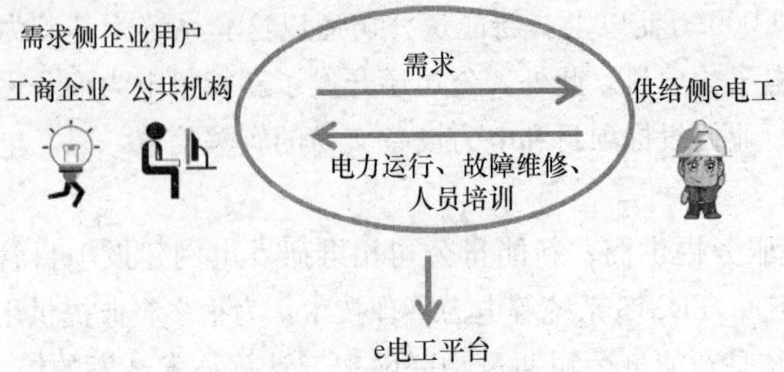

图 5-1　e 电工平台主要用户

业信息维护以及用电信息监测等。

交易系统，包括订单提交、抢单、派单等环节。有些电工会与企业进行对接，负责企业电路的日常巡检和维护，这种对接信息在这个部分进行管理。

结算系统，主要是根据电工提交的订单处理情况和评价系统返回的相关评价确定此次订单的价格以及接单电工的收益。

生产与绩效评价系统，电工接单之后，该系统负责实时更新订单处理进度。同时，在订单完成之后，该系统会收集相关评价，主要包括基于客观数据的绩效评价和需求方的服务评价。

基于这四个子系统，e 电工平台的运营模式如图 5-2 所示：

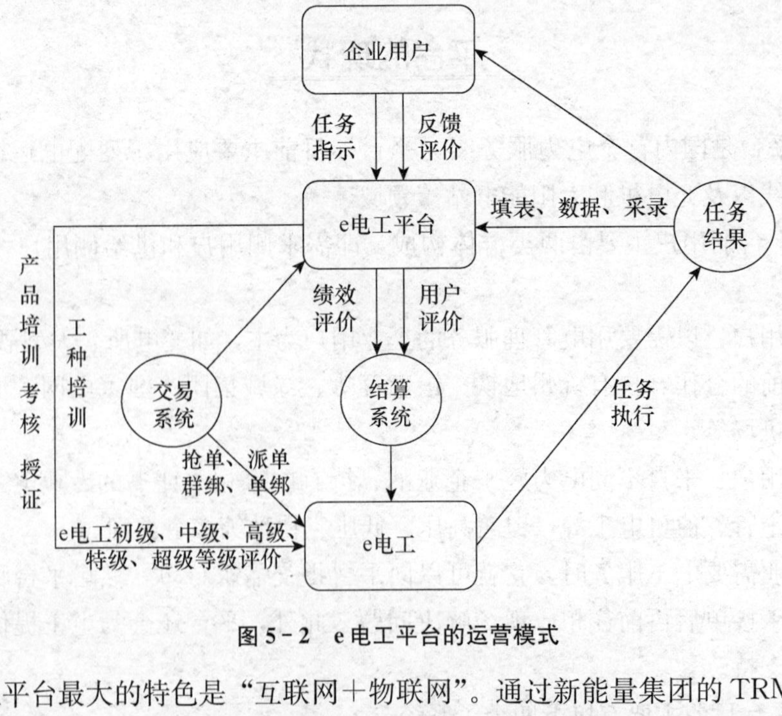

图 5-2　e 电工平台的运营模式

e 电工平台最大的特色是“互联网＋物联网”。通过新能量集团的 TRMS 系统，企业负责人和电工可以不依靠人工的方法，通过相应的物联网系统就能获得全面的用电信息，及时发现电路故障，解决人工巡检时发现问题不及时的安全隐患。同时，利用两网结合的方法，电工可以通过各种标准化的电子表单进行工作记录，既简化了工作过程，又降低了工作失误的可能性，提高了工作效率。

平台的发展历史

e电工的诞生与中国共享经济的发展有着密不可分的关系。

2013年6月，谢国强去北京出差。在一次和客户共同进餐之后，因为大家都喝了酒，于是有人提议呼叫e代驾。这次呼叫e代驾的经历让谢国强想到电力行业也同样存在共享经济的发展潜力。

一般来说，共享经济的发展依赖于闲置的资源，比如家用轿车每天可能只用几个小时，其余时间都属于闲置资源。同样地，电工往往也会有大量的闲置时间。比如一个负责抄写电表数据的电工可能只需要2小时抄一次表，但实际上真正用来抄表的时间半个小时也用不了，有3/4的时间都是闲置时间。对于企业而言，如果雇用专职电工，那么低的时间利用率就意味着很大的浪费；如果不雇用专职电工，一旦发生紧急情况，可能就无法及时响应。基于此，谢国强就想到可以开发一个电力服务平台——平台的需求方为需要电工服务的企业，供给方为电工。企业可以在平台上发布其所需的服务，再由平台将其推送给地理位置接近的电工，然后平台上的电工就可以接单并前往需求企业提供服务。

然而，用电管理不仅仅是解决问题的过程，更多的是日常监管和维护。一个比较直接的问题就是即使拥有e电工平台，但为了及早发现线路问题，企业仍然需要专职人员负责日常监管，那么平台就没有价值了。为了解决这个问题，新能量公司把已有的TRMS系统和e电工平台相结合。这样，电工即使不在现场，也能通过TRMS系统监管线路情况，及时发现线路问题。

在平台搭建过程中遇到的另一个问题是电工的专业技术问题。电工是一个专业技术要求较高的工种，所以e电工平台在原有基础上引入了电工技能培训与认证系统。电工不仅在加入平台时需要上传政府颁发的电工证等证书，还可以在加入平台后学习平台提供的技能培训课程，获得平台颁发的技能认证证书。

e电工平台开发完成之后，新能量公司就展开了“新能量e电工创富计划”宣讲会。通过各地的巡回宣讲会，公司向各地电工宣传了e电工平台对于电工增收致富的价值，并将相关的软硬件设施安装及使用方法教给他们，使得平台入驻电工数量有了大幅增加。

e电工平台原本是为了解决全职电工闲置时间太长问题而诞生的，但是在运行一段时间之后，公司发现如果电工流动性太强的话，平台匹配订单和电工的效率会下降，导致响应速度变慢。所以，新能量公司推出“微网格化承包”的管理方式，由固定的一名或多名电工负责方圆3公里以内的抢修任务。通过这种方式，电工的工作时间得到固化，平台管理更加方便，而且订单响应速度更快。

截至2015年10月30日，e电工平台完成的抢修工单数共计6 519张。其中e电工平台接单数为4 635张、实际结单3 728张；e电工平台接单率为71.1%，结单率为80.43%。平台的平均响应时长为11.81分钟，比标准缩短18.19分钟。平均结单时长为69分钟，比标准缩短111分钟。

一场关于未来发展战略的会议

2016年3月，在杭州市新能量大楼的会议室里，公司正在召开关于e电工平台未来发展战略的会议。

会议由谢总经理开头：“经过两年左右的努力，平台上目前已经有近万名电工，需求侧用户也有国家电网、杭州地铁、银泰百货等多家企事业单位，平台的人气建设可以说是卓有成效。过去一年主推的电力抢修服务，基本上也是成功的。不过，电力抢修称不上爆款，表现只能说是中规中矩。总体来说，平台目前的发展态势良好，但是还有提升的空间，而且接下来我们的竞争对手一定会越来越多，所以今天会议的主要议题是平台接下来的发展战略。大家认为我们接下来应该把工作重心放在什么地方？”

李副经理首先发言：“平台目前已经有了不错的人气，是量的提升，所以接下来可以关注质的提升，即电工管理。我认为可以尝试建立一个更加规范的考核机制，通过考核来保证平台电工的服务质量，这样的话，企业加入平台的热情会更高。企业加入得多，反过来也能提升电工加入平台的积极性。”

对此，王副经理有不同意见：“我认为目前还不是考核的时候。现在平台的人气刚刚涨起来，我们不能管控住。以后可以慢慢地实行更加严格的考核制度，但是就目前来说，虽然平台上的电工人数已经有了大幅增加，但是在电工管理上还不能有太大转弯。否则，有些电工适应不了，可能就会选择退出。”

听到这里，吴总监说：“其实电工管理不仅仅是考核，我们也可以从专业技术方面入手。对Uber而言，司机的驾驶技术很重要；对我们平台而言，电工的专业技能很重要。TRMS系统就是我们目前很重要的竞争优势之一。我们还可以通过技术研发和电工培训，从硬件和软件两个角度提升平台电工的专业技术水平，这样也可以提高企业加入平台的积极性。”

“我认为我们的重心还是应该放在人气上。造桥容易，但是桥要有人走才行。如果平台没有人气的话，就跟房地产行业的鬼城差不多。”王副经理接着说，“我们入驻的人气还行。过去出现了一些电工与企业跨平台对接的情况，所以我们需要想办法提高需求企业和电工对我们平台的黏性。否则，就算聚集了再多的电工，平台渐渐地也会变得形同虚设。我们可以定期举办线下社群活动，把关怀送出去。既管又爱，也就是‘胡萝卜加大棒’的模式，但是目前我还是支持在‘胡萝卜’上下功夫。”

蔡副经理说：“没错。我们需要重视这个对接现象，但是这种现象是很多企业都无法回避的问题。像新东方这么响亮的品牌，仍然存在这种问题。我认为对于这种问题，我们还是应该大气一些，不怕他们对接。把自己做好了，即使他们现在跨过了平台，将来还是会回来的。”

“刚才大家都在说电工的问题，”蔡副经理开始讲他的想法，“我认为在电工方面我们做得已经比较有成效了，接下来可以关注入驻平台的企业。对于电工来说，他们选择我们的平台，首要还是因为我们能给他们带来更多的工作机会。之所以淘宝能够发展得这么好，是因为它的需求方，也就是购物者，来自千家万户。从目前 e 电工的入驻企业来看，需求侧用户的量还是不够。”

吴总监说：“目前，我们平台上的企事业单位主要还是一些大型企业、变电所之类的。根据了解，很多中小型企事业单位的电工都不单单从事这么一个工种，还可能从事一些别的事情，如水暖等后勤方面的事情。否则，这个岗位的价值就比较低。像这些单位，e 电工目前就打不进去，吸引力不够。所以，我们接下来是不是可以考虑培养多技能的电工。”

蔡副经理说：“我认为这么做不好，可能反而会影响我们的专业形象。的确，很多企业的电工都不从事一个工种，因为电工的闲置时间很多，但这正是我们平台存在的价值。它们是通过多工种结合的方法解决这个问题，而我们给它们提供了另外一种基于共享经济的方法——不雇用公司专属的全职电工。我们还是应当专注在电工领域。”

方副经理说：“对，我们可以选择别的道路去扩大平台的规模和影响力。现在成熟的互联网企业不少，它们之间都在不断地相互学习和创新，像阿里巴巴和京东。我们也可以学学它们。比如京东目前 70%自营，30%他营，充分利用了其发达的物流系统，例如京东到家，你在上面买 5 杯酸奶，是楼下的连锁超市送货，而不是京东自己发货。”

“我们也可以走自营加他营的模式，自营为主，他营为辅，有点像加油站的模式。每个城市自建 1 个示范店，其他都是加盟，归示范店管理。”方副经理接着说，“把平台开放给同行或者其他有需要的人，做一个真正很‘平’的平台。大家都可以参与，我们负责管理平台秩序。如果我们能建立起一个大家都参与的、资源丰富的平台，即使有竞争对手想抢生意，也是很困难的，所以这也是应对竞争的办法之一。”

王副经理说：“刚才蔡副经理说到淘宝的案例，提到了深入千家万户。这对于我们也不是完全不行的，一个可能的方向就是家电维修。现在的家庭，尤其是位于城市的家庭，都有十多件不同的家电，我们可以通过收取会员费（例如 50 元/年）提供上门维修服务，材料和配件等单独收费。”

李副经理并不赞同这个想法："以前，我们做的都是对企事业单位的业务。刚才大家讲的业务方向和以前的业务方向相差较大，而且和我们原有的像 TRMS 这样的技术资源相融合的难度比较大。所以如果我们接下来马上把重心转移到这些业务上，是不是风险会比较大？我认为我们可以从地域上拓展一下，毕竟目前我们的业务主要还是在浙江省，这样会不会风险小一些？"

方副经理说："我觉得我们可以和大公司合作，这样风险会小一些。e 电工平台作为一个新兴的垂直领域平台，如果只针对企事业单位进行服务的话，业务就会比较单调。我们可以去寻求一些大企业的注资和其他支持，这样我们才能够把业务做大做广。不然，如果淘宝这些大企业抢先进入家庭业务和其他小型业务领域，我们就会有些被动。"

"这样的话，我们对平台的掌握就会削弱。这么做真的好吗？"又有人表达了对这种做法的忧虑。

讨论持续了很久。期间，谢总经理很少发言。他担心自己在中间发言过多的话，大家就不敢自由发表自己的观点了。但是他的思考一直没有停止过，因为他知道最后的决策权在自己，自己必须慎重考虑。

尾声

在办公室里，谢国强心中不停地思忖着：接下来是继续专注于平台上现有业务的提升，还是拓展新的业务范围？拓展业务范围的话，要往哪些方面拓展呢？专注现有业务的话，重点应该放在延伸现有业务来扩大需求方规模，还是放在供给侧用户电工的管理上？有没有更好的方案还没有被想到呢？面对着放在眼前的会议记录，谢总经理陷入了沉思。

问题

1. 很多项目在创业初期，都从垂直细分角度切入，从垂直细分角度切入有定位更加明晰的优势，但随着细分行业的深耕成熟，垂直细分市场本身是否足够大是值得每个垂直细分行业创业者深思的问题。对 e 电工平台而言，你认为是应该继续在本行业内深沟高垒，还是要继续拓展业务？

2. 对于谢总经理提出的问题，你又有怎样的答案呢？

参考文献

[1] 谢国强在中欧校友年会上演讲解读"e 电工物联网+". http://www.fps365.net/web/index/NewsDetails.aspx? news_id=10810&BP_ID=155.

[2] e 电工规模日趋壮大、抢单接活需要两个注意!. http://www.fps365.net/web/index/NewsDetails.aspx? news_id=9844&BP_ID=155.

互联网金融篇

6. 分期乐——互联网分期消费新模式探索历程：看分期乐如何稳健成长

创业格言：我们的架构是为了拿下终局，而不是抢占过程中的一两步先手。

主角：肖文杰，深圳市分期乐网络科技有限公司董事长

摘要：分期乐是目前国内面向年轻人提供分期消费的金融服务平台。它通过消费场景和消费金融的整合，完成了从流量获取到整个商品运营、自主研发风控体系，再到形成理财资金端出口的全过程，形成了一个完整的闭环。2015 年上线不足 3 年，分期乐交易额就达到了 100 亿元，而 2016 年上半年交易额就已过 100 亿元。这家公司的发展如此快速，但其创业经历并没有戏剧性十足、大起大落的桥段，它更像一套计算精密的系统，按部就班、有条不紊地走到今天。见多了创业公司业绩好时疯狂扩张、业绩坏时骤然收缩，分期乐的创业故事在当下更有借鉴意义，便于理解如何做好一家公司的长远规划，如何建立一套严密的系统来管理团队、扩张业务。

关键词：分期；消费金融

引言

2004 年，还在南昌航空大学艺术专业读书、在路边喷绘店拿着 600 元月薪的肖文杰买了一份报纸，当天的头条是陈天桥成为中国首富。那时候，肖文杰还是盛大代理游戏《传奇》的忠实玩家。他没想到自己每天玩的游戏居然有这么大的商业价值。

他第一次意识到，自己要做互联网，要进入一个生机勃勃的新行业。

当他等了三年终于拿到来自腾讯的录用函时，他兴奋得在公园里跑圈，累了就直接在草地上睡了一觉。就这样，他如愿进入了腾讯。

2013 年年初，已经是腾讯财付通产品总监的肖文杰盘算着创业。在选择项目时，他首先考虑的是项目必须有自带流量的能力，必须有很好的现金流模式，必须面向的是万亿元规模的市场，未来 10 年看不到天花板；其次，项目必须和自己的核心能力相匹配，肖文杰做过互联网支付，明白传统金融效率有多低，也和电商打过交道，了解

电商如何运作。

背景

同年夏天，肖文杰在广州大学城代表腾讯做校招。每天需要和大量学生面谈，他认为这是一项极具挑战性的工作。夜晚，他一个人在校园里闲逛，发现了路边的3C数码用品小店，店主自己在为消费能力有限的学生做分期服务，他用一个本子记录着附近学生的消费记录和还款记录。店主资金周转有限，甚至到了拜托身边所有朋友透支信用卡，代学生分期付款的地步。这让肖文杰意识到，将这种线下分散的消费金融用互联网的方式进行整合和升级，有可能是巨大的机会。

一直在考虑离开腾讯去创业的肖文杰由此发现了一个在此之前无人涉足的创业方向：为大学生提供分期消费服务。在此之前，肖文杰已经预设了理想的创业方向的三个条件：大市场、有强大的商业模式并且不烧钱、离钱近。

肖文杰认为分期乐的模式完美地契合了他的三个条件，几乎是为他量身打造的：大学生在分期乐上下单购买单价高的产品，按照12期或者24期支付费用。分期乐一边儿是电商，一边儿是消费金融。

肖文杰通过模型测算分期消费到底能不能成功。最简单的模型就是假设每所学校每天卖出一部3 000元的手机，全国2 000所大学，一天就能有600万元的交易额，电商毛利率为5%，金融毛利率为10%，一部手机就有450元的毛利。这是能带来正向现金流的生意，据保守估计，第二年就能做到四五亿元的交易额。

肖文杰花费了一年时间来准备这个创业项目，他在大学食堂发放600份问卷，调查学生是否需要分期服务，收回300多份问卷，其中80%以上有分期服务需求。

分期乐的诞生

将思路理顺的那天晚上，肖文杰兴奋地注册了所有分期乐相关域名，分期乐由此在深圳成立。在创业之初，他拿出200万元积蓄投入分期乐，给家里留了30万元当做两年生活开支。他对家人说："不要再找我要一分钱，一分钱都没有。我两年成就成，不成就拉倒。"一家创业公司能不能做起来，两年时间足够验证。

大学生消费金融领域，由此从分期乐开启。为了成功融资，肖文杰的思路是先见不怎么知名的投资人，每次见面后记录下自己回答得不太好的问题，或者说投资人关注的、自己却没想过的问题，再完善答案，练习如何回答，之后继续见有些名气的投资人，不断打磨自己的沟通能力，最后才见那些大风投。

在B轮融资时，DST创始人尤里·米尔纳飞到深圳，他在分期乐公司里仔细观察风控人员如何操作审核后，直接问肖文杰："你们公司5年后会是什么规模?"肖文杰回答："保守一点儿说，我们希望是估值百亿美元的公司。"尤里·米尔纳和同行人员商量了一会儿，告诉肖文杰："我决定投资你们公司，我们握手成交。"

接下来的一幕，给分期乐首席财务官乔迁留下了深刻印象。在尤里·米尔纳伸出手后，肖文杰并没有握住，他说："我还要问你几个问题，我们得谈谈具体条件，还得了解你和我们的理念是否相符。"肖文杰在和团队商量过后，才握手成交这笔融资。

谨慎、稳健是肖文杰的风格。在建设地推团队的时候，他同样如此。在一堆崇尚快速扩张、野蛮生长的O2O公司里，分期乐显得很另类。它付出的代价是当竞争对手蜂拥而至，最多时有一百多家校园分期消费创业公司时，分期乐的城市扩张速度一度落后于它的模仿者们。

两年过去了，分期乐以平均每月100%的幅度高速增长，目前覆盖全国所有高校，拥有500万用户，月交易额突破20亿元。它先后获得险峰华兴的天使轮投资、经纬中国领投的A轮千万美元融资、DST融资领投的B轮1亿美元融资以及京东集团的战略投资等资本支持，估值超过10亿美元，月销售额超过20亿元，互联网金融领域里的巨头公司隐隐成形。分期乐手机客户端界面如图6-1所示。

图6-1　分期乐手机客户端界面

建立拿下终局的架构

"我们的架构是为了拿下终局，而不是为了抢占过程中的一两步先手。"肖文杰这样说。

肖文杰的最初设想是，每个片区只有一名全职员工，其他靠兼职的高校专员来完成。但是，在广州测试地推模式时，他发现主要依靠兼职员工是没办法推动业务开展的，因为兼职的大学生精力主要还是放在学业上。由此，分期乐在每个校区增加了全职的高校经理岗位。高校经理负责招聘和管理高校专员、面签、送货等业务。

在分期乐初创后的一段时间里，完成交易的流程是这样的：用户线上下单，提交电话号码等资料，由分期乐总部完成线上初审，分期乐向京东下订单，京东将货发到分期乐，高校经理拿到货之后，再与用户见面，验证用户学生证、身份证、学信网截图、父母联系方式，还和用户拍照合影，最后由总部在半小时内完成审核。在通过审核、完成面签后，高校经理将货交给用户。

这套烦琐的程序基于一个假设：当看到实物的时候，用户更愿意提供资料给分期乐审核。

这套程序的用户体验显然不怎么样，同时也给分期乐带来了很大的负担。早期，肖文杰做地推，每天开车约 400 公里送货，车的后备箱里装满了手机。更糟糕的是，有些用户没有通过面签审核，就需要退货，这些准备退给京东的货由营销中心管理，不仅产生了库存，还频频丢货。

后来，肖文杰他们发现，用户实际是愿意接受事先审核的。于是流程就变成了用户下单，高校经理收集资料、提交审核、面签，分期乐下单，京东直接送货给用户。

肖文杰崇尚逻辑、系统和流程，这是腾讯 5 年工作经历给他留下的深刻烙印。那 5 年他了解了一个大的互联网公司应该怎么运作，拥有最先进管理理念的公司是什么样子，内部架构如何，每个部门是如何衔接、工作的。“腾讯能够走到今天，靠的不仅是大家看得到的产品用户体验环节，大家看不到的背后的工具和支撑体系，甚至比眼前的部分更加关键。”

当他创办分期乐时，他认为自己必须建立起一支正规化的、能打阵地战的集团军，依靠流程和系统形成标准化的业务拓展模板，员工经过总部培训之后，按照标准操作，就能得到标准的结果，就像肯德基、麦当劳一样。

分期乐在创立第一个月就跑通商业模式，用了三个月积累线下标准打法，肖文杰预见，如果商业模式被验证是好的，一定会有很多人模仿。

他们总结了很多细节，例如发传单不能在路上发，因为大家全扔垃圾桶了，必须到宿舍里扫楼。扫楼也要规定好时间，必须知道清洁工什么时候打扫卫生，必须在打扫完卫生才去扫楼，否则会被当做废纸收走。强大的地推团队为分期乐创造了流量（见图 6－2）。

2014 年年初，在南昌验证完模式可以复制后，肖文杰开始着手准备 5 个节点城市的扩张：北京、上海、武汉、重庆以及广州。每个城市设立营销中心，营销中心是每个大区与总部衔接的枢纽，营销中心设置多个职能部门，财务、物料管理等与总部进

图 6-2　强大的地推团队为分期乐创造了流量

行垂直对接。

分期乐有完整的预算体系，能精确计算每轮推广大概花费多少钱。以扫楼费为例，根据宿舍数量计算费用，大约是 20 元一栋楼，扫楼费发放到营销中心，有专门人员负责管理扫楼费，片区经理向他申请费用，按照扫楼数量领取固定费用，并且填写清单，主要填写雇用了哪些学生、每个学生拿了多少钱，每个学生必须有本人签字和电话号码。总部会抽查这些号码进行核对。“我非常有信心保证 80%的费用真正花在了推广上面。”肖文杰说。

当分期乐铺设到 5 个节点城市的时候，竞争对手开始涌现。在中国，如果有哪家公司能够拿到风投，那么他的商业模式一定会在很短的时间内被复制。2014 年 3 月，分期乐 A 轮融资 1 000 万美元，由经纬中国投资。消息公布后就吸引了一大批创业者进入这个市场。校园分期市场一下子冒出来 100 多家同类公司。其实校园市场并不是现在才被这么多金融公司觊觎——早在这些放贷公司之前，银行就已经试过水。但最终因为坏账率太高，被相关监管部门叫停。肖文杰低估了山寨的速度，投资人打电话告诉他已经有竞争对手了，他刚开始还不太相信。

“我不着急，我一点儿都不着急。”肖文杰说，“我要建立的是能打阵地战的集团军，营销中心负责人、片区经理、高校经理、高校专员等人员都要到位，一定要有营销中心办公室，不然连个根据地都没有，如何招员工？如何培训？”

到 2014 年 6 月，分期乐完成 5 个节点城市的铺设，以这 5 个节点城市为基点开始同步扩张，整个暑假分期乐忙着在全国建立营销中心，到 9 月，除了新疆和西藏，基本省会级城市都铺设完毕。“我看起来不紧不慢，实际是在修炼基本功。”肖文杰吸取了团购大战的教训，城市经理一级要用熟人推荐的人员，原来团购大战时候就出现过互相挖人的情况，只要一个城市经理被挖走，整个城市就沦陷。

“我们从来没有出现过线下团队大规模瓦解、换人的问题，就是因为标准化，你必须做出支撑体系。异地管理非常困难，员工每天在家里睡觉还是上班你都不知道。”

2015年，北京片区经理王雪峰发现还有很多竞争对手在扫楼，竞争最激烈的时候，王雪峰的团队每天中午、晚上都要扫一次楼，但这些对手渐渐消失了。因为他们没有系统地推进工作，不够坚持，常常在某所学校宣传一个月，又转到另外的学校，竞争对手的品牌不固定，对学生而言，这些公司整天换来换去，没有信用保障。而分期乐前期发传单扩大知名度，中期为了减少成本，将留存的用户通过微信群、QQ群进行维护，后期加大了与学校的合作，因为学生有这种需求，同时他们对学校引进的合作方更加信任。

专业的事让专业的人来做

2014年年底，分期乐举办年会，肖文杰在台上说，2015年交易额要做到60亿元，在台下的广州高级城市经理何洪心里直犯嘀咕：老板太浮夸了吧？2014年才做了6亿元，2015年要翻10倍，能行吗？结果，2015年分期乐交易额达到100亿元。

2014年2月，何洪和肖文杰聊了短短一阵儿，就决定加入分期乐。这时，广东市场还是一片空白。分期消费的理念还没有在大学生中普及，很多人认为有钱就买，没钱就忍着，何洪招聘兼职也没人搭理，甚至被误认为是传销。在拓展广东财经大学华商学院时，何洪把兼职信息打印在A4纸上，贴在公告栏，但是好几天都没人来应聘。他搜索带有“华商”的QQ群，混进了一个华商旅游群后，发现有位姓宁的学生最活跃，是群里的意见领袖。何洪私下联系到这位学生。就这样，何洪打开了兼职员工的突破口。

分期乐前期订单密度低，兼职学生挣不到钱，何洪只有不断和他们套近乎、做朋友才能留住他们。后来，销售有了起色，能挣到钱了，又能学到一些经验，这些兼职学生就留下来了。

2014年3月，广东片区1天能有1单交易，何洪就能开心半天。2016年上半年，分期乐在广东片区覆盖了147所高校，月交易额峰值能达到1.2亿元。分期乐的电商产品线也从3C数码扩张到日用百货、虚拟产品（话费、游戏会员充值）、线下驾校、旅游、演唱会、教育培训等，共30万SKU（库存量单位），客单价也下降到七八百元。

分期乐一年增加了1 000名全职员工，同时拥有5万名兼职员工。分期乐综合管理也扩张到五条线：电商、现金业务、O2O、蓝领、白领。每条业务线的逻辑不一样，都有独立的商务拓展、技术和风控人员。对于一个发展中的公司来说，一大瓶颈就是，当从单一业务发展到多元业务的时候，管理和团队能否跟上裂变式发展。这需要依靠机制和规则去推动执行。

不断进新人的分期乐内部产生了大量的磨合、沟通成本，造成了效率上的折损。例如风控人员希望新做一个功能，技术人员觉得没有必要，因为风控人员希望风险为零，将流程设计得繁重，而技术人员从产品角度考虑，认为用户体验不能繁重。“这需要我们有机制去平衡。”腾讯移动互联网事业群市场部前总经理、分期乐首席运营官乐露萍深受腾讯理念影响，她说：“后台可以很重，但前端给用户的体验必须足够简单。”

过去两年一直冲在业务一线的肖文杰，认为分期乐最大的短板是管理，于是他找到他的老上司吴毅来负责分期乐的管理。吴毅是微信支付首任总经理，2007 年加入腾讯财付通做总监，肖文杰是吴毅招进财付通的第一位产品经理。

曾经，吴毅思考过这样一个问题：为什么腾讯二十年来能保持高速增长，而同期的很多公司却进入了瓶颈期？他得出的答案是，管理。

“理性对金融行业来说是很重要的素质，金融行业跟其他行业有明显的区别，有收益杠杆，也有风险杠杆，杠杆会把收益放大好几倍，也会把风险放大好几倍。杠杆的效应需要时间来显现，如果你看到现状发展良好，头脑发热就烧钱扩张，会产生很严重的后果。”当业务快速增长的时候，一定要思考这是团队能力带来的，还是市场导向带来的。如果纯粹是市场导向带来的，所有人都会看到这个市场，这个市场马上从蓝海变成红海。

当吴毅还在微信支付时，他就发现肖文杰对公司基本面的重视程度比他想象的高。很多金融初创公司是不可能投入几百人做风控团队的，也有很多公司人数是波浪形波动的，前一阵子 1 万人，过一段时间减少到 3 000 人，过一段时间又涨到 7 000 人，最后变成 2 000 人。“这种波动对公司企业文化的稳定性冲击极大，我很难想象这种公司能持续发展。”

对于分期乐来说，有了用户之后，更重要的问题就来了——怎样控制风险？

至今，分期乐的坏账率仍低于 1%。这有赖于管理风控团队的资深的专业人才。在分期乐 2 700 人的全职团队里，有 400 人隶属于风控团队，其中反欺诈团队近 50 人。分期乐首席风控官刘华年在加入分期乐前，是平安银行私人银行浙江省分行总经理，负责销售、投资和风控。

在刘华年加入之前，分期乐风控团队只有审批部门和催收部门。但风险管理实际是一个闭环流程，定策略、定政策、定价、审核、反欺诈、贷中管理、贷后管理、催收、回款，任何一个环节出问题，都会导致风险增加。

关于分期消费的欺诈风险，一种比较多的情况是，身份证、支付宝密码被盗用；另一种是，欺诈团伙告诉学生，你去某某分期平台上买一部手机，手机给我，我给你 200 元。学生根本不知道这是在透支自己的信用，还以为自己赚了 200 元。“这是我们遇到的最大的反欺诈挑战。”刘华年说。

当分期消费模式还没有被人熟悉的时候，交“学费”的成本最低。分期乐初期也会在一个校区被骗 2～3 单，这促使分期乐建立起反欺诈模型。如果没有这个模型，则有可能被骗 100 单才能识别出欺诈团伙，交“学费”的成本就高得多。刘华年认为这正是分期乐的壁垒之一。

构建“消费场景＋金融＋互联网”创新模式

贷款消费有几个环节的风险是必须要杜绝的：首先，学生拿到的贷款必须是用于消费的，而不是套现去干别的事情；其次，要保证学生能够按时还款，降低坏账率。

关于第一个问题，分期乐的解决办法就是让整个消费行为发生在我们能控制的网站上——电子商务网站。但是分期乐又不想自己做电商，所以当时就和腾讯旗下的电子商务公司易迅合作，让学生在易迅上购物的同时享受分期服务，整个过程非常流畅，学生甚至感受不到自己在贷款。而就在分期乐跟京东谈同样的合作时，腾讯把易迅卖给了京东，并成为京东的股东。

这个突如其来的交易倒是让京东和分期乐的合作成为顺水推舟的事。一方面，分期乐要给学生提供更好的分期体验，但是自己并不想做电子商务平台，自己去搞几万个 SKU 和物流配送是分期乐绝对不想干的事；另一方面，对于京东来讲，分期乐完全是给它带来的一个增量市场——那些原本买不起苹果手机的学生，现在通过分期乐反而能够买得起了，增加了京东的交易额。所以，2015 年 3 月，分期乐获得了京东的战略投资，分期乐的网站和京东全面打通，实时调整库存，保证了学生购物库存量的丰富、物流配送的及时以及售后服务的良好体验。

引入京东这一步在分期乐发展初期并没有显现出什么特别的优势，但是到了今天，分期乐每个月都有超过 20 亿元流水的时候，庞大的交易量就体现出京东的优势——相比于其他分期公司自建电子商务平台的劳苦和较低的用户满意度，肖文杰十分庆幸当初引入京东的这一决定。后来成立的“趣分期”并没有能够像分期乐那样得到电商的注资，它必须自建电子商务平台和物流配送体系，这也是分期乐和趣分期在购物体验上的最大差别。

京东虽然是分期乐的战略股东，但京东自身也在发展“校园白条”，颇有内部竞争的意味。对此，肖文杰认为，两者之间更多的是合作，比如资产端的合作：分期乐的资产会提供给京东的理财产品，京东的供应链金融也会提供授信，分期乐可享受低利率的授信去京东采购。实际上，京东白条完全基于用户的线上表现——购买记录，因此能够提供的分期额度很低。很多在京东上花了几十万元的用户，也只能拿到 5 000 元的白条额度——毕竟，没有准确的身份核实，风险太大。

但是分期乐在校园里进行线下逐个审核，需要登记个人甚至家人的个人信息。有了这些信息，分期乐就敢把学生的贷款额度提高到 1.2 万元。

学生可以有两个选择，或者按照原价购买，不用分期；或者支付较低首付，分期3～24个月都可以，每个月多给些利息。这就意味着，在一次销售过程中分期乐可以产生两次增值，一次是跟电商的增值，可以赚到行业里商品正常的差价利润率；一次是在商品卖出去以后，分期乐会获得分期的服务费。

分期乐从学生手里拿到的债权会通过分期乐旗下自己闭环的平台“桔子理财”卖给理财的人，这样从桔子理财那里融来的资金就可以源源不断地放给有消费需求的大学生，整个生意就形成了一个闭环。

因此，分期乐的商业模式实际上是一个“消费场景＋金融＋互联网”的闭环商业模式。

从互联网角度看，分期乐利用互联网技术把金融和消费场景重新整合，而分期乐线上商城就是构建的消费场景，并且利用互联网连接各个消费者。

从金融角度看，消费者通过分期乐信用钱包进行分期购物或提现消费，分期乐通过京东等电商平台为用户完成购买、支付等操作，并将商品送至消费者手中，分期乐获得相应债权，并完成消费端风控，即站在京东的肩膀上搭建了一个商城，京东提供商品流通的整个链条；另外，桔子理财独家代理了分期乐的债权，桔子理财会通过其他P2P平台、金融机构出售理财产品，或将手中债券以资产证券化的形式打包成相应的理财产品向理财投资者进行发售，投资者将获得相应的利息回报，分期乐平台获取资金回流。

从消费场景角度看，首先，消费场景具备很强的获客能力。相较于直接询问用户是否要借钱，为用户提供一个他需要的实物并同时提供相应的金融服务明显具有更强的用户信任感。分期乐在早期便搭建了自己的消费场景，尤其是当分期乐做促销和打折的时候用户增长得非常快，这是分期乐保持用户黏性的关键因素之一；其次，消费场景易于整体风控。现金的风险比指定消费去向的业务的风险大很多，当企业掌控消费场景的时候，对这个用户买什么、消费什么都了如指掌，整体风险自然会少一些，套现的情况也更少。消费场景还能带来长远的发展和利润。当消费金融市场竞争到一定程度的时候，企业在金融上能拿到的利润就会变得非常有限，因为金融市场的利率已经变得非常透明和公开。分期乐从成立之日起就开始构建自己的消费场景，截至目前，已经涵盖了几乎所有商品种类和服务，包括3C数码、运动户外、教育培训、吃喝玩乐等，平台商品SKU达到30多万。而正因为有这样的消费场景，分期乐可以同时为用户提供商品和金融服务，也拥有了在这两个环节盈利的能力。

首先，分期乐的商业生态将互联网金融与具体的消费场景完美结合，既保证了产品质量，又保证了用户体验在分期过程中不受影响；其次，针对大学生用户的小额消费分期债权的分散处理降低了理财端的金融风险；最后，金融与消费场景相结合，保证了源源不断的真实债权和资金的快速回流。综合来看，分期乐的优势不仅在于产品本身，更多体现在资金、商品及信息链间形成的产业闭环。

资产透明拿到最低成本资金

分期消费的模式，通俗地说，就是分期消费网站先垫付费用把产品买下来，交给用户，用户分期付款给网站，网站利润来源分为两类，一类是来自产品采购的利润，一类是来自分期付款的利息。

目前，分期乐的总体年化利率为13%～15%，低于信用卡年化利率。但是，在创业最早期的几个月，分期乐年化利率比现在高得多，只是用户每月分期付款至多两三百元，绝对数额不大，没有特别大的负担。这么高的年化利率原因在于，分期乐资金成本太高，在20%以上。

分期乐能够发展起来的一个重要原因是，过去两年各种P2P公司兴旺火爆，成为分期乐的重要资金来源。但是，在和P2P公司合作的时候，单一渠道的资金来源成为分期乐的瓶颈。分期乐对业务增长预估不足，2014年9月其交易额从上半年的几千万元暴涨到过亿元，结果资金渠道储备不足，原本拍着胸脯说给3亿元的P2P公司没有兑现诺言。资金供应不上的分期乐，在10月停掉了线下推广。此时，不少竞争对手抓住机会，猛冲猛打。分期乐的线下推广停止了一个多月，每天都在拓展新的资金渠道。在这段时间用户订单进来而分期乐发不了货，用户天天骂，客服电话都被打爆了。

“在整个资产流转环节的资金端，我们真的太痛苦了，中国金融体系是不作为的体系，虽然我们跟银行很熟，但一涉及抵押、担保、利润等问题时，马上和你说拜拜。”肖文杰说。

这时，校园分期市场有上百家创业公司在做，一片红海，很多人拿钱补贴业务，推广费高得惊人。当债权人资金紧张的时候，分期乐压力就很大，它提高了资金周转率，每个周末都计算回款多少。在生死关头，分期乐以资金成本上浮2个点的代价，找到另外的合作伙伴，迅速拿到了资金。

肖文杰建立的分期乐自己的P2P平台桔子理财，开辟了新的资金渠道，并且积极与银行、保险、私募等多个资金渠道合作。但P2P平台e租宝的风险爆发又给分期乐上了生动的一课，它的渠道还是过于单一，当行业性风险爆发后，没人敢买P2P公司的理财产品，结果分期乐资金压力增大。分期乐不得不用自己账上的钱去弥补。肖文杰反思，其在资金渠道的布局上太慢了，应加快和主流金融机构的对接。最便宜的资金一定在主流金融机构这里，利率最低的途径之一就是发行ABS（资产抵押证券）。在体量还不够资格发行公募ABS时，2014年年底分期乐做了第一笔私募ABS，金额1 000万元，资金成本7%。

肖文杰说：“在这个行业，每一家平台都会吹嘘自己的坏账率低，但每家公司都不是上市公司，财务报表不需要公开披露，公布出来的坏账率水分很大；但是发行公募ABS，必须受上交所等传统金融机构的审计，每一个数据、每一笔债权都清清楚楚，所以，分期乐的坏账率是绝对经得起检验的，在这个行业确实也只有我们一家能够做到真正低于1%的坏账率，并成功发行标准ABS。”

资金成本的持续降低，让分期乐更有优势打价格战。从2014年9月到2015年，100多家创业公司将校园分期消费杀成红海。分期乐最初一部手机能够赚1 000多元，但在市场竞争最激烈的时候，为打价格战，一部手机可能亏损800元。

当时公司内部论证了半天是不是要降价，最后得出的结论是，要降。市场份额比短期盈利更重要。肖文杰定下战略：3C数码电商这一块不赚钱了，全部让利给用户，一降到底，把价格战长期打下去，但要开拓其他业务赚钱。2014年9月，分期乐启动了现金业务，给予用户小额贷款。

肖文杰做这个决定时压力很大，当时现金业务刚刚起步，未来到底能不能赚钱还没有印证，但现有的主营业务利润却突然变成零。多种资金通道的建立，让分期乐的资金成本降低到8%。2016年100多家分期贷款网站消失了，因为拿钱的成本太高，没办法和分期乐打价格战。分期乐将近5 000元采购的iPhone 6S，4 088元亏本卖出去。“这是必然的过程，要加速淘汰小公司，赚钱的生意很多人来做，但亏钱的时候，小玩家全在退场。”肖文杰说。

虽然分期乐3C数码业务变成负毛利润，但充值、驾校、教育培训等品类和现金业务发展起来了。分期乐将3C数码业务定位成获客业务，交易用户里50%以上是由3C数码业务带来的。

2016年6月，分期乐完成D轮首笔融资，华兴资本做财务顾问，分期乐D轮投资人华晟资本是华兴资本下设的私募股权基金。华兴资本董事总经理周亮说：“我们判断金融大环境考虑了以下几点：首先，政府在减杠杆，个人在加杠杆，做2C金融的机会大于做2B金融；其次，中国零售的债券化率是百分之十几，通过互联网为用户做消费场景，做线上的消费金融是有机会的；再次，分期乐的切入点是大学生这一次级人群，次级人群在过去没有被传统金融机构很好地服务。大学生同时也意味着中国未来的中产阶级。”

尾声

分期乐的业务有三个阶段发生了突发性的快速增长：第一阶段是产品落地时，过了认知期后业务快速增长；第二阶段是2014年9月确定学生市场策略，开学季做分期乐活动时，业务高速增长；第三阶段是针对白领、蓝领的新产品上线时，业务突发增长。

分期乐这一模式能得以立足的重要原因在于中国金融系统存在强大的监管，在金融抑制的大环境下，大学生通常很难从传统金融环境里获得足够多的服务，这给了互联网金融创业公司一个机会。肖文杰则搭建了一个和电商网站相似的网站，在这里，用户可以直接下单购买商品，并使用分期业务。当用户完成购买时，分期乐就获得了相应的债权，然后它以互联网金融的方式将这些债权出售，实现借和贷两端的对接，盘活资金来支持大学生分期购物消费。

分期乐切入白领业务的逻辑很简单。从 2016 年年初开始，每天大概有 600 万元的订单不是来自学生，没办法进入审核流程，客服每天要接几百个电话处理这些订单。这些用户都是刚毕业的白领，其在过去两年分期乐在校园宣传时知道了这个品牌，工作后有买手机的需求，希望能够在分期乐上购买。但是分期乐没有相应的流程支持这些用户，拒绝了这些用户的购买意愿。为此肖文杰开通了白领业务，2016 年上半年该业务交易额累计已过 10 亿元。

白领市场是大学生市场的顺延，与此同时，分期乐开通了蓝领业务。肖文杰表示："蓝领业务是硬骨头，现在做肯定很难，但市场相对空白。如果两年后再做，就需要面临强大的竞争对手。"

相对于其他开拓蓝领市场的创业公司，分期乐的优势来自资金成本低。分期乐还在摸索蓝领业务的发展模式，肖文杰认为坏账率低于行业水平一半以上才能大规模复制，坏账率低、资金成本低才能定价低，定价低就能把市面上所有竞争对手秒杀。

现在，京东金融、蚂蚁金服和微信支付这些巨头都对校园金融虎视眈眈。分期乐尽管也在进入蓝领、白领市场，但那是巨头们的优势领域。分期乐面临两大考验，第一是如何在白领市场的红海里杀出一条路来，第二是如何在分期乐已经立足的校园金融市场中在巨头进入后继续守住自己的优势。分期乐比京东白条和蚂蚁金服的花呗早 4 年获得用户，这是分期乐的优势——当分期乐的这些学生用户成长为白领的时候，京东金融和蚂蚁金服比它少了 4 年数据。

问题

1. 如果京东金融、蚂蚁金服等有获取用户的能力、有流量、有数据的企业都盯着这块消费金融的蛋糕，分期乐要如何保持优势继续发展？

2. 2016 年以来，校园贷事故频发，校园信贷市场面临的舆论压力剧增，校园贷也在不同程度上受到了校园和学生家长的抵制，在此环境下，以校园贷起家的趣分期宣布退出校园市场，这对分期乐来说会产生怎样的影响？在校园贷的舆论压力环境下，面对大学生市场，分期乐应该如何发展？

参考文献

[1] 分期乐 CRO 刘华年：<1%的坏账率是如何实现的?. http://www.sootoo.com/content/666063.shtml.

［2］分期乐创始人肖文杰：从大学生分期到 P2P，我是这么想的. http://www.tuicool.com/articles/6vAniy.

［3］分期乐肖文杰：校园之王称霸消费金融. http://mt.sohu.com/20151225/n432573041.shtml.

［4］三年获五轮融资，肖文杰披露分期乐“三大护城河”. http://it.sohu.com/20160616/n454697210.shtml.

［5］分期乐：中国最大年轻人互联网消费金融平台如何从 0 到 1. http://money.163.com/15/0914/10/B3FH16D400253B0H.html.

7. 随手科技——从记账理财应用到个人金融服务

创业格言：无论从事哪一行，做够10 000小时就能成为该领域的专家。

主角：谷风，深圳市随手科技有限公司董事长

摘要：移动互联网已经极大程度上改变了用户习惯，在海量App中，理财类App推动用户自我约束，培养用户良好的财务意识和习惯，没有社交类App的关系链刚需，没有手游的趣味性，同时因为财务上的专业性，而成为最难啃的骨头。当移动端的记账理财应用与个人金融服务走向融合后，大众用户市场的财务管理需求正被进一步有效激发。随手记在创立两个月后就成为记账类App的龙头老大，并在随后的六年时间里连续保持了这一地位。自推出以来，累计用户已超过2亿人，日活跃用户近400万人。

关键词：记账；理财平台

引言

谷风职业生涯的前半期主要是在金蝶软件公司度过的。2000年，学机械出身的他加入金蝶软件公司，成为了一名C++开发工程师，创立了金蝶互联网事业部，并担任金蝶旗下友商网的研发负责人。2009年，他跟金蝶董事局主席徐少春说想创业并说明创业思路之后，徐少春投资了1 000万元，成为随手科技的天使投资人。

那时，谷风感觉中国的个人财务行业革新的时机要到了。用信用卡的人、买房子的人以及投资的人都在增多，个人财务结构在日趋复杂化。同时，他目睹了iPhone 4引爆市场的全过程以及奔腾系电脑与Windows 95的推出对中国整个软件行业兴起的推动作用。在他看来，2010年是硬件更新换代之年，大家换新硬件的时候，正是树立软件品牌的大好时机。

有终端用户的需求，也站在换机潮的风口上，谷风还面对着一个零散而又琐碎的记账应用供给市场。这是行业遇到的问题，也是随手记整合市场的机遇。

背景

利用第一笔来自前老板的天使投资，随手科技收购了两家财务管理软件：记账啦与账族，并将其用户纳入自己的产品体系内。“我有 180 个同行，最大的两家合起来也就只有 50 万用户。”谷风说，随手记不是中国第一个记账类 App，却第一个实现了用户规模化。在随手记之前，没有哪一个记账类 App 拥有超过 50 万用户。

其实，在谷风当时投身于记账类 App 时，并没有人看好这个行业。“在王老吉没有出现之前，有很多凉茶，但王老吉是第一个将凉茶品牌化的，”谷风表示，“只要人们有在纸上、电脑上记账的需求，就有把这种习惯转移到手机上的可能性。”

俗话说，知己知彼，百战不殆。在创业之前，谷风很认真地研究过竞争对手。“现在我的电脑里还有当时 180 个竞争对手的网站地址、产品截图以及论坛文章，正因为走在行业前面，随手记在 2010 年 5 月推出，8 月就成为行业老大。”他说。

著名的 10 000 小时定律告诉我们，无论从事哪一行，做够 10 000 小时就能成为该领域的专家，谷风就是财务这个行业的专家，他见证了国内个人财务管理需求的一步步扩大。谷风的观点是，个人投资品所具备的首要因素就是可以自由转让，而以前没有可供大家转让的自由资产，从 2004 年房地产行业开始，到 2008 年真正意义上的债券产品开始受到追捧，人们才开始完全接受房贷、车贷这些方式。当人们的负债越来越多的时候，便开始寻求一个好的管理方式，需要财务工具的根本原因是财务结构正在变得复杂化。虽然谷风在这个领域从业并且观察了很多年，但他认为对财务工具的这种需求直到 2009 年以后才开始变得普遍。

在谷风看来，培养用户在手机上记账的意识和习惯，从而教育市场，随手记功不可没。谷风也并不满足于随手记这一款产品，在随手记奠定了记账市场的老大地位后，转而将目光瞄准了信用卡管理类 App。

随手记的诞生：打理个人财务需求让记账软件获良机

2010 年随手记诞生，谷风认为这源于一个市场机会。因为从历史上来看，IT 行业一直都呈现“十年一次大机会，五年一次小机会”的周期，2000 年左右 BAT 等开始兴起，2005 年左右去哪儿网等平台开始兴起，2010 年左右今日头条、随手记等开始兴起，2015 年左右 O2O 浪潮开始兴起。试图成为平台的公司都是每间隔 5 年就有一次兴起的机会。

谷风认为，过去中国人的个人经济情况比较简单，记账需求比较弱，但近年来人们的财务数据越来越复杂，信用卡越来越普及，余额宝、股票等投资渠道越来越多，打理个人财务的需求开始体现。“2010 年以后，智能手机开始普及，这是移动互联网类产品进入市场的不错时点。” 2010 年 6 月，随手记第一个版本上线，5 年来几乎每周都保持一次更新。

随手记团队在财务领域的经验以及严谨且专业的产品是制胜的关键。在创业之前，谷风花了一年左右的时间对国内外的财务软件做了考察，发现国内当时约有 180 个同行，但用户规模都比较小，而美国的 Intuit 公司是小企业财务和个人财务都做，并且都做得非常成功，说明个人在管钱方面的诉求与企业有相通性。

利用积累多年的企业级财务产品优势，随手记团队将原本专业的记账行为加以“去专业化”，变得更加通俗易懂、简单易用，让普通人告别纸和笔记录的原始方式，也无须在电脑上用专业的 Excel 表格，而是可以在手机上随时随地记账，还能在任何时间将本地内容同步到网上，方便地进行统计、分析，甚至能与家人、朋友共享账本。随手记 App 界面如图 7 - 1 所示。

在随手记之前，记账软件是一个零散而又同质化严重的红海市场。苹果 App Store 上每天都在涌现新的产品。2010 年 5 月，随手科技发布了随手记 iOS 版，同年 8 月，随手记的用户规模在上线 2 个多月后就成为行业第一，两年左右即获得近亿用户。2014 年，随手记的用户已超过 1.2 亿，成为仅次于支付宝的第二大理财入口。截至 2016 年 6 月底，没有社交类 App 的关系链刚需，没有手游 App 的趣味性，记账类 App 随手记已经吸引近 2 亿用户。

图 7 - 1　随手记 App 界面

除了游戏以外，在众多 App 中，拥有过亿用户的 App 占比非常小，而随手记已经有近 2 亿注册用户，日活跃用户数量达 400 多万。都说种子用户的积累对用户的增长极其重要，对于积累用户，谷风有自己的理论。他把人群划分为极客、热心人群、早期大众用户、大众用户、晚期大众用户。当新技术出现的时候，首先需要去感染的是极客（即一群爱鼓捣的人）。在随手记建立之初，就在威锋网上推出随手科技的破解版本，带动极客的关注。极客关注的是产品有没有在技术上有所突破，而后极客会向周围的热心人群（通常是对行业动向比较关注的人，比如记者、投资经理等）推荐，这一类人群可能最先敏感地察觉到行业将会有新动向，通过他们的传播会让早期大众用户知道这个产品，但早期大众用户需求的是实用价值，即新产品是否真的能够解决生活中的某个问题，早期大众用户时期是奠定第一名的时期，如果做到第一名就会形成巨大的马太效应，感染到大众用户。大众用户会选择已由极客等先锋人群从技术和实用上都筛选过的产品。接下来是晚期大众用户，即当新事物完全代替了旧事物，市场上已经买不到旧产品的时候，被迫接受新事物的人群。举例而言，向老年人推荐智能手机就是因为传统的手机已经很难买到了。

随手记花了 500 天的时间完成了整个过程，在早期大众用户时期用 100 天奠定了行业第一名的地位，据易观智库统计，2016 年第 2 季度主流记账类 App 活跃用户人数总量为 3 256.9 万，随手记以 1 108.2 万的活跃用户人数排名第一。

值得关注的是，随手记用户中还有几十万付费用户，随手记专业版长期在 App Store 排行榜占据财务类应用第一名。谷风分析说，人们对金钱、健康的态度与其他任何事情都不同，对专业性要求高，愿意为有实效的产品付费，付费模式也帮助随手记筛选出核心用户，留住需求强烈的用户。

速途研究院发布的《2015 年理财类 APP 市场分析报告》显示，在理财记账类 App 这一细分市场，随手记以 66.53%的市场占比占据首位，超过其余所有理财记账类 App 的占比总和。该报告显示，高学历、高收入人士对于理财记账的需求明显较高，56%的理财记账类用户为本科学历，38.3%的用户月收入水平在 5 000 元以上。2016 年 7 月 5 日，《互联网周刊》发布《2016 上半年度 APP 分类排行榜》，随手记位于理财记账类第一位（见图 7－2）。

序号	APP 名称
1	随手记
2	51 信用卡管家
3	卡牛信用卡管家
4	挖财记账理财
5	银信宝记账理财

图 7－2　2016 年上半年度理财记账类 App 排行榜

资料来源：互联网周刊发布 2016 上半年度 APP 排行：随手记位列记账类第一. http://finance.591hx.com/article/2016-07-06/0000622397s.shtml.

卡牛“俘获”用户芳心

目前，国内信用卡发卡量达3.3亿张，在城市居民中基本普及。当刷卡消费成为生活中潜移默化的一部分时，过度透支引发的矛盾已开始凸显。在卡牛信用卡管家推出之前，市场上主要的信用卡App主要提供以银行邮件月账单为数据基础的管理功能，并没有解决困扰信用卡用户的核心问题——及时掌握准确的已刷卡金额，合理控制消费。

正是看到了信用卡用户普遍存在的这一痛点，随手科技并没有急于推出一款“不疼不痒”的产品，而是将重点放在帮助用户及时获取已刷卡消费金额，达到消费管理的目的。

在掐准用户的真实需求后，2012年8月，随手科技内部卡牛信用卡管家项目的团队正式组建。经过前期数月的封闭式开发，首款基于银行短信解析的全自动信用卡管理App——卡牛信用卡管家正式推出了。卡牛信用卡管家的出现标志着信用卡管理实现了从账单查询向合理控制刷卡消费的跨越。

卡牛信用卡管家Android版正式上架后，三个月内便突破了800万用户，这充分证明及时掌握已刷卡消费信息，合理控制消费，是用户使用信用卡管理App的最大动因。

但是在iOS平台上，由于系统限制无法解析短信，2013年1月上架的卡牛信用卡管家iPhone版仍以邮件账单自动解析为基础，为用户提供月账单管理，而月度账单的滞后性不言而喻。卡牛信用卡管家团队用短短几个月的时间找到了解决方案，2013年6月，通过与多家银行合作，卡牛信用卡管家推出了每日账单功能。将接受账单的时间跨度从30天的月账单缩短至1天的日账单。该功能的推出有效解决了iPhone用户使用传统信用卡管理类应用无法及时管理信用卡消费的难题。

在邮件自动解析中，准确度和稳定性是最大的挑战。卡牛信用卡管家已经使用了同类产品中独家推出的双引擎解析技术，以提高解析的准确度。而在账单解析分类上，卡牛信用卡管家推出的云端自学习系统，则是独有的关键核心技术，区别于市场上的其他应用。

做别人没做过的生意

在随手科技内部，随手记和卡牛信用卡管家作为两款不同的产品，分别有着不同的定位。随手记面向普通大众，任何人都可以用它记账；卡牛信用卡管家主要面向都市小白领，这些人每个月的收入和支出相对比较固定。卡牛信用卡管家的App界面如图7-3所示。

在转向个人理财领域后，谷风表现出充分的信心和“狼性”，他表示：“做就要做到行业最好，做行业老二不是我的作风。”

在业务范围上，谷风也选择不做老二。“你卖货币基金，能卖过支付宝吗？”谷风反问到，“做别人做过的生意不是我的策略，在业务方式上，肯定不会选择和BAT竞争。”

图 7-3　卡牛信用卡管家的 App 界面

目前，理财记账类产品都有意加强与银行的合作，往网络金融交易方面靠拢。虽然在信用卡管理 App 和记账类 App 品类里，随手科技旗下的随手记和卡牛信用卡管家都已经稳居第一，服务的用户规模接近 1 亿，和中信银行已经在“信金宝”上达成合作，与其他银行的合作也在推进中，但是谷风仍强调产品的服务性和纯粹性，进一步加快发展速度，不过早接入商业化模式，以免误入歧途，影响用户体验。

在产品体验上，随手科技加强了和用户的互动沟通。谷风表示：“我们通过 QQ 群与用户进行交流，目前已经有超过 100 个 QQ 群。”随手科技除了 60 个专职客服，还实行全员客服制，即使员工是一个宅男，每天都不跟别人说一句话，也要值班，和用户沟通，接受用户反馈。随手记 App 应用营销历程如图 7-4 所示。

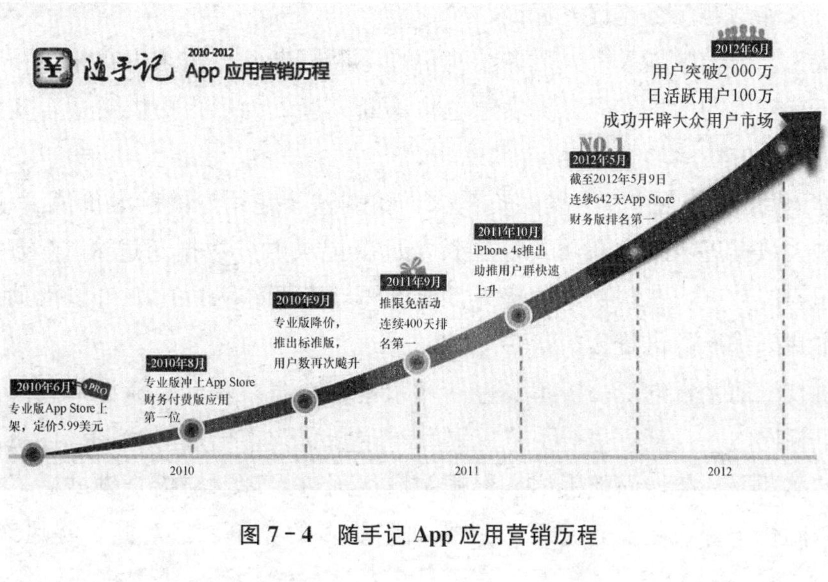

图 7-4　随手记 App 应用营销历程

记账软件成为个人金融重要导流入口

“记账是理财的第一步。”这是谷风一直在强调的话。“我们是一家靠金融赚钱的财务公司，核心竞争力是通过记账软件积累更多用户。”这也预示了随手记的变现路径。投资人把投资随手记看做一笔大买卖。在与谷风共进午餐时，有一位投资人旁敲侧击地暗示，某家同行最近变现能力不错。

2014 年 9 月，随手记推出理财端，在随手科技平台上销售理财产品。2016 年，随手记宣布正式上线证券频道，目前有富途证券、中山证券等知名券商进驻，覆盖 A 股、港股、美股等证券投资类型，满足投资者全球化的投资需求。至此，随手记已形成稳盈理财、基金、保险、办卡以及证券五大金融产品体系。另外，随手记推出重大迭代版本——V10.0，记账类型、账户、流水、账本皮肤等近 20 项财务元素均可自由配置，并推出定制下看板、流水多图显示等多种全新功能。

在谷风看来，正如医院是最大的药品销售渠道一样，随手记作为金融交易依据的财务管理工具，必然会成为金融行业最重要的前端导流入口。事实上，随手记正在成为中国个人金融领域重要的入口平台。谷风表示，个人财务软件像是线上自助的“财务医生”，第一步是帮用户体检，了解用户的财务情况、花钱习惯、投资方式等，之后再“对症下药”，为用户提供合适的金融产品，帮助用户做出更好的财务管理决策，实现财务目标，只有走到第二步才能帮助用户更好地解决个人财务问题。

谷风称：“我们将迎来两个转型：一是从财务工具型公司向财务领域型公司转变；二是从纯粹应用型公司向金融型公司转变。”2014 年开通的随手记理财社区已经是国内最大的理财社区，论坛月活跃用户已超过 800 万，像财经领域的《知音》一样，可以让用户讨论和学习怎么花钱、管钱。

谷风认为，由于中国人个人财务结构仍在不断复杂化，需求方兴未艾，随手记的用户数量还有较大的增长空间，随手记也将不断完善，为用户提供更适合实际场景的工具，提供更好的体验。

谷风称：“我们会抓住个人投融资需求，挖掘这 2 亿用户的巨大价值。”随手科技平台的金融大数据近年来也在爆发性增长，日新记录财务数据超过 2 000 万条，利用用户长期积累的数据，在理财、放贷等方面都可以有所作为，比如可以帮助放贷方以较低的成本找到优质的借贷人。

随手科技目前销售的产品，主要包括货币基金、股票基金、债券基金以及固定收益类产品。相比之下，其竞争对手“挖财”早于随手记推出理财和在线信贷产品，较早进入了“卖药”环节。而随手记从记账领域逐渐进入理财与借贷领域后，开始与这些领域内的同行争夺市场。这意味着谷风面临更多的竞争者。对此，谷风颇为自信，他说："随手记能卖更多的'药'，因为我们拥有最好的'医院'。"

如何盈利：金融和财务强关联

随手记以免费个人财务管理工具的方式占领了市场超过一半的份额，并正在培养超过2亿用户的财务习惯，紧随其后的问题则是如何盈利。财务和金融天然有着密不可分的关系，随手记希望帮助用户进行财务管理并最终实现合理的资产配置，这是一个不断培养用户进行自我财务管理的过程，而随手记要做的并不是自己设计金融产品，而是提供平台，通过对个人财务进行分析，向其推荐合适的资产配置产品。随手记要做的是不断寻找更多更好的金融产品，丰富产品库，做平台不做产品。随手记论坛通过内容已经实现了1%的转化率，2015年年交易额为400多亿元，每月收入已经过千万元。

这个领域仍处于高速发展阶段，市场蛋糕还没有吃完，这也意味着随手记仍然会高速成长四五年。对于上市，谷风有着明确的规划，早先他认为会在2015年左右上市，但是市场环境尤其是金融行业的创新发展势头非常好，足以支撑随手记快速成长四五年，而在快速发展阶段，应该让现有股东来分享最大红利，等到达平稳期，从时间规划上来说即在2019年左右，随手记会选择上市。

尾声

在比拼利率的P2P平台陷入泥潭之际，一股比拼流量的理财平台却正强势崛起。自2015年以来，BAT纷纷开始推出自己的记账产品，支付宝加入了更多的记账功能，腾讯推出了多多记账，网易也跟进推出了网易·有钱。记账理财产品之间的竞争加剧，支付宝、京东、网易等巨头纷纷入局，由于其自带支付渠道、流量优势，对于继续走记账转理财功能的随手记来说压力倍增。未来，功能和服务的取舍、特色的设计方面应是多数记账理财产品应多加考量的地方。

截至目前，涉足互联网金融的流量入口主要为以下几大类型，以蚂蚁金服、京东金融为代表的电商流量，以腾讯理财通为代表的社交流量，以今日头条为代表的资讯流量和以随手记系列为代表的个人理财流量。

在业界看来，与电商流量、社交流量、资讯流量等主要流量入口所体现的形态不同，个人理财流量有天然的金融属性。借助记账工具对理财人群的聚合，个人理财大数据能更完整地展示个人金融画像，包括消费场景、资金主要流向、资产结构、负债水平等。

谷风说："互联网金融本质上是互联网流量与传统金融业务的结合。主管部门加强监管会让产业链各自发展的边界更清晰。前6年，我们在记账这个细分工具市场的专注，现在看来获得了最大的红利。"

事实上，在记账工具进入到“流量红利期”并进化为个人金融重要的导流入口时，变现能力迅速得到体现。来自随手科技的数据显示，随手记系列产品的营收在2016年上半年大幅增长，是2015年全年收入的5倍，每月达数千万元。

易观智库《中国记账理财APP移动市场季度监测报告2016年第1季度》显示，第1季度，随手科技旗下的随手记产品，活跃用户达1 140.03万人，环比增长63.07%。而随手记系列（随手记+卡牛信用卡管家）产品，第1季度活跃度已超过后10位同类产品总和近2倍。在成为最大的个人财务流量入口后，随手科技自然有了向金融行业分发流量的资本。

随手记、挖财并不是最早进入记账理财市场的App。快捷记账和超级理财早在2008年、2009年就已上线，挖财随之出现，而随手记也于2010年上线运营。之后有近200款记账软件陆续上线，但经过几年的发展，季度活跃用户数量超过10万的产品仅剩10款。

按谷风的说法，做得越来越像随手记的（记账类App）活下来了，做得不像的都先后死掉了。目前市场上的主力包括随手记、挖财、51信用卡管家等，其余产品则不在一个量级上。

随手记能成为行业最活跃的记账类App的一个重要原因是“进化”。谷风称，在2002年以前，用户没有什么个人资产，不需要记账，2010年前后人们开始有记账需求，而2014年后更多的人有理财及个人资产管理需求，记账理财产品随之“进化”为个人财富管理工具。

问题

1. 在比拼利率的P2P平台陷入泥潭之际，比拼流量的理财平台正强势崛起。随手记是如何完成从纯工具到个人金融重要的导流入口的演变的?

2. 在你看来，把低黏性的记账工具做成金融业务的入口，对众多开始涉足记账服务的互联网公司而言是否是一个好的选择?

参考文献

[1] 随手科技CEO谷风：互联网金融本质是互联网流量+传统金融业务的结合. http://www.p2pguancha.com/news/3970.html.

[2] 随手科技谷风：狼性毕现 做最牛的理财APP. http://www.sootoo.com/content/469091.shtml.

[3] 随手记CEO谷风揭秘，2亿用户是这么来的. http://mini.eastday.com/a/160116125146689.html? qid=winrar&_16_%E7%A7%91%E6%8A%80.

[4] 记账理财APP2016年第1季度数据监测. http://mt.sohu.com/20160523/n450940955.shtml.

[5] 速途研究院：2015年理财类APP市场分析报告. http://www.sootoo.com/content/556568.shtml.

8. 闪银——将个人数据转化为个人信用

创业格言：人人都有信用，人人的信用都可以转化成资产。

主角：支正春，北京闪银奇异科技有限公司董事长

摘要：在互联网金融中，风控尤为关键。而风控的关键又是用户信用体系的建立。闪银这家互联网金融创新公司正在这个领域中掘金。移动互联网成为了金融行业共同的新渠道。更快捷的交易方式必定会冲击传统模式，由于传统资信审核方式很难去繁就简，使得审核步骤并不能跟上时代的脚步，所以，基于互联网授信模式的新型互联网金融服务就成了众望所归，闪银创始人支正春或许会带给我们一个很好的启示。

关键词：互联网征信；信用评估

引言

2014年9月23日，支正春更新了自己的朋友圈。“来这世界不容易。不改变点啥，多没意思。”这个28岁的年轻人每周工作时间超过100个小时。他奔忙的是自己的互联网金融项目——Wecash闪银。项目于2013年12月上线，2014年7月就拿到了4 000万元人民币的首轮投资，公司目前估值近2亿元。

在互联网金融领域，支付渠道的市场卡位战可谓白热化，从滴滴和快的的鏖战便可看出。Wecash闪银另辟蹊径，通过用户自主授权的社交网络信息，对用户进行信用评级，继而提供快速取现、购物分期免息等服务，打出了“国内首家大数据信用评估公司”的旗号，并于2014年9月成为该年内地唯一入围“埃森哲亚太区金融技术创新实验室”的公司，已拥有60万用户。“人人都有信用，人人的信用都可以转化成资产。”这是支正春的终极梦想。

背景

学物理的人为什么玩起了金融？支正春常常会面对这样的问题，他解释道："物理重在探究整体配置是否有效，是一个建模的问题；金融是跨时间、空间的交换，最终会达到一种平衡，而这种平衡推动着世界的发展，这与物理中的世界高度吻合。我不是一个循规蹈矩的人，喜欢什么就去认真做，不喜欢什么就会想方设法逃避开。"支正春从小成绩优秀，却从来不为拿第一名而努力学习，他喜欢腾出时间去做自己喜欢的科目。2005 年，这位全国物理奥赛一等奖得主被北京大学物理学院录取。在燕园，出于兴趣，支正春修读了经济学学士学位，并进入多家世界 500 强公司实习。毕业后，他的第一份工作与手机支付有关，由此他便一头扎进移动互联网与金融领域。后来，他以职业经理人的身份在小微金融的借贷平台领域创业，从仅有 3 个人的一个分部，做到上百个分部。2011 年任玖富小微事业部副总裁，负责信贷模型搭建、产品设计和风险管理。2012 年任广发银行广州分行小微业务合作分公司总经理，同年与国内第四大三方支付公司合作，开发以数据驱动的创新信贷产品 pos 贷，至今维持逾期率 0%的记录。

2013 年 12 月底，支正春寻思着人生需要一些改变。他的灵感来自此前工作的发现：中国当时大概有 6 亿移动互联网用户，但其中只有近 2 亿人在银行体系里有信用，持有信用卡或办理了房贷、车贷等业务，另外有将近 4 亿人的信用记录一片空白，没有机会在银行拿到钱。而人们在网络上的各种行为会留下大量可供分析、参考的素材去支撑个人信用，如果通过这些素材去定义这 4 亿人的信用、开发他的信用资产，这将会为那些无法提供固定资产抵押、银行信用记录的人们带来更便捷的金融体验。支正春说："我们评估的相当于是互联网信用，不是单纯说你这个人能借多少钱，这是两码事。有可能某个人拿房子做抵押贷款能借 500 万元，但是从互联网信用来看可能连 500 元都借不到——因为他可能人品差、爱赌博，两者评判的基础是不同的。"

闪银的诞生

北京闪银奇异科技有限公司成立于 2014 年 4 月，是中国第一家互联网信用评估公司。2013 年 10 月，公司上线 Wecash 闪银，它是目前国内最先进的大数据信用评估平台之一，是中国首个互联网信用评估平台。它主要基于自己的独特风控和大数据优势，实现快速精准的信用评估，并基于该评估结果，撮合个人用户和机构快速完成交易，帮助个人享受到更便捷的资金借贷、消费分期等金融服务以及租车、租房、旅游、教育等生活服务。Wecash 闪银手机客户端界面如图 8－1 所示。

图 8－1　Wecash 闪银手机客户端界面

Wecash 闪银致力于用“金融知识＋大数据＋移动互联网”解决信用问题，提供更快、更精准的信用决策服务。它主要基于互联网海量信息，依托数据挖掘和机器学习技术，对申请者提交的信息进行识别，并结合个人社交行为及海量互联网信息，对个人信用进行在线评分。它可以在 3 分钟内完成信用决策，继而对接投资方，大幅降低资金供需双方的信息不对称程度和交易成本。

作为中国第一家互联网信用评估平台，Wecash 闪银自 2014 年成立以来，便以新颖的业务模式获得了国内、国际的广泛关注。2014 年，在由毕马威澳大利亚分所和澳大利亚金融服务委员会（FSC）联合发布的首届“全球 50 强新金融科技”名单中，Wecash 闪银位居 32 名，是上榜机构中唯一一家中国公司，也标志着中国的金融科技公司进入了全球视野，在 2015 年全球金融软件公司百强（FinTech100）榜单中，Wecash 闪银依然上榜，排名第 39 位。Wecash 闪银专注于移动互联网端的业务，有着业内领先的市场占有率，据 TalkingData 发布的 2015 年移动金融应用行业数据报告显示，Wecash 闪银在移动理财产品应用、P2P 网贷应用中活跃率与覆盖率均排名第一，活跃率与覆盖率的比例超过 90%；在 O2O 移动应用活跃率的总排名中名列第 8，前 7 名均为银行类应用。

截至 2016 年 3 月底，Wecash 闪银已拥有超过 4 500 万用户，公司先后获得国内顶级风投 IDG 资本 A 轮投资 660 万美元以及全球最大量化基金 SIG 的 B 轮投资 2 000 万美元，累计融资数亿元人民币。

依托大数据信用评估消除信息不对称，从而为用户提供更丰富、精准的生活服务，是 Wecash 闪银的愿景。它最终想实现的是“人人都有信用，人人的信用都可以转化成资产”。

信用市场“新大陆”

Wecash闪银从大数据角度出发，根据使用者在社交媒体、SNS社区等公开平台上发布的信息，通过特殊的数据分析方法进行信用额度以及偿还能力的评估，从而判断使用者是否拥有一定额度的贷款资格，这种方式既便捷又快速，并且不存在传统金融模式中的主观偏见。

Wecash闪银目前已经覆盖4 000万移动端用户，整个体验流程非常简单，目前在两个端口提供信用评估服务，一是App端，一是微信端。用户通过Wecash闪银App或微信公众号（shanyinwx），仅需要简单授权几个互联网账号，3分钟即可获得信用评分，进而可以便捷地享受闪银提供的借贷、消费等金融服务以及旅游、租车、租房等生活类服务。这些服务来自闪银对接的机构，对于这些机构而言，闪银是风险的猎手。闪银通过提供大数据分析和风控服务，帮助合作机构有效降低了70%以上的欺诈风险以及40%以上的坏账率，保障消费金融安全发展。

申请人要想进一步提高额度，只需提供更多证明自己偿还能力的资料，例如支付宝等工具的使用记录或者是授权闪银获取合作机构提供的违约记录等，评估完成后即授予信用额度，用户可在额度内提取现金，让用户实现快捷获取信用额度、随时提取现金、自主分期还款，它比信用卡门槛更低、速度更快、额度更高、费用更划算，帮用户真正实现将个人信用转化为财富，使用户的生活更便捷。

Wecash闪银所做的领域其实是如何给针对互联网的用户，特别是移动互联网的用户提供信用评估服务。传统观念认为有贷款需求去找银行，但是很多人根本没有机会在银行拿到钱，他的信用在银行信用体系里面根本不值钱，他在银行里面是白户。这些人正是闪银的核心客户，即为那些没有资产，没有在银行拿到信用的人提供信用评估。

有别于传统银行授信的人群定位

闪银的用户主要分为两类：一类是个人借款方；一类是资金提供方。

在第一类用户中，闪银初期主要奉行“2+5”法则，即重点突破国内高校学生中毕业前2年及毕业后工作不满5年的人群。原因在于：首先，这个群体由于收入不高，获得银行体系信用评估的概率是非常小的；其次，这个群体互联网行为比较多，更容易留下一些互联网足迹和信息，便于判断；再次，这个群体是不断成长的群体，不断有人成长，有人加入，在未来这些人再成长一定阶段以后，对闪银来说会有一个长期的数据基础，等他们更有钱的时候，就能给他们提供更深层的信用服务。

闪银更关注的是意欲短期小额借贷也就是贷款多用于消费的这一人群，有偿还能力，但没有资信数据、借贷记录，也不愿意跑银行。通常情况下，在银行进行资信审核时，更注重的是贷款人所提供的书面材料证明，申请人需要频繁跑银行，提供大量书面材料。而闪银只需要提供申请人绑定的社交平台账号就可以获得快速审核。

第二类用户则是指通过闪银放贷给个人借款方的资金提供方。基于自己的独特风控和大数据优势，闪银已积累了大量个人用户的数据资源，凭借于此，闪银得以对接多家资金方。2016 年 5 月 19 日，闪银官方宣布，闪银正式成为华融消费的金融服务商，未来双方将在风险管理等方面展开深度合作。在华融消费之前，已有北银消费、捷信消费、马上消费、中邮消费等消费金融公司、P2P 公司、银行等 20 余家资金提供方接入了闪银的消费金融连接平台，对接了闪银 6 000 万用户，累计撮合资金交易逾 80 亿元。

闪银在营销上主要以社交平台为核心，同时辅以搜索引擎推广的方式。它目前挂靠腾讯微信平台，依托微信强大的交互功能以及庞大的用户体系，同时结合来自微博、人人网等多家社交平台的信息源，通过独有的评估模式，使用户最快可以在 3 分钟内获得授信，比传统信贷业务模式更方便快捷。用户可以根据自己的需要出具不同的证明材料，初级授信只需要提供个人在社交平台的账号，通过个人在互联网上的行为轨迹及历史信息，形成对个人背景信息、社交活跃度、社交密度、社会影响力的评判。

信用评估的“3R”模型

Wecash 闪银所采用的全新贷款人信用评估数据模型，就是通过申请人所授权的信息，抓取超过 6 000 条原始信息进行数据分析，这些信息的来源主要是申请人提供的社交数据，这是与传统资信审核截然不同的新型信息来源，这在以前是从来不会被考虑到的，越来越多的公司注意到社交数据的独特价值，通过这些信息不仅可以获取用户的真实需要，也可以发掘潜在需求，同时还可以获取用户的经济健康状况以及偿还能力甚至违约率，这些都是大数据带来的好处。用户在被精准分析后得到信用评估，既不用去迎合金融机构的高门槛，也可以提醒自身对信用的重视。

3R 模型的第一个 R 是 rules（规则），就是规定什么样的客户应该怎样处理。举例来说，客户平时在互联网上的行为是非常容易被发现的，比如说赌博、彩票、套现、信用卡买卖，这样的客户会被认为他的信用并不好。这会给客户贴上标签，如果发现客户发生某个行为，就认定他不是优质客户。第二个 R 是 rank（排序），即根据客户的性别、年龄、区域、行业、社交密度、社交信息、兴趣点、工作类型、教育背景这些进行排序。举例来说，受过高等教育的客户一般来说比没有受过高等教育的客户的风险低。第三个 R 是 regression（回归），即将部分客户做池子，通过服务商把钱给这些客户，根据他们的信用反馈重新调整模型，并形成宝贵的经验。

闪银主要从三大方向获取数据：一是用户授权的数据；二是网络标记的数据；三是来自合作机构的数据。其中用户授权的数据包括用户个人的电商数据、社交平台数据和运营商数据等，是评估用户信用风险的主要参考依据；网络标记的数据包括通过搜索引擎挖掘的用户网上敏感信息、法律信息等，对于深入评估用户的信用有重要意义；来自合作机构的数据则提供了用户的其他信息，对于用户的完整评估，风控策略的丰富有很大价值。

在获取数据后，闪银主要依托数据挖掘和机器学习技术，根据用户的授权信息，自动采集围绕用户的12 000个数据点，再将这些数据归类为9大用户行为，并据此交叉检验生成数十万个数据点，再独立评定用户的偿付能力和偿付意愿，从而给出用户信用额度和风险分数，从而实现快速精准的信用评估，完成授信。它能大体判断出一个用户的职业范围以及社会影响力等因素，再结合客户授权的互联网信息等交叉验证，从而在信用模型中对该用户进行打分和评估，综合评定用户信用等级，完成授信过程。

尾声

作为一个互联网信用评估平台，闪银根据消费者在网络上的行为数据，经过数据挖掘和机器学习技术有针对性地推荐金融产品，它不以卖消费者的信息为生，而是通过在平台上展示消费性金融机构的广告和推荐信贷产品来获利。它弥补了传统审核模式不灵活、不接地气的弊端，拥有一流的风控能力和撮合交易能力。

未来，中国的消费信贷规模仍将保持高速增长，而互联网消费金融市场增速将是消费信贷增速的四五倍。目前，闪银的大数据风控系统已为数千万消费者建立了互联网信用档案，其中涵盖了社交数据、消费数据、教育数据、职业数据等重要数据接口。基于庞大的数据信息，闪银利用互联网商业模式的创新和数据挖掘技术，让风控的数据维度更加丰富；同时实现数据的积累和共享，做出更准确的评估决策。因此，闪银可以帮助合作机构有效降低信息不对称导致的信用风险，并能以较低的推广成本获得用户，大大节约了资金提供方的风控成本。

此外，与传统征信相比，闪银的数据来源更加丰富，除了传统征信考量的数据外，闪银会考察用户授权的教育信息、金融信息、社交数据、运营商数据、电商数据以及合作机构的数据等，为每个人建立起更为立体的用户信用画像，信用评估结果更加精准。

目前闪银累计获得百万级带标记实名样本，千万级非标记实名样本，千万级黑名单数据，亿级匿名样本，亿级电话号码数据。同时采用有4 000多个风控维度的机器学习模型和 2 000 多条专家规则的系统，实现极速自动评估，并且通过自动化监控，实现分析模型每月的迭代更新。在完成信用评估后，闪银会将客户对接到消费金融领域的合作服务商，通过基于移动互联网的大数据信用评估，克服在交易中的信息不对称问题，提升效率，降低风险。

社交数据是一个很有价值的额外数据源，对某个人的信用行为具有很强的预测性。当一个人的资料非常稀少时，这样的数据尤具价值。闪银则抓住了社交数据这一看似浅显，但实则大有作为的信息来源，可通过独有的大数据分析系统更科学精准地获取资信评估。因此，闪银具有广阔的市场前景。

问题

1. 闪银独创的数据挖掘和机器学习技术可以为金融借贷、电商甚至广告等行业提供更好的决策支持。但是在国内单纯提供技术服务并不是最佳的商业模式，闪银如何提供既包括风控和技术，又包括渠道和用户的完整的解决方案?

2. 在为国内数以千万计的用户成功授信的同时，闪银也开始了自身的海外布局，现阶段闪银逐步开展在东南亚、拉美等地区的业务。对比印度尼西亚、巴西等国的征信市场与中国征信市场的异同，闪银该如何在印度尼西亚、巴西等国实现合理布局?

参考文献

[1] Fintech100. http://www. fintechinnovators. com/.

[2] 2015 年移动金融应用行业数据报告. http://www. 360doc. com/content/15/0626/15/2209670_480831640. shtml.

9. 汇保网络——互联网保险的新模式探索历程：看大特保如何回归保险本质

创业格言： 保险的本质是风险规避而不是理财。

主角： 周磊，嘉兴汇保网络科技有限公司（大特保）董事长

摘要： 2015 年，“互联网＋”概念继续乘风破浪地发展，互联网支付、互联网货币基金、互联网信贷、互联网保险、互联网投资理财和互联网征信等六大互联网金融业务也顺势发展，其中互联网保险在这股热潮中格外引人注目。互联网保险虽不是互联网金融业务中起步最早的，却在这两年表现出势不可当的发展态势，大环境、行业和消费者都发生了巨大变化。现在互联网保险场景化、高频化、碎片化的趋势越来越明显，行业也发展出差异明显的行业力量。如何发挥各自的价值，大特保创始人周磊或许会带给我们一个很好的答案。

关键词： 互联网保险

引言

汇保网络创始人周磊是一位有超过 20 年行业经验的资深保险高管，曾任职德国安联全球救援大中华区首席渠道官，苏黎世保险中国副总裁兼渠道总监。在担任德国安联全球救援大中华区首席渠道官的职位时，他看到医疗领域好多环节处于未打通的状态，潜力巨大，于是决定辞去工作回国创业。而大特保在这个管制和壁垒颇多的领域的快速成长也表明，周磊的思路显然得到了市场相当程度的认可。

周磊回国后发现，中国的某些传统保险已经到了令人厌恶的地步，例如中介和保险经理们销售保险时的百般骚扰，出险后的百般推诿以及合同陷阱，理赔过程的烦琐……当你想退保时才会发现，你已经被一种叫“现金价值”的东西绑架了数十年。周磊开始了关于互联网医疗与保险问题的思考，他指出医疗与保险之间没有打通。没有打通的后果就是，医疗服务市场里几乎没有商业保险的份额，而商业保险几乎没有干预医疗服务控费的能力。这两个后果之间又形成了互为因果的恶性循环。

背景

传统保险公司一直在试图切入医疗服务市场，但这些尝试看起来不是特别成功。为什么保险公司这么拼，效果却还是不好？周磊陷入了沉思。

虽然有客观原因，但传统保险公司本身的问题也不能忽视，比如保险产品重理财分红而轻保障，产品设计往往不满足市场需求，代理人销售模式和无力干预医疗控费都推高了保险公司的成本，再加上程序烦琐、材料复杂等，这一系列因素造成了传统健康险高成本、高客单价，从而只能面向少数高端用户。

“通俗地讲，保险公司离用户太远，与用户之间没有互动，而且在产品的设计上是渠道导向型。什么叫渠道导向型呢？就是说保险公司思考的角度是保险怎么好卖出去，而不是用户真正需要什么。”在传统保险领域执业多年，周磊深谙其中之道。

当然，传统保险公司的确也在尝试互联网化，出现了一些电商平台。但通过观察这些保险垂直领域的电商平台可以发现，保险的互联网化更多是销售渠道的改变，电商平台销售的保险产品实际并没有发生太多改变。当前常见的互联网保险有三类模式：一是传统保险公司和经纪公司自身的互联网销售方式；二是网易保险等以保险平台为目标的垂直集成门户；三是以连接客户和保险经纪人为目标的平台。模式本身差别较大但是没有好坏之分，都能促进保险的大力发展。只是从大特保的角度看，这些模式只是互联网下的保险，没有直接优化产品，对产品价格的影响有限，对保险产品的成本构成并没有影响。

但互联网保险终究还是表现出了诸多新型的特征，比如碎片化、场景化。比如在车险领域，就出现了按里程计费的保险，再比如更广为人知的，专门针对“双11”所开发出来的保险产品。这些新型保险产品也开始在健康险领域出现。

如果大家都看到了这样的趋势，那么传统保险公司为什么不能也来做同样的产品？“这就是互联网保险公司的优势所在。传统保险公司推出一款产品，要经过设计、精算、审批等环节，再到推出上市往往需要几个月的时间。但互联网保险公司就不同，保险产品设计快、迭代快，能够根据用户的需求随时改进。”周磊说，“而且，互联网保险公司还能做一些创新性的尝试，比如浮动保额。”

基于此，周磊建立的大特保是国内首个保险特卖平台，致力于打造中国最高性价比的保险产品，主要涵盖险种为意外险与健康险，针对已成家的中产阶级消费者提供场景化保险。大特保的目标是回归保险本质，通过互联网实现真正去中介化，用互联网思维贯通保险生产、销售和服务。大特保将通过大数据连接保险生产和用户需求，此模式被多个投资人赞誉为保险行业的小米模式。在此模式下，大特保并不通过佣金获利，所以价格能够做到极致。公司长远的规划是希望通过普惠保险积累一定的用户，再利用大数据的方式为保险公司在风险控制、费差等方面提供服务，最终从利润分成的角度实现盈利。这样的模式有很高的技术门槛，需要非常深厚的大数据技术支撑，大特保的创始人之一林洪祥是曾任职于IBM、百度的资深大数据专家，对保险业务本身也有非常深刻的理解，所以一开始就为公司构建了良好的大数据基础。

周磊认为，保险的本质是风险规避而不是理财。相对于传统保险行业高达80%的分红险占比，大特保希望能够以保险为核心，整合医疗、健康等延展服务，最终带给消费者一站式的风险管理和服务体验。大特保也希望基于数据尝试精准定价、个性化定价等互联网精算模式，并探索互助保险等更加回归保障本质的产品模式。

移动医疗是服务板块，不是获客渠道

中国互联网保险行业体量巨大并且还待开发。根据艾瑞咨询报告数据，2009—2013年，互联网保险销售额每年增长都超过100%。2013年中国互联网保险用户量有0.5亿人，渗透率仅为8.8%，而美国互联网保险的渗透率达到33%。到2015年，互联网保险用户达到3.3亿人，渗透率达到48%。仅仅在两年时间内，互联网保险用户渗透率实现近6倍增长。2011—2015年保险行业增速逐年提高，而2016年1～5月保费同比增长38%，迎来了新的爆发期。

传统保险行业内也存在着一些问题。传统保险行业并不是直接制定保险产品，而是与再保险公司合作。其流程是，再保险公司研究开发保险新产品，保险公司将产品包装、定价之后投放到市场。这样一来保险价格过高，也不能很好体现用户需求。

保险行业的链条很长，大特保与再保险公司合作，是保证产品定制和开发能力的基础，并期望与C端用户紧密结合产生黏性。大特保认为自身目前的核心竞争力在于通过互联网低成本快速获客的能力以及基于一线市场数据定制开发保险产品的能力。不论互联网和保险两大行业融合的趋势如何，其商业本质永远不会变，所以获取用户变得尤为重要。

互联网保险首先要解决信任问题，然后就是产品性价比问题。在大特保的官网可以看到中国保监会的网销许可，在保监会的网站也可以找到大特保的网销备案。另外，保险产品由中国平安承保，产品购买完成后就能立即获得中国平安提供的电子保单，并且在中国平安的官方网站可查询真伪。在性价比方面，大特保热销的一款产品是一年期的消费型保障险，联合中国平安定制，30万元高额度少儿保险覆盖30种重疾，观察期仅仅只有30天，而价格竟然低到210元。一款中国平安承保的产品能做到如此高的性价比，也不难理解上线第一天的销量达到同类产品一年的销量。

大特保将目标用户定位为30～40岁的年轻女性用户，以孩子在0～6岁的年轻妈妈用户为切入点辐射整个家庭。目前在大特保平台上线的两个产品，都是与妈妈和孩子有关的，分别是平安少儿重大疾病保险和以关爱女性健康为营销点的个人重大疾病保险。在女神节这天，大特保还和辣妈帮合作推出了营销活动。

重塑保险玩法

简单地说，保险的主要盈利模式就是卖出保险前计算出险概率，卖出保险后，如果赔付率低于这个概率，就能赚钱。中国很多传统保险公司的做法是在条款上做手脚，不赔付！但这种做法无异于杀鸡取卵，走上歧途，且恶性循环，没有人愿意再买保险，保险公司盈利压力越来越大，就越要想方设法压缩成本，降低支出。

但大特保却不是这样，在卖出保险后，它将被保险人的健康医疗纳入核心环节，努力控制让被保险人不生病！而且它也不再走线下渠道，因此就节省了推销成本——它和线上那些已经拥有了用户的公司合作。

2015 年 11 月，大特保一个动静比较大的事情是推出糖尿病保险——退糖鼓（如图 9－1 所示）。除了中国太平保险、德国慕尼黑再保险两个合作伙伴外，大特保还和掌上糖医、血糖高管、微糖等一系列糖尿病垂直健康管理公司合作。不过，单从结构上看，退糖鼓并没有表现出特别之处。

图 9－1 大特保糖尿病保险——退糖鼓

资料来源：大特保，互联网保险出现新模式．http：//lohas. china. com. cn/2015－01/07/content _ 7579014. html.

从周磊的描述来看，他的操作思路是不一样的。如果是普通的保险公司，恐怕都不知道去哪里找糖尿病患者。而大特保的做法是，与三家糖尿病 App 合作，向它们的用户提供这款针对四种并发症的保险。在投保之后，它还将敦促用户每天上传测血糖记录，提醒用户每天注意控制饮食，如果有什么不舒服尽早检查，尽早治疗。这样就能够帮助病人有效控制病情，尽量减少并发症，也就可以提高保险利润率。周磊说："从我们的角度讲，互联网医疗公司重点不在于获客渠道，而在于服务工具。所以我们会特别倾向与垂直领域的创业公司合作，它们可能没有很多用户，但只要能够提供好的服务，对我们来说就已经足够了。”

那么大特保凭什么能敦促用户做到每天上传测血糖记录呢？答案只有一个：激励机制！例如你如果连续365天都上传血糖数据，就把你的保额提高到1万元；一旦出险，可以多拿1万元赔偿。

大特保的商业模式如图9-2所示，从这个模式可以看出，互联网保险的明显不同之处是不再需要医疗创业公司提供客户，而是独立拓展获客渠道。

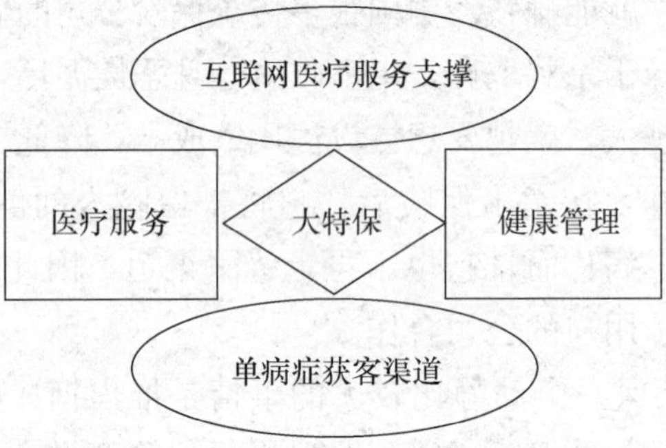

图9-2　大特保的商业模式

单病症保险是大特保创业初期的主要项目。“单病症保险价格低，适合推广，是我们的主要获客工具。”周磊说。比如儿童重疾险、女性乳腺癌险、老年防癌险、糖尿病险等，这些都是周磊已经做过的尝试，这些保险的价格可以做到几十元到几百元的水平。大特保正在做的是，通过碎片化单病症保险提供低价便宜的服务。对于那些有多种需求的用户，例如女性，基本上就是乳腺癌险、卵巢癌险、宫颈癌险这几种保险，大特保既能把它们拆开卖，也能把它们合并在一起做成一个产品，然后加上一个基因的检测。除了单病症、单价低的策略外，大特保在销售渠道上选择了与薄荷网、滴滴、360儿童卫士这些公司合作，进一步发挥互联网保险场景化、碎片化的特长。

中国互联网医疗路在何方

现在的互联网医疗已经到了“言必称保险”的阶段，大体有几种类型：有些创业公司经过几年发展，到了一定阶段后，计划启动保险板块，形成商业闭环；有些创业公司则是起步不久就寄希望于直接套用美国的健康维护组织（HMO）模式，形成二者相结合的健康管理模型。

HMO是国外管理式医疗（managed care）的一种形式（见图9-3）。在一个HMO网络里，支付方和服务方有一定的折扣约定，为会员打包提供较为实惠又质量可控的医疗服务。会员通常被要求选择一名首诊医生（primary care physician）作为守门人，也可由守门人转诊至HMO网络内的专科医生。在HMO网络内就医的价格比较低，用户自费部分也很低，如果出了这个网络，会员可能需要花费很多。

融合保险和医院于一体的凯撒医疗（Kaiser Permanente）采用典型的 HMO 模式。凯撒医疗有 950 万会员，旗下拥有 38 家医院，主要集中在加利福尼亚州。其 2013 年的年收入是 531 亿美元。凯撒医疗的模式是整合医疗服务和产品，形成闭环。既提供医疗保险产品，也拥有供会员看病的医院，以便于集中化控制成本和医疗风险。

HMO 以控制成本为出发点，这正是中国整个医疗大环境所缺乏的。

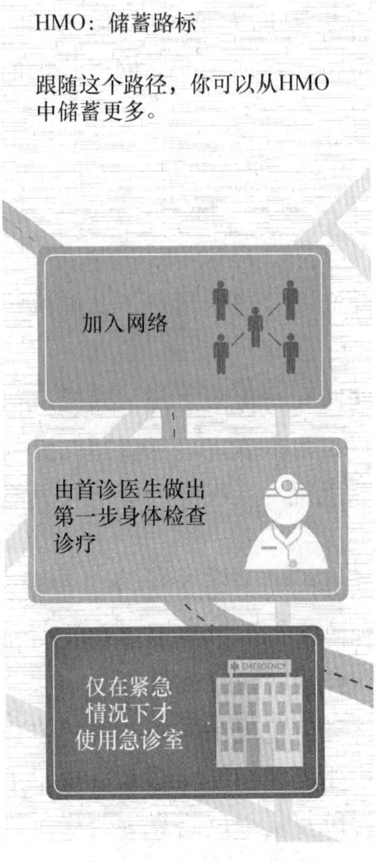

图 9-3　美国医疗保险 HMO 模式

在中国版 HMO 模式里，互联网医疗肩负着两种职能：提供医疗服务以及获取用户。现在的互联网医疗公司是否具有足够的医疗服务能力一直存在争议。一方面，在线问诊模式的合法性、可行性没有明确的定论，另一方面，基本上互联网医疗公司的线下服务能力还都处在起步阶段，未成气候。中国的互联网医疗自身没有医生资源，只是网罗资源，这种资源的集合是异常松散的，对医生的影响力很小。医生可以赚钱的项目是医病，说到底是开处方和检查，他们没有动力去进行看不到利益的服务。而在获取用户方面，目前的互联网医疗公司究竟拥有多少用户，拥有多少黏性用户，又拥有多少付费用户，基本还都是谜一样的状态。

退一步看，即便是互联网医疗公司在服务和用户两个方面都具备足够的实力，真的与保险公司推出了健康险的产品，那么这个健康险究竟与保险公司自己设计的传统健康险有多少本质差别呢？

甚至有这样的创业思路，创业者提供医疗服务就是为保险公司的高端客户提供健康增值服务的。这个思路价值不大的地方就在于，保险公司的健康险客户实在是少得可怜，存量市场基本不具有再开发的价值。

看到互联网医疗这样的现状就可以理解，保险公司为什么在砸钱建医院、买医院的时候任性得眼睛都不眨一下，而在涉足互联网医疗的时候总是显得犹犹豫豫、瞻前顾后。

尾声

回到最初那个医疗与保险尚未打通的话题。此前医疗与保险都是没有打通的，包括互联网医疗与保险。

现在受到热炒的是互联网医疗与保险之间的对接，但即便这个步骤完成，两者其实也有一点自娱自乐的意思。因为本质上，互联网医疗与传统医疗是未打通的，也就意味着，在“互联网＋保险”之后，互联网医疗仍然只能局限于原来所擅长的健康管理这种“轻医疗”层面。

毕竟，医疗才是真正刚需的巨大市场。“整个医疗服务可以分为前端、中端和后端三个环节，现在互联网医疗保险能做的事情主要在前端和后端。”周磊说，“而我们未来最终的计划是要切入中端医疗服务，也就是门诊和住院。”

但这是相当困难的，门诊和住院现在是基本医保“一统天下”的局面。不过，基本医保同样“痛点”众多，比如覆盖广但保障水平低，条块管理以致待遇差别大，碎片化造成报销不顺畅，控费差以及基金风险高等。从任何一个角度，基本医保作为医疗服务的单一支付方恐怕都不会是长期格局。

关于切入中端医疗服务，周磊的思路可以被概括为“循序渐进”。“我们在前期积累足够数量的客户，再从中筛选出愿意购买医疗服务保险的客户。”周磊相信，只要医疗服务能力足够强、保险产品的价格足够低，吸引更多的客户购买是有可能的。

周磊与大特保从互联网保险领域切入医疗的完整思路明显与互联网医疗切入保险的路径有所不同。当然，保险也会面临一些困难，比如数据的积累。如果保险公司无法积累足够的数据来设计保险产品，那么可持续发展就会面临很大的问题。

未来，大特保将打破互联网保险领域的传统，推出健康险产品平台、个人健康管理平台和医疗服务平台三大体系，为个人提供集疾病检测与预防、健康管理、医疗服务和风险保障于一体的综合立体健康服务。同时，大特保已成立健康管理事业部，将主导健康管理服务机构和医疗卫生机构等跨界资源的组合。

问题

1. 考虑到保险本身是一个低频的产品，大特保应该如何推动与用户之间的交互？

2. 对于互联网保险，互联网除了承载了传统渠道流通工具的职能之外，对保险行业造成了哪些本质变化？

参考文献

[1] 做互联网医疗保险，我的思路不一样. http://rongchuang.trjcn.com/detail_146154.html.

[2] 看大特保如何回归保险本质：做中国版“Oscar”. http://yangyang.baijia.baidu.com/article/234432.

[3] 大特保，互联网保险出现新模式. http://lohas.china.com.cn/2015-01/07/content_7579014.html.

[4] 2016 年中国创新保险行业白皮书. http://www.iresearch.com.cn/report/2637.html.

[5] 国内互联网医疗做 HMO 的两只拦路虎. http://www.donews.com/idonews/article/5835.shtm.

互联网教育篇

10. VIPKID——美国小学在家上

创业格言：把世界当成大教室，给更多的人插上语言的翅膀。

主角：米雯娟，VIPKID创始人

摘要：教育培训作为一个传统行业，曾诞生了新东方这样的巨头，但其时间、空间、师资等方面都有着不可逾越的障碍，一旦规模化运作之后，培训机构自身的运转成本将水涨船高，再好的品牌也很难进行跨地域发展。然而，随着互联网基础设施的成熟，尤其是移动互联网大潮的方兴未艾，传统的教育培训通过“互联网+”焕发了第二春。VIPKID是国内首家真正把共享经济运用到少儿英语领域的新一代互联网教育公司，它最大的特色是能通过1对1实时在线视频学习平台，把中国小朋友和北美外教进行对接。凭借其共享式的运作模式和严格把控的师资力量，VIPKID实现了优秀北美教师资源和中国少儿英语学习需求的精准对接，促进了全球教育资源的重新分配，对在线教育产业链有着举足轻重的意义。

关键词：共享经济，在线教育；少儿英语

引言

“互联网教育是一个重要的方向，在未来，互联网可能会成为最有效的学习途径，教育接下来会走向更互联网化。”在一个独家访谈的视频中，李开复开门见山地表达了对互联网教育的看好。他接着说：“教育不是纯粹做技术、做产品，它还需要懂教育、懂内容、懂用户体验，要会结合，要有耐心，只有这样才能逐步发展起来。”随后这位创业导师肯定地认同到：“VIPKID就是这样一个优质、多元化的公司。”

创始人米雯娟认为：“4岁以下的孩子利用互联网学习还有困难，4～12岁是学习英语的黄金年龄。在这一阶段如果能够接受原汁原味的美国小学教育，对小朋友的语言能力培养和性格养成十分有益。”把世界当成大教室，给更多的人插上语言的翅膀，是她个人的理想，也是她行业经验的延续，更是VIPKID整个团队的目标。

背景

自创业以来，米雯娟一直深耕儿童英语教育领域，比之上一次做 ABC 英语靠自身积累的漫长发展，这一次她给 VIPKID 插上了互联网和资本的翅膀。在她看来，传统线下英语教育的很多顽疾已经没有办法被很好地解决，但在线英语教育却是一片蓝海。

米雯娟最初接触儿童英语教育是在 1998 年，当时她还是一名培训老师，从教一个孩子到教一个班的孩子，到带团队做 ABC 英语培训机构，最辉煌的时候，他们曾做到年收入两亿元，学生过两万人，教职工也超千人。但是，也就是在那时，公司的发展却遭遇了天花板，而他们遇到的难题几乎是整个行业共同的痛点。

米雯娟将线下英语教育的这些痛点概括为教师、内容、价格和时间四大方面。

第一个痛点就是找不到好的外教。在中国，大约有 11 万外国人，其中母语是英语的有四五万人，大多数为留学生，这些人中相对而言具备教师资质且愿意做英语教师的人又少了一些，这些有限的外教资源分摊给全中国想学英语的小朋友就显得很少，供需比例大概只有 1∶10。

第二个痛点就是缺少优质的英语教育内容。线下英语教育用的教材比较分散，可谓五花八门，基本是使用国内出版社或者国外出版社的各种教材。因此在学习上的连续性和有效性都很难保证。

第三个痛点就是价格昂贵。米雯娟说："如果我们在当地找一个一对一的老师，每堂课大概要 600 元。培训老师和机构赚到的钱都不多，家长付的费用又非常高，因为线下店面租金、机构运营以及广告营销占了很大一部分成本。"

第四个痛点是不容忽视的时间成本。"对于家长和孩子而言，花在路上的时间也很多。尤其在北京这样的大城市，交通成本高，停车也很麻烦，而且雾霾天多，空气污染严重。"

要想解决这些难题，走老路已经没有希望了，必须将过去 ABC 英语的基因与光环全部归零，重新出发。依靠互联网的方式，把最好的教师、最好的内容，高效地带给中国的小朋友。

当时，整个中国的创业氛围浓厚。滴滴横空出世，微信支付开始流行，共享经济、大数据、云计算、O2O 这些词也越来越被人们熟知。米雯娟一直在思考，儿童英语教育市场会发生怎样的巨变？那时她已有了二次创业的念头。

之后，米雯娟开始做大量的市场调研，细心的她发现，多数人对英语教育培训机构的了解只停留在新东方、环球雅思、华尔街等少数几家培训机构，更多人关注的是成人英语教育，如托福、雅思培训。在线英语教育还没有真正做到市场细分，更缺少专门做儿童在线英语教育的机构，这一市场实质上是一片蓝海，整个市场的估值应在千亿元以上。而这个领域对于有着十余年儿童线下英语教育的米雯娟来说又是优势和兴趣所在。

2013 年 10 月，米雯娟和她的朋友陈媛一同创办了 VIPKID。之所以取这个名字，是希望给每个孩子带来个性化的学习体验，做到因材施教。她们说："每个孩子都是 VIP（贵宾），我们希望给小朋友插上语言的翅膀，让他们从小自由行走在这个星球上。"

VIPKID 将学员锁定为 4～12 岁的儿童。春节以后，VIPKID 团队开始打磨产品。2014 年 6 月 Beta 版（外部测试版）产品上线，开始面向市场招募实验班学员。

他们的第一批用户主要是投资方创新工场员工们的孩子。米雯娟和团队不停地去试验和调整方案，他们认真地搜集每一个家长的反馈，认真地观察针对每一个孩子的教学过程。他们不断迭代产品，然后才推向市场，而这种打磨又是持续进行的，平均每半个月就会迭代一次，到现在亦是如此。经过一年的时间，VIPKID 获取了 100 个小朋友用户，吸引了 10 名教师加入，做了三版内容、两版平台。

"在中国做教育，我们大概是唯一一家做实验项目的，就像药品上市前做临床实验一样，因为通过实验项目，我们能知道自己的产品是否有效，并能根据市场反馈更好地设计和迭代产品。"米雯娟说。

发展历程

2013 年 10 月，VIPKID 公司成立，获得知名创投基金创新工场的天使轮投资。

2014 年 5 月，参加在美国硅谷举办的中美创业大赛，并荣获第七名。

2014 年 6 月，Beta 版产品正式上线，开始招募实验班学员。

2014 年 10 月，获得国际知名投资基金经纬中国、红杉资本以及创新工场的 A 轮投资。

2015 年 3 月，正式版产品上线，开始正式招生。

2015 年 7 月，入选腾讯和长江商学院共同组织的"青腾创业营"。

2015 年 8 月，获得盛景全球创新大赛总决赛第六名，是全球唯一入围 20 强的互联网教育公司。

2015 年 9 月，在 CCTV 制作的习主席访美系列专题中，VIPKID 作为教育行业的代表，被央视多档栏目报道。

2015 年 10 月，VIPKID 获得近 2 000 万美元的 B 轮融资，由北极光领投，经纬中国、创新工场和红杉资本联合投资。

2016 年 4 月，VIPKID 获真格基金增资，在增资完成前，VIPKID 的估值已经达到 2.5 亿美元。据 VIPKID 创始人米雯娟表示，在此轮增资过后，VIPKID 将延续原有方向，不会转型为一对多业务。

2016 年 5 月，VIPKID 与 ETS（美国教育考试服务中心）签订协议，成为中国首家官方授权 TOEFL Primary（小学托福）考点的中国少儿在线英语机构。

2016 年 8 月，VIPKID 获得 C 轮 1 亿美元融资，由云锋基金领投，原投资方红杉资本跟投。

业务模式

VIPKID 的教学理念就是“美国小学在家上”，它希望给每个孩子带来个性化的学习体验，做到因材施教。它致力于整合全世界最优秀的北美外教，为中国小朋友提供极致、高效的英语学习体验，希望能为“有趣、独立和好奇”的“新家长、大小孩”打造原汁原味的 1 对 1 在线美国小学课堂，并且帮助中国儿童（未来可能是全球的儿童）接触到最优质的教学资源，使其对这门语言以及语言背后的文化有所感知。除了语言培训外，还同样注重培养孩子的创造力、表达力以及独立思考的能力。

公司的客户主要是将来可能留学的 4～12 岁的来自中高端收入家庭的孩子，进行 1 对 1 在线视频标准化教学，授课老师全部为北美具备小学教师资质的老师，旨在为 4～12 岁的孩子带去最纯正的英语语言学习及美式教育。

创始人米雯娟承认，VIPKID 模式受到了 Uber 的启发，平台一方面整合了美国的小学教师资源，一方面整合了中国的儿童英语学习资源。借助互联网技术，VIPKID 让小朋友们随时随地学习英语成为可能。

在选拔老师的时候，VIPKID 会为报名者提供在线远程培训，筛选合格方可上岗。而学生报名课程之后，每周大约三次课，每次上课之前可以选“时间空闲”的老师，老师接到课程之后，会在老师端看到学生的学习进展以及即将授课的内容（包括讲义、课件等），只需简单准备即可上课（只有在线的讲义等内容也避免了他人侵犯知识产权）。

VIPKID 从最基本的自然拼读教起，实现从“Learn to Read”到“Read to Learn”的跨越，目前 VIPKID 的教材全部根据 CCSS（Common Core State Standards，美国共同教育大纲）标准编制，开设了包括语言艺术、社会学习等课程，同时针对中国学生的特点进行本土化改造，用这种方式培养学生学习更多知识的能力，同时学到语言背后的文化。用米雯娟的话说，就是“以应用作为外语习得的目标”。

VIPKID 通过互联网把规模瓶颈打破，提升效率，面对未细分的在线英语市场，针对一定的目标人群，为其提供标准化的优质服务。一个是获取足够多的具备北美教师资质的北美小学教师资源，为之提供远程培训，并说服他们出让自己的业余时间在线授课；一个是 VIPKID 的教研团队，以 CCSS 标准为基础，自己开发面向 4～12 岁孩子的教学体系——这套标准化的教学体系，配合上培训体系，让美国老师只需做简单准备，就能够实现标准化的教学。

从用户端来看，这个模式的成立得益于低龄留学的趋势。据米雯娟引述的数据，每年有 6 万～10 万中国学生参加 SAT（美国的高考）考试，准备申请美国本科，而家长对于孩子的国际教育，已经深入到了很低龄的阶段。另外，家长教育投入的普遍增长，也使这个模式得以成立。VIPKID 一年的学费大约为 1 万多元，但相较于一个家庭对儿童业余兴趣教育的整体支出（例如音乐、美术、舞蹈等，一年花费达到 10 万元并不罕见），占比也并不是太大。米雯娟引述的一组数据称，中国人 15%的家庭收入是用于辅助教育（supplementary education），而这个数据在美国只有 2%。同时，这一代的孩子（以及他们的家长）从小就与电子设备打交道，少儿熟练应用电子设备，而家长也接受在线教育这种理念。米雯娟觉得，这一代的孩子探索世界和认知世界的理念是非常有趣的。从教师的方面来说，米雯娟说，美国教师的收入普遍不高，很多教师又颇有理想主义精神，这是 VIPKID 能够调动北美小学教师资源的原因。

VIPKID 的核心优势以及与其他类型学校的对比如图 10－1 所示

传统培训学校	连锁品牌英语学校	学科英语学校	VIPKID
朗文、新概念或者其他教材	ESL教材	美国教材	符合CCSS标准的美国教材
中外教师组合，没有以英语为母语的教师	中外教师组合	中外教师组合	全外教并且使用以英语为母语的教师
传统ESL体系	传统ESL体系	学科英语	量身定制符合CCSS标准的美国小学课程
传统大班授课	一对多小班授课	一对多小班授课	一对一在线授课，师生交互，有效激发学生兴趣
2小时/周	2小时/周	4～6小时/周	1～3小时/周，高频率教学，孩子学习效率平均提升30%～60%

图 10－1　VIPKID 的核心优势以及与其他类型学校的对比

资料来源：从孤舟到旗舰　VIPKID 成长记录全解读. http://news.hexun.com/2015-07-13/177490832.html.

VIPKID 主要具有以下几大核心资源：

（1）优秀的外教。为了保证师资力量，VIPKID 有专门的外籍员工核心团队负责招募和管理外教，入聘的比例为 6%。目前外教已经有 1 000 名以上，都具备北美教师资质。他们通常利用业余时间从事在线视频教学工作，教学内容和上岗培训让他们上课都有标准化的流程。

（2）优质的英语教学内容。VIPKID 很注重内容的设计，例如，为了要吸引小朋友的注意力，在开头和结尾都会有歌曲，老师也会有肢体动作和语言表达，一堂 25 分钟的课会有多次互动，老师也有足够的工具吸引小朋友，可以更好地传达教学内容。

在教学体系方面，VIPKID的课程根据美国CCSS标准编制。CCSS标准是由美国教育部以及哈佛、哥伦比亚大学等名校提出的，是按照美国大学招生要求制定的教学大纲。它涵盖从幼儿园到12年级所有的学科内容，目的在于培养有批判性思维和创新能力的21世纪人才。标准化的教学很关键，一方面是教学效果相对稳定，一方面是尽量减少北美老师的备课时间，有助于调动其积极性。

据介绍，VIPKID的课程将每一个年级要掌握的知识点融入其中，再把适合中国孩子学习英语的语言内容结合起来，而不仅仅是学习单词、语法这些单一的元素。VIPKID将语言艺术、数学、科学等跨学科内容和独立思考、团队协作、领导力等互联网时代技能融入了英语学习，并通过学习成果评估体系，全程测评学习效果，以此来保证每个中国小朋友的学习与美国同步。

（3）依托互联网运营，大大减少成本。相比传统线下英语教育需要的线下店面租金、广告营销费用，VIPKID节省了这部分成本。

（4）大大降低了时间成本，具有高效性。VIPKID采用线上教学方式，大大减少了上学路上所花费的时间。

业务发展和转型

作为首家被授权小学托福考点的中国少儿在线英语机构，VIPKID正巩固其作为在线少儿英语行业第一品牌的影响力。截至2016年8月，VIPKID共有超过50万人的注册用户，付费用户超过25 000人，所签约的2 500多名外教均来自美国与加拿大，其中90%毕业于哈佛、耶鲁等国际名校。

在众多在线英语教育创业项目中，VIPKID很幸运，一开始就获得了创新工场数百万元人民币的天使投资。

米雯娟坦承，曾经读过李开复的一篇文章——《美国小学带给我的六个礼物》，在这篇文章中，李开复谈到这六个礼物分别是自信、信誉、教育、实践、兴趣和平等。这篇文章让米雯娟很受触动，也许是巧合，VIPKID的教学理念就是“美国小学在家上”，大概是认同这一点，李开复对她的创业项目也非常看好。

在米雯娟眼中，李开复是一位非常优秀的创业导师，她说：“开复老师经常给我们推荐一些国际化的人才，时常能收到他推荐过来的简历，或者拉一个群帮忙对接。他对我们做的事也总有一些不错的建议，有时候会丢过来一些链接，说这个事，你们是不是可以考虑用这种方式。”在米雯娟看来，好的创业导师能让创业事半功倍，走得更加顺畅。

在经历了一年左右的原始用户积累阶段后，VIPKID确立了完善的商业模型，并能持续稳定地产生收入和盈利。2014年10月，VIPKID得到经纬中国、红杉资本和创新工场数百万美元的 A 轮融资。2015 年 9 月，VIPKID 完成了由北极光领投，经纬中国、创新工场和红杉资本跟投的近 2 000 万美元的 B 轮融资。这也是目前全球少儿在线英语领域规模最大的一笔融资。有了资本，米雯娟得以快速地实现自己的梦想，她说："过去十年才能做成的事，现在两三年就可以了！最重要的是，借助互联网，我们在迅速扩张的同时，能保证教师质量和教学体验。"

目前 VIPKID 主要通过一些 KOL（关键意见领袖）和微信公众号以及用户的口碑传播完成新用户获取。它的营销策略是走高端路径，坚决不降价，如果老用户带来新用户就赠送一定的免费课程。VIPKID 的经验是，找对了种子用户就能够带动口碑传播。

"我们在教研上投入非常大，有 30 多人的国际化团队，包括高学历和经验丰富的同事，我们一起去开发教学内容。很多国外知名出版集团的高管来中国也会到 VIPKID 考察数字化和在线教育模式。"米雯娟说。

VIPKID 还与 ETS 签订协议，成为中国首家官方授权小学托福考点的中国少儿在线英语机构。ETS 成立于 1947 年，是世界最大的私立非营利性教育考试和评估机构。通过接轨国际权威教学标准，VIPKID 正日益巩固其在中国少儿在线英语行业的领军地位，为中国孩子搭建起通往世界的桥梁。

ETS 对 VIPKID 的官方授权，正是看中了 VIPKID 在中国少儿在线英语行业的影响力。ETS 作为教育研究领域的领导者，与 VIPKID 的强强联合将大力促进中国孩子学习能力的提升，拉动在线教育行业标准化进程。凭借其共享式的运作模式和严格把控的师资力量，VIPKID 实现了优秀北美教师资源和中国少儿英语学习需求的精准对接，促进了全球教育资源的重新分配，对在线教育产业链有着举足轻重的意义。

尾声

相比成人英语培训市场，儿童的付费用户转化率和市场规模都要好很多，所以目前市场上同类型公司成长得都比较快，但对于儿童英语教育来说，品牌更重要，因为品牌决定了学费率和转化率，而教研和教学决定了品牌。

当前的在线英语市场非常广阔，教育在中国肯定是全品类的竞争，比拼的核心是品牌。在少儿英语 1 对 1 培训这个细分领域内，在线玩家并不多，目前还是线下机构的天下。虽然更高龄的学生英语培训付费意愿强，但复购率较低（因为大多是为了应付一次性考试），市场规模也不如想象中大。但是，德勤的报告数据显示，在龄和学龄前少儿英语的培训市场规模可达数百亿元，接近千亿元。VIPKID 在龄和学龄前少儿英语的培训起步较早，目前也取得了不错的数据，未来 VIPKID 有几个拓展方向：一是从少儿英语扩展到少儿教育的其他品类，二是从少儿英语扩展到成人英语，甚至转变成为全球化平台。

问题

1. 随着 VIPKID 的高速成长，很有可能会出现教师质量良莠不齐的问题，平台是否有足够高效的质量控制机制来保障消费者的权益?

2. 拥有类似商业模式的平台如 VIPABC 等同样拥有强大的市场竞争力，VIPKID 如何能够在激烈的竞争和高速的成长中保证团队整体的素质和能力?

参考文献

[1] 解密让李开复愿意背书的那个人——VIPKID 米雯娟. http://zhutiqu. baijia. baidu. com/article/333696.

[2] VIPKID 创始人米雯娟：把世界当成大教室. http://business. sohu. com/20160106/n433674036. shtml.

[3] VIPKID 斥资 1 亿元部署移动端，百度多人离职加入. http://www. toutiao. com/i6289195856742597121/.

[4] 冯仑、王利芬对话 VIPKID 米雯娟：在线教育的下一个出口. http://science. china. com. cn/2016-06/24/content_8854422. htm.

[5] VIPKID 成为中国首家少儿在线英语 TOEFL Primary 授权考点. http://www. guanlingou. com/kuaibao/jishi/13057. html.

[6] 让美国小学教师教中国儿童英语的 VIPKID 获得近 2 000 万美元 B 轮融资. http://36kr. com/p/5038311. html.

[7] 一对一少儿英语学习品牌 VIPKID 获得 1 亿美元 C 轮融资. http://www. kejilie. com/iyiou/article/jUBNje. html.

[8] 科比成立风投基金　首投国内在线教育创企 VIPKID. http://tech. 163. com/16/0823/11/BV5C2DN200097U7V. html.

11. 慧科集团——“MOOC＋招聘网”模式：打通教育产业链

创业格言：慧科集团是在做教育，不是做培训。

主角：方业昌，慧科集团创始人兼董事长

摘要：完成C轮融资（2016年10月公布）、慧科资本的成立以及首期5亿元人民币教育生态基金的发布标志着慧科集团正式进入了“创并投三位一体”的共享教育生态4.0阶段。依靠慧科集团旗下慧科教育、高校邦、开课吧、课工厂等主体业务，通过慧科资本的资本杠杆，慧科集团将聚合生态成员企业在管理、技术、教学运营上的经验与专长，在师资、教研、课程内容、在线平台开发、线上线下综合教学运营以及营销推广等层面共享资源，协同上下游产业链生态资源创造新的价值链，打造共生性开放生态平台。

关键词：高等教育；职业教育；泛IT领域；综合教育服务商；共享经济

引言

“MOOC（慕课）＋招聘网”造就“中国MIT”，这就是慧科集团创始人方业昌博士对互联网时代未来教育的展望和慧科集团商业模式的愿景。

慧科集团所做的，就是把行业内大数据、云计算等前沿技术转化为系统的课程体系和培养方案，推广进入高校，并以互联网等形式完善高校创业创新教育。方业昌形象地说，慧科集团创业以来的核心业务就是把如阿里云、IBM、亚马逊AWS、百度等领先的行业“原材料”，通过“中央厨房”烹制，更及时地端给“顾客”——高校学生。

“时代变化得很快，互联网更是给产业提供了很多可能性，而无论怎么变化、更新，我们只要有研发能力、突破能力，就掌握了‘制作红烧肉的秘诀’，就能让我们一直拥有创新动力、创新能力。”方业昌说。

背景

慧科集团创立于2010年，按照方业昌的话说，前三年慧科只做了一件事——和中国最好的大学合作，合作的方向则是全球最新兴的泛IT专业：云计算、大数据、物联网、交互设计、互联网营销、互联网金融……慧科集团通过和国际一流企业和著名高校合作，自主研发了符合本科、研究生的教育方案和课程体系，并贡献师资队伍，负责教育运营，比如它与北京航空航天大学合作的国内首个云计算和大数据硕士专业受到了广泛好评。这一阶段，B2B2C的商业模式相对简单，也没有太多的想象空间，但却保证了慧科教育在没有外来投资的支持下能够盈利运营。更重要的是，慧科教育基本完成了在教育领域的积累，成为专注于泛IT领域的综合教育解决方案提供商。

从那时起，方业昌就开始了他的精心布局："开课吧"的前身是慧科集团2012年7月成立的在线教育事业部，"找座儿"的前身是慧科集团2012年4月成立的人才事业部。2013年，"开课吧"的上线让慧科集团的发展进入第二阶段，开启了更具增长空间的B2C商业模式，也走上了融资之路。在全球MOOC（慕课）元年的热潮下，"开课吧"上线仅一年就确立了在业界的独特地位：60万名用户注册学习；200余名行业技术权威和资深院校老师加入师资团队；5 319个自主研发并制作的泛IT课程视频相继发布；300余家知名高校和企业与"开课吧"深度合作……

慧科集团为何要亲自设计每一套专业方向教育体系，寻找大批专业讲师和导学老师，还要出巨资搭建影棚并录制每一堂课程？这是方业昌常被问到的问题。

慧科集团在教育领域要做的不是零售业的淘宝，而是零售业的京东，这样的商业模式类比或许可以道破缘由。淘宝没有自己的物流和仓储，而京东打通的却是从供应商到用户的最后一公里，慧科集团现在的布局就是为了打通教育产业链。"MOOC教育中的导学过程就像物流中的最后一公里，个人购买了学习视频资料，但是需要导学帮你理解和消化所购内容。"方业昌做了一个比喻。

在方业昌看来，互联网企业的优势在于用户数量巨大，但没有教学资源，主要是做版权课程的分发。如果视频课程不能加入好的导学平台，就不能称为MOOC，甚至也不能称为在线培训，只能看做"线上图书馆"。而且，这些C2C在线课程不能保证质量甚至真伪，不可能有核心教育体系的研制，更谈不上个人职业生涯的规划。

"慧科集团是在做教育，不是做培训。"方业昌强调，"我们给出的是学习路径，是一套从招聘需求倒推形成的具有市场导向的教育体系，而很多平台提供的只是课程的拼凑。"尤其在教育领域，口碑和用户的信赖需要很长时间才能形成公信力，如同清华、北大对于毕业生就业形成的"金字招牌"效应。因此，教育需要先纵深掌握教育规律，之后才能进行横向规模化拓展。

对于诸如新东方、环球雅思这类向互联网转型的老牌O2O企业，方业昌认为它们都属于培训机构，而非教育机构。培训和教育到底有何不同？在他看来，培训是教会用户一门技能，教育是塑造用户整个职业生涯。面对不同的业务逻辑，培训企业最难解决的问题就是缺乏教育基因。“中国现在还没有一家真正做教育的公司，慧科集团从成立之初就和大学合作，定位就是教育，并提供招生、师资、课程体系研发、学生管理服务、就业服务等整套方案。”方业昌表示。

与互联网在线课程不同，与O2O在线培训机构不同，与招聘网的商业模式不同，慧科集团在方业昌心中是独一无二的，市场定位也颇具特色。尽管因为条件尚不成熟，谈“中国MIT”为时尚早，但一个值得信赖的互联网教育品牌正在逐渐形成。

发展历程

2010年8月，方业昌创立慧科集团，集团目前包括战略性新兴产业综合教育服务商慧科教育、高校在线教育一站式解决方案提供商高校邦、泛IT职业教育培训机构无限互联、泛IT在线职业教育平台找座儿、在线教育内容制作服务商课工厂和专注教育与信息技术深度融合的慧科教育研究院等实体企业及机构。

“智慧科技，知行合一”，慧科集团积极配合国家“十二五”“十三五”规划中大力发展以移动互联网、云计算、大数据、人工智能、虚拟现实等新一代信息技术为核心的战略性新兴产业的需要，并紧扣国家“互联网+”战略布局，精耕于这些领域的人才培养和教育模式创新。目前已自主研发并完成创新创业、前沿科技、“互联网+”等领域的十余个战略性新兴产业专业体系建设，打通了从教育入口到教育出口的可持续发展链条，构建出慧科集团特有的O2O教育生态系统。集团旗下慧科教育、高校邦、无限互联、找座儿分别以B2B2C、B2B、B2C等不同模式服务于高校、企业及个人用户。

慧科集团目前已与北京航空航天大学、复旦大学、北京大学、清华大学、上海交通大学、浙江大学、西安交通大学、华南理工大学、武汉大学、南京大学、贵州大学、北京开放大学等800多所全国知名高校、地方本专科院校开展了硕、本、专不同层次的专业共建、实习实训、在线教育等多种合作，为产业培养和输送了数千名高端创新型人才及百万名应用型技术人才。同时，通过与IBM、阿里云、亚马逊AWS、腾讯、百度、VMware、华为等数十家国内外知名企业深度合作，共建O2O知识传播体系，定制学历教育培养项目，建立线下联合实验室等，为企业及其生态系统培养和储备人才。

集政、产、学、研、用为一体的慧科教育模式已被业界高度认可，并受到中央电视台、《人民日报》《参考消息》《IT经理世界》、*Fast Company*、《镜报》《联合早报》

等国内外主流媒体的广泛关注和深度报道。慧科集团于 2014 年 3 月 5 日获得复星昆仲资本领投的 2 000 万美元 A 轮融资，并于 2015 年 10 月获得千合资本王亚伟先生领投的 3 亿元人民币 B 轮融资。

2016 年 5 月 31 日，慧科集团携手暴风魔镜在其移动 VR2.0 发布会上发布了覆盖硕、本、专三个层次的 VR 人才培养高等教育解决方案。

2016 年 8 月 25 日，慧科集团宣布并购创意设计职业教育机构“莱茵教育”、互联网产品社群“产品壹佰”和一站式互联网学习平台“美好学院”。

在 2016 中国高等教育创新大会上，方业昌正式宣布完成 C 轮融资，估值超过 50 亿元，同时成立教育生态创投平台“慧科资本”，管理的首期基金规模为 5 亿元，由慧科和华软金宏等教育投资机构共同出资。该基金将通过股权投资等方式，帮扶并汇集一批专注于高等教育和职业教育领域、具有良好成长性和发展前景的优质企业，为高校、大学生及在职从业人员持续提供综合教育服务。

业务模式

2010 年，在国内互联网在线教育市场上，如新东方这样的巨头品牌已经占据了大部分市场份额，婴幼儿教育、K12 教育、语言培训、计算机培训等领域的企业也逐步划定了属于自己的地盘。“要想生存就要找到自己的一个模式，慧科教育从一开始就决定要以‘城市包围农村’的方式，闯出自己的生存空间。”方业昌说。

“于是，我创业的前三年就专心做一件事，就是不断探索这个模式的可行性，让慧科教育与高校深度合作的模式得到验证。”方业昌说。慧科教育在 2010 年首先与北京航空航天大学软件学院联合培养了“移动云计算方向软件工程硕士”68 人。

慧科教育的模式成功与否，首届培养的高校学生的成长与就业成为关键。方业昌开始了三年的焦急等待。这 68 名被慧科教育和北航视作“黄埔一期”的学生在 2013 年交出了毕业答卷：68 名毕业生 55%从事软件开发工作，15%从事项目管理工作，还有一部分从事云架构工作。毕业时 60%的学生月薪超过 1 万元，10%的学生月薪超过 3 万元，此专业在职班学生年薪最高可达 100 万元以上。

良好的就业前景与前期的教育模式创新密不可分。方业昌和慧科教育所探索的“烹鲜秘方”发挥了作用。方业昌说：“这就好比我们端出一盘美味的红烧肉，厨房对菜式的研制、烹制这道菜的过程以及提供的服务，就是慧科教育的生存空间，也是我们的独特模式。”创业积累的“手艺”和服务壮大了公司的版图。慧科教育探索的业务版图将形成 B2B、C2C、B2C 等模式的有机互动，每个业务平台可以为彼此上下游平台提供客户、流量、内容支持。

作为共享经济下的教育模式创新，慧科教育不做去中间化，只研发教学体系，提供教学相关服务，把企业和高校的资源整合和增值。

慧科教育在人才培养模式方面的创新点就是时时把产业里最新的技术方向以最快速的方式结合大型企业，把企业实验室、实际案例，包括工作在第一线的产业工程师，集中由慧科教育的渠道带入北京航空航天大学、上海交通大学、厦门大学这样的主流大学里面，和学校共同开设一些新兴的专业课程，比如云计算、移动互联网等前沿信息领域的新兴技术，通过第一线工程师的实际创作课件案例，时时让学生有一个全方位的学习。

慧科教育的核心优势在于拥有一批以毕业于国内外名牌大学的博士、硕士为核心，充满创新精神和创造意识的运营、管理及执行团队。它主要通过整合教育资源与企业资源来切实推动人才培养模式的创新，它从全球领域内整合了很多优质资源，包括师资课程课件和世界500强企业的联合实验室，三位一体，打造全新的创新型人才培养方式，希望借助这样的办学理念，通过和大学共同打造新的专业，使莘莘学子受益，助力于产业发展。

慧科教育的主要盈利模式在于它的创新型人才培养模式。它开设专业时遵循以下三个原则：有政策支持；产业对于人才存在规模化需求；能形成教育产品。它通过一些付费服务获得盈利。

业务发展和转型

“如何让更前沿的科技知识走进更多的高校课堂，培育更多人才?”归国创业的慧科集团创始人方业昌一直在思考这个问题。慧科集团从一家初创的教育科技企业，转变为持续盈利且受到阿里云、IBM、亚马逊AWS等巨头追捧的“教育航母”，如何在被认为是红海的在线教育市场发现新空间？如何让“互联网+”给教育产业带来改变？又如何给双创、共享经济等探索找到教育领域新样本？慧科集团探索出了自己的成长路径。

相较于初创时，慧科集团已经发生了很大变化。最显著的变化是其服务已经走进全国500余所高校的线上与线下课堂，并成功与高校合作培养出了一批服务大数据、云计算等战略性新兴产业的人才。

“传统IT教育很难将前沿技术和教授的知识结合起来，培养人才很难及时与产业接轨，通过合作办学的方式，可以让学生获得更前沿的专业教育。”北京航空航天大学软件学院院长孙伟说。北京航空航天大学软件学院毕业生、创业公司“会会”创始人李翔昊也对此深有感触，他说：“高校培养的软件工程师很难适应当前大数据、云计算、移动互联网瞬息万变的产业需求。最好的经验必然来自BAT这些市场一线。”

近两年，慧科教育分别获得了2 000万美元的A轮融资和3亿元人民币的B轮融资。这背后是慧科集团的创新人才培养模式以及持续盈利能力得到了市场认可。方业昌与慧科集团在过去几年的探索，最关键的突破便是通过模式创新维持持续盈利与业务扩展。

然而，持续盈利在互联网在线教育这个领域并不容易。

方业昌回忆，在刚刚起步时，慧科教育与北京航空航天大学、厦门大学、西安交通大学软件学院等达成深度合作，并持续扩大合作范围。然而，模式的开拓往往意味着曲高和寡。当时，不少高校对这种市场化专业教育模式并不看好。

在持续探索的前三年，慧科教育团队一方面走访国内高校，另一方面也开始思考如何让业务持续壮大。方业昌说："如果只有线下，我们所做的模式、教育资源的共享扩展不开，企业盈利成长空间就很有限。我们观察很多互联网创业模式后发现，一定要有规模，才能放大资源共享的空间与平台。"那几年，业界也开始探索，如何把线下资源"搬上网"，借此来提升企业的增长空间及盈利能力。

到了 2013 年，方业昌在持续深耕线下高校市场之后，强烈地感受到转向线上、打通线上资源的必要性。也正是那一年，国内掀起"MOOC 热"，很多高校看到慕课给现有课程带来的新活力，纷纷开设线上平台。2013 年 8 月，慧科集团旗下开课吧上线，标志着方业昌也开始带领团队"触网"。慧科集团"触网"要做什么？到底是做平台还是做内容？慧科集团的优势又在哪里？来自业界的疑问考验着方业昌和他的团队。

方业昌说："我们当时想把开课吧打造成一个业务多元化的平台，既能承载我们线下高校课程的线上呈现、线上选课，也能单独为职场专业人员提供专业的课程，更希望它成为一个兴趣社区，甚至我们也把职业规划的部分内容加入其中。"在开课吧规模最大的时候，平台有 280 多人忙于各种业务和模式推广。就这样，慧科集团进入了"触网"的第一阶段，快速取得了市场与良好的口碑。开课吧活跃用户数一度达到 200 万人次。

"可正是从那时候起，我们进入了纠结的两年，到底该怎么走，我们和这个行业一样，一直在探索。"方业昌说。因为对互联网寄予很大的期待，公司将很多内容都放在了开课吧平台上。几乎同时，国内互联网企业快速壮大、分化，呈现出平台企业烧钱赚流量、拉用户，教育等垂直行业不断平台化的发展，高校等机构也开始"触网"开设自有平台。

"那两年行业情况是今天你拿一轮融资，明天他拿一轮融资，互联网企业烧钱火热。"方业昌说。慧科集团也在纠结到底是要"大而全"，还是"小而美"，以摆脱错综复杂的业务品类给平台带来的底层臃肿。方业昌从 2015 年起陆续推动品牌业务重整。2015 年 8 月 26 日，在开课吧成立两周年的时候，慧科集团宣布，开课吧平台下的为高校提供 B2B 教育服务的品牌高校邦正式分拆独立运营，成为拥有 500 多所合作高校资源的高校在线教育一站式解决方案提供商。这是开课吧转向轻量、小而美的新一步。

按照慧科集团的计划，通过高校邦提供学分教育，同时锁定职业教育及就业环节，打通从教育入口到教育出口的链条，即其品牌找座儿；开课吧直接面向消费者做互联网从业者在线学习社区，依旧定名为开课吧。开课吧和找座儿两者协同效应明显，打通了学习、就业这一闭环，两者在教育体系研发上相互整合，使得开课吧的课程体系更具导向性；一般招聘网站解决的只是招聘双方信息不对称的问题，更多地起到中介作用，而找座儿由于整合了开课吧的资源，可以为个人提供专业发展增值服务，通过有目的的学习获得更好的职位。

从转型后的集团营收来看，在慧科集团的品牌图谱中，主要利润来自慧科教育与高校邦，其余业务板块有机拉动，组成慧科集团的整体生态。相较于企业利润的增长，方业昌更多地强调做好教育对社会的贡献。“我们得继续创新、折腾，在前沿科技、‘互联网＋’等战略性新兴产业的教育方面更好地服务于高校和企业。”方业昌说。他认为，慧科集团探索三年、纠结两年，在对的时机做了正确的事。而其“触网”并非简单开设平台、资料线上化处理，也非顾此失彼、孤注一掷线上化发展，而是打通了线上线下的联动。这也是“互联网＋”背景下企业成长的关键经验。

“很多人说‘互联网＋’就是要颠覆、重构传统行业，但我认为，要首先看清楚你所在的行业。”方业昌认为，如医疗、教育等传统行业具有较重的行业门槛和专业背景，并非互联网化就能成功的。以教育行业为例，无论互联网如何改变行业形态、产品形态，学习还是要学生自己苦读、研习，课程还是要老师讲授，教材还是要有载体表现出来。然而，企业在“互联网＋”面前也并非束手无策，关键要看清所处行业的特质，进而“触网”。“其实在教育这个领域，我们先迎来的是‘＋互联网’，然后进入‘互联网＋’，在遵循教育自身规律的前提下，我们把教育资源用互联网生态放大影响力。”

当前创投市场的寒意并非让创业走向绝路，而是让创业公司走向长远，从公司在教育行业的经验看，寒意并非彻底消极的事情，而是在提醒国内互联网创业公司要真正遵循行业规律、找准模式。慧科集团从一开始所探索的线下高校模式正是将教育资源、企业拥有的专家“师资”资源、学生、互联网平台等资源打通，实现高效对接共享（见图 11－1)。从这个角度看，慧科集团所做的就是共享经济在教育领域方向的创新。

图 11－1　面向高校提供的服务

资料来源：慧科教育．http://www.uniquedu.com/.

尾声

“互联网+”代表了一种新的经济形态，已上升为国家的战略，对推动产业转型升级意义重大，从投资角度来讲，在国家进行经济结构调整的过程中，诞生了很多结构性机会，其中“互联网+”教育的机会尤其值得关注。教育是一个大的产业，同时又像其他传统产业一样，有很多需要改进的痛点，与互联网结合蕴含的投资机会不言而喻。

时代变化很快，互联网更是给产业提供了很多可能，而无论怎么变化、更新，只要有研发能力、突破能力，便能占据市场。慧科集团从体系出发，以中国的高等教育作为切入点，以职业教育作为导向，打通了从教育入口到出口的可持续发展链条，在夯实线下教育的同时，又积极布局线上教育，从长期来看，是一家拥有足够发展空间的公司。

问题

1. 每一家企业做大后都会不可避免地面对发展减速的可能性，慧科集团需要坚持哪些核心发展模式和核心产业才能永葆生机?

2. 作为一家坚持高等教育市场的企业，在链接行业内优秀企业、高新技术和高校学生时，慧科集团要如何保证在业务持续壮大的同时，教育质量也跟上步伐?

参考文献

[1] 慧科塑造教育业的“京东”. http://www.uniquedu.com/yuehuibao201408/event4.html.

[2] 慧科教育：用共享经济思维改变教育. http://www.uniquedu.com/new/media/213.html.

[3] 读懂了慧科教育，也就读懂了教育共享经济. http://www.uniquedu.com/new/media/212.html.

[4] B轮融资3亿，发布ULOOP互联网+全品类教育解决方案平台，慧科野心有多大. http://www.cyzone.cn/a/20151120/284092.html.

B2B 电子商务篇

12. 找钢网——撬开 B2B 电商风口

创业格言： 素质论绝对是假命题。

主角： 王东，找钢网创始人兼 CEO

摘要： 2012 年，随着四万亿元刺激政策的结束，钢贸商因信贷危机而大批破产，钢铁产能过剩、供大于求，王东认为这正是通过互联网解决行业痛点的最好时机。2012 年 1 月，王东开始创业，试图通过互联网匹配钢铁的需求与供应。自 2012 年初成立以来，找钢网凭借其线上创新模式及强大的分销能力，实现了对钢铁全产业链业务的成功开拓，成立两年多就牢牢占据国内钢铁电商行业的领先地位。本案例试图通过对找钢网在钢材产品电子商务经营方面的探索和实践进行分析，期望在钢材产品电子商务的发展方向上对创业者有所启发。

关键词： 找钢网；B2B；创业

引言

近几年，惨淡的钢铁行业成为产能过剩的典型代表。然而，就在这个阴云密布的行业，却透出了一抹罕见的亮色：2015 年，钢铁电商找钢网的月交易量达到了 100 万吨，而年交易量超过 100 万吨的零售钢贸商在全中国不超过 20 家。在很多企业从消费互联网进入产业互联网的今天，找钢网确实是一个不错的案例，可以帮助大家思考，如何用盛行 C 端的互联网模式进入 B 端，把竞争极其惨烈的红海，变成一片广袤的蓝海。

背景

王东以前是一名老师，做校园网和远程教育。在他的印象当中，传统产业都是非常落后的，当时还没有很多人懂互联网，没有想过传统产业还可以用互联网的方式颠覆、重塑，给传统产业带来价值。

想做 B2B 的创业者可能也带有这样的疑问，由于自己所在的行业从业者的素质比较低，可能不易于互联网创业，但是王东认为："素质论绝对是假命题。"

1999 年，王东从四川大学毕业之后回到老家，他的老家是河南省郑州市，家住黄河路旁边，他家旁边有一个卖凉皮的店，叫做"管记凉皮"，当时他很喜欢吃。这个凉皮店是一对父子经营的，父亲管收钱，他脸黑人土，每一次给他钱之后他都要认真地伸舌头舔一下手指头，数清楚钱数后再拿凉皮票给你。

当时王东很感慨，这个老板一年要吃多少细菌。之后很多年，王东都没有光顾过这家凉皮店了。2008 年的一天，他又去了这家凉皮店。当他进入凉皮店之后，他惊讶地发现老板的柜台旁边放了一个在当时看来非常高大上的设备，即类似 iPad 这样的触摸屏，当你给他钱之后，他用手指点一下，设备就吐出来一个凉皮票。当时他就震惊了，这家凉皮店居然这么先进了！

当时王东想，以前自己的很多看法是不对的。从素质上来说，凉皮店的老板很可能学历比较低，甚至可能没有上过学。但是他在用一个当时看来十分先进的信息化管理工具。这个工具不仅仅能管理现金，还能算账、结算。这件事情给王东一个启发，即素质论绝对是假命题。也就是说你只要开发了产品，提供了信息化服务、互联网服务，给用户带来价值，那么他是一定会使用的。也就是说，如果你提供的服务还有你开发的产品用户没有使用，只能说明你自己做得不够好，而不能埋怨别人的素质。这使王东在当时受到特别大的启发。这个启发也决定了王东走互联网产业这条路。

2008 年年底，有一个钢贸老板是一个大老粗，有事向王东咨询，王东耐心地和他沟通了很长时间，发现这个传统产业面临着用信息化、互联网改造的机会，有极大的发展空间。所以 2009 年 1 月，王东进驻了钢铁互联网圈子。

随着 4 万亿元刺激政策的结束，2012 年钢贸商因信贷危机而大批破产，钢铁产能过剩、供大于求，王东认为这正是通过互联网解决行业痛点的最好时机。"任何一个行业打通制造商到服务商，都会成为一门大生意。"薛蛮子这句话对王东的影响很大。

2012 年 1 月，王东开始创业，试图通过互联网匹配钢铁的需求与供应。王东创业的前提是，这个传统行业的运营效率太低，一定有极大的优化空间。创业者要坚信素质论绝对是假命题，你开发的产品或服务如果客户不愿意使用，是你自己没有做好，而不是客户素质低造成的。（找钢网办公场所如图 12 - 1 所示。）

图 12－1　找钢网办公场所

发展历程

王东微胖，习惯穿普通的条纹 T 恤，神态轻松，憨态可掬。身边员工说他外松内紧，即使有再大的事情发生，都是一副乐呵呵的样子。

创业三年，找钢网交易总额突破 900 亿元，并在 B2B 电商领域掀起创业潮，塑料、农产品、木材等大宗商品领域的众多创业者都在疯狂模仿找钢网的 B2B 电商模式。

王东办公桌右前方的墙面上有一幅字："上者，远其疏张，置以会围，因而成得道之胜。"《棋经》的这句话给他很大启发，也可谓他创业三年的战略精华。

围棋古称"木狐狸"，要穷其变化、究其内涵，不仅考验智力，更透出深深的禅味。作为围棋爱好者，王东做企业喜欢离竞争对手远一些，虚布棋子，靠势取胜。尤其在企业面临两个重要抉择，即撮合业务要不要收费和只撮合业务还是兼做自营时，体现得最为明显。

2012 年 1 月，王东来到北京，和徐小平边吃扬州师傅做的包子，边聊天。20 分钟时间，包子吃完，徐小平擦擦嘴说："王东，刘强东，钢铁的京东，可以。"不到一个月，真格基金的 500 万元打到了找钢网的账户。最终，王东拿到了险峰华兴与真格基金投出的 1 000 万元天使轮投资。

"1 000 万元能干啥？我开始只做撮合业务，远程提供信息服务，谁也不会防着我。"前两年，王东先把外围布置好，把订单吸引过来。当布点完成，成交量到达一定量时，碰货也就成为必然选择，通过大胆做自营业务，形成了合围之势。

创业第一年，王东遇到了第一个发展瓶颈，也遇到了第一个战略上的重要选择。这一年，找钢网全力做撮合业务，即由找钢网担任中间人的角色，为钢厂和次终端、终端客户牵线搭桥，促成交易。

创业最开始很艰难。传统的钢铁买卖过程很烦琐，还经常出现飞单（买家反悔，取消订单）问题。找钢网经历了相同的开端，像传统贸易商一样挨家问，但仍然找货很慢，甚至被别人误以为是骗子。

业内规矩，每一个卖家每天要对外发布库存量、报价表。落后地区通常的做法是打印出来贴到门后，先进一点儿的地方会通过 QQ 群对外公布。发布格式各异，有 Word、Excel、Txt 格式。信息生成和匹配需要强大的 IT 解析技术。找钢网起初的准确率不到 50%，王东挖了很多技术人才，突破了解析技术瓶颈，最多时处理 1 000 多家卖家每天更新的信息。王东发现，解析成功率提高一点儿，匹配成功率立马提高很多。王东还用技术手段，让平台把询价、议价、锁货等 13 个环节简化到三个环节，希望交易过程更快、更准。

解析问题的解决，直接让找钢网业务量飞升。2013 年找钢网第三方平台交易量达 540 万吨，交易额达 200 亿元，钢厂直营交易近 50 万吨，营收近 20 亿元。2014 年是钢铁行业电子商务发展的元年。这一年，找钢网交易量翻了两番，达2 042.5万吨，交易额达 688 亿元，其中第三方平台交易 1 738.5 万吨，交易额达 593 亿元，直营有 304 万吨，全年营业收入为 95 亿元。

找钢网在很大程度上取代了钢贸买卖的中间环节，替代传统中间商大势已定，王东似乎可以松一口气。

另外，创业一年的找钢网也曾一度快要花光投资人的钱，似乎到了考虑收益的时候。是否可以借撮合交易而收费？找钢网面临第一个战略选择。当时公司有 30 多人，大多数支持收费。但王东不同意：这和下围棋是同样的道理，要懂得弃子，欲取先予，失地而取势，方得大胜。如果只是卖信息、做搜索，他就不会从原单位辞职了。王东认为，他真正要做的，就像当年的携程成为机票、酒店的入口一样，让找钢网成为买钢材的入口，进而整合上游供应链。

创业第二年，企业发生了关键的战略转折。

2013 年 1 月，找钢网获得了经纬创投、险峰华兴千万美元的 B 轮融资。同时经过一段时间的运营，2013 年第一季度，找钢网的日交易量突破了 1 万吨，开始陆续有优质供应商找上门。这时，王东开始考虑另一个问题：找钢网是要做天猫还是做京东？继续做撮合还是做自营？

“天猫在不断考虑流量变现、卖广告，而京东的本质是无限缩短生产者到消费者的距离，让物流次数无限接近于‘2’。我们的思路接近京东。”王东说。找钢网的运营模式如图 12 - 2 所示。

表面上这是从信息平台到交易平台的过渡，但其背后的逻辑是对钢铁行业买卖方式彻底变革的判断。“我觉得这是一个趋势，钢铁行业必须从批发转为零售。”王东说。

当年 3 月，找钢网启动自营模式。王东计划自营的比例逐渐提高。

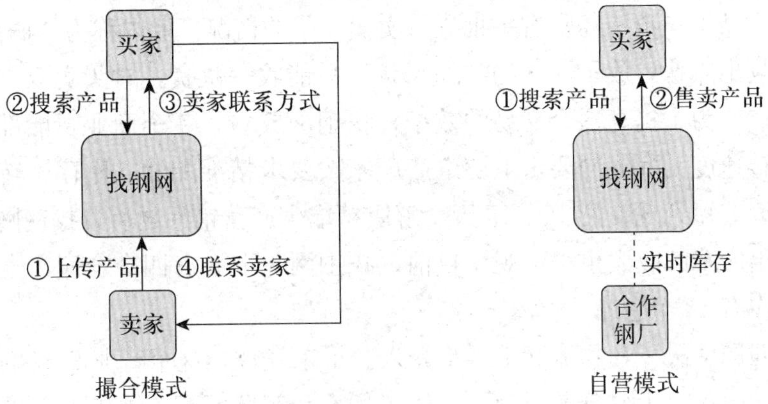

图 12－2　找钢网的运营模式

资料来源：找钢网的盈利模式是什么?. https://www.zhihu.com/question/24435220.

当自营业务达到一定规模后，2013 年下半年，找钢网推出了 POP 开放平台。自营大代理商陆续进入。2013 年，找钢网自营、撮合两项业务共实现交易额 27 亿元，占比各为 50%左右。

做钢铁网站，过去的思路是研究上游，买广告、卖会员。找钢网恰好相反，研究下游，服务下游。王东发现，其实七成的货都是被小买家买走，在四五年前钢铁卖方市场时，这些小买家只能被拿货能力强的中间商剥一层皮。找钢网则定位为小买家的入口，聚沙成塔，通过他们的量，整合上游供应商。而有了入口资源，王东正在做更多的事情。王东把注意力从钢铁买卖转移到了全产业链：通过订单集中化优势提供增值服务，比如仓储、物流、金融服务等。

2014 年年初，王东提出了三大战略：全国化、在线化、一体化。找钢网在全国有 20 多个办事处，未来还会继续扩大覆盖范围。提高在线化比例意味着所有通过找钢网的撮合与交易，几乎全部通过机器和 IT 系统进行，而没有各种人工干预。王东的精力更多放在提高一体化上：把买货、加工、物流、金融等方面，全部通过一个系统贯穿起来。

关于一体化战略的推出，刚刚去职百度公共事务部高级经理，任职找钢网的宫颖欣谈到，当时公司约七位核心成员在一个封闭的会议室里专门开过会。此七人，包括三位创始人，宫颖欣，一位秘书，两位交易中心负责人。当天王东很激动，声音不高，但语速很快。会上，他展示了几张图，称要组建物流、金融事业部，延伸已有的仓储、加工服务，目标即打造找钢网为全产业链电商。

上海某钢铁冷轧加工企业一直亏损，没有订单，倒闭在即。王东和该企业合作，该企业提供设备，王东提供订单，加工业务就这样成为王东非常赚钱的轻资产业务。

传统仓储和电商不匹配是另一个问题。过去买家的一个订单需要去不同仓库提货，因供需货品不一致，经常有一批货一卖卖一年的情况，业内称为“僵尸货”。而仓库是按出货收出库费，放了一年的“僵尸货”只能收一次费，对买卖双方、仓储方来说这就是痛点。为了提高撮合交易的效率，找钢网成立了一个商业智能部，专门研究每批货的周转速度。找钢网要求上游生产厂家按要求精准配货，库存周转天数从某些钢厂的130天缩短到现在的10～15天。解决精准生产营销问题后，找钢网的货物流通速度很快，出库费的收入也很可观。目前，找钢网在上海有四个仓库，全国范围内和加工企业合作有18个仓库。

仓储的问题解决了，物流又不得不介入。王东发现，这个行业93%的运输人员没有自有车辆，服务上十分分散，为了方便买货人和车队匹配，他参考美国的罗宾逊模式成立了胖猫物流，签约了六七百个车队。

除了仓储、物流，王东还将业务延伸至金融领域，推出了“胖猫白条”服务。服务上线后，王东发现一件很有意思的事情，小微客户资金缺口往往只有十几万元，还款基本都在7天以内，也就是说这些客户就缺7天的钱。传统金融机构没有数据化、智能化的分析和人性化的服务，以往的同行拆借或银行借贷，最少一个月起借。客户使用胖猫白条，比传统金融机构借贷节省了三周的利息。

因客户有用车需求，找钢网特设物流事业部。鉴于绝大多数客户没有车，需在社会上找大货车，找钢网模仿易到用车、滴滴打车等，开发了一个找车平台。

现在，找钢网已着手“煤钢联动”。钢厂普遍很穷，很多还不起煤炭供应商的原料成本。后者拉着找钢网与钢厂签了一个三方协议：煤炭供应商给钢厂提供原料，钢厂生产钢材给王东，王东卖掉后把钱再给钢厂，钢厂还钱给煤炭供应商。

找钢网的全国化是从2014年开始的。找钢网先是在沿江、沿海地区布局分公司，然后逐步将其扩展至全国。华南、华东是找钢网的大本营。到2015年年初，找钢网分公司已近20个。

分公司的职能是做交易。每个地区货种不同，价格有差异。分公司在了解当地情况后，与当地钢厂、钢贸商合作，在当地进行方圆500公里内的交易。

在线化即在线商城。这就像在淘宝上买东西一样，无须人工干预，网上下单，网上结算。目前此模式订单在总业务量中的占比为70%～80%。找钢网主页如图12-3所示。

在线化对系统提出了高要求。为此，找钢网引入大量技术人员，开发交易系统。目前找钢网已有技术人员300多位，产品经理几十位，每1～2天完成一个插件。

2015年，在钢材之外，王东已开始尝试铝材业务。

目前找钢网业务量已高居业界首位，日交易额已达60 000吨，远超第二名，第三名几可忽略不计。

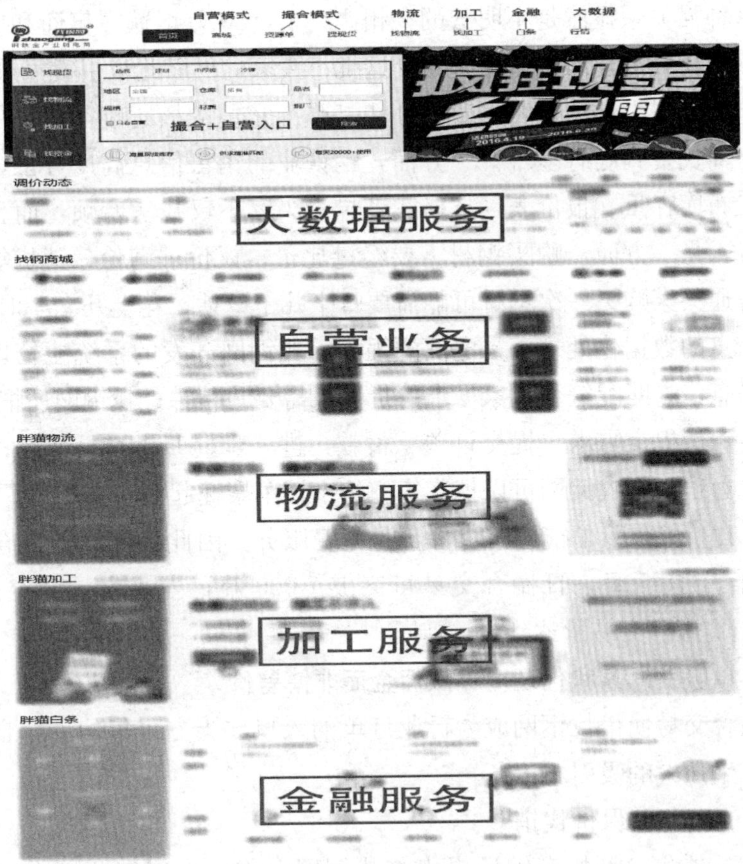

图 12-3　找钢网主页

资料来源：找钢网的盈利模式是什么?. https://www.zhihu.com/question/24435220.

业务模式

为小买家提供优质服务，成为行业订单的入口

传统的钢铁渠道环节众多，成本高而效率低。在 2011 年之前，中国钢材供不应求，卖方市场导致钢厂和贸易商都不关注渠道效率，因为各方都获得了高利润。2012 年之后，钢铁业的产能过剩问题愈演愈烈，钢材难卖成普遍现象。从大趋势上看，提升卖钢效率显然是一个创业的风口。于是，王东等人抓住契机，于 2012 年 5 月推出了找钢网。

看准趋势之后的难点是如何找准切入点。作为交易平台，可以通过汇集卖家的方式来吸引买家，也可以通过汇集买家的方式来吸引卖家。传统钢材交易的环节是：钢厂——大代理商——中间商——零售商（次终端）——终端用户（真正的用钢企业）。

钢厂和大代理商之间有着长期稳定的合作，双方是强关系，以找钢网薄弱的创业资金，贸然去撼动这种强关系显然是不明智的；相比之下，30 万钢铁零售商和中间商之间是弱关系，找钢网找到的切入点就是先汇集这批小买家，再以此吸引卖家进入平台。

找钢网快速吸引大批钢铁零售商的办法是瞄准它们的核心刚需，解决它们找货难的问题。零售商找货到底有多难？一方面，钢铁业的销售信息高度分散，每一个卖家每天要对外发布库存量、报价表，且格式各异，买家不仅找货麻烦，而且很难了解哪家的货最便宜；另一方面，购买钢材需要经过比价、议价、询价、锁货等 13 个环节，非常复杂，普通买家购买一次钢材可能需要打十几个电话，花上几个小时，效率极低。

大规模信息的数据化处理正是电商的强项，找钢网开发的系统能处理上千个卖家每日更新的信息，它匹配符合买家需求的货物只需要几秒钟；找钢网还把 13 个环节简化到 3 个环节——提交需求、提交订单、付款，进一步提升了交易速度；零售商找到货之后议价能力很差，找钢网可以把零售商的小订单聚拢起来，去和钢厂议价。

找货快、比价快、议价能力强，并且是免费服务，因此找钢网的撮合交易量迅猛攀升：2012 年 9 月 25 日，日撮合交易量突破 7 000 吨，当月交易额突破 3.5 亿元；2015 年年底，日撮合交易量达到 10 万吨。

以海量订单吸引厂家和代理商，赚佣金而非博差价

免费的撮合交易使得找钢网成为行业订单的入口，买方云集的平台自然会对销售困难的卖方产生强大的吸引力。

(1) 钢厂自营与“保价代销”。

2013 年第一季度，开始有钢厂提出与找钢网合作，王东借此推出“找钢商城”，将业务模式成功扩展到钢厂自营。到 2014 年年初，合作的钢厂增长到 13 家，到 2015 年，找钢网的客户已覆盖中国大部分的主流钢厂。

钢厂自营的交易环节变成了“钢厂——找钢网——零售商（次终端）——终端用户”，大代理商环节被取消了。钢厂绕过大代理商的动力不只是因为找钢网的客户多，还因为它们与大代理商产生了利益冲突。

大代理商和钢厂的合作是买断制销售，一手交钱一手交货，钢材价格的涨跌带来的收益或损失完全由代理商承担。前些年钢材价格不断上涨，代理商赚了大钱。这几年钢材产能过剩，钢材价格持续下跌，代理商出现持续亏损，于是不愿进货或推迟进货，这就限制了钢厂的销售规模，导致钢厂库存高企，运营风险大增。钢厂和代理商的矛盾由此激发出来，传统的强关系逐渐式微。

相比传统的代理买断制，找钢网的钢厂自营的“保价代销”模式非常有利于做大销售规模，快速消化钢厂库存。

“保价代销”模式是怎样运作的？假设钢厂当天的出厂价为 2 000 元/吨，找钢网把这批货接过来独家销售，由于货值较高，找钢网要按每吨 2 000 元的价格全款付给钢厂，但是不结算。然后找钢网开始卖货，今天卖10%，明天卖20%……根据销售进度，钢厂会每天定价，找钢网就在这个价格的基础上加价约1%的佣金进行销售。比如，钢厂定价每吨1 900元，找钢网会按1 920元的价格去卖。找钢网跟钢厂每天对一遍账单，月底根据实际售价结算一次。2 000元/吨不是真正结算给钢厂的，可以理解为货物的全额保证金。“保价代销”模式能真正解决销售规模的问题。

(2) 贸易商联营，规模猛增。

当钢厂自营达到一定规模后，想要加快销售速度的贸易商也开始进入找钢网平台。2013年下半年，找钢商城推出联营业务，类似于天猫的开放平台。

联营业务的交易环节是：钢厂——贸易商——找钢网——零售商（次终端）——终端用户。由于交易环节多，这些贸易商的利润相对较薄，找钢网就把销售佣金降到每吨5～8元。2015年年底，找钢商城月销售100万吨，其中35万吨是钢厂自营，65万吨是钢贸商联营。

2015年年底，在找钢商城的销量中，联营业务的销量大幅攀升，比例大幅提升。这主要有两个原因：一是找钢商城的联营平台不断完善，给联营供应商提供了越来越多的服务支持，如物流、仓储加工、金融授信等，让联营钢贸商大幅提升了服务小微客户的能力，口碑效应带来了更多联营钢贸商的加盟；二是2015年钢材的市场行情急剧下跌，更加考验钢贸商的库存周转能力，如果在跌价行情中，不能及时出货，那么将给贸易商带来巨大的亏损。找钢网的存货周转率极高，平均存货周转天数是10.3天，几乎是普通贸易商的2～3倍，所以更多贸易商选择与找钢网合作，提高自己的销售能力，拓宽销售渠道。

优化产业链，靠服务赚钱

找钢网不追求单吨利润，以低佣金来做大规模，再通过大规模向下游做产业链优化，靠服务赚钱。

在找钢网没进入钢贸行业之前，这些钢贸领域的服务性行业有两个共同点：一是行业中的公司规模都很小，所以成本高、效率低；二是它们和前述交易链条没有串联起来，它们之间也没有串联，是孤岛式的存在，信息严重割裂。这样一来钢铁零售商要做成一笔生意就很痛苦：它们既要面对钢贸商，又要一一面对仓库、加工厂、车队，钱不凑手的时候还要去面对担保公司。

现在找钢网给它们提供了一揽子服务：零售商只要在找钢网平台上买货，就有胖猫物流跟进去运货；还有仓储和加工服务；因为交易格式化、可监控，还有金融机构愿意跟找钢网一起给零售商提供金融服务。

以物流和金融为例，原先钢贸行业的物流是司机挂靠到车队，车队再挂靠到配送站，然后配送站再向大钢贸商找订单。现在找钢网取代了配送站，未来找钢网希望推动司机们安装App，让车队司机直接在找钢物流平台上通过自己的报价抢小微客户的物流订单，进一步提高物流信息透明度和服务质量。

胖猫物流的主要利润来自小订单的拼凑。找钢网有海量的订单，因此零单的拼凑成为可能。比如A客户想送10吨货到浙江海盐去，这时没有司机愿意做这单生意，即便有人接单也会要很高的价，而找钢网查到B客户有20吨货也需要送到海盐，10吨和20吨拼起来正好是一辆小车的运送量。通过把零单拼起来，胖猫物流就能获得比较高的利润。

胖猫物流不仅为零售商找车提供了便利，还能部分解决货车空驶问题。原先物流市场信息不对称，钢材和货车的匹配效率不高，导致很多货车返程时空驶，或者送货去目的地之后在那边多待几天，等有货之后再返程，等待的这几天它是赚不到钱的。找钢商城一天有约20万吨的交易量（钢厂自营＋贸易商联营＋撮合交易），共计6 000多个订单，其中仅江浙沪地区就有3 000多个订单，因此能大大提高匹配的效率。现在很多货车司机的回程车不会空驶，于是不必长时间留在目的地等待，原来他们一个月只能出10次车，现在能出15次车。

找钢网的产业链金融既向上游提供融资，也向下游提供授信。现在部分钢厂没钱向上游买原料，找钢网就买原料给它，钢厂把钢材给找钢网就行，不用还钱；找钢网给优质的零售商提供7～15天、10万～30万元的授信，零售商先把货拿走，回头再给钱，找钢网按天收取利息，和起借期限至少一个月的同行拆借或高利贷相比，零售商能省不少利息。

找钢网认为，优质的小微客户一年能挣上百万元，不会为这点钱跑路，基本不会出现坏账风险。如何评判客户是否优质？找钢网的金融事业部制定了一系列指标与权重，例如采购品类、采购频次、采购规模等，据此算出一个企业的信用。目前能获得授信的零售商不多，大约有200户，因为这是有风险的事情，需要逐步去验证指数设置的准确性，根据实际还款情况摸索模型的优化。

找钢网发展产业链金融的资金来自铜板街、京东金融等互联网金融公司，资金成本是9个点。互联网金融公司收到很多钱，它们的痛点是给客户的回报率不够高，因为八九个点的高回报、很稳定、无风险的项目很难找。找钢网的产业链金融能给互联网金融公司一个很好的资产包。

尾声

未来，找钢网可以考虑通过海量的交易数据，做比较精准的用户分析，把用户的特殊需求归纳出来，然后递交给钢厂。目前，找钢网已经开始做反向定制的小规模试验了。如果未来反向定制得以普及，钢铁业的整体效率将达到非常理想的状态。除了根据大数据做反向定制，找钢网未来还有一种可能的商业模式——敏捷采销。找钢网作为高效平台，一头托着用户，一头托着钢厂，完全有可能做到敏捷采销。敏捷采销能够大量节省订单的交付时间，从而大幅提升资金周转率。资金效率提升，有利于找钢网更快做大规模。

问题

1. 找钢网垂直 B2B 的壁垒是什么？类似找钢网的平台还有那些？它们的模式和差别是怎样的？

2. 你认为相较传统贸易商而言，钢铁电商未来能成为行业主流吗？

参考文献

[1] 找钢网. http://www.zhaogang.com/.

[2] 找钢网创始人王东：如何做到 3 年交易 900 亿. http://www.newdur.com/post/2964.html.

[3] 找钢网王东：生产性服务业在供给侧改革中的关键作用. http://finance.people.com.cn/GB/51844/51850/397577/index.html.

13. 美菜网——让天下餐厅没有难做的生意

创业格言：倒逼供应链变革。

主角：刘传军，美菜网创始人兼CEO

摘要：2012年，生鲜食材电商开始崛起。以水果和海产为代表的生鲜食材电商逐渐为大众熟知。两年之后，这被业内誉为电商最后一片蓝海的领域已经微微泛红，渐有退潮之势。中国领先的农产品移动电商平台美菜网一直致力于用前卫的理念和先进的科技颠覆落后的中国农产品市场，本案例试图通过对美菜网在生鲜食材电子商务经营方面的探索和实践进行分析，期望在生鲜食材电商的发展方向上对创业者有所启发。

关键词：美菜网；B2B；创业

引言

曾有人将刘传军身上的标签罗列在一起：沂蒙山和中科院、农民和硕士、宇宙和田间、天文望远镜和锄头，这些相差甚远的符号都出现在这个同事口中平易近人、对工作要求细致严格、对同事总是憨憨地笑的人身上。他常挂在嘴边的是对农民的责任和对改变农民生活的情怀。刘传军曾说，创办美菜网是出于情怀，做食材B2B比团购苦得多。但他坚信美菜网将改变农业。美菜网的使命就是让老百姓生活得更简单，为8亿农民谋幸福，让13亿中国人吃上放心菜，让天下餐厅没有难做的生意。

背景

刘传军，美菜网创始人兼CEO，山东人，1982年生，是一名拥有中国科学院空间物理学硕士学位的高材生。曾参与研究过神舟六号、神舟七号以及探测火星的萤火一号卫星，但毕业后他并未从事上述“高精尖”的研究工作。

刘传军从小在沂蒙山区农村长大，干过很多农活儿，对农业有着特殊的情结。2001 年，他成为村里第一个通过考大学走出大山的人，随后在中国科学院攻读硕士学位。毕业后，刘传军曾从事 IC 芯片的研发工作，一年后辞职。他曾尝试借助互联网销售高端农产品，不过因为没有得到充分的信任，公司在 6 个月后倒闭。之后他转型创办了国内早期的大型团购网站窝窝团。

作为窝窝团两位草根创始人之一，他在相当短的一段时间内迅速经历了兴衰。2013 年，刘传军从窝窝团离开，他走访了很多地方，山东、河南、广西、海南……

刘传军说："我从山东一个最平凡的屯子走出来，至今，我的父母还生活在屯子里。对屯子的情绪，对地皮的热爱，对农夫的明白，源于我的生存履历，并永久烙印在内心。"

他回到屯子，走进乡亲们的生活，发现他们也有上进心和寻求美好生活的勇气，只是在某些所谓的恒久以来的"规矩"和"常态"下，他们费力种出来的菜，卖不到好价格，他们支付的劳动得不到应有的回报。他们盼望转变近况，却又充满无力感。这种日复一日的无奈令人痛苦。

"农业现状非常落后，流通环节太多，链条太长了：经纪人、一级批发商、二级批发商、三级批发商、餐厅、菜市场，五六个环节层层抽成。"刘传军每年回家都会下地帮家里干农活儿，父亲曾对他讲，农民种地瓜辛辛苦苦大半年，只能以 2 毛钱的价格卖出去，到市场上却变成一斤 2 元多，甚至 3 元。

于是，刘传军希望利用互联网 B2B 平台，砍掉所有中间环节，实现农户与餐厅的对接，让农民和餐厅老板既省心又得实惠，这是刘传军开办美菜网的初衷，也是他作为一个农夫儿子的初心。

经过一番逆向推敲，刘传军决定倒逼供应链变革。2014 年 6 月底，美菜网正式上线。

在员工和合作伙伴们看来，刘传军充满激情和活力，他说自己是农民的儿子，把农业视为一生的方向。

发展历程

刘传军说，我记得是在 2014 年的一个晚上，地点在国贸一期，徐小平说："你用最简单的方式告诉我，你想干些什么？"我说："我们是一个互联网公司。我们做的是国家重点扶持的"三农"业务，采用的方式是 O2O，目标客户是全中国上千万家餐饮企业。"徐小平笑了，说道："肯定不止上千万家。OK，你要多少投资？"

就这样，刘传军获得真格基金 1 000 万元的天使轮投资。在成立后的一年内，刘传军创立的美菜网已经顺利完成了自天使轮至 C 轮共 4 轮融资，从真格基金、蓝湖资本、顺为资本以及 HCapital 等投资者那里获得累计 10 亿元人民币的投资。截至 2015 年年底，美菜网已经覆盖了全国近 20 个城市。

竞争对手都很佩服美菜网的融资数量和发展节奏。刘传军称：“近几年是 O2O 发展的一个关键时刻，美菜网的发展和整个大的经济形势与互联网的发展是分不开的。”

早在 2010 年，刘传军就想做农产品电商，经过调研发现中小餐厅有强烈需求，但问题在于没有方法达成交易，当时互联网、Wi-Fi 和智能手机都不普及。

2012 年年底，他又去调研餐厅，但时机还是不成熟。

2013 年年底，他发现中小餐厅中大概有 40%～50%有了智能手机，随着 4G、无线网、新媒体的出现，他看到了机会，即具备了开展业务的条件。在具备条件的基础上，美菜网自从成立，一直保持着快速的全国扩张。截至 2015 年上半年，与美菜网合作过的商户已超 10 万家，为商户免费配送已累计超过 500 万次。

美菜网给出的数据显示，它已在全国建立 20 多个仓储中心，规划有保鲜、冷库等多种库房类型，拥有一批仓储管理团队，90%以上管理人员多年从事仓储管理工作，曾在当当、物美、永辉、京东、美的等企业工作，并建立过多个覆盖全国的仓储管理体系。美菜网仓储中心采用先进的数据库营销理念和科学、精准、专业的系统化管理体系，拥有自主研发的供应链后台 WMS 仓储管理系统、分拣系统，针对进、销、存开展数据化管理，大幅提高工作效率和准确性，是集包装加工、分拣集散、存储配送、检验检疫、信息处理功能于一体的“综合型冷链物流仓储基地”。

“每天凌晨，我们派出 4 000 辆车将生鲜食材送达餐厅，采取社会化方式招募司机和车辆承担运输职能，同时采用了一套军事化管理方式。”刘传军说，“根据送达准点率、客户的评价以及留存情况，司机有三个等级可以晋升。我们从 Uber 和滴滴打车的模式得出结论，这是一种以最低成本、最低风险拓展商业规模的最佳方式。我们的司机大多来自农村，他们通过这种方式获得了稳定的收入来源，月薪可达 8 000 元，并且不用全天工作，能够自主支配每天其他的时间。”

美菜网首创餐饮购物第一节——美菜节

美菜节自 2016 年 1 月 10 日起始，持续 5 天（见图 13-1）。面向全国近千万中小餐饮商家，整合国内众多优秀供应商、数百家农村合作社及产地直供资源，从生鲜蔬果、肉禽蛋类到米面粮油、调料酒水，以全品类、超低价，结合各类线上优惠及线下推广活动，倾力打造国内首个互联网农产品 B2B 网购盛典。

美菜网 CEO 刘传军表示：“美菜网倾力打造美菜节，一是希望通过此次活动，回馈长久以来支持我们的客户；二是希望在美菜节期间，通过用更多优惠、折扣、促销等形式的线上互动，刺激商户改变支付习惯，逐渐习惯线上支付，而这对于整个行业来说都是有积极意义的；三是希望通过此次活动，增强对商户的服务能力与团队的执行力，对服务持续优化，并将服务做到极致。”

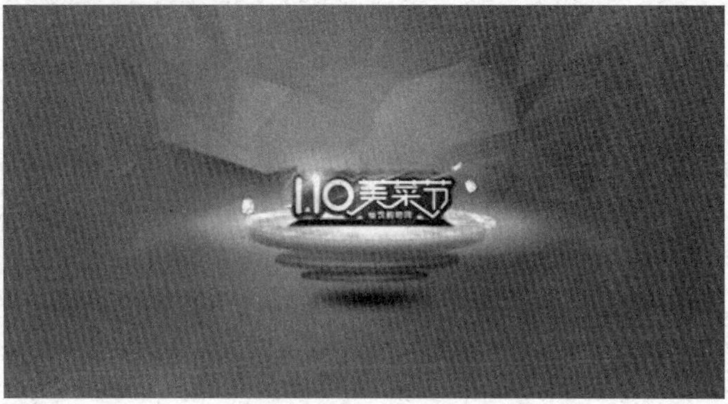

图 13-1　美菜节

截至 2016 年 6 月，美菜网在全国建立了 30 个仓储中心，拥有 4 000 多人的“美鲜送”物流团队，已向 20 多个城市的 50 多万家餐厅提供服务，很多与美菜网合作的农户不用再为农产品卖不出去而发愁，种植规模持续扩大。

自美菜网创办以来，已完成四轮融资，商业思路被多家投资机构看好，但美菜网创始人刘传军称做食材 B2B 比团购苦，好在近几年整个互联网向农村、农业下沉，而且有国家相关政策扶持。刘传军称，美菜网做的是互联网公司，衣食住行是老百姓离不开的刚需，而美菜网的终极目标是做好以互联网为入口的社区餐饮服务。

美菜网的发展历程大致如表 13-1 所示。

表 13-1　美菜网的发展历程

时间	事件
2014 年 6 月	美菜网获得真格基金 1 000 万元天使轮投资
2014 年 11 月	美菜网获得蓝湖资本数百万美元 A 轮投资
2015 年 2 月	美菜网获得顺为资本和蓝湖资本共数千万美元的 B 轮投资
2015 年 9 月	美菜网完成 C 轮融资，累计融资额已达 10 亿元人民币
2015 年 12 月 17 日	美菜网创始人、CEO 刘传军主持“互联网创新与初创企业成长”论坛
2016 年 1 月 5 日	食材 B2B 美菜网打造 1 月 10 日美菜节
2016 年 4 月 10 日	美菜网开启“春鲜节”客户体验升级之旅
2016 年 7 月 14 日	美菜网与全球食品巨头卡夫亨氏正式签订战略合作协议

业务模式

这是一种很重的模式：自己从田间采购，建立自己的仓储，全国有十几万平方米的仓库，仅北京就有两三万平方米；组建自己的物流团队。刘传军自己也知道，美菜网要想盈利并不容易。

美菜网是一个农产品移动电商平台，想用科技改变中国的农业市场，帮助餐厅做采购，缩短农产品流通环节，降低商户供应链成本，减少供应链人力。美菜网希望通过全流程精细化管理，管控菜品从田间到餐桌的细节，提高农民收入，减少压货风险，降低农民损失。

刘传军将目标锁定农产品供应链的终端——餐厅。经过调查，刘传军了解到农产品交易规模达到5万亿元，核心城市有超过200万家餐厅，餐厅采购规模高达9 000亿元！

市场如此巨大，存在无限商机。

凭借这样的理念，又吸纳了谷歌（Google）、易趣（ebay）、BAT等企业的技术大牛，美菜网用前卫的理念和先进的科技颠覆落后的中国农业市场。如今已成为中国领先的农产品电商平台，团队员工超过4 000人。

“美菜网是B2B互联网公司，衣食住行是老百姓天天离不开的刚需，基于互联网入口的关于吃的社区服务，不正是我们追求的终极目标吗?”刘传军说。

一站式服务

田间蔬菜通过日趋普及的智能手机直达餐桌，在平台上实现农民与餐厅的直接对接。美菜网整合生鲜食材供需，实现了在12～18小时内将食材从田间送达餐桌。农民由此不再需要每日赶早市卖食材，也不再需要担心由于运输困难、售卖渠道单一、天气原因等而导致的价格压榨、农作物囤积无法售出；而餐厅厨师获得的食材质量也通过美菜网质检把关，得到更多的保障，餐馆老板手机下单后等着收货就行了。现在，美菜网在全国与四五万家中小微餐厅达成合作，已形成稳定需求。与美菜网合作后，餐馆老板不再需要起早贪黑买菜，在手机下好订单，等待收货即可。除此之外，菜比自已去农贸市场上进货更便宜，还享受退货、补货服务。

“这对农民与餐厅是双赢局面，前者获得更多收入，后者有效降低了成本。”刘传军说，“我们还能针对农民的需求，提供更多的资源和协助，让他们更有效地准备生产。”

“我们汇集所有餐厅的需求去跟供应商议价，往往直接和产地、一级批发商谈，能大幅降低采购成本。”刘传军表示，美菜网目前的核心在于做大规模，不断往上游走，降低采购成本。美菜网的愿景是，希望通过平台为8亿农民谋幸福。

美菜网已在全国建立20多个仓储中心，并采用数据库营销理念、系统化管理。集包装加工、分拣集散、存储配送、检验检疫、信息处理功能于一体。美菜网还拥有4 000多名配送服务人员，并建有“美鲜送”物流团队。

在一站式采购平台建成做大之后，打掉中间环节，就能在未来还利于农民。

像早期的大众点评、滴滴出行一样，美菜网依靠劳苦的地推，大概上千人的团队一家家敲开了小微餐馆的大门；每一天，还有几千辆送菜车在路上。

“大城市的生活节奏决定了要去餐馆吃饭，需求相对稳定。每天餐馆都要买原材料，黏性非常高。”刘传军判断，这是万亿元规模的市场，将来还可以发展成包含粮、油、调味品、酒水、饮料的一站式平台。

“这是没有天花板的市场，O2O 最后一块蛋糕。”面对陆续涌入的类似创业团队，刘传军信心满满：“无论是规模团队，还是资金实力，所有竞争对手加在一起也没有我们大。”

刘传军感觉，美菜网跟京东特别像。他称赞京东对服务的极致追求，特别是在物流方面。美菜网一直保证退换货实效性，实行一日两送，送菜的时间不会相差半个小时，刘传军说：“餐厅的期望很高，晚点就没菜下锅了。”

在物流方面，刘传军的要求颇为严格，送菜的团队来自社会化车辆，公司招聘司机，进行队伍建设和管理。

作为激励条件之一，司机虽然并非美菜网旗下员工，却持有公司股票。“我们的司机很多都是从农村出来的，出来打拼都希望衣锦还乡，回到熟悉的土地上、父老乡亲身边。公司有收益，他们也应当分享。”刘传军称。

美菜网的业务模式见图 13－2 所示。

图 13－2　美菜网的业务模式

资料来源：两年获得 20 亿元融资，美菜网的商业模式有什么魔力?. http://diyitui. com/content－1466539836. 46899039. html.

线上餐饮采购新模式

2016 年 7 月 14 日，美菜网与全球食品巨头卡夫亨氏正式签订战略合作协议：为美菜网合作的几十万家餐厅提供卡夫亨氏旗下优质的调味品，共同打造“安全优质产品到后厨”的调味品最短供应链。签约仪式见图 13－3。

刘传军表示：“互联网带来了扁平化。要借助科技的力量，让利于餐饮企业，并让农村变得更好。”由于对品质的追求，刘传军还表示：“不应只满足于眼前有限的农业市场资源，美菜网还将开辟海外市场，整合全球资源。”

图 13-3 美菜网与卡夫亨氏正式签订战略合作协议

资料来源：美菜网携手卡夫亨氏 打造线上餐饮采购新模式. http://economy.enorth.com.cn/system/2016/07/18/031069382.shtml.

美菜网与卡夫亨氏进行战略合作，合作餐厅不仅可以进行线上采购以及通过强大的仓储物流系统保障新鲜低价，更可便利地订购卡夫亨氏旗下优质美味的调味品，用多样化的美味更好地发展生意。这恰恰践行了美菜网的使命：自建物流体系以保障食材的美味和新鲜度，严格把控食材的质量和低价，让利于基地农户和餐厅老板，造福消费者。

存在的问题

刘传军称，美菜网还面临诸多问题：

一是农村信息化程度低。美菜网做的业务是连接地头到餐桌，但是地头端也就是农民的信息化程度很低，大部分业务还需要线下沟通处理。

二是商品非标准化。美菜网是自营电商平台，自做采购、仓储、物流，生鲜食材的非标准化给整个运营带来了很大困难。美菜网也在加快推进标准化运营。

三是运营效率还需大幅提升。美菜网的商品本身是生鲜食材，是很娇气不易储存的。若想在很短的时间内完成从地头到餐桌，挑战很大。

所以，整个运营体系效率的提升很重要，但随着互联网的发展及生鲜农产品标准化，很多挑战都会被解决。

尾声

刘传军表示，美菜网快速发展的优势主要体现在两方面：第一是成本的降低；第二是服务。与美菜网合作的商户很多，其商户密度的大小决定其服务品质的好坏，只有商户规模到了一定程度才能保证商户的交付体验是最好的。为了保证服务体验，美菜网需要构建高效的仓储物流网络，这需要高昂成本。一个冷鲜库一平方米的建设成本是 2 000～3 000 元，1 万平方米需要约两三千万元，刘传军称其可能需要 10 万平方米冷鲜库用来储存菜品，以提高整个仓储物流链条的服务品质。

对常温配送商户没太大感觉，因为大部分平台都是常温配送。但当采用冷链配送时，菜品拿出来的时候还冒着冷气，客户是极其惊讶的。大的规模支撑起大的物流配送网络和体系，其带来的服务优势会很明显。

刘传军认为，近几年，包括国家相关政策的扶持，整个互联网在向农村、农业下沉。美菜网做的事是农产品流通环节。未来在农产品产业化方面，将会有很多资本投入，会刺激农业产业化的发展。

问题

1. 美菜网的业务模式存在较高的成本，如何在未来盈利?

2. 继美菜网之后，饿了么也相继推出了“有菜网”，美菜网的自营重模式与有菜网的轻模式相比，你认为哪种餐饮 B2B 供应链平台的运作模式更有前景?

参考文献

［1］美菜网创始人：一个想改变农业供应链的人. http://www.ebrun.com/art/160250.shtml.

［2］【专访】刘传军：美菜 O2O 将改变农业!. http://www.iyiou.com/p/23181.

［3］美菜网刘传军：帮千万餐厅去采购. http://tech.china.com.cn/entrepreneur/20150709/191036.shtml.

［4］美菜网. http://www.meicai.cn/.

14. 淘汽档口——打造一个让车主安心的修理和保养体系

创业格言：为车主提供安心的服务。

主角：肖军，淘汽档口创始人兼CEO

摘要：国内汽车后市场虽然看起来很美，但这些年很多投资上千万元欲将汽车后市场服务连锁店开遍中国的投资者或创业者，却无一例外地举步维艰。究其原因，供应链和服务标准化成为各连锁品牌的痼疾。本案例试图通过对淘汽档口在国内汽车后市场电子商务领域的探索和实践进行分析，期望在上述两个问题上对汽车后市场创业公司有所启示。

关键词：淘汽档口；淘汽云修；B2B；创业

引言

互联网对传统行业的冲击是全方位的，借助互联网时代的颠覆性力量，一个庞大而相对封闭的市场终于浮出水面。据中国汽车流通协会给出的数据，中国汽车后市场的规模已经超过7 000亿元，5年内将超过1万亿元。在零售业、制造业、传媒业等传统领域纷纷被攻陷之后，业内人士预测，拥有巨大体量的汽车后市场将催生下一个互联网"风口"。自2015年以来，汽车后市场O2O创业所呈现的井喷式的发展态势也印证了这一点。纵观整个市场，在形形色色的创业公司中，风头最劲的当属汽车维修保养O2O品牌"淘汽云修"。目前，该品牌已迅速蹿升成为国内规模最大的O2O汽修连锁品牌。在国内汽车后市场上，前有国际连锁品牌含恨折戟，后有几十家创业公司蜂拥而至，而淘汽云修依然一枝独秀。

背景

淘汽档口创始人肖军此前曾创办了国内最大的公关公司之一际恒集团，该公司的主要客户群体来自整车企业。2011 年，际恒集团被法国知名 4A 公司阳狮集团收购。2013 年，肖军等人投资创立淘汽档口，并从阿里巴巴挖来高级管理人才，因此市场一直谣传淘汽档口是“阿里所创”。

谈到公司创办的起源，肖军说：“其实建立淘汽档口的初衷很简单。最初我本人也经历过修车，无论是价格还是服务，体验都很差，所以在看到了维修行业内一些不合理的现状后，我们开始做相关研究。中国作为汽车销量最大的国家，汽车保有量达 1.75 亿辆，中国是全世界买车最贵的地方，也是全世界修车最贵的地方，而且无法享受到统一的、标准的、安心的服务。在这种情况下，我们认为应该为车主、为整个行业做点什么，我们的梦想就是打造一个让车主安心的修理和保养体系，同时为门店提供最优秀的服务和培训，统一标准，统一部件，让它们为车主提供安心的服务。”

发展历程

淘汽档口于 2014 年 1 月成立，是一家专注汽车后市场、以全国各地的汽修门店为客户的垂直汽配电商，从成立伊始，淘汽档口就积极布局 App 客户端，利用移动互联网技术对汽车配件数据库、车型适配、采购下单、物流配送等一系列环节进行整体升级，为客户打造零库存、零资金、零等待的全新汽配采购体系。

肖军说：“我们用了一年的时间与超过 20 万家修理厂建立了合作关系，也就是说这些修理厂在淘汽档口上和我们建立了购买关系。整个系统有 23 万～26 万家修理厂客户。它们为什么找我来买呢？在做淘汽档口以前，我本人没有做过汽车后市场，但是在进行调研的时候，我感受到应该修理厂需要什么，我们就为它们提供什么。所以当我们没有任何资源的时候，我们就用最笨的方法，通过便宜、低价、快速物流、保真来吸引客户。同时快速建设淘汽档口后台的实力。”

正因如此，淘汽档口从完成第一笔订单开始，在 2014 年短短一年内成为国内最大的汽车配件垂直电商。

一年以后，2015 年 2 月 2 日，淘汽档口宣布正式启动全新服务品牌——“淘汽云修”，新品牌的诞生标志着淘汽档口从原有的单一 B2B 业态，全面转型为 LBS（基于位置的服务）型 O2O 电商结构。

淘汽云修其实是通过标准化系统，建立一套完整的非 4S 连锁维修体系，它的核心价值是借助移动互联网、大数据等手段，为汽修企业提供包括配件供应、设备采购、新店开业、客户引流、运营管理、品牌推广、人员培训等多层次、全方位的解决方案，使传统汽修企业能够实现数据化高效运营，建立新时期下的全新竞争优势。

“淘汽云修”品牌自 2015 年 2 月推出后，进行了半年的系统准备和试点摸索，在

2015年7月正式在全国开始推广，截至2016年4月28日，全国加盟淘汽云修的门店达到了3 000家。淘汽档口在加盟连锁方面取得了让它自己都吓了一跳的速度。

2015年6月15日，淘汽档口宣布完成由平安基金领投的3 000万美元B轮融资。此轮融资由中国平安保险（集团）股份有限公司旗下的平安智汇投资管理（深圳）有限公司和深圳市前海安星资产管理有限公司共同发起设立的平安慧领格股权投资基金领投。

目前，在各大汽修配件O2O市场中，淘汽档口以其产品内容丰富、售前售后服务到位而受到广大消费者的欢迎。淘汽档口的发展历程如表14-1所示。

表14-1　淘汽档口发展历程

时间	事件
2014年1月	公司成立，线上第一笔订单成交
2014年2月	月交易额达到百万元级，线上订单量突破千单
2014年4月	华东市场全覆盖
2014年6月	完成北、上、广、深布局，月交易额突破千万元级
2014年7月	淘汽档口App2.0版上线
2014年9月	进军西南地区
2014年10月	月交易额突破亿元
2014年11月	挺进大华中
2014年12月	拓展大西北
2015年2月	“淘汽云修”品牌启动
2015年3月	淘汽档口App3.0版上线

业务模式

汽车后市场的参与者主要是个人车主、汽修店、配件厂商这三个群体，目前各个参与者存在什么痛点呢？

个人车主

（1）4S店保养价格太高，中端车小保养400～600元/次，高端车如奔驰、宝马等，保养一次至少过千元，仅仅是更换一个空调滤清器，奔驰4S店的价格就高达500元。

（2）路边汽修店价格通常只有4S店的一半，但是缺乏品牌公信力，个人车主往往不放心，担心在外面更换到假货后对车造成损害，所以大部分车主依然不得不忍受4S店的高价。

汽修店

（1）配件品类要全，要求能解决多种车型配件需求，避免找多个供应商分别采购。

（2）物流速度要快。汽车配件除了机油外，很少有通用件，不同的车型对应不同的配件，小的汽修店出于资金的原因通常不会备货，只有当有需求的时候才会去附近经销商处调货。在这种情况下，往往需 1 小时内甚至半小时内送到。这也是汽配城和经销商至今无法被取代的重要原因之一，因为它们实际上承担了仓储和物流的功能。

（3）配件与车型的精准匹配。由于 SKU 过多，配件与车型匹配非常复杂，在传统的电话沟通模式下，送错货是常有的事，这种情况会给门店带来直接损失。

（4）配件市场假货横行，门店老板无法去检测每一个配件的真伪，一旦买到假货，给车主带来损失，会对门店的声誉造成很大的影响。

（5）价格因素。门店的主要利润来源于配件差价，在保证质量的情况下，配件价格当然是越低越好。

配件厂商

（1）在目前的市场环境下，配件厂商的利润非常薄，而且不稳定。一般而言，代工的利润率只有 10%～20%。5 元钱的成本，往往只能卖出 5.5 元。

（2）由于整车销售的下滑以及人民币升值造成的外贸萎缩，配件厂商的订单也在逐步下滑，但是一般的配件厂商无力直接进入售后市场，其原因主要有三点：第一，售后产品多而杂，配件厂商没有相匹配的生产和研发能力，一旦配件厂商生产的品类增加，其成本也将快速提升；第二，没有自己独立的品牌，而重新做一个品牌需要极高的前期投入，这对于本身利润就很薄的工厂来说难以做到；第三，缺乏线下销售渠道，无法通过销售拉动生产和库存，导致资金周转慢，锁死企业的现金流。

简单地说，个人要的是低价正品，汽修店要的是配件利润，配件厂商要的是售后销售渠道。要同时满足这三者，就必须存在一个平台，一端连接各个配件厂商，一端连接汽修店。这个平台不仅仅是一个搬运工，简单地将配件厂商的产品发到汽修店客户手里，还要承担供应商筛选、质量检测、仓储物流、售后服务等各个环节的功能，并通过其独立的品牌，打造平台的公信力。这时候，淘汽档口应运而生。

淘汽档口

淘汽档口的客户群主要包括配件厂商、汽修店和车主，通过淘汽档口网站（见图 14－1）为配件厂商提供高效全覆盖式的产品销售渠道；为汽修店提供全方位便捷式的汽配供应平台；为车主提供养车、修车、车生活的全新服务体验。

在某 4S 店修理汽车的车主表示，淘汽档口平台现在越来越稳固，一些促销活动的力度也越来越大，自己长期关注网站和 App，感到非常便利和放心。同时，从车主角度来看，相对于其他汽修配件平台，淘汽档口的产品种类繁多；在该网站上有实时交易信息，给人以安全可靠的感觉；在选购完产品后，该网站配送及时、服务到位；该网站购买流程流畅舒适，而且有较多的优惠政策与促销活动，基本上消费者能选购到物美价廉的汽修产品，也能得到非常良好的购买服务。淘汽档口用户的购买流程如图

14－2 所示。

淘汽档口囊括了 App 移动客户端及 PC 客户端等多种形态，有供应链透明、客户群庞大、平台实力强等众多优势，为客户打造零库存、零资金、零等待的全新汽配采购体系。目前已有数十家国际主流配件厂家入驻，货源稳定，品质放心。现已在全国

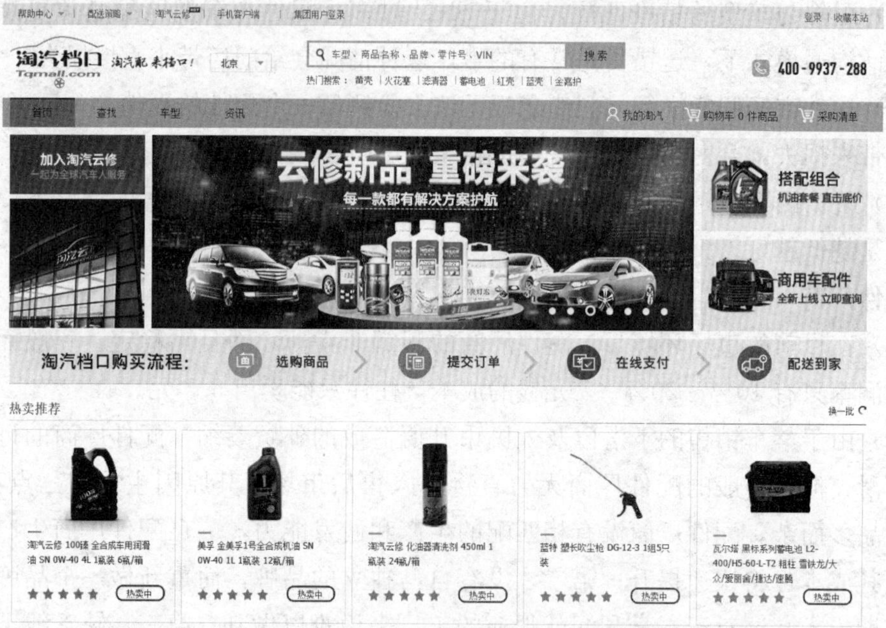

图 14－1　淘汽档口网站

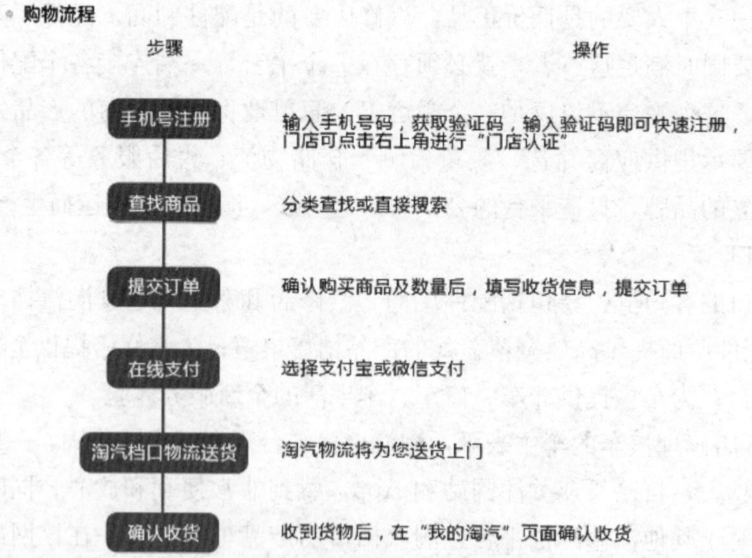

图 14－2　淘汽档口用户的购物流程

资料来源：淘汽档口购物流程．https://zhidao.baidu.com/question/617136183541768932.html.

20 个城市设有仓库，随用随订，减轻终端汽修店自身库存压力。另外，它与四大物流企业合作，通过强大的后台体系保证迅速响应。“淘汽档口”也配有自己的测评体系，让每一个配件的每一个参数性能在数字上直观体现，从此告别舒适、快捷、推背感强、迅速之类的主观测评。

淘汽档口秉承了国际领先的汽车配件连锁经营理念与先进的连锁管理模式，抓准了电子商务已深入国民内心的时机，由众多国际著名企业斥资数十亿元搭建平台。投资方看准了中国汽修这块全球最大的市场蛋糕和中国强劲的互联网发展趋势，同时引进专业的汽车与互联网精英团队，打造淘汽档口汽配汽修采购及服务平台，通过重点布局移动端来领跑汽修 O2O 电商新模式。

淘汽档口有一套完整成熟的自采体系，自采体系能够保证商品数量和品质符合用户需求，尽管从成本运营上来说，略高于客供体系及经销商集约型电商，但是它的优势是显而易见的，一方面，整体的采购成本下降，直采模式减少了冗余的流通环节，最大限度降低了成本；另一方面，自采货源可以完全杜绝假冒伪劣产品，并在口碑及销售体系上给予电商品牌完整支持。

淘汽档口主要提供优质优价的汽车配件；快捷、便利地下单与运输；科学、合理的管理体系；广泛、可靠的交流平台。它的经营模式科学规范，简而言之，有以下六大特色：

（1）庞大的客户群。首批签约 400 家线下店铺。

（2）平台实力强劲。国际大品牌商品，资深电商团队运营。

（3）供应链透明。扁平化管理，让每一步进销更清晰透明。

（4）零库存。各大城市设立仓库，货源稳定，随订随取，减轻自身库存压力。

（5）零资金。缩短中间环节，低成本采购，限时零元抢购，减少资金压力。

（6）零等待。强劲平台迅速响应，四大顶级物流运送。

淘汽档口 App

淘汽档口也推出了 App 移动客户端，这是淘汽档口精心打造，提供浏览、筛选、下单等一体化服务的移动应用程序。淘汽档口客户端浏览顺畅、操作简单，并且针对移动终端做了一系列专享功能和体验。

移动客户端的功能主要包括：

（1）一站式购物。品类齐，品牌全，超多汽配一站购齐。

（2）分类查找。可以按品类、品牌及扫码查找，查找更方便。

（3）车型筛选。按车型搜索，精确匹配。

（4）首页活动。集成所有优惠活动，一屏网尽。

（5）资讯专区。维修、保养、行业资讯等实时更新供浏览。

（6）我的淘汽。门店认证、订单状况轻松查。

淘汽云修

有了淘汽档口这个强大后盾，淘汽云修连锁店也迅猛发展，在短短 5 个月内即在全国突破 1 500 家。

淘汽云修的核心是借助移动互联网、大数据等手段，为汽修企业提供包括配件供应、设备采购、新店开业、客户引流、运营管理、品牌推广、人员培训等多层次、全方位的解决方案，使传统汽修企业能够实现数据化高效运营。淘汽云修官网页面见图 14－3。目前淘汽档口的汽车配件种类能够覆盖市面上的主流畅销车型，有了淘汽档口这个强大后盾，淘汽云修连锁店可以为所有主流车型提供保养、维修服务，一家店全面解决所有车型的问题，这一点可以说是业界独有的。

图 14－3　淘汽云修官网页面

对于个人车主来说，淘汽云修为他们提供了全新的更优惠、更透明的修车体验。淘汽云修连锁店不仅为个人车主提供洗车、全车检测等常用的免费服务，并且对修车、养车制定统一标准，所有服务实行“菜谱式开单”，明码标价，杜绝变相收费，打造“透明车间”，养车、修车标准流程公开可查，每道工序全部刷卡上工，实时上网跟踪，全程监控，用户可通过电脑或手机全程查看进度，直播或回看维修养护实况。同时，车主可以在流程结束后给予好、中、差评的反馈，让连锁店第一时间收到服务反馈。

淘汽云修连锁店实行“先行赔付”服务，差评扣保证金理赔，建立信用体系，这在业内也是第一家。今年，淘汽云修还将打造 App Store 式的线下旗舰店，以汽修旗舰店为核心，打通周边生活圈，为顾客提供免费咖啡等多种服务，颠覆传统的修车体验。

在车辆脱保后，车主不愿意再花高昂的费用在 4S 店保养修理，则会选择在网上商城譬如天猫、京东、亚马逊等一些网站买好零配件，自己找修理厂修理，付工时费。这里面车主会面临两个问题：一是现在网上购物滥竽充数、假冒伪劣产品太多，车主真假难辨，很难保证买到的“实惠”商品是正品；二是目前自营的修理店水平参差不齐，没有标准化的操作流程，很难让车主放心把车交给它们修理。淘汽云修很好地解决了这两个问题，基于之前一年打下的基础，平台从品牌供应商直接配送商品给修理厂，保证配件商品的质量，同时以自己的直营修理店为范本，对加盟淘汽云修的商家提供统一的规范化培训，让车主到任何一家淘汽云修旗下的修理店都能享受专业的修理服务。

淘汽云修 App 主要包括商家版和车主版。商家可以通过淘汽云修 App 实现移动办公，也可以通过财务板块随时查看门店经营状况，同时有什么问题都可以通过“淘汽知道”和“技师板块”解决。淘汽云修商家版 App 见图 14－4。

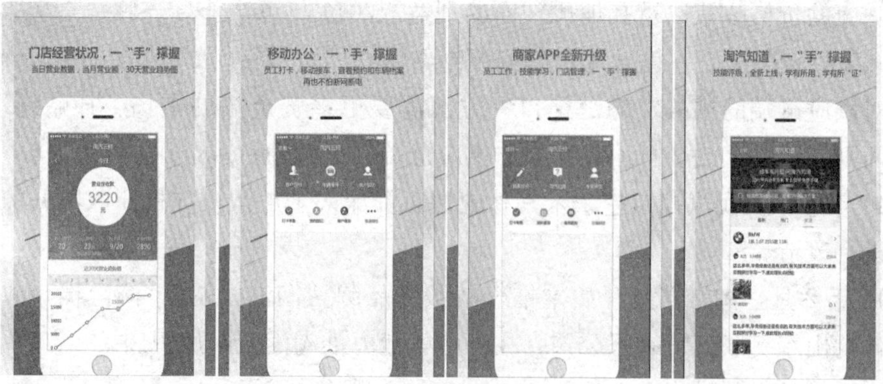

图 14－4　淘汽云修商家版 App

车主可以通过淘汽云修 App 享受安全、有保障、专业且价格合理的汽车服务，App 的主要功能包括：爱车保养、轮胎大保健、紧急救援、违章查询、快速预约、工单追踪等全方位的爱车服务。淘汽云修车主版 App 如图 14－5 所示。

图 14－5　淘汽云修车主版 App

业务发展和转型

2014年，淘汽档口以“强势地推＋中心仓＋平台＋供应链”布局售后市场。凭借强势的线下地推，淘汽档口在短时间内就在全国建立数十家中心仓库；但是在平台和供应链两大方面，淘汽档口遇到了所有B2B电商平台都遇到的“终端门店消费习惯”难题——多年来，终端门店需要什么配件，都是拿起手机，一个电话就搞定。

而在供应链端，淘汽档口甚至一度遇到危机。淘汽档口此前一直从各大品牌代理商手中拿货，采取“低价、现货结账”的方式销售给汽车修理厂。其主营产品集中在油品、蓄电池和轮胎等三大标准件。在大量资金补贴下，淘汽档口的销售策略挑战了配件品牌商的价格政策以及其他代理商的利益。2014年下半年，壳牌、嘉实多、江森自控等多家厂商发文，一度要求代理商断绝给淘汽档口供货。

面对供应链端的挑战，淘汽档口一方面需要更多资金拓展市场、补贴终端客户，另一方面则在战略上改变打法，谋求与供应链端上下游的更多合作。

2014年年末，淘汽档口挖来米其林驰加店资深人士加盟，在杭州收购几家汽车修理企业进行改造。

2015年2月，淘汽档口开始主推全新服务品牌“淘汽云修”。淘汽档口收购主营奥迪配件的山东奥联商贸有限公司，在济南等地力推淘汽云修加盟店。

淘汽云修的迅猛推出，一方面是参照美国汽配公司NAPA（National Automotive Parts Association）的模式，进一步布局后市场的策略体现，更是为了网罗更多稳定的终端客户、吸引上游品牌商合作的举措。曾经与其打口水战的瓦尔塔蓄电池，已经联合淘汽档口，推出江森自控制造的“淘汽云修”品牌蓄电池。

2015年6月15日，淘汽档口宣布完成由平安基金领投的3 000万美元B轮融资。对于此番“B轮融资＋战略合作”，中国平安表示将“从多领域、深入、全面地助力淘汽档口”。平安银行与淘汽档口签署了一揽子战略合作协议，内容涉及供应链金融、互联网金融及综合金融。平安银行将为淘汽档口及其各地上下游的客户提供保险、证券、信托、万里通积分等在内的综合金融解决方案，拉开国内汽车后市场的互联网金融大幕。

淘汽档口COO范清林表示：“B轮融资过后，一个焕然一新、更加强大的淘汽档口即将呈现。”

针对淘汽云修3～5年内的发展，肖军说：“淘汽云修将持续高速发展。因为我们认为一定要具备完整的布局能力、全服务能力以及全产业链能力，在未来的3～5年内，我们将要实现全国县、乡的区域覆盖，让淘汽云修的服务半径在全国范围内没有死角；对于车主来说，只需在一两公里之内就能享受到淘汽云修的标准化服务。”

尾声

肖军认为汽车后市场一定会产生一个非常巨大的公司，但是这个公司的产生一定不是因为自己规划要做多大，而是谁真正用心去研究这个市场，真正扎扎实实地解决行业痛点，创造能够被车主和门店都接受的一个方式。在这种情况下，淘汽档口从来没有单纯去想自己做多大，而是思考每天做了什么，沿着这个方向真正地解决这个行业的痛点，扎扎实实地去了解修理厂以及用户真正需要的东西，让门店和车主的需求完美结合，提供针对痛点的解决方案，同时还为门店搭建完善的人才和管理体系，形成淘汽档口的核心竞争力。

淘汽档口以“电商直销模式”切入后市场、打造“中国 NAPA”，在第一阶段以价格优势搅局市场、抢占市场份额；但是随着在后市场服务产业链布局的深入，淘汽云修的战略布局能否顺利实现，将是淘汽档口下一轮融资的关键因素。

问题

1. 淘汽云修如何在汽车后市场冲出重围？
2. 如何运用互联网模式解决汽车后市场 O2O 模式的痛点？

参考文献

[1] 淘汽档口. http://www.tqmall.com/.

[2]“淘汽铁军”成立近三年，创始人肖军首度打破沉默说了这 4 866 个字!. http://www.2b.cn/all/2016-05-20/31679.html.

[3] 完成 B 轮融资的淘汽档口借“淘汽云修”打造 O2O 闭环. http://auto.zjol.com.cn/system/2015/09/25/020850758.shtml.

[4] 淘汽档口——淘汽云修凭什么在汽车后市场冲出重围?. http://mt.sohu.com/20160229/n438882385.shtml.

移动生活篇

15. 每日优鲜——从传统生鲜 1.0 到现代生鲜 2.0

创业格言：创业就是过去多年积累的一次集中爆发。

主角：曾斌、徐正，每日优鲜创始人

摘要：生鲜电商曾经在 2012—2014 年进入爆发增长期。2012 年甚至被称为生鲜电商元年。易果生鲜、顺丰优选、本来生活等众多生鲜平台迅速发展，随着生鲜 O2O 企业的逐步探索，行业的大环境已普遍好转，消费者接受线上购物的消费习惯也初步形成。传统的生鲜电商如果不做出适应潮流的改革，那么很难在激烈的竞争中继续生存下去。如何在众多的 O2O 企业中脱颖而出呢？选择什么样的商业模式和如何有策略地吸引消费者至关重要。本案例视图通过对每日优鲜在生鲜产品经营方面的探索和实践进行分析，期望在“互联网＋”背景下生鲜类 O2O 电子商务的商业模式发展上对相关的企业和创业者有所启发。每日优鲜在创业过程中能够根据客户需求和市场环境而不断创新、调整其企业商业模式的行为，亦足资创业者借鉴。

关键词：生鲜；O2O 电子商务；创业

引言

“中国消费者如今在生鲜产品的选择上不是太少，而是太多了。”说出这句话的是每日优鲜创始人之一徐正，如果仅仅从衣着打扮来看，很难想象他曾经执掌联想数百亿元的笔记本业务，在 26 岁时，徐正就用三年时间将联想笔记本业务的规模从 5 亿元带到了 300 亿元。然而，这位联想曾经最年轻的事业部总经理决定加入创业大军，做起了艰辛的生鲜电商——每日优鲜。与他并肩同行的是同样曾在联想工作十余年的高管曾斌。

背景

1981 年出生，年仅 15 岁就考上中国科技大学数学系的少年徐正，自认为不是学

霸，因为自己比较贪玩。

大学毕业后，徐正进入联想，一干就是 10 年，曾负责全国零售大客户，从管理 4 人的团队一直做到管理全国范围内 2 000 多人的团队，年均营业收入做到高达 40 多亿元人民币。2009 年，徐正负责消费笔记本事业部的工作，更是将年均营业收入做到了 300 多亿元人民币。

2012 年，联想跨界涉入农业，徐正出任联想佳沃集团高管，负责水果事业部，做了大概两年多，徐正敏锐地发现了与农业、电商相通的生鲜电商是一块未被开垦的田地，于是在 2014 年年底他创办了每日优鲜。

每日优鲜的诞生

2016 年 5 月下旬，每日优鲜的办公地点从望京 SOHO 搬到了望京绿地中心，这已经是公司创办一年多来第三个办公地点了。

从最初的十几个人到如今的 200 多人，公司的业务规模和团队扩张速度都是裂变式的。2014 年底，徐正和曾斌作为联合创始人，分任公司 CEO 和 COO，凭借一个“想法”获得了光信资本 500 万美元的天使投资，开启了二人的生鲜电商创业之路。曾斌和徐正都曾供职于联想，2012 年联想成立佳沃集团开始做农业，这两个人因为喜欢“尝鲜”而在佳沃成为搭档。

在佳沃集团的那段时间，曾斌通过对多家农业电商企业进行调研了解到，农业电商实际上是一个产业链条很长的产业，既要懂商品选择，又要懂物流、仓储，还要懂用户的经营运维，但是那时的农业电商企业存在着各种不足。曾斌和徐正打算抓住这个创业的机会。

这对搭档的职业经历给他们奠定了坚实的基础：世界五百强企业的从业经历使他们具备了产品的定义规划、渠道的架构设计、销售、营销等全流程的能力和经验；在佳沃的两年多时间里，他们又对农业的规则和规律有了比较深的了解。

经过两个人的深思熟虑，他们决定辞职创业，创业的方向就是要解决优秀农产品从生产端到消费端的对接。在经过前期的验证和咨询之后，他们开始寻找社会化的风投。在联系到第四家投资人时，投资方在一天之内就做出了投资决策，这使曾斌和徐正喜出望外。

天使投资人光信资本的 500 万美元投资让他们获得了项目启动资金，而当时，他们甚至连新公司的名字、LOGO 还没有确定。曾斌说：“拿下天使投资后，我和徐正最开心的是我们的想法得到了市场的认可。”

事实也确实如此，每日优鲜是光信资本当年投资的最成功的创业项目。2014 年年底，他们开始招兵买马，组建团队，开发产品，2015 年 4 月 8 日，每日优鲜会员店正式上线。

“全品类精选＋两小时速达”模式

在生鲜电商领域有一个关键的痛点需要解决，就是供应链问题。其中最关键的是产品和物流配送，这决定了用户的体验满意度。

曾斌认为当时的生鲜电商行业更多是沿袭了传统电商的业务模式，对于生鲜产品的特点和用户需求缺乏针对性的创新，在商品包装、SKU、页面设计、用户体验等方面，客户需求并没有得到很好的满足。

以 SKU 来说，当时的生鲜电商都以箱为单位进行销售，客单价都在 300 元左右，但是客户真的想要花 300 元购买一整箱生鲜类的单品吗？其实并不是。所以，在徐正和曾斌花了大量时间了解客户需求之后，他们将每日优鲜的业务模式锁定为“全品类精选＋两小时速达”。

所谓“全品类”就是客户能够在一次消费过程中将需要的商品一站式购齐。“我们如果不能给客户提供全品类的生鲜商品，就不能成为他主流的购买通路和模式，那就一定会被别的通路和模式所取代。”曾斌解释道。

在全品类上，每日优鲜有水果、水产、肉蛋、蔬菜、乳品、饮品、零食、轻食八个品类，但是所有产品加起来只有 300 款。这是在“精品”策略下每日优鲜为客户精挑细选出来的优质产品。

每日优鲜有一支专业化的采买团队，都是农业生产一线有着十多年经验的买手，他们对于每个品类最好的产地和货源熟谙于心。曾斌认为，中国消费者如今在生鲜产品的选择上不是太少，而是太多了，从千百种同类商品中挑选出一两款精品是生鲜电商平台应该为客户提供的服务。经过一年多的尝试，客户逐渐接受了这个理念。一些品质非常好但销售通路做得不好的商品，也在每日优鲜的销售平台上取得了非常好的销售业绩。比如爱氏晨曦牛奶，由于在国内没有很好地做推广和宣传，销售业绩一直不温不火，但其实它是丹麦皇室御用牛奶品牌，有着 130 多年历史。在拿到每日优鲜平台之后，短短几个月时间，爱氏晨曦牛奶在平台的销量已经占到华北市场销量的 50％以上。

2015 年年底的一件事情让曾斌非常惊讶，也让他更有信心。春节前夕，原有的品牌牛肉供应商供货严重不足，同时还要涨价，他认为这对每日优鲜的客户是不公平的。于是选择另外一家同样高品质的牛肉品牌月盛斋。在品牌切换的时候，团队担心在前期过程中会出现小的波动，但结果很意外，销售额非但没有出现任何波动，反而是稳中有升，完全平滑地切换过去。“这也让我们感受到消费者对我们的信任。”曾斌说。

在全品类精选的基础上，每日优鲜凭借规模化的采购把成本降低，在零售环节将SKU尽量做小，很多SKU单价都是十几元、二十几元。曾斌解释说："我们认为人们在吃的方面有丰富性的需求，现在我们的客户花100元可以买到六七样商品，有肉、有菜、有水果、有零食，这样营养更平衡、更丰富，购买也会更简单。"这样独特的销售理念为每日优鲜赢得了80%以上的复购率。

除了在产品的品质上追求极致之外，消费者最关心的就是配送的效率问题，这恰恰也是生鲜电商行业最大的痛点。为了打破这个困局，每日优鲜在创立之初就决定要自建物流体系。对于一家初创公司来说，这是一件很具挑战性的事情，开创了"城市分选大仓+社区配送小仓"的布局。

"我们开始在社区、写字楼附近建立微仓，等于直接把冷库建到了离客户最近的地方。"曾斌说。这个微仓里面带有冷库系统，冷藏仓、冷冻仓、常温仓，我们把所有的商品都前置到微仓中去，每个微仓的覆盖半径为3公里，客户下单之后，我们就能够非常快速地送达。到目前为止，在北京基本能做到客户下单后，半小时送达率70%，一小时送达率90%，两小时送达率99.5%以上。"在一些两小时极速达覆盖不到的地区，我们还在做次日达，从获取的数据来看，极速达客户的留存率比次日达高出一倍，复购率也高出很多。这也让我们看到客户对这种快速送达服务是有需求的。"

两小时"极速达"服务也让以前许多不可能的场景变成了可能。比如很多公司上班族都要到下午四五点钟才确定晚上是否能回家吃饭，按照常规来说，除了下班去超市或菜市场采购外别无其他选择，而现在只要在每日优鲜下单，几乎菜品就可以和客户差不多时间到家，所有食材一应俱全，回家就可以开始做饭了。

在每日优鲜公司内部有一个专门的数据团队去做大数据分析和测算，他们建造了一个模型，根据时间节点、社区属性、天气等因素，通过精细的算法，准确地掌握每个微仓、每款产品的补货时间和补货量，以确保货品的足量供应，最大限度降低损耗。每日优鲜的损耗率已经由之前的7个点降低到目前的1个点。

在2015年一年多的时间里，每日优鲜几乎没有做广告推广，主要是靠种子客户的口碑传播。从最早的北京市场，到后来的华东、华南地区，目前主要市场锁定在北、上、广、深等十个核心城市。"我们本身对生意模型是有一定要求的，如客户的密集程度、消费能力等。在今年之内我们将把精力放在核心市场，把我们的网络铺好，为客户提供较好的购物体验。"曾斌曾这样说。

作为优质生鲜的购物入口，每日优鲜目前有面向全国用户的"每日优鲜"、针对重点城市用户的"每日优鲜会员店"以及面向大学生的"每日优鲜校园惠"三种模式。其生鲜产品来源于三个方面：一是品牌型供应商，如佳沃、佳沛等；二是原产地供应商；三是少量的销地供应商。对于供应商的选择，每日优鲜在全球范围采用顾问式采购，其专业买手甚至比生产者更了解其产品。

但这种模式存在一个硬伤，短时间内不能持续实现规模化盈利。当然，这也是生鲜电商普遍存在的问题。数据显示，业内只有1%的生鲜电商能够实现盈利，4%处于持平状态，另外95%处于亏损状态。由此看来，优化产业链结构，减少中间成本，探索出完善的盈利模式是当前每日优鲜，甚至整个生鲜电商工作的重中之重。

花样开拓客户市场

2016年4月底，每日优鲜获得了2.3亿元B+轮融资，新一轮融资由远翼投资领投，华创资本跟投，B轮融资总额达到4.3亿元。曾斌谈及每日优鲜今后的发展方向时说："公司未来的发展方向要往两头走，一头是产品端，每日优鲜将投入1亿元品牌孵化基金，选拔最优质的生产者进行专项扶持，同他们一起打造细分品类中的黄金品牌。在供应链金融方面，每日优鲜投入1亿元提供现货现结，减少交易环节的风险，免除供应商的后顾之忧。另一头是消费端，每日优鲜会投入3 000万元进行品控质检环节的升级，在仓储和物流环节，每日优鲜将进一步拓展微仓站点，为更多客户提供2小时极速达服务。"

2016年8月8日，每日优鲜进驻深圳。每日优鲜在深开启服务时推出"大杀器"：新用户首次下单享受50元红包福利，还可以用1.9元秒杀包邮2枚原价8.9元的新西兰佳沛绿奇异果。2016年9月8日，每日优鲜正式将服务版图延伸至上海，服务范围同时覆盖上海、杭州、苏州、常州、南京、无锡华东六城。

乘Uber享生鲜购物优惠

2016年以来，"搭吃货航班送免费水果""中秋用打车App赠订制月饼"类似这样的跨界营销在国内风生水起，跨界合作已成为生鲜电商领域时下的热门现象。作为新锐生鲜电商代表，每日优鲜与Uber联手，将这一"食"尚潮流又"玩"出了新高度。

在上海徐家汇上班的白领尤小姐这样说："早上搭乘Uber，司机跟我说可以领取生鲜产品的优惠券，我就试了一下，还真领了50元。下午我就到每日优鲜的微信商城买了一些水果，反正有50元的券，看看能不能用呗，结果还真能，正巧在搞促销，特划算，我打算自己再掏一点钱，就可以将整个公司明天的下午茶都请客了。"在每日优鲜活动期间，华东六城Uber打车软件点开首页会显示出每日优鲜优惠券提示，市民领取优惠券后登录每日优鲜微信商城购物即可使用。用"互联网+"的理念将"吃"与"行"两大民生主题结合到一起，每日优鲜这一创新玩法成为行业营销新的引爆点。每日优鲜还推出了团购、秒杀、红包、派券、满减等活动。

足不出户购全球渐成新主流

传统的生鲜食材采购往往费时费力，不仅仅要寻找一个合适的时间去市场采购，还需要精挑细选，一次性买太多，放置的时间太长食材会不新鲜；买太少，又不值得专门去采购一次，着实让人劳心劳力。

单一的消费方式越来越难以满足人们的需求，每日优鲜的到来让市民多了一个新的选择——足不出户吃遍全球美食！在每日优鲜的微信商城可以看到来自全球各地的生鲜产品，比如澳大利亚柑、加拿大北极甜虾、波兰进口优雅牧场低脂牛奶等，每日优鲜与全球100多家供应商合作，为用户精选全球顶级食材，原产地直采直供，并且从原产地到用户手上全程专业冷链配送，最大限度地保障了产品的优质与新鲜。用户只需打开微信，便可以随时随地利用碎片化时间完成购物。

精细化服务升级用户体验

在生鲜电商领域，产品、供应链、冷链等硬件实力受到人们的广泛关注。然而，每日优鲜自成立时起就一直十分注重客服、售后、维护等软实力的打造。

每日优鲜始终坚持以用户为中心，推出精细化服务方案。针对不同地区市民喜好的差异性，推出了不同的产品组合，例如在华东地区，每日优鲜选择主推水果产品，如新疆嘎啦苹果、泰国龙眼、泰国山竹、广西百香果、云南蜜橘、台湾文旦柚等。另外，针对不同的用户群体，每日优鲜也贴心定制了营养生鲜搭配套餐。如给爱好运动的用户推荐“运动好拍档”，为时尚辣妈推荐“成长加倍”，还有情侣专属的“情投意合”等套餐。

针对不同市场的本地化战略，不仅更加贴近当地市民的消费需求，让市民拥有更好的用户体验，同时也使得每日优鲜用户的群体忠诚度、复购率更高。每日优鲜自成立以来，月订单超100万单，月交易额近亿元。这一亮眼成绩的取得，与每日优鲜一直以来深耕用户体验密不可分。

每日优鲜的每一步扩张都是建立在保障用户体验的基础上的，“以往的经验告诉我们，没有好的用户体验，品牌价值、产品质量、供应链等一切都是空谈，美食价值、生活价值等必须最终体现在用户体验上。生鲜电商必须以用户体验为导向，强化生鲜品牌价值塑造。”

向更完善的服务华丽转型

为了给客户提供更好的用户体验，每日优鲜在产品设计上下了很大功夫，移动端是每日优鲜唯一的购买入口，用户可以通过每日优鲜的微信客户端（见图15-1）、App客户端完成购买，从挑选商品到购物结算可在一个页面完成，平均一次购买行为可以在65秒内完成。每日优鲜团队在这些细节上的努力，换来了越来越多的客户信任和忠诚。

图 15-1　每日优鲜限量抢购（微信客户端）

徐正认为，现阶段的生鲜 O2O 企业大部分都属于 1.0 时代，1.0 时代的生鲜企业只是做了简单的连接作用，在营销和分销手段上做了创新，没有从本质上解决流通效率的问题，其更像是传统生鲜行业的互联网化改良和场景补充。消费者选择线上购买，更多的是一种偶遇消费和冲动型购买，不能促使产业链和价值链的持续与重复。每日优鲜要打造生鲜 2.0，就是让互联网成为用户生鲜消费的主要购买渠道，改善农产品的生产方式，提升行业效率，促进产业升级。

尾声

过去一年，生鲜电商创业者们走得并不容易。有些人会更悲观，有些人却更努力去寻找合适的方向和目标。现在，每日优鲜正在接洽 C 轮投资方。“在冬天时候能活下来的健康的树，得到的营养会更多。”曾斌再次强调，生鲜有三万亿元的市场，中国生鲜电商的市场渗透率只做到了 3%，假以时日，生鲜电商领域一定能成长出下一个京东。这是个美好的愿望。但在当前仍然并不现实。

问题

1. 黑马基金合伙人胡翔曾表示：“生鲜电商面向 2C 端的创业太不容易，有两个问题始终没有解决：一是 C 端客单价不会太高，这造成物流成本很难算得过来账；二是中间环节以及库存管理会产生很多耗损。我们看了很多面向 2C 端的模式，但都很难把账算过来。”对于每日优鲜来说应该如何“把账算过来”？

2. 每日优鲜所面临的另外一个问题是，生鲜电商们的商业模式仍然有待时间来检验。生鲜是一个足够大的市场，但竞争也足够激烈，而且发展态势也并不明朗。这是一个欠缺成功模式验证的市场。天天果园、本来生活等一线玩家们也都仍在忙着在各种商业模式上试水，众多中小玩家更是自顾不暇。万亿元生鲜市场最后的格局将是怎样，每日优鲜将如何脱颖而出？

参考文献

[1] 每日优鲜：前联想笔记本掌门人的生鲜电商减法. http://www.cctime.com/html/2015-5-9/2015591221141941.htm.

[2] 徐正（9601）：十年磨剑，出手惊人. http://www.aiweibang.com/yuedu/65618499.html.

[3] 每日优鲜 COO 曾斌：定义生鲜电商新模式. http://zhangchengdong.baijia.baidu.com/article/535575.

[4] 4.3 亿 B 轮巨额融资下，每日优鲜能否打赢生鲜电商这场仗. http://www.wtoutiao.com/p/2df9LIb.html.

[5] 每日优鲜入驻深圳　市民生鲜生活或将改变. http://www.heb.chinanews.com/cjdt/2015081013130.shtml.

[6] 每日优鲜进军江浙沪带来生鲜服务新体验. http://fushun.nen.com.cn/system/2015/09/09/018433018.shtml.

[7] 生鲜 O2O 平台每日优鲜获 500 万美元天使融资. http://www.aiweibang.com/yuedu/22361468.html.

[8] 生鲜死亡潮下　每日优鲜却要做下一个京东. http://invest.china.com.cn/quyu/2016/zhihuichengshi_0805/73503.html.

16. 爱空间——家装行业开创之路：从亲力亲为、耗时耗力到线上下单、线下体验

创业格言：敢于亮剑者，皆为勇者。

主角：陈炜，爱空间创始人兼 CEO

摘要：在大众创业、万众创新的背景下，各个行业的电子商务都在如火如荼地进行着，而家装市场却还基本停留在蛮荒阶段。爱空间在北京市场一炮打响后，实创、齐家、土巴兔、美家帮等家装企业走上变革之路，涌现出一大批爱空间的模仿者和学习者，但是家装电商照搬照抄别人的商业模式无疑是没有前途的。选择什么样的商业模式和如何经营电商平台，成为从事家装电商行业的企业和创业者必须考虑的问题。本案例试图通过对爱空间在家装电子商务方面的探索和实践进行分析，期望在家装电商的发展方向和上述问题上对相关的家装电商企业和创业者有所启发。爱空间在创业过程中根据客户反馈和实际经营信息不断创新、调整其企业商业模式的行为，亦足资创业者借鉴。

关键词：互联网家装；O2O；创业

引言

一般而言，敢于亮剑者，皆为勇者。但是在当下的商业时代，敢于亮剑者，不仅需要勇气，更需要智谋。美团网能够在团购 O2O 的“千团大战”中厮杀出来，靠的不仅是王兴的魄力，更在于其独到的眼光和智慧。可以毫不夸张地说，王兴是国内对团购 O2O 产业模式思考得最透彻的一个人，在 O2O 资本疯狂之际，王兴并没有一味跟风烧钱，而是深耕产业线下，强化生态链，待到对手都已疲软，资本入冬之际再发起猛攻，击溃对手。

如果拿陈炜与王兴对比，颇有几分相似，陈炜也是一位多次创业者，并在传统家装行业深耕近十年。而且，陈炜将小米模式分析得非常透彻，近乎完美地将其“嫁接”到了家装 O2O 领域。

背景

多年来，房屋市场和家装市场一直如影随形，但形成鲜明对比的是，房屋市场经过十多年发展已经形成了巨头林立、犬牙交错的格局，而家装市场却还基本停留在蛮荒阶段，在这个每年 4 万亿元的巨大市场中，目前还没有一家公司的市场份额超过 1%。

家装行业存在诸多问题，例如施工主体混乱，产品标准缺失，价格不透明，服务意识落后，缺乏行业自律和监管等。由于这些问题长期存在，导致这一行业暴利、公信力低下与难以规模化现象并存。

不过，一家 2014 年 10 月才成立的新公司却以颠覆传统的玩法，在不到一年的时间内便轻松做到了北京市场的第一名，这不得不叫人称奇。它首次将互联网基因融入传统家装行业，第一个系统地将互联网思维落地到每个项目，并创新性地整合人力和客户资源，正以全新的打法改写着行业游戏规则。

这家公司就是爱空间。

陈炜，1973 年出生于江西南昌，毕业于清华大学经济管理学院。这个从小骨子里充斥着奇思妙想的男孩，怀揣着对新事物的好奇，带着深耕家装行业的决心，毅然走上了颠覆传统家装的道路，这一走就是十几年，直到现在他仍在继续。

从毕业起，陈炜就投身于传统家装行业，读完清华 MBA 的他在博洛尼集团一做就是七个年头，期间他主要负责全国的家装和精装服务，七年过去了，他对家装行业从基层工序操作到高层公司运作，均已了如指掌，对用户需求更是了然于心。

装修是每个家庭都会经历的过程，多年的职业生涯给他感触最深的就是行业浪费和行业内的分包惯例。对家装行业的深耕在给陈炜带来深刻认识的同时，也让他更加清晰地了解到自己要改变这一现状究竟要从何做起。

陈炜想开一家以互联网思维为导向的家装公司，以大牌主材为基础，以产业化工人为核心，用透明的家装过程、超低价的装修费用、科学的用工分配，彻底改变中国家装行业现状。2010 年，陈炜辞掉了博洛尼高管的职位，迈出了创业的第一步，从大处着眼，他创办了一家面向企业提供整体精装服务并且拥有国家一级施工资质的空间易家装饰工程有限公司；有了这勇敢的第一步，在有感于传统家装对普通用户的束缚后，2014 年，陈炜开始从小处着手，面向广大普通用户，以“互联网家装”为理念，成立爱空间科技（北京）有限公司。

发展历程

2014 年年初，陈炜开始思考互联网化，转战电商，将非标准化的装修业务打包成标准化产品，即 899 元/平方米、60 天工期。但相比线下装修企业，这种价格和工期只占据微薄优势，并不被消费者接受，2 个月内仅有 4 人下单。陈炜调查后发现，由于模式不新鲜，消费者的口碑传播动力不强，没有人向朋友推荐。

因此，陈炜托朋友约见雷军，一方面想争取融资，另一方面也想获得指导。按照雷军的想法，互联网打法的秘诀在于专注极致口碑“快”，产品标准化后还应该在工期和价格上有突破性创新，低毛利和高效率才是王道。

“此前我们加班加点赶工万科样板间只用了 20 天，这是家装的极限速度。899 元/平方米还有 25%的毛利空间，压缩到零毛利则是 699 元/平方米，如果实现规模化，可以压低采购价，取得盈利。雷军抓亮点的能力很强，见面后我们马上就把产品改为 699 元/平方米、20 天工期，组建了新公司爱空间。”陈炜说。如图 16 - 1 所示，他们的产品性价比非常高。

图 16 - 1　爱空间官网介绍

2015 年 2 月，爱空间获得雷军旗下顺为资本领投的 6 000 万元 A 轮融资，成为雷军投资的首家互联网家装企业，因此被业内人士称为“小米家装”。

那么，该如何压缩工期、降低售价并实现规模化？在陈炜看来，这需要变革线下家装行业的很多痛点。

首先，对工作压力较大的城市群体来说，反复沟通是长期存在的弊病。如果遇到出价更高的装修项目，工人会马上暂停手上的项目跑去另一户装修，如此反复直到装修结束，导致沟通成本和时间成本较高，工期漫长且质量难以保证。所以线下装修公司会推出全包服务，但消费者需要为此支付很多不必要的费用。

同时，线下传统家装企业往往用以包代管的模式聚拢产业工人。由于家装行业存在淡旺季，并不能确保时刻都有活儿干，所以企业会用项目承包的方法，将装修项目分包给包工头，包工头再分包给产业工人，如果是大型装修企业，分包的层级更多。每一层分包都意味着售价的递增，再加上装修过程中可能出现的额外收费，消费者的负担可想而知。

因此，最具效率的办法就是：自己养工人，并与家装材料品牌的厂商对接。陈炜表示，家装材料是标准化产品，容易把控，每种品类中选择一家用户体验较好且性价比高的品牌合作，精简 SKU 后可提高采购量，获得厂方采购权。事实上，落地执行的施工团队最难管理。不过，工人的需求归根到底是利益。以往施工结束后，工人才能得到工资，且每家出的费用有高低之分，所以，爱空间与工人正式签约，以每月固定工资的激励方式招聘全职工人，保证每月有订单可做，工人也需要随叫随到，保证施工项目验收合格。

目前，爱空间的自有工人团队已达600人左右。出于强化管理的目的，爱空间将家装项目细分为400多项，对每一项设立严格的验收标准和截止时间，并把每天的装修进程实时拍图传给顾客。为了节省工人来回奔波的时间，爱空间按就近原则招聘工人。以北京为例，城市被划分为东、南、西、北四个区域，每个区域的工人数不一定等量，而是根据该区域订单量的多少招聘。

由于产品的价格和工期具有强竞争力，爱空间一上线就获得很多订单，现在月单量为300单，客单价约7万元，月销售额在2 000多万元。但陈炜表示，月单量只有达到1 000单才能获得盈利，所以必须发挥互联网优势吸引全国用户，进行规模化扩张。

异地扩张走合伙人模式

2015年4月，初步摸索出经验的爱空间开始了城市扩张，并具备三个有利条件：第一，家装供应链系统可以直接面向全国。家装建材较重，运输成本高，但由于前期合作的品牌在线下深耕多年，在全国各地有经销商，可以通过经销商落地取货服务；第二，ERP体系已在内部组建完成，可以承载并管理异地订单；第三，网站的产品展示和销售功能逐步健全，爱空间的影响力也在扩大。

通过向全球化扩张做得最好的打车软件Uber的上海总经理王晓峰请教，爱空间的扩张采用了合伙人模式，把老板心态和直营的强把控结合起来。以上海为例，总部和合伙人共同注册当地控股子公司，总部投资600万元，分公司投资400万元。合伙人负责把控工人进度，操盘子公司，总部则负责供应链和资金，以客户口碑和成交量对合伙人进行考核。

目前，报名城市合伙人的已有3 500多人。首批扩张，爱空间集中在省会城市和副省级城市，大概50个左右。合伙人的筛选也有一套标准：首先是价值观一致，同样具备互联网开放心态的人合作起来会更加顺畅；其次是考察合伙人在当地具备的执行资源，如果其本身就是装修公司的总经理，有合作稳定的工人和长期的工程管理经验，则更加符合爱空间的预期。

20天迅速完工的原则在各个城市都适用，所以爱空间会在每个城市建立中心仓储备品材料，供工人随时调取，提高效率。不过，公司并不会在各城市进行线下地推或投放线上广告，因为成本太高，而是继续采用口碑推广的方式。爱空间的第一批种子用户就是陈炜通过朋友圈转发获得的。在他看来，真正有装修需求的人会有意识地查看这类信息，互相交流心得，从朋友圈引入用户更加快速。

从C端散户到B端订单的跨越

近几年，智能家居非常火热，不少硬件厂商都在往这个方向探索，而植入智能家居最好的方式是：第一，与房地产开发商合作，获得客源；第二，与家装企业合作，获得与家居融合的安装和设计承接。雷军专攻的智能硬件设备刚好可以和爱空间形成优势互补。

因此，在爱空间积累了一定口碑后，2015 年 4 月，爱空间、华润悦景湾与小米三方达成合作，尝试为 LOFT 户型定制 988 元/平方米、45 天完工的精装套餐。

此前，699 元/平方米、20 天工期的平价套餐是为了满足大众客户群对装修和旧房改建的需求，而时下有一定经济实力的白领阶层，则更倾向于定价高一层的精装修。所以，转战消费能力较高的白领阶层，提供新的解决方案，可以为爱空间提高订单量和成交额。对房地产开发商而言，定制化家装、智能家居也是配套服务的一部分，为客户建立全链条的通路有助于提升口碑。

与线下装修公司相比，988 元/平方米、45 天完工的套餐在价格和工期上的优势并不明显，陈炜希望通过深度定制服务吸引用户。“从开发商、设计师、施工方到消费者等多个环节，线下装修公司最后生成的住房产品并不一定是消费者喜爱的。不同于普通大众注重实用性，白领阶层从选择 LOFT 户型开始，就很重视装修的风格、式样和现代化细节。”

陈炜表示，爱空间线上下单、线下体验的模式带来的主要是 C 端散客订单，而这次三方合作的尝试可以带来以开发商为首的 B 端订单，直接接入大量业主，如果尝试顺利，可将经验复制到其他 B 端，迅速实现规模化。由于家装是低频高客单价消费，后续还可能上线家具、配饰等软装业务，提高消费频次，并接入各类规范化供应商。实际上软装与标品更接近，在质量上容易把控，但如何实现本地化的供应商拓展、缓解物流难题是关键。

目前，爱空间在北京总部的管理团队已有 300 多人。由于客户下单后采用预付款形式，现金流较通畅，接下来，爱空间会将融资用于地域扩张，加快组建合伙人团队，并拓展与 B 端开发商的合作。

靠平台赚钱

少既是多、10%毛利、垂直闭环，这三个方面或可诠释爱空间的模式亮点。

除了深耕新房装修，二手房装修的最大痛点是从启动时间到完工时间越短越好，这与我们极致短工期装修的特点吻合。二手房拆成毛坯房的周期为 8 天，水电改造、墙面恢复、厨房瓷砖拆除仅收 119 元/平方米。为激活二手房装修市场，我们联合链家自如寓为用户提供 1 个月短租服务，联合考拉物流帮用户搬家、存储物品。

此外，爱空间还学习了小米的预约机制，3 月 15 日活动上线 2 天便吸引了 1 000 多名用户报名。由于二手房拆改队伍正在训练中，目前一周只能完成 10 套。

陈炜认为中国市场足够大，爱空间的目标是做到100万名用户，市场产值1 000亿元，口碑效应实现最大化。在探索商业化方面，爱空间曾与投资人讨论能否在装修基础上涉足家具、餐桌、餐椅等配套家用设施，工厂直接供货给用户，价格是普通厂商的30%，爱空间还能保持20%的毛利。

最后，爱空间总结出靠平台赚钱才是爱空间的商业模式，为用户提供极其复杂的装修服务，维持10%毛利即可，100万名用户创造出100亿元毛利，如果把管理、运营等所有成本降到5%，还能净赚50亿元，下一步，爱空间思考如何把用户群从100万名延伸到500万名。

爱空间“亮剑”

具体而言，陈炜打造爱空间亮了“三把剑”。

第一把剑：铁粉、口碑效应

在被广为传播的小米模式中，“口碑”“快”是与“专注”“极致”同样重要的关键词。而小米的“粉丝经济”的成功运营也是被许多行业热议的典型互联网思维。爱空间尽管是在一个与手机行业差异巨大的行业，却也在粉丝经济上玩出了新花样。在此次发布会中，爱空间首批铁粉正式亮相，他们都是爱空间的首批种子用户，在发布会上，爱空间向他们授予了象征荣誉的粉丝盾牌。

第二把剑：互联网家装需要做重度垂直、闭环

互联网家装的口碑营销至关重要，而要形成口碑效应，就必须做闭环，而做闭环设置的商业模式必然会非常重。互联网行业用效率、信息、品质去改变传统行业。传统行业做得很重，加上互联网模式清晰的方法，用新的角度改变这个行业，必须用一个闭环的方法才能改变。而且，闭环生态也有利于公司扩张，爱空间至今已经扩张到全国12个城市，每个城市都会建一个1 500平方米的展厅，类似北京，同时建3 000平方米的仓库，能够满足300～500单的库存周转。

当然，爱空间做重的原因，也不是为了做重而重。互联网家装一定经历了一个由轻到重，建立标准，再由重到轻的过程。爱空间做重是参与到了实际的装修过程当中，并试图通过互联网技术改变传统家装在人们心目当中的形象，进而带给人们一种完全有别于传统装修的体验。陈炜说：“未来一定属于供给者，中国所需要的其实是在供给侧进行深度的变革，从本质上来说，是在供给侧这一端做好，做扎扎实实的产品，所以爱空间专注于做自己的服务链。”

第三把剑：ERP系统，打造高素质、懂技术的产业工人队伍

传统的家装行业都是把活儿交给包工头，包工头管理工人。但是我们会发现，在施工过程中，因为材料、人力等各类因素，几乎50%的时间都被浪费掉了。

陈炜一直相信互联网可以改变家装行业，爱空间用数字化连接、武装一线员工，开发了用于客户管理的ERP系统，通过强大后端衔接多个系统，即时通信，工程实施时全面掌控数据。一线工人可以通过客户管理系统、供应链管理体系跟后台的ERP、财务、派单系统等及时对接。总之，ERP系统通过激励体系提升效率、降低成本，提升消费者口碑。

深入了解过家装O2O行业的人都会知道，一线技术员工的管理是一个非常头疼的问题。传统家装人员的素质普遍偏低，他们习惯了包工式的模式，让他们长期待在一个公司非常难，而且信任感非常低。

为此，爱空间选择一些技校毕业生作为培养对象，在北京产业基地培训三个月，三个月以后，他们已经可以完全上手去操作一个项目，未来这一群人员，有文化、有理想、懂技术，能够提供非常好的服务，能够进入新城市，很可能是未来改变服务链的中坚力量，未来一定属于能够改变供应链和改变整个服务链的产业者。

传统企业转型：口碑是关键

陈炜认为传统企业转型互联网企业的核心是口碑，口碑是衡量公司生存与否的唯一标准。爱空间对外宣称口碑，对内追求效率，企业最重要的是提升运营效率和降低运营成本。以前装修公司大力铺渠道、猛砸广告，互联网时代的到来砍掉了所有中间环节，40%的毛利让利给用户，用户发自内心为好产品点赞，愿意在社交平台分享、传播，自然产生用户口碑，而不需要以任何形式的广告和推广获取新用户，最终促使公司成本结构发生根本性变化，所以陈炜认为传统企业必须重点发力“口碑+效率”。

传统企业转型互联网企业最大的坑是以为做好营销就能一夜成名、一夜暴富。如果没有真正把产品做到极致，没有解决用户需求，只是在互联网上做营销推广，就轻易宣告自己成功转型互联网企业，那么这一切都是假象。如果用“如虎添翼”来形容传统企业转型，那么互联网营销只是一双翅膀，真正的核心是老虎，即产品。

转型是一场真正意义上的革命，打发、糊弄用户是传统企业的常态，如果只是简单地改变宣传策略，不根本性改变基因、思想、文化，传统企业的变革之路收效甚微。互联网企业必须从一开始便确定服务用户的主基调，从上到下贯穿以用户为导向的思想和文化。所以口碑贯穿在从上到下的各个环节中，互联网企业一开始应不惜成本，努力提升运营效率，始终把用户满意度作为终极目标。

尾声

在互联网瞬间改写餐饮、外卖和打车等行业的游戏规则，革新人们的生活方式时，实际上其他传统行业也处在变革的临界点。如果此时一个原生态的行业突然与时尚的互联网发生了关系，那么对人们的触动就有着震撼的效果。

爱空间就充当了这样一个爆点。雷军的投资让爱空间知名度大增，外界冠之以“小米装修”的称谓；与此同时，爱空间还充分利用高效的移动互联网传播途径，积极向外扩散信息，最终使得知名度和人气在短期内迅速攀升。爱空间后续还可能上线家具、配饰等软装业务，提高消费频次，并接入各类规范化供应商。实际上软装与标品更接近，质量上容易把控，但实现本地化的供应商拓展、缓解物流难题是关键。

对于传统企业而言，互联网、新媒体等营销模式作为一个全新的展示渠道，缩短和降低了整体的沟通、渠道成本，而这一切对于企业产品本身标准化的需求较高，对于传统企业而言，这是在尝试渠道新玩法之前需要思考的一个问题。

问题

1. 随着爱空间团队规模越做越大，人员的管理问题也逐渐凸显出来，表现为人员素质达不到团队的要求，没有服务和信息透明意识，导致工程质量下降，客户满意度下降。爱空间应该如何高效地管理团队，提高人员综合水平？

2. 爱空间的路线是通过整合材料商来降低成本，通过使用自己的工人统一管控来缩短工期，这或许能缓解家装行业的若干痛点，但在短时间内，痛点从根本上得到解决似乎不可能。其中信息不对称成为家装行业最为关键的痛点，不仅仅是爱空间，家装行业的所有同行们，如何才能很好地化解这一难题？

参考文献

[1] 家装O2O寒冬之下，爱空间为何敢于“亮剑”. http://www.weixinyidu.com/n_2734375.

[2] 爱空间、一个家装公司的NO.1奇迹. http://info.qiye.gov.cn/a/qiye/20150929/6049.html.

[3] 给我三年，颠覆整个家装行业——爱空间CEO陈炜专访. http://jiaju.sina.com.cn/news/q/20141120/391287.shtml.

[4]【O2O案例】爱空间：“小米家装”的Uber式扩张. http://b2b.toocle.com/detail—6264878.html.

[5] 爱空间陈炜：雷军指点的90分钟引发生死转型. http://mp.weixin.qq.com/s?biz=MjM5NDgwNzUwMA==&mid=204306859&idx=1&sn=cba5cd2e6e336ce2cc455b70e72798e8#rd.

互联网医疗篇

17. 好大夫在线——“互联网+”背景下，互联网医疗行业的2.0时代

创业格言：责任感与机遇成正比。——威尔逊

主角：王航，好大夫在线创始人兼CEO

摘要：根据中国互联网络信息中心CNNIC发布的《第37次中国互联网络发展状况统计报告》数据，截至2015年12月，我国互联网医疗用户规模为1.52亿，占网民的22.1%。互联网医疗经过这几年的快速发展，竞争格局初步显现。本案例主要讲述好大夫在线的诞生以及发展。好大夫在线一直秉承“诚信、社会价值优先”的理念，为患者传递实用、权威、可信赖、高效的医疗信息和服务。“提高医疗效率、跨越医患鸿沟”是好大夫在线的美好愿景。以患者为中心，成为医生最亲密的合作伙伴，是好大夫在线每位员工的工作宗旨。在经历了互联网医疗1.0时代，迎接2.0时代的时刻，本案例对好大夫在线的发展做了一下梳理，期望能够给相关企业和创业者以启发。好大夫在线现在的关注点主要在分级诊疗和医生品牌两方面，同时也在探索着互联网医疗的商业模式。

关键词：互联网医疗；2.0时代；分级诊疗；医生品牌

引言

责任感与机遇成正比。当你对社会有足够的责任感时，机遇总会与你不期而遇。本案例的主人公王航创立好大夫在线的一部分原因来源于他自己的责任感。

2004年，王航的妻子怀孕了。他开始经常陪着妻子做检查，孩子出生后各种小病不断，医院成为他最常去的一个地方。当他在北京看病时，他5点跑到医院排队挂号，好不容易熬到上班时间开始放号，却得知医生今天停诊。这样的事情只经历一次就足以让这个医学院毕业生崩溃。王航不理解医院为什么不把这些基本的出诊信息放到一个大家都看得见的平台上。

背景

王航 1993 年毕业于河南医科大学预防医学专业，毕业后和几个朋友一起开了一家 IT 公司，开始了第一次创业，他在公司做销售。由于管理经验严重缺乏，这个公司经营两年就倒闭了。公司倒闭后，为了学习大公司的管理经验，王航选择进入中美史克，并继续做销售。中美史克是全球第一大制药公司，王航进入这家公司的主要目的是学习如何经营公司。1998 年，王航与周鸿祎（王航与周鸿祎是初中同学）一起创办 3721 公司。从 3721 公司创建、发展，到最后卖给雅虎，王航经历了战略合作、销售和产品三个部门，并担任过三个部门的领导。3721 公司并入雅虎后，王航开始在雅虎搜索事业部担任总经理一职。2005 年王航离开雅虎，之后进入奇虎，参与了奇虎的最初创建阶段。

2004 年，王航经常陪着怀孕的妻子做检查，体会到了看病的难处，医院的信息化太差了。作为一个互联网从业者，他开始琢磨是不是用蜘蛛抓取技术把这些信息做一个聚合，但是后来他发现大多数医院的官方网站不提供相关信息，即使提供，也不会及时更新。这个行业的信息化太落后了。王航决定做一个网站，能够解决这种严重的信息不对称。

2006 年，当时医疗服务的提供者医院正面临着院内信息化问题，无暇顾及公用信息的信息化问题，更谈不上为患者提供优质的互联网公开信息。很多医院没有网站，即使某些医院有自己的网站，也不会时常更新，可以说是“死”网站。看到如此情形，王航认识到，医疗这么大的行业，和互联网的结合点居然是空白的，所以王航决定做一种服务，实现互联网和医疗两大行业的结合。

好大夫在线的诞生

2006 年，王航与胡少宇、罗丹，用 50 万元创立了“好大夫在线”网站。他们的定位是医疗，而不是泛泛的健康概念。2006 年创业开始那年，一家权威媒体评选出中国第一大社会问题是看病难。好大夫在线当时的定位就是提供“雪中送炭”类的医疗关键信息，帮助患者解决一些就医方面的问题，同时让更多医学专家参与进来，这是他们的一个定位。

2007 年中旬，好大夫在线获得了来自雷军和联创策源的第一笔风险投资资金。2008 年夏天，好大夫在线获得了 DCM 第二轮约 300 万美元的投资。2011 年年初，好大夫在线完成第三轮融资。

患者在就医过程中，往往面临几个环节的问题：了解知识、选择医生、联系医生、安排就诊。面对这些问题，王航团队逐步提出了自己的解决方案。

互联网医疗行业1.0时代

互联网医疗行业1.0时代其实是医疗互联网，就是医疗性质的互联网业务，本质上是互联网，没有进入核心的医疗业务。在这个阶段，主要业务为轻问诊、院后管理系统、信息系统、预约系统，想要商业化、规模化非常难。所以在投资商眼里，这个行业非常烧钱，建立不了大规模现金流。这个阶段属于初级阶段，医疗行业产生最大花费的阶段应该在医院内部，而不是医院以外，所以做医院周边业务无法规模化。1.0时代的好大夫在线主要做的是查询和咨询服务。

首先，查询是指医院、医生信息查询中心。目前，好大夫在线已经收录了全国31个省、市地区的5 500多家重点医院、10万多个医院科室、40余万名医生，详尽展现了他们的专业方向和门诊信息。其中，针对患者最关心的热点医院，可以做到每天19点发布第二天停诊预报，已经成为质量最高、覆盖最全面、更新最快速的门诊信息查询中心。

其次，咨询是指医患咨询平台。面临疾病挑战，医生和患者需要建立同盟关系，双方平等、真诚的交流在今天尤为重要。好大夫在线是中国最大的医患交流平台，来自全国各地正规医院的7万余名医生活跃在平台上，免费解答患者问题，帮助他们战胜疾病。

另外，好大夫在线在分享就医经验和就医导向系统方面也给用户提供了很好的体验。在好大夫在线平台上，患者可以为自己喜爱的大夫投票、撰写感谢信，分享选择医生就医经验，共同对抗疾病。同时，通过自动汇总患者的亲历经验，好大夫在线形成了中立、公正的就医向导系统，依赖独有的医疗排名系统，提供188个专科、2 157类疾病的就医推荐，为患者选对医生、正确就医提供极有价值的参考。

互联网医疗行业2.0时代

互联网医疗行业2.0时代是指互联网医疗，主要业务有在线诊疗，线上诊断，线上处方，线上长期的、深入的甚至在诊疗级的管理。在这个阶段能够积累关键的核心竞争力，可以从以下两点来做：其一，在网上诊疗阶段，让每位医生的服务从局限于一家家医院开始向互联网集中，当多点执业成为行业大潮时，医生才能把他的服务向基层、县级医院拓展；其二，通过互联网医疗系统积累大量的医生数据，这个数据是医生诊疗数据，有了这些数据后，可以大规模管理患者医疗花费阶段，可以完成“控费梦想”。

王航表示，2.0时代积累大量的数据，和医生建立同盟军才有可能走入第三个阶段。2.0阶段是承上启下非常关键的阶段，将为未来大规模商业化铺平道路。

在2.0时代，对于互联网医疗应该如何发展，王航有自己的看法。王航认为最起码可以从三件事做起：第一，首诊，首诊还是以转诊为主，少量的小病、简单疾病可以线上诊疗。很多医生表示，患者说头疼，有可能是感冒、神经性头疼，脑出血等，在没有见患者面之前对头疼简单粗暴地诊断的风险非常巨大。所以有一些简单的疾病，比如皮肤病可以通过照片了解病症，也还是需要专家共识疾病诊疗规范，才能在互联网上做简单疾病的远程诊疗。第二，复诊，可以在互联网大规模地发展业务，当患者和医生非常了解相互的情况时，患者的复诊不一定发生在医院。第三，远程团队协作，这一点将是互联网医院非常重要的阵地，例如，当2 000名医生都聚集在一个皮肤科里边时，这2 000名医生形成新的协作关系，形成跨地域的新型医生集团，在这个阶段远程团队协作成为医生之间重要的组织。

好大夫在线2.0时代——分级诊疗

2016年2月，北京卫视、中央电视台等针对北京市近期打击号贩子的行动进行了连续报道，内容中提及部分号贩子从互联网医疗平台购买号源的情况，一时间在互联网医疗平台引起广泛关注。医生是否应该和互联网医疗平台合作？移动医疗平台的作用是什么？这些话题在社会上引起了热烈讨论。之后北京市医管局全面部署22家市属医院全部实行非急诊全面预约工作，在宣武、天坛、同仁3家医院将开展知名专家团队服务试点，接受院内层级转诊。同时，卫计委将严管医生、医院和商业挂号平台的合作，取消医生个人加号。

很多人知道，好大夫在线是网上加号服务的发明者，从2009年开始，这个业务在好大夫在线上正式的名字是“预约转诊”。其实，这不是一般意义上看情面的加号，而是基于“病情优先制”的网上分级诊疗。患者首诊后，通过互联网上传自己的病情描述、检查报告等资料，由专业的分诊团队根据专家们设置的疾病要求审核病情资料，审核通过后患者才能获得专家的转诊机会。这实际上是分级诊疗的做法。好大夫在网上开辟的这种绿色转诊通道，是由医生自己主动开通的。专家们都会设置非常具体的转诊条件，如安贞医院小儿心脏中心的刘迎龙教授设置的条件是：“小儿先心病患者，且必须是需要外科手术者。”关于号贩子问题，王航说：“患者申请转诊的资料要求非常规范，病情描述、检查报告单、实名、身份证，这些资料只有患者本人有，号贩子掌握不了，所以就天然屏蔽了号贩子。像好大夫在线这样的平台，不在新政禁止的范围，相反正是政府鼓励的模式。”

而当谈到好大夫在线对医改的促进作用时，王航说：“好大夫在线互联网技术能够更好地实现医患双方信息互动，数据共享和互联互通，有利于优质医疗资源公平合理分配。基于‘互联网+’的分级诊疗服务体系，患者可以与各级医疗机构、医务人员建立广泛连接；通过互联网专业分诊，促进分级诊疗的落实；医疗机构与医务人员能够更加高效便捷地管理与服务患者，强化医患沟通，便于将部分原有的线下医疗服务需求分流到线上完成。更关键的是，可以建立患者与全科医师以及主诊医师长期稳定的联系，从而降低医疗成本，提高就诊效率和患者依从性。好大夫在线愿意把10年来的分诊转诊运营经验、近千人的专业运营团队全面开放出来，联合平台上活跃的全国10万名医疗专家，充分利用互联网平台的优势，为国家的新医改献计献策，为全国分级诊疗体系的建立、为各级卫计委和医院的分诊转诊具体工作落实、为广大患者能公平享受优质医疗服务而贡献自己的力量。”

好大夫在线2.0时代——医生品牌

提到医生品牌，王航用“太重要”三个字来形容。王航坦言，医生品牌甚至会是整个医疗行业的核心。

对一名医生来说，个人品牌代表患者对医生一系列工作的认可程度，同时也反映了医生的水准。如果把医生看做一个独立的医疗服务提供商，医生品牌就意味着生意的获取能力。对一家医院来说，一家大医院的品牌无疑是由成百上千名医生用自己的品牌组合而成的。王航认为，医生品牌越强，医院品牌越强，如果医生品牌弱，医院想要铸就一个强大的品牌也很难。对政府而言，医生品牌意味着行业自律。“如果每一名医生都关注、建设并积极维护自己的品牌，整个医疗行业输出的医疗质量将会更高，从而减轻政府对医疗行业的监管压力。”王航说。

事实上，医生品牌始终都存在，并不是近年来的新生事物。但是，最近几年，在公立医院改革和移动互联网这两个关键因素的推动下，医疗行业已经进入了医生品牌时代。医改带来了市场的开放，在国家鼓励医师多点执业的大背景下，医生建立品牌的积极性被调动起来。拥有了个人品牌，医生就有勇气走出公立医院多点执业，医疗资源就得到了更好的调动。医生建立品牌的第二个“推手”是移动互联网。互联网改变了公众的就医习惯，如今患者就诊前不仅会查询医院，更多时候会去搜索医生，并选择一名品牌医生。当互联网成为获取信息的工具时，医生品牌就触手可及了。

对于患者来说，治好病才是最关键的。好大夫在线在打造品牌医生的知名度和提供优质的医疗服务上追求完美。凡是在好大夫在线开通主页的医生，都有患者的评价。患者通过好大夫在线向医生预约看病，诊疗结束后，患者可以通过投票、发表感谢信等方式给医生打分。在好大夫在线上，患者对医生服务的好评率在95%以上，在医患矛盾突出的当下，这些好评为整个行业带来了正能量。

对于未来医生品牌会变成什么样子，好大夫在线创始人兼CEO王航认为有以下几个趋势：第一，每一个医生都会拥有一个医生品牌。基层的全科医生，成长期的年轻医生，成熟的专家，每一个品牌都会有自己明确的定位和鲜明的特点。第二，医生们展示自己品牌的平台已绝不是医院的门诊大厅，将会全部变成互联网。互联网会根据医生品牌的特点，通过信息的展示和分级诊疗系统，把患者分门别类，分诊、转诊给对应的医生。第三，医生们会极度重视自己的品牌，积极建设品牌，小心呵护自己的品牌，重视服务质量，重视患者感受，以患者为中心，这种理念将会蔚然成风。第四，医院也将会极度重视医生品牌，是否能够帮助一个医生品牌成长，是否能吸引一个品牌医生来医院执业，这会成为衡量一个医院管理水平的核心指标之一。

“帮助医生品牌成长，帮助中国患者认识品牌医生，让患者们知道这里聚集的都是被信赖的好大夫，为此好大夫在线已经坚持了多年，获得了几千万重大疾病患者的认可，也获得了各位好大夫的认可。”王航说，“我们希望和品牌医生一起，在下一个十年中为中国的医疗行业塑造出100万个被患者信赖的、真正的品牌医生。”

互联网医疗行业3.0时代

互联网医疗行业3.0时代是可控费的支付体系建设，管理患者甚至患者整个家庭的医疗花费。其实在每个国家，商业保险能够占到10%～20%是比较合理的比例，国家基础医保再加上政府补贴、商业保险构成医疗的主体花费，所有医疗保险控费基于一点，要么跟医生建立坚定的合作关系，让医生有动力控费，要么建立数据化体系记录医疗花费行为，让省钱、性价比高的服务离消费者更近，把真正帮助患者控费的医生推荐给更多的患者，让他成为行业主流。

目前，好大夫在线有一个随访模块：疾病管理平台。虽然还没有达到互联网医疗行业3.0时代，但是它已经在向这方面迈进。好大夫在线与医生合作建立患者随访平台，用于管理病人的院外康复过程，意在提升治疗效果、控制风险、减少复发，改善患者长期生活质量，提高患者对医院、医生的忠诚度和口碑。好大夫在线针对随访业务，单独开发数据管理系统和手机应用平台，协助医生汇总、整理患者长期随访数据，积累科研数据。好大夫在线患者版和医生版客户端分别如图17－1和图17－2所示。

图17－1　好大夫在线患者版客户端提供服务概览

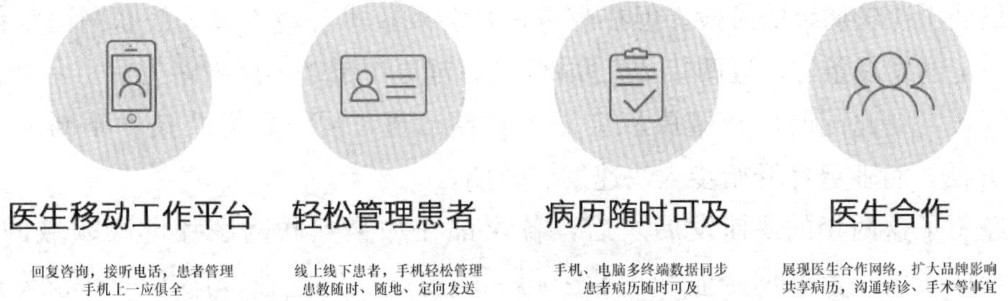

图 17-2　好大夫在线医生版客户端提供服务概览

商业模式

好大夫在线至今尚未形成一个清晰的商业模式。跟投资者希望迅速盈利不同，它要在获取商业价值之前，先提供靠谱的社会服务。

好大夫在线现在的商业模式主要有以下几种：

第一种是电话咨询。从 2009 年至今，好大夫在线一直提供收费服务，它会根据医生级别和通话时间进行收费，每 15～30 分钟的价格在 150～400 元，然后和医生进行分成。这个服务更多是为二三线城市的患者提供，通过电话的形式解决地域、时间上给患者带来的困扰。

第二种是术后随诊。自 2012 年年初，好大夫在线正式上线术后随诊服务，它和国家心血管病中心、阜外医院等多家医院合作，对于所有在该院进行了支架介入手术的患者，医生将通过网络及时了解其恢复、服药、检查情况等。这个服务降低了随访的时间成本和资源成本，方便患者，降低术后风险发生率。此服务是以付费会员制推出的，然后和医生进行分成。

第三种是海外就诊。好大夫在线团队发现部分疾病在海外才有治疗方法和药物，而且部分高端用户也有去海外就诊的需求。所以，从 2011 年 10 月起，他们开始寻找合作伙伴，最终选中盛诺一家（盛诺一家是美国医疗联盟体系在中国指定的唯一代理商。这个医疗体系由美国哈佛大学医学院附属的几家医院组成，纳入了 18 位诺贝尔医学奖的获得者），双方资源互补，共同实现盈利，不过如何分成还在磨合当中。

第四种是住院直通车。2013 年年初，此服务上线，旨在联合各大医院科室，协助特定患者快捷入院。目前，好大夫在线已和北京安贞医院小儿心脏中心联合推出小儿先心病住院直通车服务。它承诺符合入院要求的患儿来京 24 小时内即可入院。

尾声

由于医疗健康的特殊性和体制的复杂性，相比其他领域，医疗健康领域的互联网化进程仍处于比较初级的阶段。但在政策、社会及技术环境方面，互联网医疗都已经具备了一定的发展条件。近两年“互联网+”、健康中国等顶层战略先后出台，医疗改革不断深入，与此同时医疗健康社会需求日益凸显，网络环境及技术不断完善。从2014年开始，行业已经开始步入快速发展时期。

在经历了这两年的快速发展之后，各家都在加紧互联网医疗健康领域的布局，也由此形成了大型互联网企业和创业公司、医药产业链企业、保险公司等众多企业“群雄逐鹿”的竞争局面。大型互联网企业更多是通过资本收购方式快速搭建起医疗健康生态的框架，传统产业链参与者及创业公司则是充分利用自身的优势切入垂直细分领域。尽管目前尚未有平台形成互联网医疗服务闭环，但已有一些平台初步获得了用户规模和品牌价值，并开始向产业的多个环节延伸，尝试构建医疗生态。

问题

1. 对于好大夫在线来说，目前已经有了线上咨询、预约转诊、电话咨询以及查询医院医生等成熟的服务产品，可以采取什么措施来扩大成熟产品的既有规模呢？

2. 对于好大夫在线来说，如何将更多的关注点集中在优化患者出院后的院后随诊服务以及住院直通车服务？

参考文献

[1]“好大夫”点评医生. http://business.sohu.com/20110222/n279464138.shtml.

[2] 互联网医疗：产业链基本形成　用户习惯有待培养. http://tech.sina.com.cn/i/2016-01-22/doc-ifxnuvxh5125258.shtml.

[3] 好大夫王航：移动医疗　医生资源是核心因素. http://www.leiphone.com/news/201406/haodaifu-wanghang.html.

[4] 好大夫在线引领中国品牌医生新时代. http://health.sina.com.cn/news/2016-02-29/doc-ifxpvysv5024228.shtml.

[5] 好大夫创始人王航：互联网成为医生品牌塑造主阵地. http://www.cn-healthcare.com/article/20160228/content-481616.html.

[6] 专访好大夫在线创始人：互联网创业公司如何激励员工. http://www.csdn.net/article/2010-08-24/278597.

[7] 王航：低频产品更适合做 Web App. http://news.baidu.com/z/zhuanti/wanghang.html.

[8] 摸爬滚打十年后　好大夫在线怎么总结这一路?. http://www.ebrun.com/20160721/183886.shtml.

[9] "互联网+"医疗助力分级转诊真正落地. http://china.cnr.cn/gdgg/20150929/t20150929_520019378.shtml.

[10] 好大夫在线：精准分诊转诊助力分级诊疗. http://www.fecn.net/2016/0226/155276.html.

18. 平安好医生——互联网医疗的重资产时代：健康险的争夺

创业格言：打破常规的道路指向智慧之宫。——布莱克

主角：王涛，平安好医生联合创始人，平安健康互联网股份有限公司董事长兼 CEO

摘要：自 2014 年开始，互联网医疗开始了爆发性的发展，各大资本对于这个领域开始了新一轮的争夺。但是如几家市场的先驱者一样，很多新进入者采取的是以轻资产方式进入，力图先在线上留住用户，产生流量。不同于这些企业，平安好医生采取的是以重资产方式进入市场，一开始就展现出了要建立医疗帝国的野心。从医网、药网和信息网三方面入手，力图打造用户健康管理一站式解决方案提供商，构建一个中国最大的互联网健康产业生态圈。其实，平安好医生所有金钱的付出、平台的搭建、用户的获取、服务的提供最终都将剑指唯一目的地：商业健康保险。保险出身的平安在健康险板块谋虑深远，此次布局后，无论是集团内部的资源整合还是外部的商业合作，都将成为最佳前端。

关键词：重资产时代；医网；药网；信息网；健康险

引言

英国诗人布莱克曾说："打破常规的道路指向智慧之宫。"在遇到问题时，人们往往用惯性思维来解决，虽无大过，却将自己拘泥在了狭小的空间里。只有打破常规，善于发挥创新思维的人才能跳出原有的既定格局，在更广阔的天地发挥自己的才能。

平安好医生打破了原有的轻资产格局，于 2015 年 4 月 21 日开启了互联网医疗的重资产时代。

背景

据全景网 2016 年 1 月 14 日消息，中国平安周四晚间披露，2015 年公司控股子公

司中国平安财产保险股份有限公司、中国平安人寿保险股份有限公司、平安健康保险股份有限公司和平安养老保险股份有限公司分别实现保费 1 636.41 亿元、2 084.48 亿元、5.23 亿元和 130.86 亿元，合计 3 856.97 亿元，同比增长 18.26%。

当前，我国健康服务业发展水平相对滞后，其中，健康养老服务业尤其薄弱，亟须加速发展。平安健康保险股份有限公司原董事长兼 CEO 陆敏在离职前曾在接受媒体专访时表示："健康险行业在中国尚属'朝阳行业'，虽然艰难，但目前是中国健康险市场的'低洼地'，未来潜力巨大。"陆敏称，一般健康险公司进入盈利期需要 8～10 年。

一位中国平安的内部人士告诉记者："在陆敏在职期间，健康险坚持走高端路线，服务于高端客户，该保险强调个性化服务，其高端性、私密性、专业性特征更类似财富管理的特点；而不像意外险等可以产生'量'的提升，想要冲规模、冲业绩，确实不易。"

因此业内一直在说健康险好似鸡肋，尽管平安健康险在行业中排名第一，但全行业仍陷于亏损状态。

2013 年年末，陆敏还以平安健康保险股份有限公司 CEO 的身份接受媒体专访，之后不久，业内便流传出阿里巴巴集团原副总裁王涛将加入平安集团，接替陆敏的工作的消息。

随后，在壹钱包的发布会上，王涛也首次公开亮相。王涛 1985 年进入南京大学少年班，1989 年获得计算机软件学士学位，1993 年获得得克萨斯州大学理学硕士学位。1993 年进入位于美国得克萨斯州的 MaxServ 公司，担任应用产品开发经理。1996 年进入美国微软总部，参与过 Windows Media、Windows CE、语音技术等研发工作，曾任开发经理、产品经理、测试经理。2000 年回国出任创维电脑科技（深圳）有限公司 CEO 兼总裁，2002 年 6 月加入金山公司，任副总裁（兼 CTO）、研究院院长、SUG 总经理，作为金山技术与信息安全领域的带头人，带领团队开发出了金山第一款网络游戏产品《剑侠情缘》。2004 年 11 月加入阿里巴巴集团，后任阿里巴巴集团副总裁兼阿里软件总经理。历经两年多的发展，阿里软件已经成为中国知名的在线软件运营服务商，2009 年，阿里软件成为国内注册用户数最多和市场占有率最高的 SaaS 厂商。2009 年，王涛从阿里巴巴离职，之后创立炬腾网络技术有限公司。

中国平安的人士透露："集团中的领导层一直认为健康险是值得挖掘，颇具潜力的。但至今该公司却始终未能实现盈利。王涛的跨界加入无疑是为平安健康险插上了互联网的羽翼，尽快让这个雏鸟飞得更高一些。"

平安好医生的诞生

王涛的主要任务是带领平安健康险团队完成互联网化转型，把平安健康险打造成领先的健康管理服务平台。

其实除了王涛，平安还有四位身居要职的高管，他们被统称为“五虎将”，都与互联网息息相关。平安集团用人事布局表达了它的互联网金融野心。“五虎将”中平安集团首席运营官（COO）兼首席信息执行官（CIO）陈心颖，曾在麦肯锡工作13年，担任过其全球董事、合伙人，专攻及主管商业科技咨询业务。2012年加入平安，目前执掌平安的IT、后援等重要营运及技术部门。

另一位来自麦肯锡的高管是陆金所原董事长计葵生，虽为美国国籍，但他普通话流利，而且熟悉中华文化，在金融投资领域拥有超过20年的跨国和本土工作经验。

此外，平安副董事长兼CEO王洁凤，是外资银行在中国拓展消费银行业务的探路者和领军人物，在加盟平安之前，曾担任星展银行中国区零售银行业务总监，花旗银行中国区副总裁和荷兰银行中国区执行总裁等职，有超过25年个人金融业经营管理经验。

平安金融科技董事长吴世雄，担任过eBay的CEO。这个“五虎将”团体具有互联网和国际化两大特点，这是中国平安近年来引进的以外脑为主的豪华阵容。

中国平安总经理任汇川在公开讲话中表示：“中国平安作为一个传统金融企业，也进了互联网商圈中，争取用互联网技术改变传统金融客户已有的体验，于是我们设立了三大支柱，希望互联网技术帮我们做财富管理、健康管理和生活管理，这是中国平安的新布局。”

2015年4月21日，中国平安宣布旗下首款互联网健康管理产品——平安好医生——正式上线。该创新产品定位为用户随身的“移动医生”，以医生资源为核心，提供实时咨询和健康管理服务。一对一在线专属家庭医生服务、5 000名三甲名医专业咨询、额外门诊加号、手术主刀预约服务、50 000名主治级医生每周义务咨询等服务内容，直指看病难、挂号难、预约难和与医生交流时间短等医疗健康难题，旨在为用户打造便捷、高效、优质的全新健康管理O2O体验。

据悉，自2014年年底上线公测以来，截至2015年一季度末，平安好医生的注册用户已达500万人，日均咨询量达3万人次。

在该产品上线的发布会上，中国平安亦首度详细披露医网、药网与信息网三网合一的健康医疗战略规划。在平安的健康生态圈中，用户除享受移动“好医生”服务外，还将拥有电子健康档案。未来在部分地区，通过平安好医生搭建的药网可保证2小时内药品即可送达消费者。

重资产模式下的医网

在医网方面，平安构建了三层医生体系，即根据健康人群、亚健康患者与疾病患者的不同需求，与医疗资源进行精确匹配，平安好医生将分别引流至不同层级的医疗资源与服务。

这三层医生体系，其中最核心的家庭医生圈由拥有丰富临床工作经验的医生组成。客户可以根据各医生的专业，选择并享受一对一在线专属家庭医生服务。为了确保提供实时、专属、全流程的服务以及有效进行风控管理，团队由平安严格筛选、全职招募。家庭医生功能介绍见图 18－1。

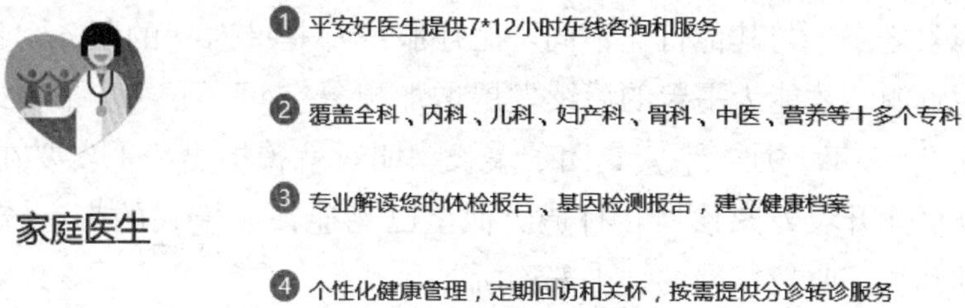

图 18－1　家庭医生功能介绍

对于家庭医生无法解决的病患，平安则在次外层云集了北、上、广 5 000 名三甲医院的名医提供专业权威咨询及医学技术支持，为在线患者提供额外门诊加号、手术主刀预约服务。最外层则由外部签约的 50 000 名主治级医生构成，他们将每周开放个人咨询服务，让更多互联网用户免费享受平安带来的优质健康、医疗体验。名医预约功能如图 18－2 所示。

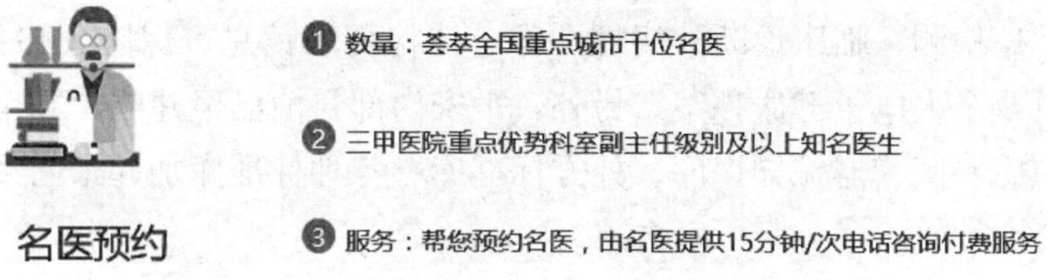

图 18－2　名医预约功能介绍

除了布局线上，平安还将布局线下医疗资源对接网络。“移动医疗不是健康医疗的终局，医疗行业的特殊性与复杂性，决定了这个市场的赢家必须要打通线上及线下的资源。为此，平安将搭建万家线下诊所，一方面为中高端客户提供高效、优质的医疗、监测服务，另一方面也为医生创造自由职业平台。”王涛表示。健康监测功能如图 18－3 所示。

平安拥有中国最大的健康保险客户群，平安健康险已和 2 500 多家医院签约合作，提供其中大部分医院的预约、挂号服务。另外，平安签约了 1 000 家以上的合作体检机构，未来还将签约健身、中医理疗、专科等各种线下的医疗机构，将其纳入平安好医生的医疗网络。

在行业观察人士看来，平安首创的这种全职医生团队服务模式是其能够取得资本

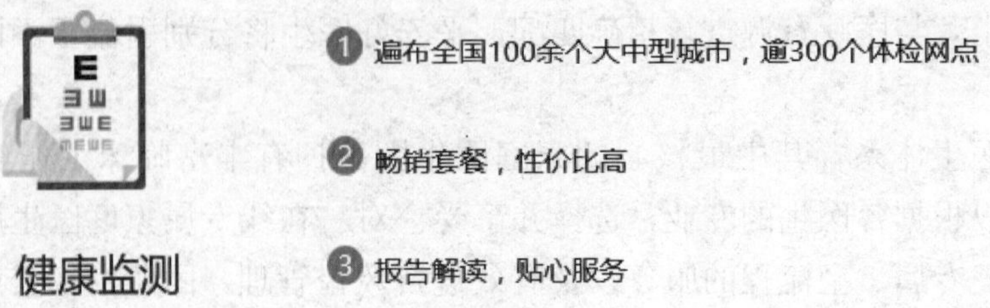

图 18－3　健康监测功能介绍

认可的重要因素之一。与其他行业不同，医疗服务都是一对一的服务，只有把控足够多的上游医生资源，才能为平台的后续发展增加想象空间。下一步平安或将继续在线下发力，早在 2015 年 3 月，平安集团董事长马明哲就曾提出，平安要在未来 10 年时间内投入 500 亿元开设万家诊所，打造类似星巴克连锁店模式的带有统一服务标准、统一装修标准和统一收费标准的“平安诊所”。

重资产模式下的信息网和药网

平安的健康管理布局将采用自建及整合社会资源模式，搭建医网、药网与信息网。其中，信息网通过大量数据，了解到客户个人健康情况行为习惯、各种各样的特征，药网是药物的平台、药流通的环节。

除前端 O2O 健康医疗服务外，支持医生专业诊断的“信息网”——健康云数据库将形成以慢性病检测、临床诊断、病理图像、体检药理信息、保险理赔数据为核心的医药数据库以及个人电子健康档案。另外，平安内部目前已经建立了几个大的知识库，包括药品知识库、医疗器械知识库、处方标准库。各种标准库加起来已经有 10 万条不同的规则。

王涛表示，档案通过大量场景将用户行为聚集在一起，整合包含用户的饮食、习惯等信息，并囊括了慢性病检测等数据，例如以智能设备获取的血压曲线、体温变化、睡眠时长等。用户根据不同的场景产生数据，不能为数据而数据，这些信息维度逐步搭建的就是信息网。

除在线健康咨询外，平安同时推出用药服务。除医生外，平安还招募了一些药剂师，为用户提供用药方面的咨询，同时将和医药公司、连锁药房等具备 B2C 医药牌照的合作伙伴展开 O2O 合作，在部分重点城市实现 2 小时非处方药送药到家的服务。

平安药网的搭建，正在通过全国范围内对互联网医药交易牌照的收购迅速启动。收购的代表企业之一是合肥快易捷药品交易网。该网站资料介绍显示，快易捷药品交易网是中国平安集团旗下的医药电子商务平台。同时，医药 B2C 试点牌照的申领也已提上日程。

药网搭建的第二步为形成地面药网，通过与药品零售终端网络的合作，未来地面药网将与“平安好医生”打通，医生与患者在交流过程中的建议将直接落实在药品上。

上述两步化解了决定用户购买药品的便利、价格和安全的三大要素中的便利和价格问题。王涛表示，保险行业出身的平安，将引入保险机制进而保障药品的安全。

同时，平安已与三星电子建立战略合作伙伴关系，双方通过平安好医生及S-Health的深度合作，共同进军数字健康管理市场。平安好医生的家庭医生服务进驻三星手机应用，面向三星手机用户提供日常健康管理咨询。

健康险的争夺

互联网医疗无论是想要进行什么商业模式，最终都会化为对健康险这块蛋糕的争夺。

现如今，互联网医疗领域已经呈现出群雄并起之势。早在2011年6月，天猫商城就开通医药馆，但因为互联网药品交易许可证的牵绊，2012年2月才算正式开张。2014年开年，阿里又斥资1.71亿美元，约合人民币10.37亿元，收购了中信21世纪54.3%的股份，为的就是那张《互联网药品交易服务资格证书》。阿里下一步又开始借道支付宝，推出阿里健康App，切入医药产品销售领域。同时，野心不小的“未来医院”计划也迅速在全国多家医院铺开试点，直接在支付宝中完成挂号、检查、缴费、取药甚至查看检查报告等流程。

而与之分庭抗礼的腾讯也上演了一出“买买买”的土豪剧集。2014年6月，腾讯和京东联手以2 300万美元参与缤刻普锐B轮融资，布局可穿戴设备与医疗健康服务公司。此后，更是分别以7 000万美元、1亿美元豪掷丁香园与挂号网，意在将两者作为医疗资源，通过微信实现黏性更强的医疗生态体系。

始终没有在“医”上有动作的平安直至2014年9月底，才推出健康医疗App“平安健康管家”，上线包括问疾病、看名医、逛社区、收资讯以及测健康五个功能模块。对接名医，主打三甲名医即时在线咨询与一对一家庭医生服务概念。平安虽然是后来者，但是它的优势和有备而来无疑为它打下了良好的基础。

平安好医生凭借平安健康险深耕中国高端医疗市场十年的网络资源，在需要的时候，可以一周七天不间断地为用户提供100多个城市2 000多家公立医院的门诊预约、就医推荐以及陪诊看护服务。

毫无疑问，平安好医生进入移动医疗领域的方式更为深入，进入的环节也更为全面核心，覆盖了包括健康管理、自诊、寻诊、候诊、诊疗、康复、药品等多个环节。

除了与医院网络对接了预约、挂号、复诊等烦琐流程外，根据门诊医生开具的处方，药品也将通过平安好医生遍布全国的签约药房配送到家。

此外，平安好医生也将此前健康险业务中重要的驻点顾问延续为移动医疗的线下支持。当用户病情经过诊断需要住院，平安好医生在全国大中城市主要三甲医院驻点的就医顾问将会陪同检查、手术及住院的全过程，帮助料理收费、配药、保险理赔等琐事。

王涛的加入为平安在互联网时代的突围打开了新的方向，他被赋予的使命便是帮助平安健康公司转型，创建新型互联网化健康管理整合平台。

在平安集团内不温不火的健康险成了互联网转型的首要战地。当然原因也可以理解，一直以来，由于市场不成熟、赔付率较高，本应成为集团进入医疗领域最佳入口的健康险不论从规模还是利润上都差强人意。马明哲看好王涛带来的互联网基因对这个传统业务带来的新的改变，他希望能够借助互联网筑建新的健康医疗产业链，通过搭建医疗服务网络，联动国内医疗信息，告别以往高端健康险路线，成为更多用户日常健康管理方案的提供方。

平安提供的O2O医疗健康服务为用户勾勒出了全新就医场景：客户可以跳出医院制约，享受跨地区、跨行业的医疗服务；而通过平安批发整合药品资源，能够最大限度地减少医药流通环节成本，使客户享受低价高质的药品服务。通过基于健康保险业务、线上健康管理及智能硬件业务沉淀的医疗数据及客户基础信息而形成的“健康云”，整合各大医院的电子病历，实现跨医院、跨地区的信息共享。

借助健康保险支付方的身份，平安也将保险与自身医网、药网、信息网结合，形成支付闭环。通过医疗生态便捷、优质的服务吸引目标人群，为健康险产品带来新的用户，而用户购买了保险之后，又可以进一步享受平安提供的各种健康医疗服务，从而形成一个完整、正向的O2O闭环。

截至2015年年底，平安集团健康险规模保费领先同业，中高端医疗保险市场的经营领先优势也逐步扩大，保费收入为5.23亿元，同比增长25.4%。但王涛仍认为：“受限于国内医疗产业未充分市场化，用户选择有限，商业健康险的发展尚属滞后。但伴随新一轮医疗改革的实施，近5～10年间，能够为优质医疗资源埋单的健康险将获得价值重估，在基础医疗服务体系中承担重要角色。”

尾声

2016年5月，中国平安旗下的O2O健康医疗服务平台平安好医生宣布获得5亿美元的A轮融资，刷新国内互联网医疗领域的融资纪录。该轮融资后，平安好医生估值达到30亿美元，成为移动医疗领域最新崛起的巨无霸。“平安好医生能够拿到这笔高达5亿美元的A轮融资，反映了市场对于平安好医生商业模式和团队的认可和信心。”平安集团新闻发言人盛瑞生表示。

相比春雨医生、挂号网、好大夫在线、丁香园等圈内竞争对手，2015年4月才正式上线的平安好医生在互联网医疗领域只能算是一个后来者。但背靠平安集团这棵大树，平安好医生的规模增长迅速。

互联网医疗市场现在正是各大资本割据的时代，谁能够在市场上获得足够的份额，健康险这块大蛋糕就会抢占得越多。

问题

1. 目前，平安好医生正努力打造中国版的管理式医疗 HMO 模式。但是，HMO 模式在中国落地依然存在困难，你认为可能面临的挑战有哪些?

2. 平安集团斥资数百亿元资金打造万家诊所，并且自建庞大的医生团队，但要让客户改变传统就医习惯是比较困难的事情，你觉得可以采取什么措施来推进这个进程?

参考文献

[1] 平安好医生 5 亿美元融资幕后：医疗 O2O 负“重”前行. http://business.sohu.com/20160606/n453099629.shtml.

[2] 中国平安公布 2015 年度全年业绩　成绩斐然. http://sc.sina.com.cn/finance/yhbx/2016-03-16/detail_f-ifxqhmve925599.shtml.

[3] 未来三年市场规模超过 200 亿元　太保掘金移动医疗. http://www.chinatimes.cc/article/49906.html.

[4] 中国平安 2015 年保费收入同比增长 18%. http://stock.sohu.com/20160114/n434556367.shtml.

[5] 打造互联网金融豪华团队　平安大玩“跨界风”. http://tech.163.com/13/1219/02/9GE3SU4K000915BF.html.

[6] 中国平安首度详解健康医疗战略　上线“平安好医生”. http://www.chinanews.com/fortune/2015/04-21/7223682.shtml.

[7] 阿里王涛空降平安健康险　马明哲换互联网打法. http://www.newhua.com/2014/0224/250701.shtml.

[8] 平安好医生五亿美元融资　互联网医疗的重资产时代. http://guba.eastmoney.com/news,601318,414361631.html.

[9] 王涛解析平安集团布局互联网“医”领域战略：医网、药网、信息网的新三网融合. http://guba.eastmoney.com/news,601318,153221498.html.

[10] 平安入局移动医疗　新玩法震慑阿里腾讯. http://finance.ifeng.com/a/20150202/13475766_0.shtml.

[11] 平安入局移动医疗：自有医生资源欲做用户入口. http://tech.ifeng.com/a/20150422/41063807_0.shtml.

[12] 阿里软件总裁王涛将创业　曾鸣复出接替其职位. http://tech.163.com/09/0721/09/5EO4P74R000915BF.html.

19. 春雨医生——对移动医疗企业盈利模式的探索：从轻问诊模式到私人医生和保险

创业格言：一个明智的人总是抓住机遇，把它变成美好的未来。——托·富勒

主角：张锐，春雨医生创始人兼 CEO

摘要：随着移动互联网的快速发展，移动医疗这个行业逐渐兴起。移动医疗是指通过使用移动通信技术，例如 PDA（个人数字助理）、移动电话和卫星通信，来提供医疗服务和信息。具体到移动互联网领域，则以基于安卓和 iOS 等移动终端系统的医疗健康类 App 应用为主。本案例讲述的是春雨医生的诞生以及这几年的发展历程，希望对这些信息的梳理能够对相关的企业和创业者有所启发。春雨医生的理念是利用移动互联网帮助人们保持健康、延缓衰老以及治疗病痛。春雨医生免费为用户提供健康咨询，由二甲以及三甲公立医院主治医师以上资格的医生为用户进行专业解答。另外，春雨医生还提供了自我诊断功能。以上这些都是春雨医生的轻问诊模式，而之后春雨医生先后推出了“空中医院”和私人医生服务，在为用户提供更好体验的同时，积极探索企业的盈利模式。如今，春雨医生将盈利的关注点主要集中于两个方面：一方面是保险，另一方面是健康大数据，着力于从多年来积累的健康大数据中挖掘出新的方向，从而开展新的盈利业务。

关键词：移动医疗；轻问诊；私人医生；保险；盈利模式

引言

英国军事理论家托·富勒说：“一个明智的人总是抓住机遇，把它变成美好的未来。”生活中不乏有能之士，但是真正成功的却少之又少，问题的关键就在于能否抓住机遇，机遇往往比实力更重要。机遇是富有神奇色彩的，一个人的成功需要把握稍纵即逝的机遇，一旦失去了机遇，将会终生遗憾。一个成功的人，不但要细心地观察捕捉机遇，还要有勇气和决心抓住机遇。本案例的主角张锐不仅有敏锐的观察力，还有坚毅的决心和勇气抓住机遇，让它变成美好的未来。

2011年5月1日，张锐辞去网易副总编的职位，赶上了移动互联网的首波创业风潮。几个月后，张锐作为CEO组建起了春雨医生的骨干团队，其中，CTO曾柏毅曾供职于网易有道，COO李光辉曾是伽马集团中国区总经理。另外，张锐还请来了协和医院心血管内科医生卢杰担任首席医疗官。

背景

张锐毕业于中国人民大学新闻专业，新闻传播学硕士，曾任网易副总编辑、《京华时报》新闻中心主任、北京体育大学新闻教研室主任、网易公开课和网易新闻客户端负责人。

从2006年到2011年，张锐在网易一待就是5年，对网易有很深的感情。张锐曾在其网易微博上称："5月1日离开网易。再见兄弟！此时此刻我在卡瓦哭得像个泪人，一声不响！网易微博不死，网易移动不死，网易新闻不死！你们你们，我，擦肩而过，总是相逢！无关丁磊，只关理想！"

2011年上半年，张锐身为网易副总编每天开着没完没了的会，公开课、微博以及新闻频道，各个部门都在等着他来决策，也包括当时正开始起步的网易新闻移动客户端。在流量为王的门户时代，数据是衡量一个产品最关键且唯一的指标。如果移动端的（数据）变化是一个指数性的增长，你就会预感到这个环境。敏锐的观察力让张锐感觉到这是10年以来移动互联网最好的一个机会，错过就太可惜了，他决心创业。当时，意识到移动互联网浪潮机会的人不在少数，微博、微信的迅速崛起正在改变整个创业格局，在可以看得见的浪潮里，如何找到正确的方向成为创业能否成功的关键。

张锐之所以2011年开始做移动医疗，主要是看到移动互联网医疗健康领域仍然是一个空白点。就当时的创业环境来看，社交是大公司的菜，电商不适合小资本创业者，游戏变现快但成功率很低，工具类应用更适合系统商与运营商，排除这四块不能做，能做的也不多了。反而健康是一个非常好的事，与每个人都相关，所以张锐选择进入移动互联网医疗健康领域。

张锐认为健康背后的产业链是很大的。他曾经在访谈中说过，在中国健康市场中，单OTC药品的营销费用就超过中国互联网网络游戏的整体产值，这是完全不可比拟的；目前中国GDP中6%是医疗健康行业贡献，但美国已经做到20%，欧洲一些国家甚至达到40%，整体价值非常高；最重要的是，健康与每个人都相关。

张锐创业做的第一件事是寻找合伙人，负责有道词典的曾柏毅和自己的发小李光辉成为他第一批拉下水和自己并肩作战的人。三人的第一次会议是在清华大学附近的一个咖啡馆里进行的，张锐用了整整两个小时向其他两个人阐述了移动互联网的发展趋势，并且跟他们说："有前途、有前景的事我们自己干。"三个人一起研究了美国 App Store 里下载量排名前十的健康类产品，发现排名前十的产品大多是关于减肥、饮食的内容，所以减肥类产品成为他们的首选。经过一个多月的探索之后，他们将方向转向了在线诊疗。中国复杂的医患关系和不均衡的医疗资源让张锐觉得这是一个机会。

春雨医生的诞生

2011 年 7 月，三个人合力凑了几百万元，在海淀区 768 创意园里租了一间 120 平方米的办公室，正式开始研发春雨医生。曾柏毅完全没想到，短短三个月时间，租办公室、简单装修、做了一些简单的推广，100 多万元就没了，他说："你那会儿才知道什么叫钱不值钱。"

当产品还没上线时，张锐每天去跟天使投资人聊，此前在媒体的工作经历使他接触过很多投资人，但是人脉资源并没有帮他带来很多便利，他所选择的在线医疗在很多投资人眼里没有任何商业价值。产品预计要在 11 月上线，但上线需要一笔不小的推广费用。正在一筹莫展之际，转机出现了。转机发生在一次朋友间的饭局上，张锐遇到了陈维广（蓝驰创投的创始人），他跟对方详细阐述了自己的商业版图。真正触动陈维广使他投资的，除了张锐足够自信的讲述外，还有他自己对中国医疗的观察和判断。陈维广有一次去医院检查身体，跟大夫闲聊间，对方跟他吐槽说自己的病人一半都不需要来看病。"那些真正需要看病的人都没法及时看病，你知道吗?"当张锐说能线上诊疗身体轻微不适的时候，陈维广当即决定投资。

一周后，张锐签订了 A 轮 300 万美元的合同。拿到合同后，他自拍了一张照片，传给曾柏毅和李光辉。张锐很欣喜，觉得这 300 万美元是对自己所选择行业的一种鼓励。2011 年 11 月，春雨医生移动客户端顺利上线。

轻问诊模式

张锐在布局产品发展的开始阶段，将春雨医生定位成了一款以网络诊疗为主要服务业务的移动医疗 App，医生与患者之间的互动可以有"自诊+问诊"两种形式。当时，这种线上医疗模式并不为市场看好，甚至很多人都不知道"M-Health"（移动健康）这个概念。

轻问诊，是众包抢答的形式。系统中平均每个问题在两分钟以内得到响应，用户可以免费在春雨医生咨询，这些使得春雨医生获得了第一手的健康大数据。另外，对于医生来说，他们能够获得平台的补贴，这是市场初期纯赔钱积累用户的买卖。

事实证明，市场推广远比想象中艰难。远程问诊给春雨医生带来的最直观的好处是，大概三个月左右，春雨医生就获得了100万人的下载激活用户量。但是用户的爆发式增长也给春雨医生带来了两个问题：一是用户体验不够完整，医生怎么说，用户就怎么听；二是引发传统医疗圈的挑战，社会各界质疑春雨医生的医疗严肃性和医疗科学性，甚至有人跳出来呼吁卫纪委管管春雨医生。对于这些来自四面八方的质疑和声讨，张锐的解读是："其实本质上是一群异类杀入了一个特别传统的领域，刚开始带来的是人的不适感，对春雨医生的关心，其实是对中国医疗的关心，大家在中国医疗上找不到解药，有一个公司不停地说'我要试一试这条路'，大家现在正看你这条路到底对不对。"

"空中医院"和私人医生

经过一段时间的发展，春雨医生的用户在逐渐增加，但是在盈利模式方面一直找不到切入口。之后，春雨医生开展了"空中医院"和私人医生服务，在为用户提供更好的服务的同时探索自己的盈利模式。

"空中医院"的定向问诊是指让医生在春雨医生平台开店，售卖自己的服务，包括图文咨询、电话咨询、挂号预约、买断医生一定时间的私人医生服务。医生对自己的服务进行定价，用户选择其所需要的医生以及购买其所需要的服务。不过这种电商的做法依然不尽如人意。

私人医生的产生是为了解决用户体验和医疗严肃性的问题，这是从用户的角度切入的。张锐说，自己到医院看病，尽管医院可能是好医院，但医生5分钟就把自己打发走了。而通过与身为医生的父亲沟通，则能得到很好的解决，这是因为他们是父子，相互之间存在着信任关系。这也就是说，医生和患者之间的关系十分重要。基于此，张锐觉得，如果能够让医生和患者之间建立起点对点、长期持续的、稳定的信任关系，改变医生的动机和动力体系，将带来医学质量的改变，解决医学的科学性问题。

私人医生一方面是线上的家庭医生，对患者建立相关的健康档案，包括所有与健康相关的数据，长期地服务于一个客户，充当私人医生的角色；另一方面是线下服务，包括分诊服务、预约线下签约的医院专科专家，线下的春雨诊所会把收集来的相关数据和档案汇集到线上。然后希望对采集到的数据进行处理，提供给药厂、药店和医院换取利润。2015年5月7日，春雨医生宣布，将在全国5个重点城市开设25家线下诊所，到2015年年底，将在全国50个大中型城市开设300家诊所。而诊所的建设除了传统自建诊所，还有合作模式、加盟模式、托管模式，以快速复制发展线下春雨诊所。

对于春雨医生来说，线下诊所的开张，不仅可以看做其发展的必然，还可以视为它的一次自救之举。线下诊所有两点是很值得期待的。首先诊疗档案向患者公开。现今各类医院大多独自保管医疗档案，除了患者的主治医师之外，一般的患者是没有办法见到自己完整的医疗档案的，这就导致一旦出现医疗事故，患者往往会陷于举证困难的境地。而对于春雨医生来说，就诊完毕，患者所有的检查、诊断结果和处方都会上传到春雨医生的后台，供患者本人随时查阅。这样即便出现医疗纠纷，患者也能够很方便地维护自身的权益。其次检查结果的通用性。很多患者都有这样的苦恼，因为医院各自为政，无论转诊还是转院，也无论你先前做了多全面的检查，每到一个新的医院，总得通通重做一遍检查。而对于春雨医生来说则不然，由于是全国连锁，线上、线下浑然一体，因而在满足医疗安全的前提下，还能够做到检查结果的共享，这就大大减轻了患者的经济负担。当然，对有医保的人员来说，对医保基金也是一种减负。

2016 年 3 月 4 日，春雨医生与武汉硚口区卫计委合作，在武汉市硚口区开设春雨诊所。这是首家在武汉开设的移动医疗企业的线下诊所。春雨诊所位于硚口区荣华街社区卫生服务中心，由该中心提供闲置的诊室，春雨医生派驻医生。春雨医生首席医疗官范晶介绍，该诊所现有中医、妇科、儿科和内科 4 个专科。签约的医生来自武汉三甲医院，都具有副高以上职称。目前已经有来自同济、协和、武汉市中心医院以及武汉市第一医院等院的约 30 名专家签约。患者可在春雨医生 App 上以半小时为单位预约就诊时间，医生问诊时间不得少于 20 分钟。就诊完毕，患者所有的检查、诊断结果和处方均可上传至春雨后台，患者可以随时随地调阅相关资料。春雨诊所每次问诊收费为 200 元/次，远高于挂号费。对此，范晶解释，调查显示，患者在全国三甲医院单次门诊的花费为 300 元，春雨诊所的收费标准是让医疗回归服务型收费。春雨医生于 2015 年开始建设春雨诊所，通过医生多点执业，将线上患者引导到线下。

按照规划，线上平台是春雨医生诊疗体系的基础，可以解决患者 70%的问题，而剩下的 30%则由诊疗体系第二级的春雨诊所来承担。再往上的第三级则致力于解决需要重大手术或者需要大型检查设备的问题。而诊疗体系的第四级即春雨国际医疗是通过跨境医疗将患者送出境就医，或者引进国外的医生资源为国内的高端患者提供服务。

在分级诊疗体系的基础上，春雨医生对用户按需求进行了分层，为医生匹配不同的患者，或将不同能力、提供不同服务的医生放到不同的平台上，从而让患者、医生和医院都能够得到更好的匹配。对于药品端，春雨医生通过投资智能硬件和对接药厂，以大数据帮助药厂管理患者的用药行为。春风创投投资了智能药箱，在通过智能硬件来管理患者用药的同时，获取用药数据，实现药厂和平台的对接。

保险盈利模式

药品、医院、医生以及患者都需要共同的买单方，即保险公司。春雨医生正在尝试与一些保险公司就健康险进行合作。这种合作类似于车险，保险公司只是保险的销售方，既没有4S店，也没有修车师傅和用户，而春雨医生扮演的角色需要搭建自己的医疗体系以及签约医生。由于保险公司不能控制医院和医生的行为，所以可借春雨医生这个第三方把医院和医生管理起来，用标准化的诊疗手段把保险费控制在合理的水平。未来的春雨医生，很可能会发展成为一家保险公司。

2015年11月19日，春雨医生与中国人保财险宣布签订了产品创新战略合作协议，共同进入健康服务保险领域。在具体合作方式上，春雨医生将根据人保财险客户群体的特点及不同层级，提供基于线上健康咨询、春雨诊所、权威医疗机构以及春雨国际的分级诊疗体系服务，提供分级别以及标准化的服务内容，支持人保财险进行健康服务型保险的产品创新。人保财险深圳保险产品创新实验室将承接本次合作项目的产品创新工作。春雨医生称，可以支持人保财险进行保险销售渠道的创新，并且为人保财险的健康险产品提供医疗过程管理，防止逆选择和过度医疗，有效管控商业健康保险业务风险。据知情者透露，双方的合作将不止于健康险和医疗过程管理等领域，还包括健康大数据。

“所有的移动医疗公司的盈利模式就是保险或者保险类产品，体量大的就是保险公司；体量小的就跟保险公司合作。”在张锐看来，今天的私人医生就是保险的雏形，“我们和保险公司所做的春雨健康险的核心就是私人医生，你买我们的春雨健康险，我们给你配一个私人医生，同时配春雨诊所线下检查和治疗的用药费用，这是最核心的两个东西，外围还包括体检等服务，这就是一个保险产品的雏形。”

张锐称，最初春雨医生也不知道可以建立保险这一商业模式，在以质量保证切入并建立了私人医生和线下诊所这一系列体系之后，中国排名前20名的保险公司都曾与张锐谈过，希望与春雨医生合作推出保险，这样可以控制用户的诊疗行为，以此达到控费的效果。

之前张锐透露，春雨医生在2016年将产生1.5亿元人民币流水，甚至可以通过2B的模式实现盈亏平衡，但仍然会选择持续对市场进行扩张。张锐说，质量保证、私人医生和保险这三个关键词是一体化。轻问诊帮助春雨医生聚集了大量用户，占据了40%的用户市场规模，私人医生建立了用户与医生的桥梁，而线下诊所使得线上服务能够与线下很好地结合，保证用户体验的完整性。在拥有了医生、用户、医患关系管理以及线下诊所之后，保险将其全部串联了起来。

“你可以说春雨医生是一个互联网公司；再细一点，说春雨医生是一个做远程诊疗的互联网公司；再细一点，说春雨医生是一个不仅做线上的远程诊疗，也做线下的轻资产诊所的O2O公司；再细一点，说春雨医生是有一套自己医疗网络的，由此可以做商业健康险的公司。春雨医生是什么公司？我也不知道，春雨医生就是这样的公司。”张锐最后说。

尾声

截至2015年10月，春雨医生已经拥有了9 200万名激活用户和49万名在公立二甲医院以上医院任职的专业医生，每天有大约33万个医疗问题在春雨医生得到了专业医生解答（见图19-1），4年来，春雨医生帮助数千万用户解决身体不适的问题9 500万个（见图19-2）。

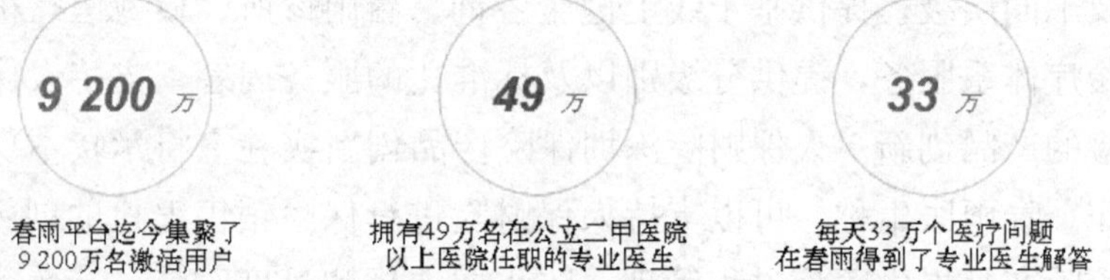

图19-1　春雨医生平台规模（截至2015年10月）

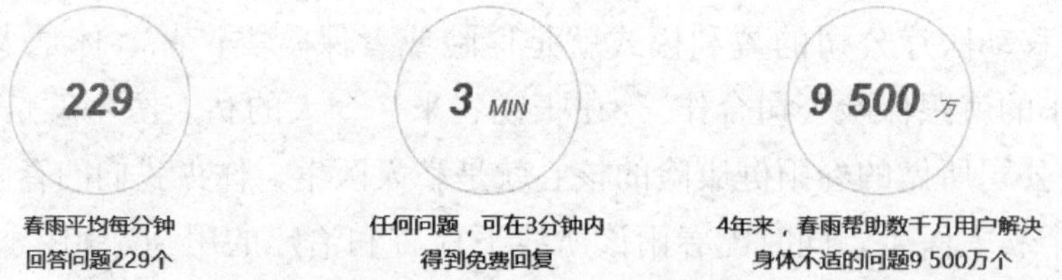

图19-2　春雨医生平台解决问题能力图（截至2015年10月）

春雨医生现在的盈利模式主要有三点：第一点是会员制，在有限制的免费的问诊服务基础上，付费成为会员的用户可以不受次数限制地向二甲和三甲医院的医生问诊；第二点是空中医院，空中医院是一项由医生直接面向用户推出的个性化服务的项目；第三点是私人医生，春雨私人医生服务是春雨移动健康基于多年来M-health领域运营的经验以及积累的资源所提供的高端健康管理服务。现在，春雨医生的研究重点主要放在了健康大数据方面，着力于从多年来积累的健康大数据中挖掘出新的方向，从而开展新的盈利业务。

近年来，随着中国移动互联网技术的高速发展，移动医疗App市场规模呈快速增长态势。

互联网医疗的竞争阵地正在从线上转移到线下。借助互联网的工具和手段积累到足够大的用户群之后，这些互联网医疗公司逐步探索可能的商业模式。建立线下诊所，一方面是为了完善用户体验，另一方面也是它们正在构建的商业模式中的关键环节。从整个医疗体系的变革来看，线下诊所兴起的背后则是医生多点执业政策的放开。无论是线上还是线下，医生始终是核心资源。线下诊所大战开启，代表着一场新的医生资源争夺战将要到来。

2016年10月5日，春雨医生创始人张锐意外辞世。一个致力于为大众带来健康的人，却没有给自己带来健康。一个创业者的突然离世，对创业公司会带来怎样的打击？春雨医生下一步怎么走？创业者对创业公司有多重要？春雨医生会受到怎样的影响？这一切都值得我们进一步思考和关注。

问题

1. 2016年10月5日，春雨医生创始人张锐意外辞世，你觉得一个创业者的突然离世对创业公司会带来怎样的打击？

2. 对于春雨医生来说，为什么线下诊所的开张不仅是其发展的必然，也是它的一次自救之举？

参考文献

［1］“春雨医生”张锐的创业故事. http://www.cyzone.cn/a/20151020/282018.html.

［2］阿里、春雨与平安好医生的相爱相杀. http://hysz.baijia.baidu.com/article/101063.

［3］一张图解读“春雨掌上医生”商业模式. http://news.cecb2b.com/info/20130715/868004.shtml.

［4］从春雨医生倒闭传闻，看移动医疗行业之困. http://www.iheima.com/news/2015/1019/152401.shtml.

［5］春雨医生：从轻问诊到线下诊所　移动医疗平台再升级. http://www.xcf.cn/syms/anlz/201604/t20160422_770704.htm.

［6］“春雨医生”线下诊所模式值得期待. http://news.sina.com.cn/o/2016-03-06/doc-ifxqafrm7008307.shtml.

［7］2016年，线下诊所大战来了!. http://health.sohu.com/20160218/n437743385.shtml.

［8］江城首家移动医疗线下诊所开张　6月底将增至10家. http://www.hb.xinhuanet.com/2016-03/05/c_1118242304.htm.

［9］春雨医生与人保财险合作　试水商业保险. http://tech.qq.com/a/20151119/032735.htm.

［10］春雨医生“被倒掉”：互联网医疗加剧线下争夺. http://tech.sina.com.cn/i/2015-10-25/doc-ifxizwsi5581586.shtml.

［11］听春雨医生CEO张锐讲述：找人、找钱、找方向的那些事儿. http://www.tmtpost.com/85502.html.

［12］“被倒闭”的春雨医生，到底是怎样一家公司?. http://www.donews.com/

net/201510/2906246. shtm.

［13］春雨医生张锐：十八岁出门远行. http://people. techweb. com. cn/2013-07-15/1309893. shtml.

［14］张锐：一个“门外汉”的创业者. http://news. xinhuanet. com/2015-04/05/c_1114873890. htm.

20. 杏仁医生——立足于医生角度发展移动医疗

创业格言：人生的真正欢乐是致力于一个自己认为是伟大的目标。——萧伯纳

主角：马丁，杏仁医生创始人兼 CEO

摘要：从 2014 年开始，移动医疗进入了飞速发展的阶段。很多企业加入了这个大市场中，试图在这个极具潜力的市场中分一杯羹。大多数企业在进入市场时的关注点主要在用户，即如何更好地服务用户和方便用户获得更好的医疗。但是杏仁医生在进入市场时的关注点却是医生。它站在医生的角度看问题，首先推出医生客户端杏仁医生 App，方便医生进行患者管理。之后，它又打造了 Wework 工作室，把多点执业工作室真正落到实处，提供门诊场地、设施装备、工作人员等，解放了执业地点对医生的束缚。如今，它又寻求与保险公司合作，探索更好的商业模式。

关键词：移动医疗；医患管理；多点执业；保险

引言

萧伯纳说："人生的真正欢乐是致力于一个自己认为是伟大的目标。"一个人只有有了目标，并且努力为之奋斗，才会尝到人生的滋味。而这个目标一定要是自己认为是伟大的，因为这样我们才有源源不断的动力在挫折中前行。本案例的主人公马丁就是源于改善国内医患关系这个目标，创立了杏仁医生。

背景

马丁是澳籍华人，拥有西澳大学内科和外科学士学位，16 岁即赢得澳大利亚优秀学生奖（高考前 200 名）并进入医学院学习，随后完成了企业和结构性融资研究生课程。在澳大利亚皇家海军服役期间，是杰出的军官毕业生，被授予澳大利亚战争服役奖。

马丁曾任西门子医疗信息服务业务发展总经理，iSoft集团（CSC医疗系统）亚太区解决方案和临床总监，以及和睦家医院副总经理（中国第一家中美联合医院）。在西门子工作期间，马丁被西门子集团（德国）人力资源部评为全球经理精英，作为未来领袖培养。来到中国之前，马丁曾经是澳大利亚公立医院的临床医生和澳大利亚皇家海军的军医（中尉）。他曾经参与联合国维和部队的行动、悉尼奥运会的反恐行动，担任战争医疗工作。他曾被邀请参加在中国、韩国、新加坡和澳大利亚等地举办的医疗信息会议，也曾作为英特尔全球迅驰技术发布会和英特尔资本主题演讲的特邀嘉宾。

马丁当时的职业发展势头良好，但父亲突然重病打破了原有的平静。当时马丁的父亲胰腺癌晚期，医生判断只能活3～6个月。为了给父亲找到最佳的治疗方案，他辗转各地、日夜奔波，最终给父亲应用了一套尚未通过临床验证的新型治疗方案，才使得父亲病情稳定。

这段遭遇彻底改变了马丁的想法，他有一种强烈的使命感，一定要做一款产品，帮助病人快速找到合适的治疗方案。

杏仁医生的诞生

马丁的联合创始人徐琳也有类似的经历，于是两人一拍即合，成立了上海爱海斯信息技术有限公司。经过一年左右的摸索，马丁最终找到了突破口，从2014年1月开始研发，于2014年9月推出了医患沟通管理工具“杏仁医生”，取意“信任医生”。

在杏仁医生的团队里，有来自西门子、和睦家、腾讯、阿里的高管和来自默沙东、华为、拜耳、谷歌等国内外知名互联网医疗公司的核心员工。大家都有一个共识，就是要为医生创造价值，从而让患者更方便地从自己信任的医生那里获得合适的治疗方案。

2014年9月3日，国内首款以医生为主导的移动医疗跨平台App杏仁医生，在历经三个月测试期后终于正式上线。

和大多数移动医疗公司不同，杏仁医生既没有像丁香园一样开发18个应用，多维度发展公司业务；也没有像平安好医生一样大力发展线下落地诊所，探索新型医疗管理模式。杏仁医生做的事情很聚焦，就是一个诊后医患交流工具。医生端用的是App，患者端直接用的是微信。

杏仁医生 App

杏仁医生App相当于医生个人的CRM（客户关系管理）系统，一个医患沟通管理工具。杏仁医生通过和微信合作，患者只要用微信扫描医生的杏仁号二维码，就可以成为医生在杏仁App上的随诊、跟踪、交流和检索对象。

马丁医生之所以做这样一个应用，跟自己在国内外的生活经历是分不开的。

马丁在澳大利亚做了好几年的全科医生，在中国医疗行业工作了十几年，既了解国外医生的情况，也了解国内医生的情况。对于中外医疗状况的对比，马丁以他自己在澳大利亚当医生的经历举了一个例子。一个病人挂号后坐在我对面。我说："你好，说说你的问题。"患者（以下称杰克）说："马丁你好，我最近咳嗽很严重。"我说："跟我描述一下你的症状。"我们详细地聊了他的咳嗽症状，我告诉他咳嗽的原理，告诉他可能是肺部出现了问题。然后，我写了一张转诊单，建议他去看某某医院的大卫医生，他是有名的肺病专家，他会为杰克做进一步的诊断。杰克打电话给大卫，约到了问诊时间。大卫看诊后，发了一封详细的邮件给我，告诉我杰克的病情以及医治情况。两个星期后，杰克致电给我的秘书："感谢马丁，可是我有一个问题不是很明白，医生给我开了一种药，要求我要一天吃 2 粒，但是太苦了，我实在吃不下去，应该怎么办？可以不吃这个药吗？"我回复："方便的话，带着你的病例和大卫给你开的药过来，我来看看。"第二天，杰克把他的病例资料、药品带过来给我，我看到他正在好转，建议他还是坚持服药，病情好转就没事了。杰克没有抵触情绪，很愉快地答应了，尽管他知道药很难吃。后来，杰克告诉我他的病基本康复了。他非常感谢我和大卫的帮助。

但是在国内，患者想跟治疗的医生再次沟通，只能再次排队挂号。很少有随访这个部分，即使有，也只是占很小一部分，只是针对住院后出院的患者，而对于坐诊的患者，基本没有随访的服务。造成这种现状的原因很多：医生一天要看很多个病人，没有时间，没有精力。医生的使命感依然在，但是，他们希望得到的对于他们付出的真心的感激太少了。但是看看许多病人的现状：病人一大早起来排队，最后坐在医生面前聊病情的时间可能只有 5 分钟，然后付费拿药，就离开医院了。吃了药之后病情如何，有没有效果，什么时候要换药，都要等到下次问诊的时候再说。下一次问诊，又是一个排队一整天的大循环。下一次问诊，或许不是同一位医生，不同医生的治疗方案会是相同的吗？对于双方来说，这都是浪费精神和体力的工作。

在跟医生的频繁交流过程中，团队发现尽管医院也在推动信息化系统建设，但效果并不尽如人意。对此，马丁有着较深的体会。马丁学医出身，曾在西门子医疗负责做医院的电子化信息系统。他发现，很多做医疗信息系统的企业，完全以销售为导向，靠关系网出售系统。做出的信息系统是否真正切中医生的痛点，提高医生的工作效率，确实值得商榷。而一个普遍的现象是，医生依然非常传统地拿着纸笔，记录某年某月某日某位患者前来复查。

为此，杏仁医生开发出一款日程管理的移动端工具。这款应用更加适用于妇产科、肿瘤科、呼吸科、内科等病程长的慢性病科室的医生。而这部分科室的市场份额占有率也较高。据徐琳介绍，小病、急病占据中国医疗消费的市场份额较低，只有30%，而病程长的慢性病能占70%。这部分患者更需要跟医生保持长期沟通。

从功能上来看，杏仁医生主要满足了医生的三大需求：第一，分隔医生的工作和生活空间。每个医生配备了一个“杏仁号”，可以请患者关注。如果患者有电话沟通的需求，可以通过杏仁医生的匿名电话进行免费或付费咨询。第二，方便进行患者教育和患者管理。医生可以给患者发送编辑好的患教资料、日常问答等，也可以在此基础上进行随诊、跟踪、交流、检索等。第三，为不同阶层的医生搭建交流平台，扩大专业圈子。“职业站”和“名医带班”板块可以构建医生之间的朋友关系，同时为医生间的转诊提供了可能。

除此之外，杏仁医生还有一些独有的特色服务。比如，引入临床决策支持系统UpToDate。与中国论文式的分析、观点总结不同，UpToDate将疾病的症状、可能的方案、用药、手术等模块化呈现，帮助医生进行临床决策。但是这款被引入174个国家的系统价格不菲，而且只能浏览、不能下载。杏仁医生和UpToDate的中国合作方达成协议，将系统免费开放给杏仁医生的用户无限制使用，获得不少好评。

马丁一再强调，做所有功能的出发点都是希望给全中国260万名医生提高价值。到2016年1月，杏仁医生已经拥有超过35万名实名认证医生用户，其中主治医生及以上的比重占到近五成。

打造Wework工作室

“每个医生都有一个门诊梦。”马丁表示，“解决医生的问题才能真正改善中国医疗。医院和医生数量每年增加10%，政府投入很大。付费机制一直有改进，政府投入也很大，也正在合并三个社保。但是中国医生的年收入仅仅是美国医生15天的收入，中国医生没有社会地位，没有享受到应有的尊重。医生是医疗体系最核心的角色，也是最直接提供服务的人。”

相比于其他移动医疗行业，马丁表示，杏仁医生采用Wework模式，把多点执业工作室真正落到实处，提供门诊场地、设施装备、工作人员等，解放了执业地点对医生的束缚。

当患者有面诊诉求时，可在线上提前预约，安排多点执业就诊。“该模式一方面围绕医生群体提供了更多执业方式，一方面也实现了商业模式闭环，让医生不仅可以在线上服务他们的患者，也可在线下更舒适的门诊提供医疗服务。”马丁表示。

2016年7月17日，杏仁医生国内首家医生多点执业Wework工作室——杏仁门诊在沈阳开业。开业当天举办了门诊开业酒会暨医生家庭日活动，吸引了累计超过

500 位医生参加。此次开业，不仅代表杏仁医生正式开启了从线上平台融合线下实体经营的发展之路，也开创了国内 Wework 工作模式先河，对于中国医疗界具有里程碑式的意义。

沈阳杏仁门诊占地 600 多平方米，涵盖 10 个诊室、2 个治疗室及多功能区，医疗器械配备完善，内部环境与装修风格简约舒适，以原木为主体配色，体现了温馨的治愈感，而候诊区、医生休息区的配置充满人文气息（见图 20－1 和图 20－2）。

来自沈阳各地的医生坦言，杏仁门诊率先在沈阳开业，是他们最大的幸运，杏仁门诊体现出的对医生的尊重，是吸引他们前来出诊的主要原因，不少医生都表示希望在这样的环境中工作。开业的前两周，杏仁门诊网曝的介绍和照片吸引了不少医生的关注，全国其他省份城市的医生们也纷纷表达了对杏仁门诊的期待。开业当天也吸引了很多路人前来参观。来自和平区的李女士表示："杏仁门诊可以算得上沈阳最高大上的门诊之一，整个就诊流程方便快捷，整体感觉相当舒适，会考虑改变自己去公立医院看病的传统方式。"

图 20－1　杏仁门诊大厅

杏仁医生之所以能够在短短两年之内就完成三级跳式的飞跃性成长，与其长期积累和维护的真实用户、覆盖 34 个城市的线下顾问团队，还有不断创新、锐意进取的精神密不可分。在 2016 年上半年，杏仁医生已经联手众安保险、荷兰威科集团、云康集团等强力合作伙伴完善了线上平台，而在下半年，主推的线下诊所将是其商业闭环的重要一环。在这场线下诊所大战之中，杏仁医生在模式上无疑又一次获得了领先。

图 20-2 杏仁门诊

寻求与保险的合作

近几年，移动医疗的蓬勃发展究其根源，最本质的发展基石是移动互联网给医疗服务带来的高效与便捷。而保险是医疗服务生态圈中必不可少的重要一环。移动医疗与保险的结合无疑是提升医疗服务质量与消费质量最强有力的外在助推力。杏仁医生是移动医疗领域最具独角兽特征的企业，众安保险是保险领域最具互联网思维的业界新秀，双方合作对医疗行业具有重要意义。

合作主要涉及使医生群体提前享受医责险保障，并于 2016 年 4 月开始将保额提升至 16 万元，涵盖了线下诊疗、线上咨询、多点执业等多个方面。杏仁医生将与保险公司联合开发新险种，核定保险周期及保险价格，以全新的“移动医疗＋保险”模式开辟商业医疗保险新篇章，旨在提升患者的医疗服务体验。

众安保险 CEO 陈劲表达了他的构想：“众安要做有温度的保险和面向未来的保险。”众安诞生于互联网金融时代，从不同产业、不同场景考虑到了全方位的资金需求，并迅速成为行业标杆。对众安来说，要想在一片完整的“互联网＋”版图中形成“众安＋”，深度参与移动医疗的精耕细作是必不可少的一步，也是全新的一步。众安选择杏仁，杏仁选择众安，不管在移动医疗领域，还是在保险行业，都有着非同寻常的意义和众望所归的重大使命。

商业医疗保险又称健康保险，以人的身体为保险标的，对被保险人因疾病或意外伤害造成的医疗费和收入损失进行补偿。在世界近代史上，商业医疗保险的出现仅有百年历史，但目前世界各地都已普遍采用商业医疗保险为国民提供医疗保障服务，由于各国的实际情况不同，所以就形成了各不相同的医疗保险制度。我国商业医疗保险开办时间不长，在保险意识、保险深度、保险密度和险种开发、保费收入、经营管理等方面与西方保险发达国家相比，还存在着较大差距。近年来，随着人口老龄化的加剧以及中产群体的崛起和不断发展壮大，理财型的商业医疗保险需求不断加大。

保险业务可以为慢性病、特大疾病、手术等提供一定的医疗风险保障，杏仁医生将与保险公司联合开发新险种，核定保险周期及保险价格，以全新的“移动医疗＋保险”模式开辟商业医疗保险新模式，旨在提升患者的医疗服务体验。

杏仁医生除了本身对医患关系和交易有监控权之外，作为面向最广大医生和患者群体的医疗服务平台，有先天的优势快速判断和积累有效的健康数据，为保险业务在优质客户锁定和调控医疗费用支出方面提供决策支持。

杏仁医生基于医生端（B端）服务的患者管理数据可以进一步拓展至患者健康数据的个性化管理范畴。通过数据的采集和分析，旨在帮助患者进一步了解自身健康状况，同时提供自我干预和预防措施，帮助患者提升自我健康管理意识和能力。

杏仁医生基于与保险公司合作开发的产品，将启用精细化、流程化、终身制的健康管理体系，对保险而言，除了最直接、最迫切的诊疗过程监管之外，将最大化发挥对疾病的预测、预警作用，重点布局“四早”策略——早预防、早干预、早发现、早治疗。这“四早”模式的推出，预示着开启与患者本身、医生、杏仁、保险公司等利益相关方目标一致的积极措施，实现多方共赢。

尾声

杏仁医生从2014年9月创立至2016年3月，已经经历了三个发展阶段，从最初切入市场时的医患交流工具，到2015年年底成为医生的业务发展平台，到2016年年初成为每个医生的职业发展伙伴。根据杏仁医生提供的数据，截至2016年3月，杏仁医生App用户已经覆盖全国38 395家医院，拥有388 968名实名认证的医生，41.52％的医生分布在1 080家三甲医院，67.22％的医生来自二级以上的医院，主治以上医生占47％。

杏仁医生注重医患关系经营，在医生端从医生执业角度构建了医生与医生、医生与患者的在线交流协作平台工具。面向患者，杏仁医生首创了“整合微信服务号、链接医生端App”的便捷沟通模式，患者在诊室扫描医生的杏仁号二维码与医生建立关系。通过图文、电话咨询方式获得咨询服务，其匿名免费电话也能保护医生隐私。同时，杏仁也在探索更多的新业务模式，将更好地解决当前传统医疗模式给医患带来的困扰。

问题

1. 杏仁医生是站在医生的角度看问题，你觉得其他医疗企业的App与杏仁医生

App 有着哪些不同?

2. 面对众多的竞争对手和医疗改革政策的不确定性，你觉得杏仁医生可以采取什么措施更好地服务于医生和患者?

参考文献

[1]“杏仁医生”如何解开医患死结. http://www.p5w.net/news/cjxw/201601/t20160104_1314558.htm.

[2] 医患沟通管理工具杏仁医生完成 A 轮 500 万美金融资. http://www.kankanews.com/a/2014-09-23/0015595162.shtml.

[3] 杏仁医生打造 Wework 工作室　引领市场化医疗. http://it.sohu.com/20160718/n459815295.shtml.

[4]“杏仁医生+众安保险”开创移动医疗的保险新纪元. http://www.zj.xinhuanet.com/zjqyInfo/20160505/3111640_c.html.

[5] 杏仁医生与众安保险将联合推新险种. http://money.163.com/16/0505/17/BMANAR1400253B0H.html.

[6] 杏仁医生造线下工作室　看准医生多点执业大势. http://news.hexun.com/2016-07-18/185003670.html.

[7] 对比国内外的看病方式，说说我为什么要做杏仁医生. http://mt.sohu.com/20140813/n403403313.shtml.

[8]【独家专访】1 年半，35 万实名认证医生，如何做到?. http://money.china.com/fin/sxy/201601/13/3758004.html.

[9] 杏仁医生多点执业门诊开业，为医生职业发展创造新机遇. http://industry.caijing.com.cn/20160718/4150084.shtml.

大数据篇

21. 百分点——大数据服务商的发展历程：从个性化推荐到一站式解决方案

创业格言： 把大数据技术做完善，把公司做得更好。

主角： 苏萌，美国康奈尔大学市场营销学博士，北京百分点信息科技有限公司董事长

摘要： 全球数据正呈现出爆炸性增长，大数据时代已经到来，并且开始对社会生活、商业模式产生影响与改变，各个行业需要有大数据视角，才能利用大数据创造更大的商业价值。众多提供大数据产品和服务的互联网创业公司在发展过程中面临着许许多多的挑战，其中最为关键的是“如何在业务模式上进行转型和优化”“如何实现不同层面的产品线布局”“如何在技术和服务两个方面权衡”这三个方面的问题。本案例试图通过对百分点在科技创业历程中的商业模式进行分析，期望在大数据技术与应用服务商的商业模式发展上对相关的企业和创业者有所启发。百分点信息科技有限公司在创业过程中根据市场环境和客户需求而不断创新、调整其企业商业模式亦值得广大创业者借鉴。

关键词： 大数据技术与应用服务商；商业模式；解决方案

引言

苏萌曾经有多重身份：北京大学光华管理学院市场营销系副教授、博士生导师，北京大学新媒体营销传播研究中心执行主任，北京百分点信息科技有限公司创始人、董事长。

2014 年，苏萌做了一个重大的决定，离开北大校园，专注于一个身份：北京百分点信息科技有限公司董事长。因为他想全心投入做一件事——把大数据技术做完善，把公司做得更好。

背景

全球数据正呈现出爆炸性增长趋势，到 2020 年预计将达到惊人的 40ZB，大数据时代已经到来，并且开始对社会生活、商业模式产生影响与改变。在大数据时代下，各个行业需要有大数据视角，才能利用大数据来创造更大的商业价值。从整个信息化的方向上看，目前有五个大的趋势：云计算、大数据、物联网、社会化和移动化。在这个数据世界里，大数据处于大脑的地位，要把这些数据进行搜集、加工，转化成信息，甚至转化成知识，最后再通过物联网的技术反馈到现实世界中，不断地产生更多的价值。

在这股以大数据为代表的互联网热潮下，所有企业都可能变成互联网公司。苏萌看到了大数据的发展前景，带领其一手创办的百分点科技团队抓住了这个机会，希望帮助客户企业掌握并逐步提高处理海量数据的能力，提供以技术为支撑的一体化服务。

百分点科技的创始人、CEO 苏萌曾经是学者，发表过许多论文，主持过很多基金和科研项目，曾担任沃顿商学院互动媒体创新中心中国会议的联合主席。他主攻营销模型开发，擅长用数据预测消费行为。在读博期间，他用整整五年的时间研究消费用户的行为，但他一直感觉营销是一个不那么学术的活儿。人们的心理总是感性的，消费者分析、广告、市场活动背后的数据支撑和相应的模型都会受到其影响。苏萌坚信市场细分应遵循“用数据说话”的原则，传统营销模型专注用白盒法解决“为什么”的问题，而机器学习更偏重黑盒法解决“是什么”的问题，这使得机器学习在数据驱动营销领域正越来越受关注，这也为苏萌创办百分点科技这样一间互联网科技公司提供了灵感和机会。

2006 年苏萌从康奈尔大学管理学博士毕业后回到国内，在北京大学任教。在光华管理学院 MBA 的课堂上，苏萌遇到了自己的合伙人。

2009 年正是电商在中国兴起的时候。京东在这一年才拿到 2 000 万美元的融资，淘宝半年的销售额只约等于如今“双 11”一天的销售额。苏萌发现这些电商网站拥有海量的数据，但它们并不懂得如何使用这些数据。而过去的 10 多年时间里，他正好一直在研究这件事情。苏萌和合伙人商量后决定，成立一家为电商网站做个性化推荐引擎的技术公司。于是，喜欢挑战的他在国内开始了创业，在北京中关村的一间公寓里，百分点就这样诞生了。

发展历程

起步阶段——为互联网企业提供个性化推荐引擎

在 2009 年创立百分点的时候，苏萌只想做一件事情——帮助电商公司学会利用手头掌握的海量数据。尽管百分点是一家大数据公司，但苏萌在最开始创立这家公司的时候，甚至都不知道大数据是什么。苏萌说："2009 年的时候，没有人知道大数据这个概念。我们就先这么做了，等到后来大数据概念出来了，我们才发现原来自己做的事情就是大数据。"

当时在全球互联网行业中，个性化推荐引擎做得最好的是亚马逊。亚马逊电子商城上 35％的销售额，都是由这一套个性化推荐引擎带来的。但亚马逊并不对外开放这套技术。中国也几乎没有公司涉足这一领域，只有京东在尝试开发自己的个性化推荐引擎，但做得并不成熟。

苏萌和团队花了半年时间，开发出了个性化推荐引擎的第一个版本，并正式对外提供服务。但这个版本不太令人满意。当时他们只有一台服务器，担负着所有的数据搜集、推荐算法和服务程序。在随后的一年半时间里，他们一直在做同一件事情，不停地开发和完善百分点的个性化推荐引擎。

苏萌要求百分点的个性化推荐引擎要做到实时，响应速度达到毫秒级别。一个全新的网站接入，只要数据量足够，几秒钟后就能够生成推荐结果。要实现这一效果，在算法上难度不小。过去的非实时推荐引擎是等到所有数据都搜集完成之后才开始计算，而实时推荐引擎需要增量计算，将静态的数据改成动态的数据流，来一点儿数据计算一点儿。

苏萌和团队最初认为算法就是一切。他们将精力全投入到了算法的突破上，每天阅读国外最新发表的算法学术论文，也尝试过热传导计算等多种先进的算法。但后来他们慢慢发现，算法并不是全部，更关键的是对用户购物场景的理解和判断。

简单来说，用户在网上购物时，有聚焦和发散两种状态。如果一个用户进来后，先选择了"大家电"类别，然后选择了"电视"，再点击了"液晶电视"，这个用户就处于聚焦状态，带有强烈而明确的购买目的；而如果一个用户进来后，先点击了首页的推荐大图，然后又点击了旁边的其他推荐窗口，那么他处于发散状态，只是进商城逛逛，没有明确的购买目的。

在认识到这一点后，苏萌和团队将场景加入了个性化推荐引擎，推荐的效果因此获得了显著提升。百分点团队意识到只靠算法可能解决不了问题，必须让机器理解人，用协同过滤算法去算人与人、人与物之间的关系。相对于算法，场景需要扮演着侦察兵的角色。

将个性化推荐引擎优化到一定程度之后，苏萌开始为百分点寻找使用这套系统的客户。对于这家以技术见长的公司来说，拓展客户是比技术突破更大的挑战。"技术强的公司，商务能力一般都比较差。就像人一样，有外向，有内向，我们就是一家内向的公司。"苏萌说。

苏萌只好从自己身边的熟人中寻找突破点。在他在光华管理学院教过的学生当中，有一个是活力达电商的高管。“最开始真的是求着人家给一个机会，让我们做测试。先免费让他们使用，觉得效果满意了再收钱。”苏萌说。在陆续达成了与活力达、果皮网等一些中小电商网站的合作后，百分点渐渐在电商行业获得了一些知名度。

成功与1号店合作成为百分点拓展客户的转折点。在初次听到百分点的合作邀约时，1号店管理团队的态度颇为不屑。1号店有一个近2 000人的技术团队，当时已经开发了自己的个性化推荐引擎。但苏萌并不放弃说服1号店。他告诉1号店管理团队，专业的事情要让专业的人来做，1号店的技术团队虽然庞大，但不可能像百分点这样有超过100个技术人员专注于开发个性化推荐引擎。

就在1号店管理团队还在犹豫的时候，苏萌提出了一个要求：“给一个机会，我们来比一比。”即100万流量进入网站，百分点和1号店的个性化推荐引擎同时测试。百分点引擎分50万流量，1号店引擎分50万流量，看最后谁的购买转化率更高。

在测试中，1号店引擎拿走了最佳的推荐位置，将不那么好的推荐位置留给了百分点。尽管如此，最后百分点引擎的购买转化率还是高出1号店引擎不少。看到这次测试的结果，1号店管理团队认可了百分点的技术能力。他们开始和百分点合作，使用百分点提供的个性化推荐引擎。

“拿下1号店对我们来说很重要。有了1号店的背书，获得其他客户的信任就容易多了。”苏萌说。

转型阶段——助力传统企业的互联网大数据发展

商家总是渴望更加了解客人，而技术恰恰能够帮助它们实现这一点。通过IP地址等信息辨识不同终端——一台位于北京的电脑，或者一部位于上海的手机，这对于商家来说已经不再是难事。如今，它们已经不满足于此了。它们希望能够透过电脑和手机不同大小的屏幕，“看到”其背后坐着的是否是同一个客人。

王府井百货在2013年向苏萌提出了这个要求。王府井百货一直使用百分点为其网上商城提供的个性化推荐引擎，希望百分点可以帮助其将线上商城和线下门店的所有数据打通。当一位客人来到王府井百货，不管他是走进任何一家门店，还是用手机或者电脑随意浏览线上商城，王府井百货都能够第一时间将他辨认出来。这个要求成为了苏萌和百分点的转折点。

2013年前后，越来越多的传统公司开始意识到利用互联网的重要性，传统行业的互联网转型热潮悄然到来。而百分点过去的数据处理业务只针对互联网行业，覆盖的也只有电商和网络媒体两个垂直领域。处理传统行业的数据对于百分点来说是一个不小的挑战。苏萌仔细地考虑了很久，认为这同时也是一个巨大的机会。他随后做出决定，让百分点转型，向传统行业提供全套大数据解决方案。

当苏萌告诉百分点团队这一转型计划的时候，团队内部产生了激烈的争论。不少人觉得，这次转型投入太大，会给公司带来极大风险。开发数据处理的底层平台需要一年以上，应用级产品则需要3个月到半年。他们认为转型很可能面临两个结果：花费大量人力和时间，最后没做出来；或者最后做出来了，但钱已经烧完了。

“容易走的路会越走越难。我们吃过的苦，会形成壁垒。”苏萌最终说服了大家。他很清楚转型为向传统行业提供数据解决方案是一个费时费力的大工程，但他也相信百分点会因此积累下更强的竞争优势。

这一转型计划为百分点带来了业务拓展的巨大机会。在百分点为王府井百货提供个性化推荐服务一年之后，2014年9月，王府井百货与百分点进一步建立了“王府井大数据平台”的合作关系，利用大数据平台来分析商品、用户和业务数据，以打通用户和后端运营的关系，构建用户画像，分析商品的全渠道经营状况。

2014年2月，TCL与百分点合作，推行互联网战略转型，从智能加互联网、产品加服务两个方面入手改变，建立O2O平台，从传统的产品中心转向用户中心。TCL的两大变化导致很多业务运作都需要数据。生产智能化产品需要分析用户的行为数据，然后才能为用户提供更加人性化的服务。精准营销和个性化推荐也对企业在云端搜集和处理数据的能力提出了更高的要求。

在和TCL合作的过程中，百分点遇到了不少麻烦。苏萌为传统公司的数据转型提出了一个“百思可”（BASIC）模型。一个传统公司想要成功转型，必须具备5大要素：相信数据的价值（Belief）；面向数据的组织架构（Architecture）；擅长处理数据的专业团队（Staff）；服务器等底层基础设施（Infrastructure）；处理数据的机构能力(Capability)。

然而，当TCL向百分点寻求大数据解决方案时，仅仅具备这5大要素中的一个——相信数据的价值。“TCL是一家传统公司，技术能力弱。它的管理层相信数据的力量，这一点很好。但是其他4个要素它都不具备，需要我们帮它一一补上。”苏萌说。百分点花了整整一年时间，为TCL搭建了两个基础平台，延伸开发9大应用系统，包括舆情分析、市场监控、智能推荐、门店营销等工具。在应用了百分点的数据方案后，用户在TCL电商页面停留的时间提高了20%～30%，购买的平均单价提高了30%～40%。

在这一转型阶段中，百分点科技的成功转型还与出色的团队实力密切相关。作为一家以技术而著称的公司，苏萌一直致力于壮大自己的团队。“美国一些大数据公司估值很高，我不觉得我们比他们差多少。我们的团队是顶级的。”提起自己的团队，苏萌有一种自豪感。在近650人的团队中有2位国家千人计划入选者，30多位博士和来自国内外一流大学与技术公司的300多人。2014年7月末，百分点成立由多名国际顶尖华人学者组成的百分点科学顾问委员会。除此之外，百分点在人才培养上不遗余力，与电子科技大学互联网科学中心合作，在成都建立了国内首家个性化推荐系统联合研究所，该研究所专注于个性化推荐、交叉推荐等相关领域的研究；还与北京大学新媒体营销传播研究中心合作，共同开展消费洞察以及行为预测等消费行为研究。

苏萌说：“我在做产品的时候就想，要做一家代表中国实力的大数据解决方案运营商。”这是百分点科技团队共同努力的动力。在2014年公布的中国大数据分析厂商TOP50排行榜中，百分点凭借着优秀的创新能力、全面的服务能力、完美的解决方案、强大的市场影响力进入榜单，同时榜上有名的还有IBM、甲骨文（Oracle）、谷歌（Google）、亚马逊（Amazon）、英特尔（Inter）等著名企业。与国际知名大公司一样，百分点已然成为中国境内在大数据分析领域最具话语权的企业之一。

稳步发展阶段——从大数据应用到大数据操作系统

有了传统行业的经验数据积累和不断提升的团队技术，百分点在2015年开发出了企业级大数据操作系统（BD-OS）。BD-OS具有可视化操作界面，用户不再需要输入烦琐的代码，只要通过拖拽和配置就能实现大数据处理。如果用个人电脑来类比，相当于从DOS时代进化到了Windows时代，微软Azure云平台、华为云平台和惠普大数据解决方案都将搭载BD-OS销售。

“现在大家都在做应用层的东西，半年就有回报。做底层的研发可能两年才能有回报，但这回报是几十倍的。我们希望自己是一个慢公司。”苏萌说，“我们更专注于做事情，我们不做太多宣传、推广。”与其他乐于做市场活动、品牌形象的公司相比，百分点确实是一家相对低调的公司，但是在低调中百分点团队在技术层面实现了很多突破性进展，BD-OS系统的开发上线，不仅填补了从繁复的底层技术到便捷的大数据操作之间的空白，更意味着百分点从应用层到底层的研发从起步探索趋向成熟。

业务模式——提供从技术到服务的一体化解决方案

“我觉得需要市场来检验你的产品，检验你的经营，也检验你的团队和企业。只有真正在市场竞争中存活下来的企业，才是真正有希望的。”苏萌说。

总的来说，整个大数据产业的发展趋势有四个主要特点：一是更多往具体的应用里做，一定会形成行业的应用。虽然现在很多大数据方面的企业还是偏向通用化，但是最终的业务价值一定是在行业应用里产生的。二是服务化，为企业和消费者提供服务，而不是提供最原始的软件或者IT基础设施。三是云计算是未来的骨骼，所有的应用都会上传到云端，所以云端化是未来的一个趋势。四是企业已经不单单需要一个大数据的底层和某一个大数据存储的方案，而是想要从数据中获取大数据全链条的端到端的整体解决方案，企业越来越务实。

整个大数据产业主要分成三个层次：第一层是底层的基础技术和基础架构；第二层是在基础架构上构建各种算法和模型；第三层是将算法和模型应用到行业或具体业务中。

为了满足各个行业的企业对大数据的真正需求，苏萌的团队抓住行业应用具体化、服务化、云端化、整体解决方案化的发展趋势，利用三层分层结构规划并设计产品线。

具体来看，百分点大数据产品的三层分层结构（见图 21－1），最底层的是大数据技术层，主要解决的是数据的采集、获取以及数据如何分析建模这一套东西，研究数据如何运用到具体的业务上，提供这些基本的接口；而中间的大数据管理层，最后流程的末端能看到用户标签管理以及商品标签管理，用户画像和商品画像就是通过数据的方式来描述用户和商品，也就是人工智能领域的知识表示。有了数据化的消费者的描述以后，将来要做的事情就是把它应用到具体的业务里；最顶层的则是更为具体的大数据应用层，百分点支持三大类业务——个性化推荐引擎、自动化营销引擎和大数据分析引擎。

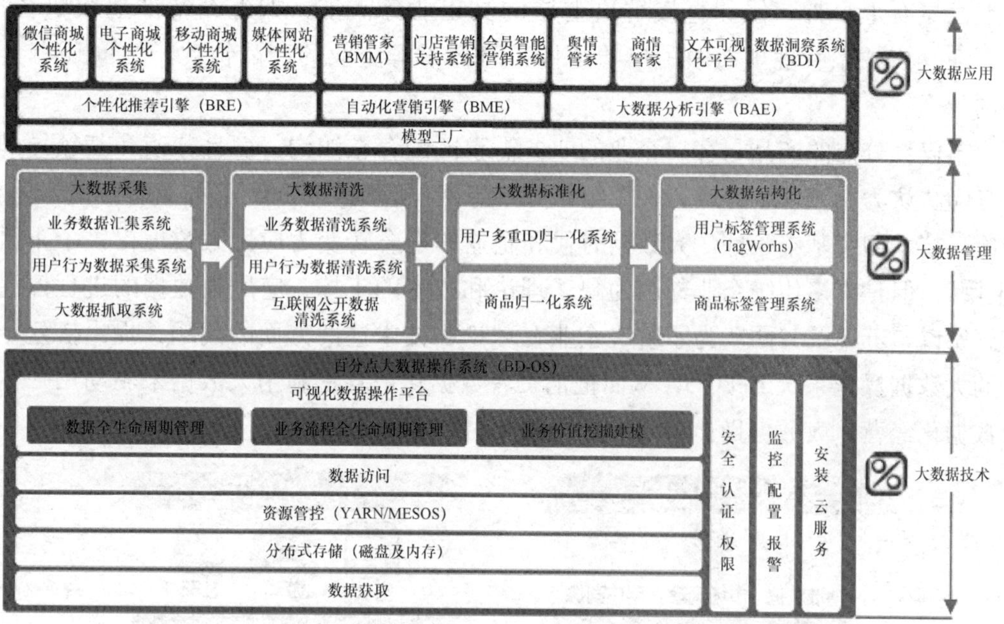

图 21－1　百分点科技产品布局结构示意图

资料来源：百分点大数据理念和实践．http://www.36dsj.com/archives/43519.

在多年的大数据技术和服务的实践中，百分点不仅逐步将大数据产品线全面涵盖大数据技术、大数据管理、大数据应用的各个方面，更为客户群体提供除技术之外的综合服务，帮助企业一站式完成大数据实施、管理及应用（见图 21－2）。

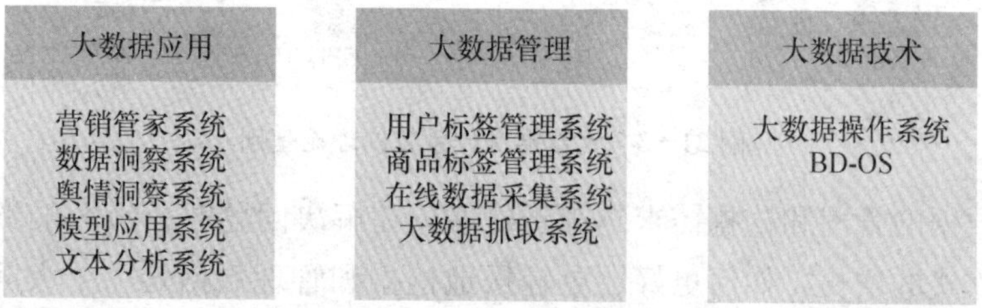

图 21－2　百分点的大数据产品线分类

业务发展——BD-OS 驱动用户企业的数据化经营

百分点为什么要开发大数据操作系统 BD-OS

具体而言，操作系统，如 Windows、Linux 和 Unix，解决的是让人和机器更容易、更快、更便捷地交互的问题。目前在大数据领域，以 Hadoop 为核心的平台产品，局部解决了人和大数据交互的问题，不同维度上出现的一些产品在部分场景下解决了一些大数据问题。底层技术和算法很多，百分点的产品里面包括 20 多个，市面上大概有上百种，但和直接解决上层的真正业务需求（如怎么精准地获取客户，怎么在客户关系管理里面做用户的画像，怎么了解企业的产品情况）之间还有一个鸿沟。

不仅百分点的产品与客户企业的业务需求匹配存在鸿沟，而且苏萌和其领导的百分点团队认为，一个企业或者一个组织如果想真正应用大数据，必须具备时代、理念、理论、技术四个基本条件，大数据时代和企业的理念转变为应用大数据提供了丰沃的“土壤”，但是许多传统企业却因为缺乏理论和技术的支撑，应用大数据的进程停滞不前。所以，苏萌及其团队为了解决企业在理论和技术这两方面的问题，提出搭建企业级的大数据操作系统 BD-OS，从而把消费者数据化，真正利用大数据来驱动用户企业的数据化经营。大数据操作系统的理论基础见图 21 - 3。

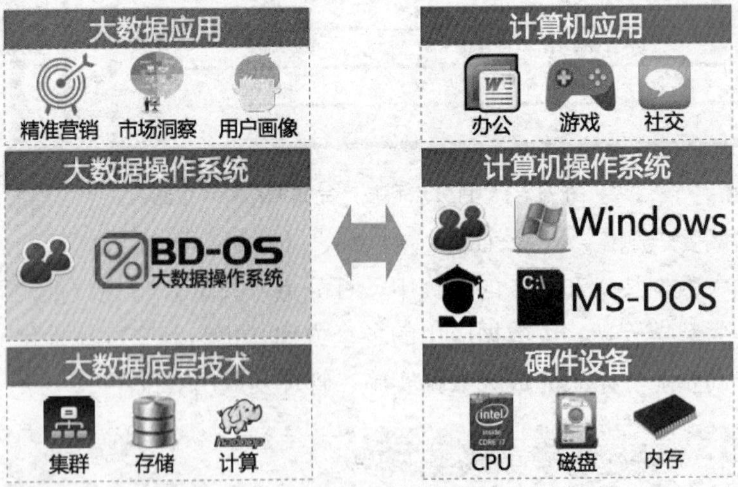

图 21 - 3　大数据操作系统的理论基础

企业对数据的管理和挖掘需求越来越旺盛，在解决问题时所涉及的数据量和维度也呈现出爆炸式的增长，如何更好、更轻松地挖掘和管理数据是一个大问题。大数据操作系统要把数据管理起来，一是从容量上横向扩展，二是在解决不同的数据问题的时候使用不同的数据技术，包括底层的 Hadoop、Spark 等分布式技术，在管理层面也需要这样的管理框架，要能够即插即用地管理各种计算框架。

大数据操作系统 BD-OS 把百分点的经验贯穿到了产品里面，用户只要按照这些经验做数据采集、分析和数据接口，能够直接把应用跟技术对接起来。BD-OS 把大数据底层技术标准化，基于标准化提取出了一系列解决方案和接口，基于解决方案和接口建立起了一个完整的、可持续的中间交互层，通过交互层可以从不同的维度进行使用管理和深入挖掘大数据，而不用关心产品背后具体的某种技术或某种问题。百分点大数据操作系统 BD-OS 所支持的商业模型如图 21－4 所示。

谁在用百分点的 BD-OS

BD-OS 基于 B/S 架构，采用完全可视化操作，支持 PC 端和移动端，可以用所见即所得的方式，实现任意一种异构系统的协同工作。例如在某个场景中，需要有几百个 Oracle、MySQL 数据库，又有七八个 Hadoop、Spark 集群才能完成一件事情，不仅要把这些东西拼凑到一起，还要让它们按照一定的结构和规则一起工作。BD-OS 可以真正地把它们串起来，使其能够协调一致地运作。如果没有 BD-OS，这就需要花很大的精力写很多程序。百分点认为，对于数据建模、数据分析人员来说，他们没有充足的时间和精力去搭载多元异构的数据操作的一些组件，BD-OS 的这些特点可以吸引这些用户群体。

BD-OS 在 2015 年 9 月上旬发布，10 月开始正式进行商业化，随后在金融业、制造业等领域已经有达两位数的客户，如 OPPO、TCL、长虹、速 8 酒店等。

其中一个客户是华夏银行，百分点团队为其提供了一个整体的解决方案——以底层的 BD-OS 构建为基础，加上中间层的用户标签以及上层的推荐、营销或分析类的应用。

国家新闻出版广电总局无线电台管理局则是一个纯物联网应用的例子。任何一个电视和广播信号发射场，最核心的事情就是保证设备能够稳定、安全地播放信号。此前广电总局无线电局的监控系统大概五分钟采集一些数据来看设备是否工作正常。在百分点的 BD-OS 上线之后，采集频率提高到每秒钟采集一次，能够做到更加实时的监控。更重要的是，基于 BD-OS 构建预测模型，还可以根据历史数据实时预测可能出现故障的设备，让停机检修、更换设备由被动变为主动（设备的故障检测和健康管理）。预测准确率与时间精度有关，5 分钟内出现故障的预测准确率为 90％，72 小时内出现故障的预测准确率是 97％。

BD-OS 和很多合作伙伴进行了深度绑定，微软基于云计算的操作平台Azure已经和 BD-OS 进行了深度集成，Azure 在亚太整个销售体系会售卖百分点的 BD-OS。

尾声

2015 年 9 月，百分点获得由光大证券领投的 4 亿元人民币 D 轮投资。百分点的 4

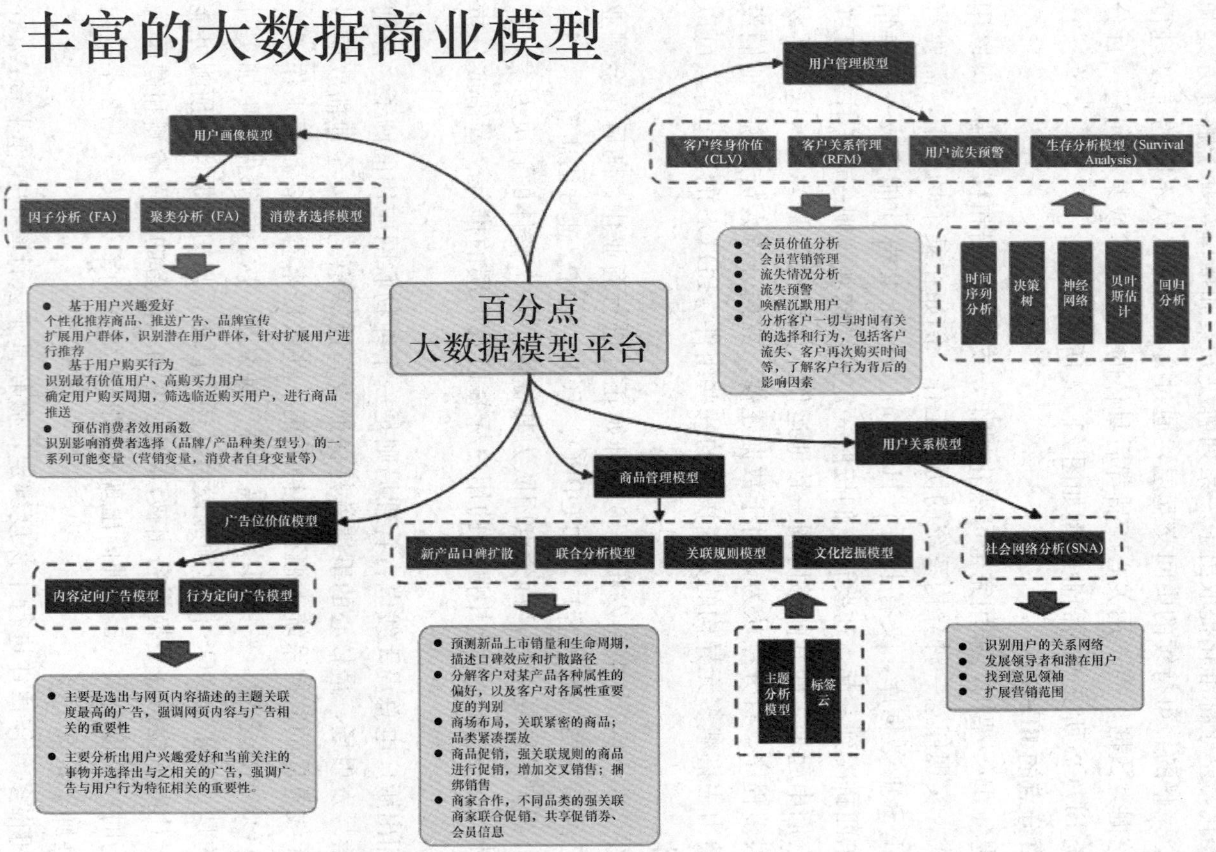

图21-4　百分点大数据操作系统BD–OS所支持的商业模型

资料来源：百分点大数据理念和实践.http://www.36dsj.com/archives/43519.

轮融资加起来，超过了 6.68 亿元人民币，这是互联网创业领域中一笔可观的融资数目。

多年来，苏萌所带领的百分点团队坚持自主创新，沉淀了丰富和坚实的企业级大数据技术和应用实践，软件著作、专利与技术创新过百项，已为近 2 000 家互联网及实体企业提供大数据技术平台搭建和大数据驱动的 SaaS 应用，客户涉及制造业、金融业、汽车业、零售业、快消业、电商业、媒体业、政府等，如华为、TCL、长虹、建设银行、华夏银行、王府井百货、汤臣倍健、1 号店、第一财经和中关村在线等。与此同时，它还与微软、惠普等国际 IT 巨头开展战略合作，共同为客户设计问题解决方案，它具有高性能的实时与离线计算能力和丰富的算法库及商业模型。在应用上，百分点基于三大核心引擎的全业务驱动产品体系，帮助企业深入挖掘大数据的商业价值。在数据上，百分点沉淀了 5.5 亿受众画像和 1 亿商品画像，致力于在保障用户隐私及数据安全的前提下融合数据，推动数据流转，消除企业信息孤岛。

在苏萌的身上你会看到创业者的热情、企业家的长远布局眼光，还有学者的严谨。“做学术的时候我也很认真，但是做公司更需要你全身心地投入。每天只睡 4 个小时，持续两个星期，在做公司的时候这都再正常不过。辛苦完了，你有一种由衷的欣喜。”这是苏萌创业经历的真实写照。

百分点团队在创业的过程中在乎产品、在乎客户、在乎技术，最终在激烈的竞争中厮杀出一片天地。百分点团队希望未来每一个普通人都具备使用和操作大数据的能力，能够随时利用该能力解决自己的问题，现今的苏萌和在他带领下的百分点正在思索：如何才能进一步让百分点科技解决大数据问题的思想和技术普及？

问题

1. 百分点当前的商业模式还存在哪些可以为其带来新的业务增长点的改进空间？

2. 为了能进一步让百分点科技解决大数据问题的思想和技术普及，百分点团队需要在相关领域探索出怎样的新商业模式？

参考文献

[1] 苏萌：从教授到创业者，践行大数据. http://digitalpaper.stdaily.com/http_www.kjrb.com/kjrb/html/2014-08/20/content_274230.htm? div=-1.

[2] 提起操作系统，你想到的只有 Windows 吗?. http://sanwen.net/a/wbxyhbo.html.

[3] 百分点技术负责人：我们为什么需要大数据操作系统. http://m.blog.csdn.net/article/details? id=50957353.

[4] 百分点宣布完成 4 亿元 D 轮融资，光大证券领投. http://tech.163.com/15/0908/20/B312LF66000915BF.html.

[5] 积累 5.5 亿消费者画像，百分点下一步要做数据资产生意. http://ifenxi.baijia.baidu.com/article/604329.

22. 旷视科技——刷脸时代的开拓者，人脸识别技术的商业化之路

创业格言： 用技术改变世界。

主角： 印奇，北京旷视科技有限公司联合创始人兼CEO

摘要： 人工智能的发展使得刷脸时代正式到来，继语音识别之后，最近几年，人工智能的另一领域——图像识别尤其是人脸识别技术取得了重大进展。北京旷视科技有限公司专注于机器视觉和人工智能等方面的技术和服务，本案例以旷视科技为对象，试图通过对其创业历程中商业化探索进行分析，期望在人工智能、机器学习相关行业的商业模式发展上对相关的企业和创业者有所启发。旷视科技在创业过程中根据市场环境和客户需求而不断地创新、调整其企业商业模式亦值得广大创业者借鉴。

关键词： 人脸识别技术；人工智能；深度学习；商业化

引言

“每个极客都有一个‘科技改变世界’的梦想。幸运的是我们追梦的方向恰好赶上了一个很大的风口。”印奇这样形容他和小伙伴们的创业之旅。

印奇口中的“极客”是单词“geek”的音译，这个词含有智力超群和努力的语意，又被用于形容对计算机和网络技术有狂热兴趣并投入大量时间钻研的人。

对着相机微笑就可以自拍，用支付宝“刷脸”就可以完成付款，监控视频可以自动辨别逃犯……这些以前只存在于科幻电影中的场景，在由这样一群极客所组成的旷视科技团队的努力下，一一变成了现实。

背景

印奇，这位“85后”创业者，追逐的是用技术改变世界的梦想。这粒梦想的种子

早已发芽，那时他还在清华读本科。

印奇、唐文斌和杨沐是旷视科技的创始人，他们也是清华培养计算机技术精英的姚期智实验班的同学。从大学二年级开始，印奇和唐文斌就在微软亚洲研究院实习，参与人脸识别引擎的研发。印奇回忆说："那时候，我对人脸识别技术很着迷，毕业后还在微软亚洲研究院全职工作了一年，参与研发的引擎后来被应用在 Xbox 和 Bing 等微软产品中。"

2011 年，印奇在和清华校友唐文斌、杨沐聚会聊天时，彼此都认为"深度学习"会是下一个技术风口。所谓"深度学习"，是机器学习中的一个新领域，是指建立、模拟人脑进行分析学习的神经网络，通过模仿人脑的机制来解释数据。伴随人工智能的发展，此时创业成为他们共同的想法，也成为他们顺理成章的选择。

三人一拍即合，创立了北京旷视科技有限公司，还制定了公司大的发展战略，他们认为"深度学习"在图像化识别领域尤其是人脸识别领域会率先落地，所以攻克人脸识别技术是公司的第一步；同时，"深度学习"未来会在人工智能领域发挥重要功能，通过"深度学习"让机器真正思考是最后一步。他们想从人工智能技术出发研制"机器之眼"，用它读懂世界。这是大胆的设想，更是从零起步的创业。

随后，他们选择了容易上手的游戏。旷视科技的第一款产品"乌鸦来了"上线，这是一个内置人脸检测与追踪技术的体感游戏。印奇称："'乌鸦来了'让人脸识别技术真正落地，也凭借这款游戏，2012 年 8 月，我们获得了联想之星和联想创投天使轮投资。""乌鸦来了"是国内首个基于 iOS 的移动体感游戏，获得清华大学第三十届"挑战杯"特等奖，一度冲到中国区 App Store 排行榜的前五名。

"乌鸦来了"这款游戏的成功让印奇更加确信视觉识别技术必将爆发，但开发游戏不是他想做的能改变世界的事情。让技术理想走向现实的路径并非坦途，一群技术狂的苦苦求索之路依然漫长。

机器识别包含云和端两个概念，三人虽然精通云上核心算法，却对端的硬件技术并不了解。对图像识别而言，如果不能处理好前端的图像采集，即使核心算法再好，最终的效果也不会好。为了弥补技术短板，大伙儿派印奇赴纽约哥伦比亚大学，师从计算相机（computational camera）的行业泰斗，专攻 3D 相机方向的博士学位。

在这两年里，印奇一边在美国学习，一边远程参与着公司的几乎所有事务，期间他一直与伙伴们进行远程探讨。尽管他们已经明确了视觉识别的方向，但如何让技术落地一直并不明确。而尚在读研的唐文斌与杨沐，也几乎成为全职创业者。

由于并非为了获取学位而读博，印奇在纽约哥伦比亚大学学习了两年时间，印奇感觉收获已经达到了预期，便于 2013 年 6 月回国，迫不及待地回到了旷视科技。与此同时，他的团队似乎看到了人脸识别这项炫酷技术商业化的一丝曙光。

创业初期的探索

研发人脸识别技术的初衷

除了人脸识别之外，还有许多其他的身份识别方式，例如指纹识别、虹膜识别、静脉识别等，甚至还有《碟中谍 5》中神奇的步态识别，那印奇为什么会选择人脸识别呢？

在印奇看来，人脸与人体的其他特征（指纹、虹膜）一样，它的唯一性和不易被复制性为身份鉴别提供了必要的前提。“其实指纹识别已经应用了很长一段时间，但是指纹需要特别的硬件配合，所以很难普及。此外，它还需要用户配合，而用户不一定会配合。而人脸是一种不需要对方配合的生物特征验证手段。人脸信息数据库十分全面，拥有权威的国家级数据库，而指纹、虹膜等方式目前缺少采集标准，也缺乏权威数据库。”由此可见，人脸识别是最值得推广的身份认证方式。

从人脸识别出发，进而识别万物，实现真实物理场景的数据化，也正是 26 岁的印奇和他的小伙伴们在 2011 年创立旷视科技的初衷。在图像识别领域，传统的模式识别技术已走到尽头，而模拟人脑的深度学习算法在最近 3 年内广泛应用，在技术层面打开了一条新路径。

此外，智能手机近几年的普及带来的图像数据大爆发，又为深度学习提供了至为重要的海量数据支撑。用印奇的话来说，既有“炼丹炉”（深度学习算法），又有“原材料”（海量数据），便可以“炼”出与以往截然不同的好技术。

核心产品 Face++上线

尽管是一家极客性质的创业公司，印奇与他的团队很早便制定了“三步走”的发展战略——第一步是搭建 Face++的人脸识别云服务平台，目标是识人；第二步则是 Image++，识别万物；最后则是形成“所见即所得”的机器之眼。

2012 年 8 月，旷视科技最为核心的产品 Face++ 1.0 上线，并很快迭代至 3.0 版本。平台通过提供云端 API（应用程序编程接口）、离线 SDK（软件开发工具包）以及面向用户的自主研发产品，为不同领域的开发者、企业与个人提供人脸识别技术服务。人脸识别所用到的深度学习算法，是一套模拟人脑的神经网络算法，印奇将其描述为一个“拥有婴儿智力的黑盒”，由于涉及极其复杂的技术细节，对计算平台的底层架构要求很高，因此入门容易，精深很难。

在印奇看来，目前谷歌（Google）、脸书（Facebook）、百度等互联网巨头在深度学习算法方面的技术水平比较接近，大家最终拼的，第一是来自商业化场景的真实数据；第二是对细分聚焦领域的了解程度。换言之，深度学习高度依赖于数据，为了持续优化算法，必须不断给它海量数据。

Face＋＋的数据主要来自自动抓取的互联网上的公开图片与从合作伙伴那里获取的图像数据。为了解决图片信息的隐私与安全问题，所有图片需经过一套不可逆的脱敏算法，将人脸照片存储为由特征数据组成的机器代码。

旷视科技还是李开复唯一担任董事的被投企业，让印奇印象最深的是，李开复一直特别强调数据循环的重要性。

经过3年多的积累，Face＋＋平台的图片数量已达10亿级，合作App达1.5万个，活跃开发者有2.4万个，并与阿里、360、联想、陌陌、世纪佳缘、美图等设备、社交、图片类企业建立了合作关系，成为了使用量极大的人脸识别引擎。

印奇将人脸识别总结为一个包含诸多环节的流水线，从大的方面可分为人脸检测、人脸关键点定位与人脸识别三个大项。在这三个大项上，Face＋＋在2014年连续收获人脸检测FDDB评测、人脸关键点定位300—W评测、人脸识别LFW评测三项国际评测的冠军，尤其是在互联网新闻图片的人脸识别评测中，以97.27％的准确率力压之前业内第一的脸书团队。

探索商业化之路

2014年对于印奇和他的团队来说是十分关键的一年，因为在这一年中他们探索出了一条属于旷视科技的正确的商业化道路。

如何将人脸识别技术应用于更加广阔的领域，加快商业化步伐，是印奇在Face＋＋成熟之后的思考重点。在他看来这是自然而然的事情，Face＋＋的人脸识别技术已经相对成熟，到了可以开花结果的阶段，只有开花结果了，才能证明整个公司的模式可以走通。

旷视科技的技术理想在现实中不断延伸。“人脸识别市场到底有多大，目前尚难确定，因为我们现在做的事情，能让不可能变为可能。如能成功，链条上的任何一环都将至少是千亿美元级的市场。单就监控而言，这就是一个万亿美元级的巨大市场。”印奇说。

以技术带动业务，获取更多数据；业务数据又会反哺技术的提升，印奇将这一数据循环称为“滚雪球”效应。这与他崇拜的谷歌的发展逻辑很像，当年大家在使用谷歌搜索引擎时，每次点击产生的信息正是其优化算法性能最重要的数据来源。但是，此时泛泛收集数据对于旷视科技团队已经没有太大意义，只有进一步的商业化才能定向获取垂直领域有价值的数据。

“在之前那个阶段，要钱还是要数据？我们的选择是要数据。在今天技术已经比较成熟的阶段，我们发现钱和数据是一起来的。”印奇说。

核心算法存储云端化

旷视科技搭建了Face＋＋云开放平台，将人脸识别的核心算法都存储在云端，为企业开发者和人脸识别技术爱好者提供 API（应用程序编程接口）和 SDK（软件开发工具包），以及定制化的云计算服务，从而帮助其他公司集成面部识别技术。

在线下，Face++的人脸识别技术也有着广泛的应用场景，不仅能实现安防检查、VIP 识别等功能，还可以通过线下视频大数据化统计人员流动信息，帮助企业优化管理。

在印奇眼中，人脸识别的云服务和智能硬件都只是早期的切入口，他们真正的核心技术是“深度学习”，他说：“我希望旷视科技未来能成为一家全球性的人工智能公司。”

在投资人李开复看来，Face++的技术绝对不仅局限于人脸识别，就像谷歌（Google）不是只做搜索引擎一样。“当有雄心壮志的创业者带着一批顶尖工程师的时候，他们是攻无不克的。”李开复说。

助力传统行业的智能“刷脸”

印奇观察到众多传统行业都在互联网化过程中，实名制问题在线上没有得到有效解决，当金融、电信、教育等传统行业走到线上时，必定需要实名制验证，旷视科技的机会来了。印奇意识到，人脸识别的娱乐化应用并不能真正发挥其价值，如何让其商业化、产业化才是关键。

2014 年 9 月，在获得启明、创新工场领投的 2 200 万美元 B 轮投资后，旷视科技开始在互联网市场以外的两个重要领域发力——金融行业的人脸认证与智能监控、智能家居应用。

人脸识别技术在金融行业要解决的核心问题是实现“线上面签”。此时，Face++已与蚂蚁金服及一些商业银行展开战略合作。印奇说，Face++平台单独为金融场景做了符合识别标准的“Face++Financial”解决方案。

各大券商和银行也可以利用 Face++人脸识别技术实现“刷脸”开户。只要一部智能手机，无论何时、何地，都可以“刷脸”开户。这样的“开户神器”能让银行、券商在竞争中胜出。平安银行、中信银行、江苏银行等纷纷与旷世科技签订了合作协议。旷视科技人脸识别技术的商业“蓝海”被发现了！

这一动态人脸认证过程，可以规避来自图片或录像的攻击，在电脑或手机上的前置摄像头前，用户根据页面指令做出一连串连续的简单动作，比如摇头、眨眼、张嘴、仰头、低头，随后数据被发送到云端后与公安部的备份照片进行匹配，匹配成功就表示是本人开户，否则就拒绝开户。

在安防领域，无锡公安厅将该技术用于城市智能摄像头，解决了搜索比对及动态人像布控需求；在大型商场、办公楼，通过旷视科技人脸识别技术还可以实现刷脸进门和动态人脸监控。

印奇认为，在即将到来的 O2O 浪潮中，人脸识别技术将被广泛应用于消费者支付环节，在大数据积累到一定程度后，将帮助线下企业找到适合消费者的产品和服务。

盈利模式的转变

对于盈利模式，印奇表示：“我们之前通过 SaaS 云服务和技术授权等形式为一些 IT

公司做技术服务，这类技术服务收入不会是未来公司的核心盈利模式；未来会以线上标准化的人脸验证服务以及线下智能监控类的人脸识别产品作为公司的主要盈利模式。”

产品线的拓展与完善

虽然以Face++为核心的人脸识别技术已经比较成熟，但根据印奇规划的“三步走”发展战略，旷视科技仍需要找到针对每个行业的“最后一公里”，这样才能实现“所见即所得”的最终目标。

为了能够给客户群体提供更全面可靠的一体化智能解决方案，旷视科技在智能硬件和云计算服务上面的产品布局进行了进一步的扩展和完善，以MegEye C1为代表的智能硬件和以FaceID为代表的云计算服务是旷视科技在“最后一公里”上的第一步。它们不仅适用于金融和安防产业，还能延伸到其他更多领域。例如，在房地产行业实现新一代智能楼宇和小区建设，在教育行业实现智能校园建设（如智能注册管理），在零售业实现智能客流分析、智能会员管理等等。这种行业共生生态也是旷视科技未来业务拓展的理念。

首款“认脸”的摄像机——MegEye C1

旷视科技团队指出，生活中见到的许多摄像头都只有拍照和摄像功能，并不能计算。如果要分析视频，就需要先把数据传输到后台服务器再进行计算。这种传统方式对带宽、存储和后台服务器的计算能力都有很高的要求，并且响应十分滞后。尤其是在安防场景下，假如逃犯出现在某个摄像头里，等拍摄的视频传回服务器再进行处理，可能好几个小时后才能发现可疑人员，而那时嫌疑犯早已逃之夭夭。这正是旷视科技想要开发智能摄像机的初衷之一。

旷视科技硬件团队负责人介绍，这款能“认脸”的智能摄像机MegEye C1（见图22-1）由拍摄视频的“眼睛”和进行计算的“大脑”组成，不需要向服务器传回数据，仅在摄像机上就可以实时完成人脸识别和人脸追踪。据介绍，它的传感器尺寸达到1英寸，并采用了Nvidia Tegra K1芯片，每秒能进行3 000亿次浮点运算，是世界上首款此类相机。

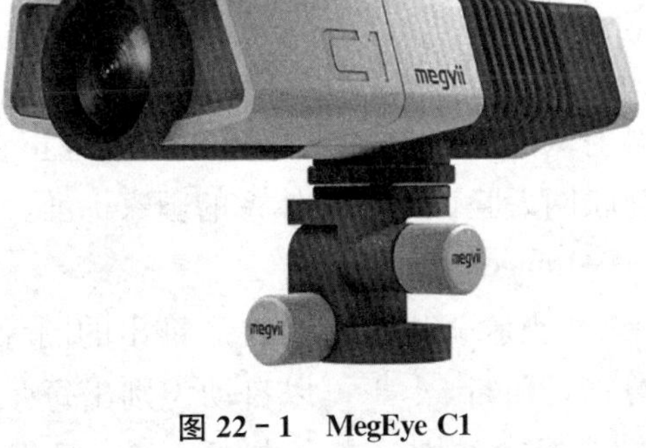

图22-1　MegEye C1

互联网身份验证服务——FaceID

印奇说，人脸识别分为几个环节，如人脸抓拍、关键点识别、给出特征值、后续的搜索等，团队在多年前就已经把人脸识别的所有环节全部深度学习化了。这样的好处是，建立起了具备良好扩展性的统一框架，后续技术可以完全依靠大数据的累积实现自动提升，未来还可整合入汽车、人体等多种识别。在Face++的技术基础之上，人脸识别云服务衍生出了互联网身份验证服务——FaceID，它采用领先的深度学习框架，并经过了海量数据训练，适用于互联网金融、银行、电信等多个行业。

目前，FaceID的调用量已达62亿次，涉及3万多个应用，7 000多万台设备。误识率也已经达到金融级别，低于10万分之一。误识率是判断人脸识别系统安全性的指标，如果人脸识别技术误识率太高，安全性就会大打折扣。

此外，FaceID的人脸识别技术中还有一个核心环节是活体检测（见图22-2），要求用户对摄像头做出一系列动作，以确保摄像头前是当事人本人在进行操作，避免有人用照片或视频攻击别人的账号。

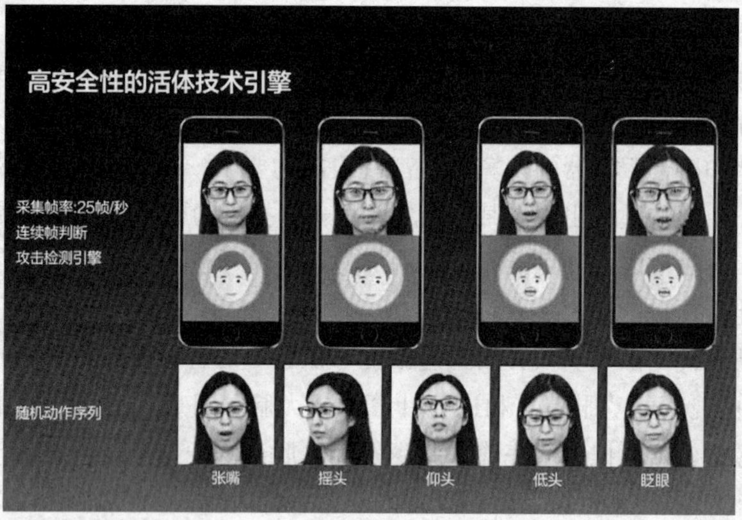

图22-2 活体检测

资料来源：旷视科技28岁CEO印奇上榜福布斯，靠的是"刷脸". http://www.guancha.cn/economy/2016_02_26_352261.shtml.

为了适应互联网金融对人脸识别技术的要求，团队也正在与一些科研单位一起，配合国家相关部门制定互联网人脸识别验证体系的国家标准。

图像识别技术平台——Image++

Image++是继Face++人脸识别云平台之后推出的图像识别技术平台，通过基于深度学习的智能识别算法，Image++可以自动识别出每张图片的内在信息，包括通用物体类别、场景类别、概念类别、文字内容、名人身份等。随着其识别能力越来越强，未来的图片也可以像文本信息一样提取关键词，信息结构化，并最终被检索。

与Face＋＋的发展路径相似，印奇称："Image＋＋是好几个Face＋＋的结合，首先识别文字、行人、人的行为、场景等高价值的东西，其逻辑顺序正如小孩识别万物的过程，从父母亲的脸开始，再到其他图片、物体，再到文字。"

其实早在做人脸识别技术Face＋＋时，印奇和技术团队已经考虑到未来产品的扩展。Image＋＋与Face＋＋使用同一套底层平台，在进入技术成熟期前，通过在"智能→商用→数据→智能"这个循环中不断"滚雪球"而大大缩短研发时间。

"就像马云说的，你必须让别人变得更强，自己才会有更大的发展空间。"印奇认为，Image＋＋出来后，对那些扫题库、扫名片的创业公司来说，并不意味着灾难。他会将这些入口级的技术开放给那些创业公司，围绕图像识别和人工智能技术，在未来建立一个以核心技术为轴的共生生态。

印奇团队的终极目标是Video＋＋，真正的机器之眼，听起来似乎还很遥远，但随着Image＋＋的成熟上线，在场景化数据的大循环与人工智能、机器学习的热浪中，技术的迭代更新无疑已呈加速趋势，这个目标也不再那么遥不可及。

轻管理模式——精英化的团队管理

在旷视科技谈技术理想不会给人奢侈的感觉。在他们近70人的独特团队中，超过80％的人来自清华大学，80％以上是工程师，30多人至少曾获得过一项世界级编程比赛奖项，获得过国际奥林匹克竞赛金牌的有7人。他们中大多数有海外留学和专业机构工作背景，大多不甘于做一枚大公司里的"螺丝钉"。在大公司与创业之间，他们不约而同选择了后者，跟从着内心的渴望——用技术改变世界。公司的三位合伙人仍然会参与一线的技术开发，印奇负责核心的算法研发，唐文斌偏向产品开发，杨沐则更多负责平台架构。

作为公司的CEO，印奇笑称很多东西需要现学现用，自己不多的管理经验来自高中时曾担任学生会主席的经历，本科时他也负责过校学生会文化部，做了很多杂事。但精英化的用人路线使他相信一流人才都是自我驱动的，并不需要太多管理。

旷视科技采取轻管理模式，实行弹性工作制，印奇说："只要你在工作日保证工作八小时就行，不管你是几点上班、几点下班，也不需要打卡。我相信每个人都能合理规划自己的时间。我们公司到处都有开会可以用的白板，就是希望大家遇到问题能就地解决，每件事情都能快速得出结果，不拖延。"

旷视科技是一个工程师氛围很浓的公司，理念是"best is endless"，希望能有硅谷创业的氛围——技术极客、快乐创业。"在吃、喝、玩、乐上，我们给员工的福利支持还是很丰富的。”印奇说。

尾声

在谈到未来的技术发展时，印奇预测，人工智能将是未来 20 年内最重要的技术。20 年内，很多科幻片里的场景或将成为现实。

在旷视科技的主页上有一段炫酷的愿景片，畅想了一个机器理解世界的未来——在日常生活中，门禁、家电和机器人都能认出你的脸，并为你提供个性化的服务；而侵犯人身和财产安全的罪犯将无处可逃；在月球上，机器将能实时扫描宇航员眼前的世界，为他呈现出所有细节，当他拾起一块石头，其形状、质地甚至成分将立刻出现在他眼前。年纪不大、梦想不小的旷视科技，正在为机器植入眼睛和大脑而努力，让它们为我们带来更美好的生活，并次第揭开宇宙的秘密。印奇和他的旷视科技相信，这将不再是科幻。

旷视科技的“刷脸奇迹”还在继续，但下一步如何将 Face＋＋全面升级为人工智能云平台 Megvii Cloud，从而帮助行业打造一个健康、完整的智能生态还是一个问题。印奇和他的团队正在这个探索的过程中不断前行。

问题

1. 未来的旷视科技将如何帮助人脸识别行业打造一个更加健康、完整的智能生态？

2. 随着旷视科技的业务发展、团队壮大，轻管理模式是否还能满足其内部管理的需求？

参考文献

［1］旷视科技印奇：从刷“脸”到刷“万物”. http://www. App111. com/doc/10175212. html.

［2］旷视科技 28 岁 CEO 印奇上榜福布斯，靠的是“刷脸”. http://www. guancha. cn/economy/2016_02_26_352261. shtml.

［3］旷视科技联合创始人兼 CEO 印奇：让技术理想在现实中延伸. http://www. ce. cn/cysc/newmain/pplm/czrw/xw/201511/29/t20151129_7189235. shtml.

［4］旷视科技（Face＋＋）印奇：梦想不小的刷脸时代开拓者. http://chuansong. me/n/1853555.

［5］印奇：85 后极客创造“刷脸”时代. http://news. tsinghua. edu. cn/publish/thunews/10303/2015/20150529142819002976825/20150529142819002976825_. html.

23. 青云——用代码说话的云计算世界，黄允松的创业之路

创业格言：中国制造，全球运营，打造中国人的世界级云计算服务提供商。

主角：黄允松，青云联合创始人兼 CEO

摘要：全球 2013 年第 3 季度的云计算市场容量是 25 亿美元，亚马逊、微软、IBM、谷歌等国际知名企业均在云计算服务上发力，国内相关企业也在近年来不断自主创新以适应云计算行业的迅速发展，整个市场竞争日趋激烈。青云专注为企业提供公有云服务、智能云平台及云计算整体解决方案。本案例以青云为对象，试图通过对其创业历程中的技术发展和商业化探索进行分析，期望在云计算服务商等相关行业的商业模式及技术创新等方面对相关企业和创业者有所启发。青云在创业过程中根据市场环境和客户需求而不断地创新、调整其企业商业模式的行为亦值得广大创业者借鉴。

关键词：云计算；IaaS；商业模式；Paas

引言

“越是在技术领域，就越不怕巨头。这是一个用代码说话的世界。”这句话是黄允松经常挂在嘴边的一句话，这位青云联合创始人兼 CEO 在 IBM 实验室度过了九年职业生涯，主要精力贡献给了开源世界，先后投身 Eclipse、Hadoop 及 Linux 的开发，最后是云计算。

背景

“我 2000 年毕业于南京工业大学，因为当年的互联网热，我没投简历就找到了工作，后来我跳槽到 IBM 工作，在一个部门一做就是十年。”黄允松介绍说，“我不换工作是因为从小就知道自己想做什么——基础设施产能管理。说得明白一点，假如房子是一种应用程序的话，那么水泥、钢筋、石头等就是基础设施。”

黄允松的就业之路可谓一路通畅，这不仅是因为他目标明确，也是因为他追求明确：“我从小就是好学生，为什么这么努力呢？肯定不是为了毕业后每月赚几万元钱，因为我根本没地方花。像我们这种人，不知道什么叫奢侈品，鞋子 99 元两双，睡觉少，不需要双休日，努力读书显然不是为了钱，而是为了改变一些东西。”

在黄允松 25 岁前后，IBM 设立了基础设施管理实验室，那正是他一直想做的事，所以他义无反顾地加入 IBM，把那里当做自己的另外一所学校，接着学，但学制未定，不知道是四年，五年，还是十年。就是这样的信念和想法，让他一做就是十年。

在 IBM 工作时，黄允松见证了云计算从边缘部门逐渐变为公司内部主流、关键部门的历程，但是逐渐地，他发现 IBM 走了一条跟自己的目标完全相反的路线，所以他决定离开。

在 IBM 的十年，黄允松积累了很多经验，知道该如何面对客户，也知道自己想要什么，以及如何达到目标和如何为客户创造价值。因此，黄允松踏上了漫漫且艰辛的创业之路。“由于我来自蓝色巨人，因此我给公司起名青云，因为青出于蓝，但我并不强调胜于蓝。”黄允松这样形容青云的命名原因。

艰难的技术攻坚路

黄允松、甘泉和林源是青云的三个合伙创始人。三人曾经共同在 IBM 工作，建立了深厚的友谊，甘泉和林源随后分别跳槽到了百度和腾讯，而黄允松则在 IBM 一干就是几年。三人的工作方向和兴趣始终集中在底层技术领域，这也成为三人能够创立青云的重要基础。2011 年年底，三人一拍即合，决定创业。

云计算自上而下分为 SaaS、PaaS、IaaS 三个层次。其中，IaaS 层是云技术最重要的底层，也是最枯燥、最乏味、最艰苦的一个层。即便在硅谷，创业者们也大多会选择避开 IaaS 层，选择更多姿多彩的 SaaS 层和 PaaS 层。

如果像在美国一样，国内已经有亚马逊 AWS 这样成熟的 IaaS 平台，黄允松肯定会选择 PaaS 层创业，只需要设计中间系统，然后放在 IaaS 平台上运行即可。但在中国云计算领域，根本没有一个像样的 IaaS 平台，因此，黄允松、甘泉、林源三人决定选择 IaaS 层这条最艰难的创业之路。

黄允松从一开始就明白，Cloud IaaS 创业耗用的资金量实在太大，一定是大公司才能玩得起，因此云计算领域从一开始便是亚马逊、谷歌、IBM 之类巨头的天下。创业者要想与巨头竞争，唯一的突破口就是技术。一定要创造出远远超越巨头现有水平的新技术，才能从拥有强大资金优势、品牌优势、资源优势的巨鳄口中，夺下些许市场份额。

“我们的技术如果只满足了市场期待和预期，我们就已经失败了，我们的技术一定是要超预期的，一定是要给用户大惊喜的。”对此，黄允松的思考逻辑是：“在美国，亚马逊的云计算服务的价格很高，却完全垄断了美国市场，这说明企业用户的诉求根本不是价格，而是基于安全、稳定、性能之上的技术。如果和亚马逊拼技术时，你只比它好一点儿，用户凭什么抛弃巨头亚马逊，去选择小小的你？艰难之处正在于此，你只有在技术上远远超越亚马逊，才可能让用户去多看你一眼。”

找准青云的创业突破口之后，摆在黄允松、甘泉、林源面前的巨大困难是：仅仅靠他们三个人，在不能太烧钱的情况下，要创造出一个在技术上远远超过全球云计算霸主亚马逊的云服务。

2012 年 4 月 1 日，青云的三位合伙人在北苑的一栋居民楼内开工了。开工之后的三个人就一直待在那个既小且破的民房里工作，当时的他们连个桌子都买不起，就只买了凳子，在地上铺上纸盒子，把机器摆在厨房。

在很多场合下，黄允松都在阐释他对于云计算的“3 个百分比”的理解：20%的工作量在虚拟化，30%的工作量在存储，50%的工作量在网络。目前国内的现有云厂商所做的工作都仅仅在 20%的虚拟化层面，而云计算真正的难点在于存储和网络。存储和网络正是三个人在开发过程中花费巨大心血之处。

黄允松说：“网络我们连续想了五六个方案，存储想了六七个方案，全部利用我们所知道的目前最新的技术方式。速度、功能、稳定性必须全部兼顾。一个方案不行，推倒重来，每天在成千上万行的代码里一遍遍地熬，每个小的参数调整对于稳定性有什么影响，一遍遍地测。”

好不容易熬到了倒数第二个方案，三个人踌躇满志，非常兴奋，当时很确定地认为这个方案肯定行，结果上线测试只跑了 2 天多，稳定性就出事了。巨大希望之后的失望是打击最大的。后来在回忆青云的开发过程时，黄允松用“炼狱”来形容。如果不是三个人多年的友谊、共同的兴趣、彼此心性相吸，三个人早就散伙了。经过不断努力，最后他们终于在“炼狱”中看到了成功。

在青云的开发方案成功后，黄允松担任 CEO，负责全局；甘泉担任 CTO，负责技术部门；而年纪最轻的林源则是负责架构，介于技术和商业之间。

打开市场的商业化道路

没有显著技术突破就不要参与巨头游戏

从以往的经验来看，小团队做云计算往往会选择做私有云服务，而不是公有云。因为人们对于公有云的普遍认识是必须具备一定的规模，上万台物理机的配置只有一些巨头企业和运营商级别的公司才能“玩”得起。但黄允松并不这么认为：“在公有云领域，规模性是一个伪命题。云计算拼的不是规模，规模应该和客户数量相当。我们每次只扩容 100 台服务器，销售周期是 2 个月，经过计算这样的成本才是最低的。”

黄允松带领的青云团队深知选择技术和商业模式是很关键的。一般小团队在做云计算的时候往往会下意识地选择做私有云，因为稳扎稳打。但是，青云不惧挑战，从开始第一天就要做公有云，因为只有公有云才有规模，才能历练团队的技术。

在商业模式上，考虑清楚成本结构和收入结构之后，才会知道这事情到底能不能做。在青云，物理机的配置通常会是竞争对手的 5～6 倍，一台物理机上运行的虚拟实例往往在 30～50 个，而竞争对手往往只有 8 个左右。

用黄允松的话来说，“这是一个以代码说话的领域”，所有的商业模式都来自技术是怎样表现的。“我与亚马逊的 AWS 是百分之百的竞争关系，但如果我的技术和 AWS 在伯仲之间，或者是略好，那我干脆就不要做了，因为你不可能拼得过 AWS 这样的巨头。”正是这样强烈的技术竞争意识，使得青云在 IaaS 层上的每一项服务都比 AWS 高出一大截。从实例的响应时间来看，青云的响应时间是几秒钟，AWS 可能是十几分钟；从存储的 IOPS（每秒进行读写）来看，青云能做到 80 000 次/s，AWS 只有 1 900 次/s；从网络来看，青云的最低配置是 1GB/s，而 AWS 只有几 MB/s。

“我一定要保证我们的技术是出类拔萃的。”黄允松给技术团队的目标就是把虚拟化之后的性能做到比物理机还要好。这听上去像是一个不可能完成的任务，但青云确实做到了。

不要试图做所有人的生意

挫折可能反而会塑造成功，黄允松的沉淀使其对市场认识准确、目标鲜明，从而迅速给青云找准了定位。黄允松的梦想是通过云计算让 IT 变得更廉价，但相比主要竞争对手来看，青云的售价要偏高一些，这个现实与理想的矛盾源自黄允松“不要试图做所有人的生意”的认知。

首先，青云的定价偏高是因为数据中心扩容的速度跟不上用户需求的增长。其次，青云的目标客户并不是那些对价格更敏感的个人站长，而是有一定规模的企业用户，这些用户的要求比较高，负载压力更大。

IT 基础设施建设面对的客户都是银行业、保险业、高端制造业等传统行业，有很大的推销难度。在黄允松看来，青云要在基础设施层广做覆盖，成为国内最大的供应商，首先要坚定不移地发展最复杂的公有云，同时，对重点行业内的企业云进行私有云的覆盖，比如银行、证券、保险和高端制造业等行业的重点企业。因为这些行业对 IT 是非常依赖的，如果找专业性较差的云服务公司做这项工作，就很有可能导致问题频发，对社会造成负面影响。

世界上有两种生意，一种是垂直生意，什么都干，但都只做到一定的规模；一种是水平生意，就是在一个领域内做到无限大。黄允松更喜欢后者——薄但是宽的做法，因为这样能够快速扩大商业规模。

"我们未来的目标是要把 IaaS 的成本降到无与伦比的地步。"为了降低成本，黄允松的做法之一是用机器人代替人工。有些厂商会有专门的一个几十人的团队来运营维护一个数据中心，但在青云，面对 4 个公有云和 4 个私有云，却只有 30 个人来运营维护。青云能做到这一点的秘诀就在于，把机器培养成工程师，替代昂贵的人工。目前青云的机器人可以代替人工来做自动化运营维护，这也使得青云得以节省大笔开支，同时通过实时 P2P 机器人社区协作机制，可以确保故障第一时间被发现和诊断，从而确保青云的系统可以无限水平扩展。

一荣俱荣，一损俱损——推动行业繁荣

在 2013 年 7 月 12 日青云商用版推出后，黄允松做了一件很奇怪的事。他要求市场方面的团队人员在 5 个月内不做直接的市场销售，只参加一些技术会议、沙龙演讲，宣传青云的理念。他的用意是在不主动打扰用户的情况下，用 5 个月的时间观察一下，到底哪些企业主动找过来，它们来自哪些行业、哪些地区，出于哪些原因。

最终的几个数据结果让他非常兴奋：

1）在没有任何直接销售的情况下，青云的用户已经超过了 5 000 多家企业，活跃度超过 20%。

2）单个用户的充值额每个月环比迅速增长。企业经过前期试探性的小额充值后，成百、成千、成万的大额充值逐渐增多。

3）这些企业都具有一定规模，而且行业分布很杂，甚至包括钢铁、纺织、石化、零售等 20 多家传统企业用户。

黄允松通过这次"奇怪"的营销事件得出了三条至关重要的结论——企业云计算的直接需求很大、用户对于青云逐步建立信任、这个行业的客户群体空间非常广阔。

"你去问中石油、中石化，你去问任何传统企业的首席技术官或首席信息官，云计算在你们企业 IT 系统年度预算里占多少份额，我估计连个零头都没有。钢铁、物流、纺织、农业、零售、医疗……相比互联网企业，各个行业的传统企业才是云计算巨大的需求端，但这个市场还有漫长的教育期。这个产业的真实市场需求根本没到级别，我们都只是在吃市场的边边角角。什么时候云计算能在传统企业 IT 系统年度预算中占到 10%～20%的份额，什么时候云真正成为 IT 系统的一份子，那时候再去谈竞争比较好。目前的云计算厂商需要做的是共同推动云计算技术逐渐走向成熟稳定，而不是搞价格战、恶性竞争，明着喊云计算，暗地里卖玄机。"黄允松说。

在黄允松看来，赢得企业用户的心是最关键的。整个云计算行业一荣俱荣，一损俱损。一家云计算服务商做不好，用户质疑的不是你一家服务商，而是整个云计算行业，伤害的是整个行业的未来。

从 IaaS 到 PaaS——颠覆式创新赢得竞争

为了吸引更多的用户进来，青云除了提供更高性能的云服务，进一步降低成本，还将其 IaaS 功能 API 全面开放，目前已经开放的 API 有 200 项。通过这些 API，用户使用起公有云服务来更简单，特别是对于那些有开发能力的用户而言，可以在程序中调用这些 API，从而自动实现 IT 资源对业务需求的调整。

其实，在全面开放 IaaS 功能 API 背后，青云还藏着一个更大的野心——PaaS。

IaaS 是一种相对标准化的服务，青云要做的是通过廉价、好用、开放的服务把用户黏住，然后发展更上一层、更贴近应用、更具多样性的 PaaS 业务。黄允松说："在传统 IT 领域，用户买了谁家的硬件，90％会选用这家的软件。在云服务市场，用户用了谁家的 IaaS，90％会买这家的 PaaS。"青云将是第一个用虚拟化技术实现数据库 PaaS 的厂商。

关于 PaaS，黄允松将其分成两种：一种是跟某类应用紧密结合在一起的行业 PaaS，另一种是青云提供的所谓的 Half-PaaS 服务，供独立软件开发商们来开发应用。目前已经上线了关系型数据库服务（RDS），接下来会推出内存数据库、队列数据库、对象存储服务等。

黄允松带领的青云是一家有野心的企业，而这种野心在公有云市场上面对巨头们已经建立起来的品牌、资源和规模优势时，必然要用一种颠覆式创新的方式才能实现：把产品的性能与体验做到极致，用机器代替人工来改变行业成本结构，把 IaaS 服务的成本变得极低甚至免费，建立一个高效的生态链等。

坚持不懈的技术革新

转向 P2P 管理架构

青云团队认为，在软件定义的世界，调度系统一定要非常智能。然而，在传统树状层级架构，有再多的高可用集群，单点故障仍然可能会影响一个区域甚至全局。基于此，青云已经放弃了层级、树状层级管理架构，改成了百分之百的 P2P 管理架构（见图 23－1）。

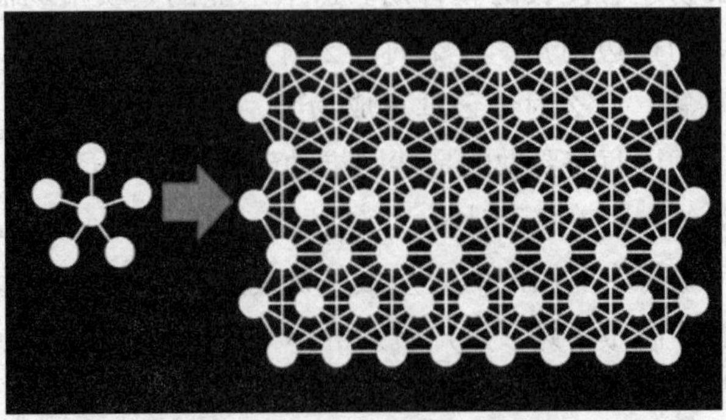

图 23－1　青云从层级管理架构转向 P2P 管理架构

举例来说，青云虽然有一些超过 1 000 台物理设备的部署案例，但是因为硬性架构的局限，没有办法用一个系统管理所有物理节点，现在的 1 000 多台物理设备是划区域管理（约 100 台部署 1 个区域），但是将来扩展到几千台，甚至再加一个数据中心，也是按照这种模式划分好多个区域，即区域管理机制。随着规模的进一步扩大，还需要增加管理区域，很有可能一层管理机制不够，还要做二层管理机制、三层管理机制……这种模式有三个明显的缺点：第一，成本非常高，因为管理机构非常臃肿；第二，重要的管理节点变得极其重要，而且负载非常重；第三，系统变得极度不稳定，因为任何一个系统设计，只要有一个非常重要的点，这个系统就是不稳定的。

相比之下，全局 P2P 管理架构有如下好处：

1）支持超大规模，无管理能力限制；

2）单点不再重要，不存在单点故障，系统全局高可用；

3）结合青云的 P2P 运营维护机器人社区自行运营维护，形成系统全局的自愈能力；

4）性能线性水平扩展。

目前，除了青云和谷歌，尚未看到其他云计算提供商采用这种 P2P 管理架构。

超融合设备的逻辑

虽然青云现在基本将投资都放在理论上互相兼容的 x86 硬件之上，但是尝试过 10 多种主流品牌机型后发现了太多的异常情况，起码在 5 款设备上栽过大跟头。有一些在网络领域、CPU 领域超级流行的芯片组，或者主机总线适配器，在压力来临的时候可能会发生灾难性的故障，没有任何出错的预兆，芯片组供应商也没有办法解决。

因此，青云团队认为，在目前这个情况下，真正百分之百吻合高负载虚拟化运行场景的可选的东西其实并不多，也就是说兼容性没有想象中那么好。所以，同样是投资，青云要挑选出靠谱的芯片组，做超融合设备，支持其百分之百虚拟化的软件体系。这种一体化设备只是一个可以从青云官网无偿下载使用的参考架构，主要是对自己和对客户负责，不以捆绑硬件和营利为目的，真正体现了黄允松“技术为社会创造价值”的创业初衷。

企业内部的经营模式

青云在战略规划、技术把控以及内部管理方面有着非常清楚的定位，黄允松希望每一位青云人都朝着既定的大方向规划自己的轨迹。

控制野心

黄允松认为企业家和企业一定要严格控制自己的野心。控制野心，即“不贪”，然而这一点却并不容易做到。

2016 年 1 月，美国信息技术研究和顾问公司 Gartner 预计 2016 年全球 IT 支出总额将达到 3.54 万亿美元，而这其中大多数支出都是由泛金融机构贡献的，而青云的主要客户群就属于这一范围。

然而在这一片大好的形势下，青云的管理层人员依然坚定地控制着企业的野心，控制着企业对利润的渴求，限定只做企业客户，而不涉及别的领域。因为他们很清楚，一个良好的、长治久安的、能为社会创造长期价值的企业，在它从最初创建到进入有秩序的成长平台这一生长期内，都应该懂得控制自己追求高额利润率的野心。黄允松说：“野心太大的话，你的系统就没有边界，会很容易走入一种僵局；你的系统无时无刻不在生长中，最后的结果就是，你都不认识那是什么东西了。没有系统边界就永远没有尽头，最后的结果是全局皆败。”

对于技术的极致要求

熟悉黄允松的人都知道他最喜欢读的文学作品就是《红楼梦》，因为书中展现的事物是那么优雅而系统，曹雪芹在刻画书中的每一人、每一物、每一事的时候都进行了通盘考虑，而不单单是为了解决具体一个问题，这一点和设计软件是一样的。要想设计出杰出的、庞大的软件系统，最重要的就是宏大的系统思考能力。

一个人一旦形成一种思维模式，这种模式就会形成他的行动准则，而这种思维模式对从事科技类产品研发的人来说是至关重要的。黄允松常常跟周围研发团队的兄弟们讲：“切记不要为了完成功能而写代码。”因为如果仅仅为了实现某项功能而写代码的话，会使得完成后的代码成为零碎品，而不是产品。

因此，研发人员应该在通盘考虑全局之后再开始写代码，这时候的代码可以成为最终产品有机体里的一部分，它是可插拔、可配置的，也是低耦合度的，同时它的可维护性也会很强。

与其他公司所提供的云平台不同，青云是一个系统化的软件产品，而不是一个简单的研发项目，产品是可以被完整无缺地任意移植到任何环境中去的，而项目却做不到这一点，因此，这就意味着不论青云的产品被放到任何地方，都能够立刻安装运行。

除了在程序的系统性方面，青云在对技术的及时修正方面也有着苛刻的要求。从成立至今，青云曾遭遇过自然灾害所引起的“磨难”，然而青云的管理团队则认为灾难本身不是问题，没有灾难就没有伟大的进步，而解决问题的关键是积极面对的态度。

分散式自治系统的管理模式——Be Leader，No Boss

青云内部一直推崇“Be Leader，No Boss”的理念，这是由作为创始人之一的甘泉所提出来的。公司内部一直不允许有“绝对权威”存在。

技术出身的黄允松与同样背景的甘泉在一些技术问题上常常会有不同的看法，经常会为一个问题而争得脸红脖子粗，但结果永远是“谁对听谁的”以及“谁的方案好听谁的”。

青云在公司管理上一向是摒弃“控制”的，管理层更愿意尝试分散式的自治系统管理模式，他们认为只要目的明确，其实可以不用太多关注实现细节和实施过程。在黄允松及其管理团队的观念里，永远是“员工第一，客户第二，股东第三”。

展望未来——期待“以小博大”

青云在近几年来取得了快速发展，目前正在为超过 45 000 家企业客户提供服务，既包括招商银行、中国银行、泰康人寿、顺丰集团、SOHO 中国、伊莱克斯、华润万家、永辉超市等传统企业，也包括 91 金融、我来贷、融云、春雨医生、微吼直播、陌陌等互联网企业。

然而，云计算是一个足够大到超过任何一个玩家体量的世界，在“云”的世界里没有一家企业能够垄断市场。尽管青云已经获得了 1 亿美元的 C 轮融资，但要撬动哪怕中国一个区域的市场，恐怕也是杯水车薪。因此，接下来青云要扩大生态圈，以小博大，带动整个云计算产业快速发展。

除公有云服务外，青云还提供完整的企业级解决方案，包括智能云管理平台、桌面云平台、大数据平台、对象存储平台、超融合一体设备、云计算方案咨询与项目实施等。在产品上完成布局后，青云近期要快速扩大合作伙伴圈。青云通过“QingCloud X”合作伙伴计划，招募包括基础资源、解决方案、行业、渠道、应用中心以及云服务等六个方面的合作伙伴。

在对合作伙伴的扶持中，最重要的一项为“千人专家计划”，即在一年内培育千名青云技术专家，对销售人员和架构师进行官方认证，再联合合作伙伴创建技术/方案创新实验室。通过“千人专家”以点带面、以小博大，青云还计划在 2017—2018 年上市，扩大融资。

尾声

在黄允松看来，青云不算是商业领域的创业尝试，而是技术领域的创业尝试，因此证明了纯技术的创业也是可以走通的，因为它是有价值的。对于创业来说，创新不是最重要的，而是你所做的东西是否对社会有推动作用。

对于创业者，黄允松始终坚持“专才才是必要的”这一看法。“如果你对这个行业只略知一二，是无法在激烈的竞争中生存的。”

为了更好地服务云生态合作伙伴，并最终服务于企业级 IT 消费者，青云团队正在探索商业模式的转变，我们也在拭目以待：想要“以小博大”的青云要怎样出色地完成从“以资源为中心”到“以应用为中心”的转型之路呢？

问题

1. 为青云完成从“以资源为中心”到“以应用为中心”的转型之路提出几点建议。

2. 在阿里、亚马逊等大企业的竞争下，青云如何能进一步提升“以小博大”的竞争力?

参考文献

［1］青云黄允松：用技术解决一切的不完美. http://www.searchdatabase.com.cn/showcontent_85832.htm.

［2］企业级云服务商青云 QingCloud 获 1 亿美元 C 轮融资. http://www.donews.com/net/201603/2919475.shtm.

［3］黄允松谈青云的设计思想，1 亿美元 C 轮融资的背后. http://cloudtechtime.baijia.baidu.com/article/348280.

［4］Gartner 预计 2016 年全球 IT 支出将增长 0.6%. http://www.cniteyes.com/article－7075.html.

［5］专访青云黄允松：做公有云市场的颠覆者. http://cloud.it168.com/a2014/1028/1677/000001677445_all.shtml.

物流篇

24. 一号货车——同城货运的领跑者：“智慧货运”的践行之路

创业格言： 通过科技的力量，改善中国千万名货车司机们的生活质量。

主角： 俞松磊，一号货车创始人

摘要： 近年，我国的同城快递业务发展迅猛，在快递整体业务中占比稳步提升，2015 年处理快递数量达 54 亿件，同城业务量占快递整体业务量的 26%，同城业务收入占快递整体业务收入的 14%。同城物流行业蕴藏着巨大的市场。但中国大多数货车司机往往依靠熟人关系来发掘货单，市场信息不透明，存在着大量货找不到车，车找不到货的问题，使得全国货车的空驶率在 40%左右，存在着巨大的资源浪费。如何利用互联网对传统物流进行改造，实现货车市场资源的合理配置，使整个货运更加智慧呢？对于这些问题，俞松磊和他的团队用实际行动给出了很好的回答。

关键词： 同城货运；互联网＋；O2O；智慧货运

引言

2016 年 5 月 26 日，对俞松磊来说是一个重要的日子。这一天，是贵阳大数据博览会开幕的第一天，他所创办的一号货车，成为了唯一在阿里云展示的“互联网＋物流”同城货运叫车平台，俞松磊在阿里云的展台上还见到了贵阳市委书记陈刚以及马化腾、郭台铭、周鸿祎等众多业内大咖；同时，这一天还是一个有标志性意义的日子，在这一天，一号货车迎来了“3 000 县镇”计划里的首位城市合伙人，舟山倍源电子商务产业园的总经理徐益平，这些都让俞松磊兴奋不已，但他知道，这些成就对于一号货车而言，仅仅是开始。

背景

相比很多竞争者而言，俞松磊并非互联网行业科班出身。2001 年，他考入了杭州师范学院，就读体育专业。在外界看来，很难把这样的履历同互联网创业者联系在一起。俞松磊尽管没有就读过计算机专业，但他很早就对计算机产生了浓厚的兴趣。在1998年俞松磊刚读高中的时候，学校开设了一个计算机兴趣班，出于对未知领域的好奇，俞松磊报了名。

正是这段经历让俞松磊和互联网有了直接的接触，真正让俞松磊更深入地进入这个行业是在2002年上半年，一个浙江大学计算机专业的朋友告诉他一个关于网页三剑客的故事，俞松磊很受触动，对网页制作产生了浓厚的兴趣，开始尝试往这方面发展，后来他又陆续接触了游戏、资讯，甚至是网络营销。在大二下半学期，一个朋友找到他，问他愿不愿意一起做互联网支付项目。俞松磊毫不犹豫就答应了，开始在这家公司负责市场工作，主要针对有小额虚拟交易需求的客户。半年后，当时的互联网巨头看中了这支团队，并表达了收购意向，但最后因为价格问题，他们拒绝了收购。此时，支付宝崛起，奠定了在网络支付领域的绝对统治地位，俞松磊所在的公司经过慎重考虑决定转型，他说："我们没有阿里所建立的电商生态，失败只是时间问题。"

公司开始转型做互联网广告业务，为本地中小企业进行推广。公司虽小，却还是对百度等巨头造成了冲击。当时身为新互动国际运营总监的俞松磊带领团队以一款通用搜索产品和富媒体概念驰骋互联网，短短七个月，聚集了四百余家网络推广商，创造了近8 000万元销售收入，这段传奇经历也让他获得了业界认可。2008年，俞松磊收到了支付宝抛来的橄榄枝，在支付宝负责行业支付的解决方案，这次跳槽让他有机会站在行业的制高点来看中国电子商务市场的全局，并发现其中的机会。

俞松磊在支付宝的商户事业部任职，在他所负责的行业支付解决方案中，有一类就是物流。俞松磊开始将注意力从互联网转向了从前并未关注过的物流。当时由阿里巴巴的淘宝带领的网购风潮已经兴起，每天数以百万计的包裹使俞松磊意识到，物流是电商发展的下一个瓶颈，同时也是黄金机会。

2010年10月，俞松磊加入了一家物流龙头公司德邦物流，人生再次改变了航向。

俞松磊一开始负责的是电子商务，不久后升任CTO，绕了一圈，他又回到了奋斗多年的IT领域。不过这一次，他真正有机会从互联网的角度来审视物流行业的核心。

2013年年底，已经在物流行业积累了足够资源的俞松磊，受邀加入另一家老牌物流企业——天地华宇。在这家公司，他有了创业的感觉，他重新梳理业务流程，重新规划IT架构及落地实施计划。最为重要的是，在这家公司，他拥有了一支可以互相信任的团队。

2014年，物流行业已经成为资本关注的焦点，所以不时有投资人找到俞松磊，希望投资于他领导的孵化构建货运体系的项目。在俞松磊心里其实有创业的想法，但他总觉得不太踏实，所有一直没有答应下来，但一次去香港和深圳货运市场考察的经历给俞松磊吃下了一颗定心丸，让他决定开启创业之路。俞松磊发现，在香港，App 已经广泛应用，移动终端适应了这个时代。与此同时，内地物流行业的货运车辆约有 3 000 多万辆，在这个数字背后是将近 1.5 亿人的生计问题。用户日常生活相关的物资基本由这些货运车辆来完成。我国内地货运体系虽然不规范，却孕育着巨大的市场，在这样的时代下，传统物流市场格局已经基本确定，但移动互联网的货运平台却仍是一片蓝海，下一个机会在于利用移动互联网和大数据所创建的信息平台。而当下，对于物流行业，复合型人才比较少。作为既在物流行业工作了很长时间，同时又具备互联网背景的俞松磊来说，在这片尚待开发的领域里，俞松磊显然具备很大的优势。

一号货车的诞生

俞松磊有了创业的打算，于是他找到了几名圈子里的好朋友，一方面想让他们为自己的想法把把脉，另一方面也想寻求资金支持。当时，俞松磊给自己这一项目的启动资金预算是 300 万元，可朋友们却慷慨地给了他 600 万元。

2014 年 10 月，初创团队顺利组建并各自分工。技术团队是现成的，很多原来的下属听说俞松磊要创业，都很愿意来帮忙。最让俞松磊感动的是，一名老部下原先已经在北京工作，听闻他要创业，立即辞职飞到上海来帮他。

万事开头难，首先要做的是决策。究竟是做长线市场，支线市场，还是同城市场，这关系到团队以后的成败。朋友建议他从长线市场做起，但俞松磊没有听取这个意见。

创业之初，俞松磊团队在调研后得出结论，长线货运的玩家已经很多，而同城货运相对来说还是一片蓝海。

资料显示，全国的出租车仅几百万辆，而货车达到 3 000 多万辆，市场规模足够大。这是很多互联网创业公司和资本选择“互联网＋货运”的逻辑起点，而滴滴的成功又起到了很好的示范作用。

俞松磊认为，在使用频率上，同城货运的频率要高于长线货运，从互联网的角度而言，就意味着这是一个用户高频使用的服务。同时，同城货运的使用场景更加丰富，比如五金市场的建材配送、饭店的酒水饮料配送等。

相对长线和支线而言，虽然同城市场最难做，但俞松磊决定就做同城的物流。这并非因为俞松磊自己盲目自信，而是因为难度高造成同城市场竞争尚不激烈，前方一片蓝海，同时，国内信息化程度不高，具备足够的开拓空间。

经过团队两个月的开发之后，2015 年 1 月，一号货车正式上线，“一号货车”这个名字源于创始人俞松磊心目中的最佳专机“空军一号”，一号货车的目标便是成为行业的领跑者。

整合同城货运资源

俞松磊发现，中国有3 000万货车司机，95%都是个体司机，承担着全国超过75%的货运量，他们多以家族、同乡或者圈内朋友的方式闯荡江湖，和70多万家物流企业往往局限于面对面的熟人交易模式，从而激化了货找不到车、车找不到货的矛盾。这导致全国货车的空驶率在40%左右，存在巨大的资源浪费。

因此一号货车要做的就是在这个过程中取消中间环节，连接需求者和供给者，把有发货需求的货主和闲置的货车司机进行实时对接，改变传统货运的交易模式和成本结构。

一号货车定位于通过移动互联网思维整合社会同城货运资源，为货主以及司机搭建供需透明化的平台，以解决货主叫车难、司机空驶率高的问题，从而降低货主运输成本，提高司机收入，实现智慧物流。

一号货车在上线后，设立了三大事业群：

第一，直达事业群，主要针对建材、家居装修类专业市场货主，通过“点对点”的方式连接货车司机和货主，构建信息平台，解决司机和货主之间信息化程度低和不标准化的痛点，增加司机收入，减少车辆空驶。

第二，智送事业群，解决货主同城配送计划性用车的需求，主要的服务领域有电商、生鲜果蔬O2O、家具家装以及一些传统企业。智送业务具体流程为一号货车接收到企业客户的配送需求，通过平台发布，系统后台快速匹配最优车辆。

第三，物流事业群，主要针对全国网络型零担、快递及落地配企业，为这些货主在同城转运过程中提供匹配的车辆资源，并在最后一公里的收派服务中，提供即时叫车服务，通过LBS（基于位置的服务）、GPS（全球定位系统）等技术手段快速找到车辆，更高效地满足收派服务。

与司机打交道的生意经

一号货车一推出就得到了投资者和使用者的肯定。

但即便如此，也逃不过“万事开头难”的规律——在创业的另一端，“人”的问题仍旧磨人。

物流行业的利益链非常长，而司机往往处在链条的最下游，行业的杂乱无章造成司机经常拿不到应有的报酬，大量时间浪费在返程配货、空车等货上。所以，从一定程度上来看，司机是最迫切希望通过“互联网+物流”的高效运作来改善现状的。

但同时，司机也被定义为最难搞定的人群。

面对过形形色色人物的司机们有着最为“世故”的思维方式。在推广初期，各大互联网货运公司会到处拉拢司机加入团队，在“互联网＋物流”的高效运作优势下，司机也许会答应加入。但见多识广的司机还会为了保证自身利益最大化，不断去尝试其他货运平台。这样一来，导致平台的司机源不再稳固，货主时间成本加大。

俞松磊表示，一号货车希望通过科技的力量让这些师傅们赚更多的钱，生活质量再好一些。但是，当前货运市场也确实存在服务标准、价格、运输安全和理赔等方面标准不统一的情况，同时，司机的稳定性更是一大痛点。

彼时，滴滴和快的在打车市场的“战争”正在如火如荼地进行着，俞松磊的团队没有那么多资金可以浪费，只能用最原始的办法，招聘人手建立了一支庞大的地推团队，到建材市场、农贸市场等地，一个个司机、一家家商户去磨，点对点发展司机和商户，动员他们用自己的 App。优先从那些威望高、接受新鲜事物快的个体入手，再由他们在朋友圈中扩展。

一号货车还建立了一套完善的服务质量把控体系，用于确保货主的利益：

1）100％实名认证：对申请报名的司机和货主均有严格的审核，包括司机 100％实名认证，对首次接单司机和发单货主客服全程护航。

2）100％诚信监控：全面记录每一个订单的完整信息，对所有司机和货主建立信用评价体系，确保优胜劣汰。

3）智能调度及监控体系：对所有异常订单进行后台预警及人工干预，对所有车辆轨迹进行监控，有专业的 400 位客服支持。

4）完善的客户关系管理及大数据管理体系：全面记录每一个用户注册、交易的完整信息，分析用车高峰期以及车辆类型跨度，帮助司机和货主更满意地完成交易。

5）货物保障体系：与太平洋保险合作，提供货物保险服务，保障货主利益。

一号货车团队甚至还采用了“棒棒糖”政策，不定期地花钱请这些商户、司机代表来公司，听取他们的意见，有针对性地对 App 进行优化，从而吸引他们使用。

从公司成立到 2015 年 5 月，一号货车在短短 5 个月的时间里发展了超过 3.8 万商户、2 万名认证司机，现在这些司机已经成为一号货车极其重要的资源和壁垒之一。

一号货车 2.0——做智慧的货运平台

“过去，货运市场的信息很不对称，信息化程度低、效率低、叫车难的现象非常严重，一号货车就是为了合理整合市场资源，使整个货运更智慧。”俞松磊如是说，这意味着，将货主端或司机端简单撮合并不是一号货车的最终目标。

在拥有了一定用户群的基础上，一号货车团队开始以大数据为支撑，推出了一号货车 2.0 版本，核心功能是城市货运直达、智送和回程车等服务（见图 24－1）。

直达服务以大数据为支撑，针对司机和货主提供更为精准的双交叉平台，对原先提供的点对点直送服务功能升级，面向个人和专业市场的中小商户，智能匹配商户需求，提供城市内点到点的货物直达服务。

智送服务面对有物流需求的大型企业，为其提供城市内多点货物同时配送的服务。智送的优势在于帮助企业在物流配送前提供最佳运力资源及货运路线的选择，从而有效降低企业内部的运营成本，让货物用最少时间送达目的地。

回程车功能则有效地降低了司机送完货物后的空车回程率。通过回程车功能，司机在出发前就可以通过智能匹配来选择回程中是否再次接单，而货主通过该功能可以提前了解司机的送货地区及返程地点，据此而有计划地找到能提供送货服务的司机。因为更智能和更匹配，回程车功能还将帮助司机在收入上提升至少 50%。而针对货主端，一号货车团队也做了相应的体验方案，只要发货就将有机会在运费上享受最高 5 折的优惠。

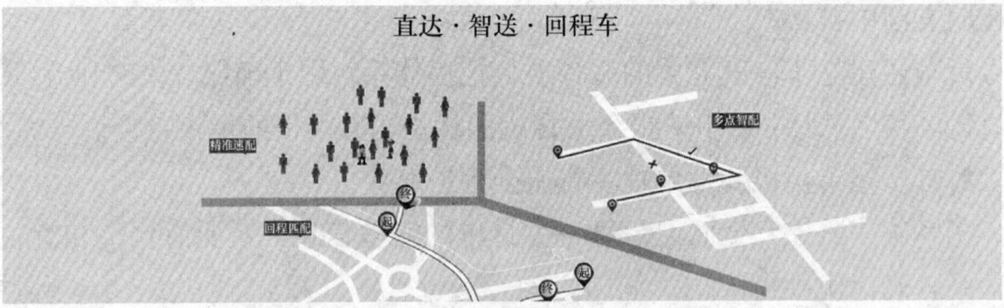

图 24－1　一号货车三大主要服务

资料来源：货运界的打车神器　一号货车首创“智慧货运”平台. http://tech.huanqiu.com/news/2015－05/6486600.html.

专业合作，布局物流生态

迎着蓬勃发展的势头，一号货车继续发力，与更多的专业市场开展战略合作。

2015 年 10 月，一号货车与浙江省工业品市场签约，标志着一号货车正式成为浙江省工业品市场指定货运官方合作伙伴，浙江省工业品市场汇集了全国各地最好的五金装潢产品，致力于五金机电建材产业流通体系建设，是浙江省内五金、机电、建材、酒店宾馆用具、厨具等产品的源头市场。通过这样的战略合作，一号货车将为浙江省工业品市场在商户体验、车辆使用、货物安全等方面提供更加精细化的服务，帮助市场合理调配车辆资源，优化运力组合。

作为同城货运的领跑者，一号货车也受到了中国最大的物流网络平台的关注，在 2015 年 12 月，一号货车与物流网络平台壹米滴答在上海正式签订战略合作协议。双方的合作意味着最后一公里配送实现从干线货运、区域货运到同城货运的上下游无缝连接，推动了全网干线向“最后一公里”的真正延伸。

城市合伙人模式——同城市场新发展

2015年年末，一个报告进入了俞松磊的视野，尼尔森发布的《中国消费者信心指数报告》显示，2015年三、四线城市消费者信心指数与全国整体走势逆向而行，在“消费意愿”上，三线城市保持平稳，而四线小城市则脱颖而出，达到二、三线城市水平，并带动本季度全国整体增长。

四线城市消费意愿的增长给乡镇电子商务的进一步拓展和发展提供了机会，但同小件物流和标准品物流的日趋成熟形成对比的是，大件物流行业的特点以及投入大、门槛高等问题导致大件物流企业很难做大、更难形成覆盖全国的网络，尤其是三、四级市场。送不到、送得慢、破损多、送装不能同步等问题一直是用户抱怨最多的地方。因此，拥有全国配送网络、送装入户的物流“大平台”成为当下的稀缺资源，随着各大电商进村的共同发力，一号货车也宣布将正式引入“城市合伙人”模式，开始全力打造并拓展全国3 000个县镇的同城货运网络布局。

城市合伙人管理机制简单来说就是总部通过前端进行招募、甄选及业务培训，随后城市合伙人单独负责该城市的业务开展，而总部进行定期的培训与帮扶。具体讲可以分为以下几点：

1）甄选招募、总部培训。据介绍，一号货车合伙人招募团队将按照意向评估、初步面谈、资质评估、协议签订、费用交付、业前培训等6步进行合伙人甄选招募。严格的甄选和管理机制保证风险可控、人员匹配，保证加盟合伙人的资质。通过甄选的合作伙伴随后将由一号货车总部进行培训，而这些培训涵盖了公司注册、团队招募、市场调研、物料准备、系统部署、开业预热等一系列业前准备工作，详细的培训策略将促进和保证合伙人业务的开展。

2）协助推广、指导运营。在开业前期，一号货车相关团队协助城市合伙人进行市场推广、运力管理、团队建设、市场策略等工作，指导城市合伙人稳步推进相关业务的开展；在业务开展期间，一号货车会结合城市合伙人的实际需求，为合伙人制定定制化的运营方案，使品牌宣传及市场推广得以有效落地；在业务开展期间，定期召开交流沟通会议，一号货车将通过数据对城市运营状况进行系统诊断，为城市合伙人提供工作改善建议及运营指导。

3）完善考核、优胜劣汰。为加强对合伙人的城市的整体评估，合伙人的城市上线后都会有一些相应的业务考核，以促进数据化管理及优胜劣汰机制的运营。

一号货车平台将汇聚全城货源与车源，同时基于LBS与众包大数据技术，实现车货就近匹配，促进货物流通效率提升，降低空驶率。在这其中技术的保障可实现城市货源分布可视、全城运力可视、运输过程实时监控，实现资源的充分利用。

通过城市合伙人模式，可以实现三个透明：物流服务全程透明，减少信息不对称造成的差价；交易透明，整个交易实现全过程线上化，司机、货主信息同步到平台，实现信息通畅，保证双方地位平等，避免内幕交易；服务透明，通过平台上的大数据等技术应用，司机、货主双方可见各自历史服务或者叫车使用情况，便于双方了解对方信用以及交易情况，在筛选上可做一定考量，同时对平台上的司机与货主也会产生一定的监督作用。

尾声

按照一号货车规划，其短期内将通过城市合伙人模式构建多种车源汇总的城市运力池，依靠招募、培训、考核、退出等环节构建完整的管理机制，在这当中通过抽取佣金以及差价收入赚取利润。中期将通过渗透多行业配送业务而精耕细作，提升业务空间和利润空间。而按照长期规划，一号货车将通过构筑区域性的配送龙头，实现区域配送市场垄断，同时构建仓运配一体化体系。

中国快递通过加盟模式将西方几十年的积累在中国短短几年内实现了落地发展，并且取得了令人瞩目的成绩，一号货车能否通过更进一步的城市合伙人模式在同城货运市场渠道取得突破？这也是俞松磊和一号货车在未来需要用实际行动回答的问题。

问题

1. 截止到2016年年末，已经有越来越多的互联网公司布局同城货运行业，同城货运市场已经从“一号货车”创业时期的蓝海逐渐变成一片红海，像58到家速运、货拉拉、云鸟配送等越来越多的互联网公司都想在同城货运这块大的蛋糕下尽力分得最多的部分，你认为在这样的形势下，一号货车应该采取怎样的对策才能在这个领域继续深耕，从众多的竞争者当中脱颖而出？

2. 司机是同城货运的关键，在货运O2O领域，对司机的补贴大战也早已开打，烧钱补贴成为各家平台迅速扩张的筹码，但巨额的补贴也意味着对资金链带来更大的压力。是否烧钱就一定意味着能逼退其他竞争对手，更快速地拓展市场？你认为在今天的同城货运市场，应该如何平衡烧钱扩张和健康发展。

参考文献

［1］一号货车再融数亿：互联网＋货运迎来风口. http://www.southcn.com/tx/hulianwang/content/2015-07/15/content_128462489.htm.

［2］一号货车：让货运更智慧. http://www.kaixian.tv/gd/2015/0528/1092708.html.

［3］一号货车获亿元融资背后，货运O2O还有哪些问题. https://www.baidu.com/link? url = z4wxlJYn9JL9scvtkTLChoIBk _ QZRoVAiM9Ec _ 8pK1tWknFMP _

GCARwfqVzRmTwe&wd=&eqid=dbe4a4c10000854b0000000359134996.

［4］一号货车新版发布　助力“智慧货运”大提速. http://news. sina. com. cn/o/2015-05-22/113431864144. shtml.

［5］货运界的打车神器　一号货车首创“智慧货运”平台. http://tech. huanqiu. com/news/2015-05/6486600. html.

［6］“一号货车”俞松磊：与货车司机打交道的“生意经”. https://www. baidu. com/link? url=-1Nm1QLNU1ZgFag20rJeIxwUpjT7VXkdZxMS2IlA_P61NsOq11L7Z0LtKCmfaroX&wd=&eqid=d1946de900008fb40000000359134a1d.

［7］从滴滴巴士到一号货车　看运输行业转型. http://www. 360che. com/news/150728/43143. html.

25. 达达——用移动和众包的方式提供最后三公里的物流服务

创业格言：让天下的O2O没有难做的生意。

主角：蒯佳祺，达达创始人兼CEO

摘要：在电商O2O蓬勃发展的今天，优质高效的最后三公里物流平台将发挥巨大的价值。在物流行业竞争日趋激烈的今天，达达无疑是这个领域的佼佼者。达达能够在短时间内驱动庞大的社会化运力，帮助一大批创业型O2O平台实现快速扩张，同时帮助传统企业拥抱O2O、延展业务、提供送货上门服务。本案例通过分析达达用移动和众包的方式对物流配送的不断探索，希望能够对相关企业和创业者有所启发。达达在创业过程中根据对社会环境的分析而不断地创新、调整其企业商业模式的行为亦值得创业者借鉴。

关键词：物流平台；同城配送；最后三公里；众包模式

引言

随着滴滴打车和Uber的快速推广，Web2.0的共享经济走进了越来越多人的视野，在享受着共享经济带来的便捷的同时，有的人也在思索在O2O模式下，是否还会有新的商业模式诞生的可能，而作为占GDP比重18%的物流行业，其本身就蕴含着巨大的商机。用O2O模式完善现有的物流机制，在O2O时代让每个普通人都成为配送员，就是达达创始人蒯佳祺思考的方向。

背景

达达创始人蒯佳祺在面对逐渐蓬勃发展的O2O物流行业时，常常会想起16年前高考结束的那个7月。

2001年7月，刚刚高考结束的蒯佳祺过得并没有想象中那么开心。蒯佳祺高中时喜欢数学，想从事数学研究工作，填志愿时填报的是同济大学数学系，可蒯佳祺在高考时数学发挥失利，他知道他可能不会如愿以偿进入数学专业，面对即将到来的同济大学物流专业的录取通知书，蒯佳祺有点淡淡的失落，又有点憧憬和忐忑，他不知道物流这个专业对他而言意味着什么，他也不会知道，他和物流自此便结下了不解之缘。

蒯佳祺大学毕业后，出于对物流行业的热爱，选择在麦肯锡从事与物流相关的工作。为了拓展自己的知识领域，蒯佳祺在麦肯锡工作了一年后决定去麻省理工念物流工程专业，毕业后留在硅谷，还是做供应链的产品经理。在这段时间，蒯佳祺积累了大量的物流专业知识。2009 年是中国移动互联网的元年，和很多回国创业的海归一样，蒯佳祺也决定和麻省理工的同学回国创业，但这次蒯佳祺还没有想好怎样把传统物流和移动互联网这块刚刚开垦的土壤有效地结合起来，蒯佳祺先把目光投向了传媒领域，蒯佳祺一做就是五年。但在这五年中，蒯佳祺对于物流的思考却始终没有停下。五年的互联网经验告诉他，移动互联网中机会最大的就是做 O2O，而 O2O 中最大的痛点就在物流领域。在物流和互联网领域都有丰富经验的蒯佳祺知道，当下一定存在着一种方式，可以把物流和互联网有效地结合起来。

蒯佳祺对电商的发展进行了深入的思考，他对比了电商时代和 O2O 时代的物流差异：传统电商运送的都是标准化的箱包物品，同时都是集中在仓库中统一发货，客户对物流的时间要求并不紧迫，一般都以天为单位计算。但在 O2O 电商时期，货品不再是包装好的标件，也可能是鲜花或者盒饭，包装并不规整，同时库存离散，货品分布在不同的商家店铺中。但蒯佳祺认为两者最大的不同还在于配送时间，像外卖这样的 O2O 货品，其配送时间往往以分钟计算。“在 O2O 时代，物流成了第一要素，甚至超越了价格。”蒯佳祺认为，大部分消费者在购买 O2O 商品时都会着重询问送达时间这一概念，“多长时间能够送到”成了被询问频率最高的问题之一，所以 O2O 电商第一个要解决的问题就是物流。

要解决这个问题，蒯佳祺先把目光投向了国外。蒯佳祺注意到在美国，有一家做众包物流的 O2O 平台 Instacart。Instacart 采用众包的采购和配送方式，没有自建仓库和车队，而是与独立采购员签约，采购员凭借一部智能手机和一辆汽车便能够加入 Instacart。当用户在 Instacart 的网页端或者 App 端下单后，距离最近的采购员将前往最近的合作商家进行商品采购，然后负责将其配送到用户手里。这给蒯佳祺很大启发，蒯佳祺决定从众包物流领域入手，做提供最后三公里物流服务的平台。

达达的诞生

想通了这个商业链条后，蒯佳祺决定在 O2O 商户和消费者之间搭建一个配送平台，雇用人员为商户分发运送货品，同时收取商户支付的“配送金”。这类似于电商时代的“三通一达”、顺丰等快递公司，但不同的是达达的配送员都是兼职的。

这时适逢互联网租车的行业大战，滴滴和快的的商业模式更给了蒯佳祺自信，滴滴和快的都是在供给和需求之间提供一个桥梁。用移动和众包的方式来解决物流问题，在蒯佳祺看来成功的可行性越来越大。

2014 年 6 月，在蒯佳祺和他的团队数十个工作日的努力下，达达正式上线。

达达上线之初，专注于城市里最后三公里的物流服务。一开始，达达以送花为切入点打入市场，虽然在“七夕”这样的传统节日当天达达拿到了很多配送量，但很快蒯佳祺就发现，送花的生意并不好做。第一是因为大批量的送花业务往往都集中在每年固定的几个节日中，除了这些日子之外，日常的接单量仅仅维持在每天 200 单左右，订单量不够大。另外，诸如婚礼和企业用花这些大批量的订单，都是 B2B 业务，不需要达达配送。

达达的转型——从送花到送餐

与外卖平台合作

面对现状，蒯佳祺认为达达亟须一场转型，而就在蒯佳祺思索的过程中，又一场红包大战给了蒯佳祺灵感，继滴滴、快的红包大战之后，以饿了么和美团为代表的外卖平台重复了这种简单直接的抢市场方法。双方分别推出高额的补贴来刺激消费者选用自己的平台叫外卖，在这一期间，两方的用户量纷纷达到新高，而且这直接推高了外卖市场的订单量，蒯佳祺认为，这恰恰给达达营造了一个绝佳的机会。

在这之前，每家店铺只有固定的几个配送员负责日常的配送，因为订单量比较稳定，配送员也保持在一个固定的数量上。而在饿了么和美团的红包大战开始后，外卖订单量暴涨，很多店铺措手不及。对于店铺本身来说，店铺自己的店员工作量饱和，很多订单来不及配送，而饿了么、美团这样的 O2O 平台还没有能力帮助商户解决这种配送问题，它们需要第三方的运力来帮助它们消化订单。而达达正好要找一个频次比较高的类别来转型。双方一拍即合，就这样，达达从以送花为主的物流配送平台转向了以送餐为主的平台。

最初定下来的合作计划是，第一周先在上海浦东八佰伴商圈测试一天 10 单。就是从饿了么品牌馆的订单中，每天分出 10 单给达达配送，之后每周增加 10 单。首次测试合作的 10 单对当时的达达来说，可谓是一项艰巨的挑战。当时平台上几乎没有什么订单，真正的自由配送员不到 10 人，而且散布在很分散的区域。为了保证配送能及时完成，达达几乎把办公室里仅有的 10 余位工作人员全部调动起来。不到上午 11

点，达达的工作人员就都跑到街上待命，一旦出现订单没人抢的情况，就要自己内部的员工上。对于刚起步的达达来说，10 单的完成量是一个重要的里程碑。在此过程中，达达不仅完善了产品，更发现了巨大的外卖市场，该领域可以成为达达重要的切入点。

经过初步和达达合作的试水，饿了么对首次合作表示满意，此后合作一直没有间断过。达达为饿了么服务的配送量从一天 10 单、100 单，发展到了日均超 8 万单。通过饿了么，达达平台上的接单量越来越多，到 2014 年年末，在达达成立已达半年的时候，平台上迅速聚集了近万人的实名认证配送员，已形成信用和服务质量保障体系。

为了进一步扩大平台上的接单量，同时也为了给更多有配送需求的商家提供服务，达达在 2015 年年初上线了开放平台，O2O 创业者们可直接在开放平台上对接达达 API，与包括饿了么、美团、淘点点、京东在内的大批 O2O 平台完成系统对接。

此时的达达已经不再担心没有订单量、自己跑街做配送，其日订单量已从数万单发展到 60 万单，合作商家从原有的数千家发展到 10 万家，团队人数从成立之初的 10 人发展到现在的 300 多人，覆盖城市从原来的 10 个城市发展到如今的北京、上海、广州、深圳、杭州、厦门、青岛等 20 多个核心城市。量级的转变让蒯佳祺更注重众包的理念，他认为众包模式的精髓就是制定规则。

达达强调用技术和系统进行管理：制定游戏规则，让商家和用户及配送人员一起参与，第一防止劣币驱逐良币，第二用信用体制制约。

蒯佳祺认为，达达就像阿里巴巴一样，让大家都可以参与做生意，阿里巴巴说要让天下没有难做的生意，而达达则更希望让天下的 O2O 没有难做的生意；阿里巴巴做的是传统电商的“水”“电”“煤”，达达做的则是 O2O 的“水”“电”“煤”供应商。唯一有可能和达达形成竞争关系的就是像到家等自建物流的外卖 O2O 公司，但是蒯佳祺认为，达达是金字塔中下层的底座，而到家等公司位于金字塔的高端。达达的优势在于可以快速形成规模效应，在地域和品类中快速扩张，且配送员时间灵活；而自建物流的趣活美食送、到家、生活半径等公司，自建物流人员最多 30 单/人/天，即使达到 2 000 人的团队，也不过 40 000～60 000 单/天。

在配送人员的管理方面，达达采取正向驱动方式。符合达达要求条件的人员，只要经过实名认证并通过线上线下培训考核，就能成为达达的配送员。得到配送资格的人员会看到达达平台根据配送员的等级权限显示出的部分订单，每个配送员的月收入为 2 000～3 000 元，最多可达 5 000～8 000 元。根据其后期形成的信任度，权限会逐渐扩大，并可以抢单价高的订单。若出现跑单、刷单或在 1 小时内无法送达的情况，则该配送员会被拉入黑名单。

打造自己的外卖平台

在达达的众包物流飞速发展的同时，美团、百度、饿了么等巨头也看到了众包的市场前景，准备自己单独干。从 2015 年 6 月开始，O2O 平台自建物流做配送就成为一种趋势：百度外卖、京东到家、饿了么分别在 2015 年 5 月、6 月上线了自己的配送业务。在那之后，点我吧和美团又上线了点我达和美团众包，形成对达达的围攻之势。面对几大平台的新动作，蒯佳祺迅速做出反应，决定做达达自己的线上外卖平台，平台从决策到上线只用了 3 个多月的时间，在国庆期间，达达的外卖平台派乐趣正式上线。

在百度、美团、饿了么三家依旧割据对峙的状态下，一直针对 B 端的达达上线了直接针对 C 端的外卖平台派乐趣，成为外卖市场新的变量。这也让姿态一直中立的达达走向另一种境地：几家外卖平台几乎在第一时间就采取了各种封杀手段，来自外界的质疑声也不绝于耳。对达达来说，骤然加入角斗场，重新定义自己的对手和战友，这是一场倒戈还是反击？对此，蒯佳祺有自己的想法。

达达平台上已经有上百万名注册配送员了，每个配送员每天能接到大量的订单，会和数十个下订单的顾客有面对面的交流，那么如何才能最大化利用这上百万名配送员资源呢？蒯佳祺认为可以在达达配送员把商品交付到顾客手上的那一刻，对顾客进行有针对性的推广。派乐趣上线之后，这种推广场景立刻变成了现实。上线之初，大量的达达配送员兼职成为派乐趣的推广员，在帮其他 O2O 平台配送商品时，顺便向这些外卖目标用户推荐派乐趣。

最早派乐趣打出“全部半价”“配送费全免”的狠招，在补贴力度不断减小的外卖市场，这种方式无疑具有极强的获客能力。根据达达对外透露的数据，派乐趣在上线 6 个星期之后，日订单就突破了 100 万单。

蒯佳祺丝毫不避讳这种大规模补贴在派乐趣起步早期所起到的作用，他认为，要吸引足够多的商户和用户，形成规模和流动性，就需要用补贴来加速这个过程，补贴更多地是达达的一种战术，这本质上还是花钱买时间：一方面是“买”入场时晚于竞争对手的时间；另一方面则是“买”派乐趣着陆时的缓冲时间。最早上线的派乐趣是一个微信服务号，后来推出的 1.0 版本 App 也因功能简单招致颇多吐槽，在随后接近 4 个月的时间里，派乐趣 App 已经有过 7 次大更新，不断完善功能。借助于达达的百万配送队伍和促销力度，派乐趣很快实现了和达达几乎同步的扩张，迅速覆盖 40 个城市，订单量不断刷新。

但当第一波用户被拉上线之后，派乐趣便减少甚至停止了现金补贴，逐渐调整为同其他外卖平台类似的活动形式。在拉近了和对手的距离之后，不到 4 个月的派乐趣要面对的是另外一场硬仗：如何近身攻击？而更大的一个问题是，在同时拥有了服务 B 端和 C 端的产品后，派乐趣在达达的业务布局中扮演什么样的角色？

在蒯佳祺看来，他想把派乐趣做成和达达不太一样的产品，从B端工具直接衍伸出C端交易，派乐趣接入了之前达达无法直接触及的消费者群体。派乐趣更多地是在为自己完成闭环的构想：在拉动商家、物流、消费者三端上线之后，不仅打通了三者之间的信息和交易流通，还能在这个相对封闭的体系内扮演更多角色。达达建成了一个从消费者下单到配送完成的闭环平台，任何平台、创业公司、商家都可以使用这个平台。

2016年1月底，达达上线了一项新业务“达达商城”，目前还只是针对达达的配送员，推出的第一款产品是配送员的标配工具——一辆售价为2 380元的电动车，蒯佳祺希望今年能卖出10万辆。

就像小米商城，在面向配送员之外，据蒯佳祺透露，达达商城还将逐渐推出面向商户和消费者的服务商品。这种先搭体系再做生态的思路和其他外卖平台不谋而合。2015年10月底，饿了么上线有菜，为商家做食材供应；2016年2月，继美团关闭到家业务之后，大众点评也正式停止了诸如保洁、按摩等服务，合并后的新美大把重点更多地聚焦回了外卖和购物上。

达达的核心是物流

在同时拥有了服务B端和C端的产品后，蒯佳祺要把达达带到什么方向？蒯佳祺的答案还是物流。“今天的竞争看似热闹，各种融资消息出来，但大家本质上在做的事情是相同的，就是物流。”在蒯佳祺的构想中，达达最终所扮演的角色仍是底层的流通工具，除了派乐趣，达达将继续为其他垂直O2O平台提供物流支撑。达百万人的配送队伍是达达的核心资产，如何让他们有足够的订单和收入，有足够高的黏性，是蒯佳祺必须考虑的。

实际上，就在派乐趣上线的前后，蒯佳祺在公开场合中提到的合作方多为一些诸如生鲜类的垂直O2O平台，据他透露，在目前达达的订单中，来自派乐趣的订单占到一半左右，其他订单则来自众多垂直O2O平台。

与京东合作——新达达的创立

2015年10月，O2O行业发生了一件大事，O2O的两大巨头美团和大众点评宣布合并。这时候蒯佳祺意识到一点，即O2O行业即将加剧整合，而此前从未站队的达达，也准备开始寻找战略合作对象。蒯佳祺注意到京东10万余人的团队中有8万人以上都是仓配专员，它以物流为核心的属性和达达很相似，二者具有相似的价值观，与京东的战略合作将会弥补达达在供应链上的空缺。供应链能力往往是互联网公司所匮乏的，蒯佳祺认为供应链能力将是O2O行业未来的决胜点。在双方合并后，新达达可获得京东的供应链资源，合并后京东的流量与品牌将对新达达倾斜。

2016年4月15日，达达与京东集团O2O子公司京东到家合并。京东以京东到家的业务、京东集团的业务资源以及2亿美元现金换取新公司约47.4%的股份并成为单一最大股东。达达正式更名为新达达。合并后的新达达负责起了外卖平台、线下商家的众包物流以及京东到家的商超配送。同时，新达达将眼光瞄向了生鲜、商超市场，蒯佳祺认为这将是本地电商和物流的下一个风口。达达和京东到家的标志如图25-1所示。

图25-1　达达和京东到家的标志

资料来源：https://baike.baidu.com/item/达达/2383944?fr=aladdin.

新达达的野心——同城配送

物流的本质与核心是一张网络，当新达达的几十万名活跃配送员足够密集时，向距离更长的同城配送扩张顺理成章。蒯佳祺表示，新达达将从最后三公里配送延展到十公里、二十公里的同城配送，相应的服务对象也希望扩展至各个品类，包括做传统的电商物流。

新达达希望以文件、小物品切入，而非同城货运面向的搬家、大件货运市场。除了公务件之外，蒯佳祺发现有大量的电商订单实际上是同城交易，且比例越来越高。传统上这种配送需要经过一次中转，并非时效最优，达达则可以提供直送服务，速度更快。实际上，新达达也在与快递公司合作解决其订单波动问题。

蒯佳祺认为，如果能够实现两小时的电商配送且价格合理的话，可能整个电商的需求又会被极大地释放出来。随着电商、O2O的发展，同城快递应该至少占到整个快递市场的一半以上，这就是新达达瞄准的市场。

此外，达达配送员也在尝试非物流服务，比如帮“地图”做线下的采点、信息搜集，帮京东金融做线下的商户推广以及商户校验，此前派乐趣的推广几乎都是配送员做的。

随着链家前 CFO（首席财务官）入职新达达，公司也开始尝试金融业务和投资并购。目前达达商城月销售额达数千万元，商品包括保温箱、电动车等，提供分期付款服务。在投资方面，新达达希望在最后三公里运力或者同城、仓配、干线领域进行资本参与，另外也希望接触之前相互竞争但志趣相投的团队。

追本溯源，达达提供了三点核心价值：

1）电商、O2O 的物流需求存在波动性，活动期间和平日存在波峰和波谷，众包运力的灵活性可以为其节省成本；

2）盘活社会闲散人力资源，实现共享经济；

3）运力池形成规模后可以帮助新的交易形态快速落地。

达达的快速崛起证明了行业风口下刚需底层服务的价值；与京东到家的合并则证明了物流密集网络的重要性以及商流支持产生的协同效应。

尾声

2016 年 10 月 21 日，沃尔玛与新达达共同宣布，沃尔玛战略投资新达达 5 000 万美元，相当于 3.36 亿元人民币，双方将建立更加深度的战略合作。对于新达达来说，沃尔玛的零售体量和业务互补性都无疑是新达达进一步打开商超大门的好机会。

商超的物流众包完全不同于外卖，外卖是非常长尾离散的平台，外卖平台上的商铺都很小，系统对接难度并不高。然而商超的规模很大，时效性很强，新达达对接商超的工作量非常大，如商品数据、库存数据等，另外还要跑顺所有的接单、拣货、配送等流程。但是，正是和商超的合作难度高，也带来了其不可取代的价值和壁垒。

问题

1. 现如今，越来越多的同城配送平台都在尽力扩张自己的配送队伍，对同城配送的创业团队而言，如何在形成庞大的众包队伍后依然维系众包成员较高的活跃度，是每个创业团队都应该思考的重要问题。然而目前同城 O2O 配送市场最核心的业务依然还是外卖的配送业务，同城配送的下一个增量市场在哪里？怎样维系既有众包团队的活力？

2. 你能从达达与京东的合作当中获得什么启示？

参考文献

[1] 最后三公里物流平台“达达”让天下 O2O 没难做的生意. http://news.pedaily.cn/201505/20150526383244.shtml.

[2] 达达：O2O 时代众包物流让普通人成为配送员. http://tech.sina.com.cn/i/

2015-11-20/doc-ifxkwuwx0248755. shtml.

［3］达达，爱物流的人运气都不会太差. http://36kr. com/p/5036069. html.

［4］达达做了个派乐趣，美团百度饿了么口碑都不爽了. http://mi. chinabyte. com/174/13640174. shtml.

26. 罗计物流——用互联网模式改造传统物流

创业格言：对标学习，找准定位。

主角：宋睿，罗计物流创始人兼CEO

摘要：我国现阶段公路运输集约程度极低，车辆空驶率高达40%，运输效率低下。由此产生的高昂运行成本使大部分货运物流企业资产回报率仅为1%。在货运领域匹配运输信息，缓解货车司机找货难、货主找到适当运力难问题成为了首先要解决的问题。本案例试图通过罗计物流利用移动互联网改造传统物流的案例，在物流发展方向和上述问题上对相关企业和创业者有所启发。罗计物流作为物流中间平台，以降低用户使用成本为己任，让货主和司机的物流信息及时对接，基于大数据为货主和司机搭建免费的中介信息与交易平台，以简单、便捷的操作方式，快速聚拢庞大的货源与车源信息，其打造的使双方信息匹配、价格体系公开透明的商业模式亦足资创业者借鉴。

关键词：货运平台；智慧物流；互联网+

引言

在移动互联网时代，互联网不断对传统行业注以新的内涵。科技，让生活更美好。这句话每天都在被不同的人做出新的诠释，而罗计物流的创始人宋睿，正是其中之一。

背景

宋睿成长于一个书香世家，16岁时，宋睿随教学交流的父母前往加拿大，并留在加拿大读了高中，在高三，宋睿斩获加拿大全国数学比赛冠军。随后他在加拿大英属哥伦比亚大学就读机械工程和数学双学位。之后，他前往美国加州大学伯克利分校攻读硕士研究生，学习以供应链和物流为主的工业工程专业，自此宋睿与物流结下了不解之缘。

在研究生期间，宋睿有机会在脸书（Facebook）实习，其间参与了脸书一个流量模型的研究，宋睿负责的部分是计算每年从中国采购多少服务器才能够承受住流量，如何采购与组装会使运输更为合理、成本最低。在这次实习经历中，宋睿感受到了大数据对传统行业带来的优化作用。毕业后，宋睿成为了普华永道的咨询顾问，用大数据分析做投资并购。这两段经历让宋睿对移动互联网时代公路运输行业的资源整合有了更多的思考。无疑，用移动互联网解决货运信息效率问题，是物流行业的一片蓝海，一颗回国创业的种子在他的心头播下。

宋睿认为，一名合格的创业者，不仅要在头脑中有足够清楚的创意，还要清晰地了解一个公司是怎样运营的，并具备管理公司的能力。因此，在决定回国创业之前，宋睿决定去公司看一看。此时，宋睿正好遇到兰亭集势的老板郭去疾想招募一个有技术背景的人为其当助理。兰亭集势是一家跨境电子商务公司，拥有丰富的数据仓库和长期的物流合作伙伴，而郭去疾本人也曾经做过李开复的特别助理。在这里应该能够学习到宋睿想要了解的东西，宋睿经过反复考虑，最终决定去兰亭集势工作，而这个决定使得宋睿心中创业的种子找到了一片合适的土壤。

在兰亭集势期间，宋睿负责兰亭集势的海外仓建设和物流大数据的相关业务。通过这段经历，宋睿对中国国内物流体系的行业痛点有了更深的了解和关注。宋睿创业的动机越来越清晰："用移动互联网技术改造物流行业，让物流行业重新焕发活力，释放市场存量。"在临回国之前，宋睿在郭去疾的引导下认识了兰亭集势的投资人，即真格基金的创始人徐小平。宋睿本是抱着征求意见的想法去的，可在听完宋睿的描述之后，徐小平当即写了一张支票给宋睿，表示愿意投资。就这样，在创业还没有正式开始之前，宋睿已经拿到了500万元的天使轮投资。

罗计物流的诞生

刚刚回国的宋睿没有几个志同道合的朋友可以一起打拼，因此宋睿经常去兴趣圈、大街网上的各种创业群体进行交流。同时宋睿还去各种投资人多的场合，和众多投资人交流，了解投资人对什么感兴趣，社会对什么项目感兴趣。经过交流，宋睿注意到了国内货运行业小、散、乱的特征以及空驶率高达40%的状况。看到这些症结和移动互联网改造传统货运行业的机会，结合对打车软件商业运作模式的分析，宋睿坚信货车运输行业也需要同样的"打车软件"来帮助实现公路运输O2O行业的普及化，采用App方式主动向货车司机推送运单信息，可有效地解决国内货运市场订单供应方与承运司机方的信息不对称问题，从而带动货运行业提升效率。

宋睿希望罗计物流做成货运行业的滴滴打车，这也是宋睿向货站和货车司机推广的要点和理念。

在宋睿的努力下，一只华丽的创业团队组建起来，其中包括去哪儿网的首席技术官、阿里巴巴的地推精英、百度和德邦物流的运营人才等行业内精英。有了资金和人才，接下来是如何打通市场的问题，宋睿决定从物流区突破。在软件上线前，宋睿的团队走访了全国17个物流园区，和司机、货主进行交谈，并和园区建立了良好的关系。投资、人才和市场都已经具备，宋睿认为是时候上线了。

罗计物流在2014年8月上线，原名“骡迹物流”，旨在通过先进的信息技术和卓越的资源整合能力，最大限度地缩短物流中间环节，促成交易加快实现，用移动互联网解决货运信息不对称问题，进而大幅度提升中国物流运行效率。

宋睿的团队在骡迹物流上线伊始，便采取“小步快跑”的稳妥策略：第一时间着手解决用户反馈的问题，力求通过多次的产品迭代帮助实现App功能的不断完善，优化用户体验；在一个区域范围内先打下一定基础，并培育出一个相对成熟的模式，然后再去复制推广到更大的范围。

截至2014年11月，骡迹物流App已经拥有6万用户、4万辆车，月流水量达到3 000万元左右。在2015年5月，骡迹物流正式更名为“罗计物流”，“骡迹找货”“骡迹找车”App也同时分别更名为“罗计找货”“罗计找车”。这次更名对罗计物流而言，有着浓厚的品牌升级意味，原来的“骡迹物流”，形象古老且直观，而更名“罗计物流”后，“罗”者，包罗万象，象征着瞬息万变的货运市场；而“计”，则象征着大数据，“罗计”寓意罗计物流为受众提供一个便捷、高效、人性和自由的基于互联网的第三方货运平台。罗计物流已开通线路及入驻物流商，如图26-1所示。

2015年9月，罗计物流全面上线带有支付功能的“运立方”智慧物流平台，这是继罗计找车和罗计找货App之后的又一新产品，其App产品线不断丰富、完善。截至2015年9月底，罗计物流平台拥有200多万司机、130多万发货企业用户，雄踞行业榜首。

图26-1　罗计物流已开通线路及入驻物流商

资料来源：罗计物流官方网站：http://www.loji.com/。

打造智慧物流平台

虽然罗计物流的创业灵感来源于要做“货运行业的滴滴打车”，但是它和滴滴打车等负责个人移动出行类的产品有着明显的差异。从终端用户角度来看，货运行业的关键资源是货源，司机对补贴的敏感度并不算太高。从平台本身的功能需求来说，车货匹配平台所要实现的功能复杂程度高，货物本身受诸多条件限制，例如货物的体积、尺寸对车厢长度、货车载重、是否具备冷藏条件等具有特殊要求，这些限制在很大程度上使得货物、货车、司机三者之间的匹配是多维度的，加剧了定价、信誉机制方面的复杂程度。

宋睿所领导的罗计物流强调建立一个基于大数据和云计算的且更加符合“互联网＋物流”发展趋势的轻量级平台——智慧物流平台，把以发货方、物流公司、物流专线以及一些大公司的物流部为代表的一端与闲散运力所在的另一端对接起来。宋睿将罗计物流搭建的智慧物流平台比作一个容量很大的虚拟运力提供池，由于对运力的需求存在波峰波谷，很多物流公司的运力是不能满足自己需求的，而智慧物流平台可以利用自身整合优化的信息帮助提供这种临时解决需求的车辆。

罗计物流面向货主和车主推出了两款不同的 App——罗计找车和罗计找货。货车司机通过罗计找货 App 的“货源一览”模块可以及时看到货源地理位置、货物类型、重量、发货时间、车辆需求，车主根据要求对接发货方。货主可以随时随地免费发布货源信息。在货源信息发布之后，货主可以在罗计找货中主动选择合适的运力，也可以等待货车司机主动与之联系。此外，在货物运输过程中，货主还可以在司机允许的情况下获得货物 GPS 定位等地理位置信息。货主通过罗计找车 App，在“发货”功能模块中填写相应的出发时间、出发地、目的地、所需车型等必要信息，罗计物流会根据货主的地理信息呈现给货主适合的车辆，而货运费用由货主和司机在线上沟通，罗计物流不涉及费用问题，从而有效地避免了信息不对称造成的中间客赚差价的情况。

此后，罗计物流于 2015 年推出了新产品“运立方”智慧物流平台，主要为中小企业提供零担专线物流服务。零担专线物流领域的物流公司非常零散，罗计物流选择与尽量少的优质专线公司合作，与其商谈出固定的线路价格为货主提供标准化服务。同时，考虑到专线公司数量较少，分摊货源数量高于平常的情况，罗计物流要求所有合作的专线公司将手中的运力放到平台上，当一个专线公司运力不足时可以转交给平台上的其他司机。此外，“运立方”平台实现了支付闭环，及时结款可保障专线物流公司货款安全，并减少资金占压，也为物流信用金融企业贷款提供了基础入口。目前，平台已吸引德邦等数千家优质物流商进驻。相比物流专线的提货问题，罗计物流通过整合零散的中小货车司机，建立数据库，将全国各地的配货站、空车配货信息、车源货源信息统一到智慧物流信息平台上来，货主可以根据自己的需求在线下单，可自主选择承运车辆、车辆竞价和返程空车，竞标模式还可以极大地降低货源方的运费。

为提高智慧物流平台的运作效率，罗计物流一直不断地寻求各方企业的多样合作。2015 年 6 月，罗计物流 O2O 平台携手福田戴姆勒，实现物流信息互联网平台与传统物流装备制造企业的合作，旨在建立更高效的“互联网＋物流＋车辆”智慧物流信息平台。2015 年 9 月，罗计物流加大了和百度等线上资源和搜索引擎的合作，并与百度开放平台阿拉丁在物流领域开展独家合作，百度将阿拉丁接口开放给罗计物流，可获得现有搜索引擎无法抓取和检索的暗网信息，如一家物流公司拥有北京到成都的专线，通过双方的合作，百度搜索会自动抓取这家公司在罗计平台的物流专线信息，货主在搜索“北京到成都的物流”时，会在百度搜索结果页优先呈现专线信息给货主，方便货主选择专线做下单操作。

罗计物流的新业务模式：货主—经纪人—司机

2015 年 4 月上旬，罗计物流统一将其官方网站、Web 端的运立方一站式发货平台及移动客户端的运立方、罗计找货进行了产品升级，整车业务由货主直接对接司机的业务模式，转变成“货主—经纪人—司机”的业务模式，在该新业务模式中，经纪人是指物流公司、配货站、车队的用户群体，其掌握了大量熟悉的车源，通过罗计物流的运立方平台，经纪人不仅可以为货主提供相匹配的运力，也可以发布货源、车源信息，从而有效整合自身企业的运力，在自有车辆或货源不足的情况下，有效提高企业的经营效益。此外，物流公司还可以通过运立方智慧物流平台对车队进行统一快速的调度和管理，以更好地贴近国内物流市场的线下业务现状。货运经纪人大多是运输车队或者中小物流企业，货主可以根据经纪人提供的更专业的运力、报价信息，快速甄别优势车源，选择最适合的货运经纪人承担运输任务，大大提升物流的运行效率。罗计物流每日新增货物量、每日成单量、已加盟经纪人数量如图 26－2 所示。

图 26－2　罗计物流每日新增货物量、每日成单量、已加盟经纪人数量

资料来源：罗计物流官方网站：http://www.loji.com/。

在罗计找货、罗计找车、运立方等应用获得一定成功并形成规模效应之后，罗计物流推出的应用产品和服务已日趋体系化，针对不同的受众群体，形成了较为全面一体化的物流供应链服务，综合起来说，罗计物流目前涵盖了以下五大方面的业务方向：

1）零担业务：打造一站式物流发货平台。自平台上线至今，已入驻物流商 3 400 多家，开通线路 13 000 多条，覆盖全国一、二、三线数百个城市，形成一套完善高效的全国运力网。

2）大客户服务：定制智慧物流解决方案。罗计大客户团队根据客户的业务需求，根据客户的实际情况，为客户设计了一套智能物流解决方案，来提升客户的运营效率。

3）货运经纪人服务：专业的物流信息交互平台。货运经纪人可在“运立方”中发布车源、路线等物流信息，罗计物流通过大数据技术进行信息精准推送，让物流信息传递得更快速、更准确。

4）物流专线服务：助力中小物流专线发展。罗计物流在接货、收款、结算、订单管理、运单在途管理以及车辆管理等方面提供了完善的 TMS（运输管理系统）服务，大大提升了物流企业的运营效率。

5）物流金融服务：全方位的物流金融支持。罗计物流提供购车贷款、保险分期、个人理财、汽车配件商城等金融服务，全方位向司机、物流公司等用户提供资金支持，解决燃眉之急。

打造核心能力

宋睿认为罗计物流属于物流信息化企业中的第三类企业，即一个基于大数据的物流公司，其本质是一家互联网企业。罗计物流依托互联网模式，最大限度地利用线上资源和技术，综合运用移动互联网技术、数据挖掘技术和搜索匹配技术，收集并处理包括运输路线、用户信息、地理位置在内的物流数据，从而挖掘这些数据的价值，整合供需双方的资源，这也恰恰是互联网大数据时代要做的重要工作。

罗计物流的核心线上技术体现在运立方智慧物流平台上，运立方要求所有合作的专线公司将手中的运力放到平台上，当一个专线公司运力不足时可以转交给平台上的其他司机，运立方所要求的更高程度的信息共享传递和资源整合，将大大有助于提高货源和运力的匹配程度，提高参与平台各方的物流效率。在未来的发展规划中，运立方智慧物流平台计划把海陆空快递三式联运以及跨境物流服务集结起来，实现一站式收发货，帮助罗计物流成为行业内最完整的物流服务提供商。

罗计物流核心竞争资源和技术的发展还体现在与上游传统物流装备制造企业的互

补互融方面。运立方智慧物流平台与福田戴姆勒的合作，借助双方优势资源，实现了车队资源与货运资源的对接，从而优化调度货车运力，降低物流成本，合理匹配车货，提升物流效率，打造创新的智慧物流商业模式。未来，二者的战略合作将以规模取得成本优势，整合物流上下游业务链，打造一个涵盖货主、司机、经销商、服务商的智慧物流产业圈，重新构建智慧物流价值链，打通供需信息通道，从而形成专业化、社会化、定制化的智慧物流需求，为物流用户带来更为高效的利益。

盈利和前景

对于货车司机而言，宋睿表示："罗计物流不收任何佣金，货车司机是对价格高度敏感的群体，我们不会在他们身上'拔毛'。他们之所以愿意使用我们的服务，就是因为我们不收中介费，给他们省钱了。"宋睿认为，未来罗计物流依靠"数据价值"盈利，那么何为"数据价值"呢？罗计物流眼中的"数据价值"大多是指智慧物流平台中的衍生增值服务，范围涵盖保险服务、加油服务、汽车修理服务、卡车销售和物流金融服务等，这些衍生服务中存在许多潜在的增值空间。与此同时，罗计物流重视的大客户服务群体也将为其带来可观的收益，发挥罗计物流互联网公司的线上优势，利用数据存储技术和云计算资源为大客户群体提供智慧物流解决方案，将为罗计物流提供一个新的营收增长点。

国内运输 O2O 行业的另一个重要分支是面向企业提供 TMS 服务的物流企业，目前的领军代表是 oTMS 一站式运输服务平台，其思路是通过"SaaS 平台＋移动 App"的模式将企业运输环节中的各相关方，包括货主、第三方物流公司、专线运输公司、司机和收货方等汇聚在一个平台上并彼此互联，形成一个社区型的现代物联网商业网络。

宋睿指出，以罗计物流为代表的车货匹配平台和 TMS 在业务上是有交集的。TMS 是一个交通管理系统，而车货匹配平台恰恰解决的是它的运输需求，同时 TMS 也可以拿车货匹配系统来管理外部的运力，车货匹配系统与 TMS 之间本身对应着一个典型的上下游关系，二者密不可分。在未来，二者所代表的平台企业将面临着合作或整合的选择。

尾声

用移动互联网改造传统企业，提高传统企业的效率，提高民族产业的竞争力，始终是宋睿坚持不懈的目标，正如宋睿所说："我只有一个故事可讲，就是我每天早出晚归而努力去做的事情——我们可以让几百万或上千万名物流司机每逢佳节衣锦还乡，可以改善中国的物流效率，可以提高民族产业的竞争力。我相信投资人能够看到这一点——这份创业是有痛点需求的，具有市场价值和社会价值，需要有人站出来解决，不论是不是由我来解决。”

在过去的一年中，货运行业 App 逐现井喷之势，互联网物流公司层出不穷，竞争十分激烈，罗计物流是否能依靠优秀的团队和充足的资金脱颖而出，成就行业霸主地位？此外，罗计软件的出现减少了物流供需匹配的中间环节，但也因此触及信息“黄牛”的利益，受到了一些物流园区的抵制，这方面的难题应该如何突破？宋睿带领着团队从创立罗计物流到现在，一直走在探索的路上，而创业试错，本质上就是企业开疆拓土的一种检验。

问题

1. 罗计物流从一开始计划“干掉”信息部到采用“货主—经纪人—司机”新模式的策略调整，给了你什么启示？

2. 对宋睿提出的依靠“数据价值”盈利这一观点，你有什么想法？

参考文献

[1] 罗计物流：用互联网重整货运“逻辑”. http://tech. sina. com. cn/i/2015-06-08/doc-icrvvpzq2124049. shtml.

[2] 罗计物流产品升级　致力于为经纪人服务. http://science. china. com. cn/2016-04/08/content_8690779. htm.

[3] 罗计物流“运立方”新品上线. http://news. sina. com. cn/o/2015-09-24/doc-ifxieynu2174829. shtml.

网络新媒体篇

27. 分答——“知识＋分享＋经济”模式的引爆

创业格言：你睡了，你的问题还在为你赚钱。

主角：分答，果壳网旗下“在行”微信公众号的一款付费语音问答产品

摘要：2016 年 5 月，果壳网推出了一款付费语音问答平台——分答，分答在上线一个月内就引爆朋友圈，获得千万美元融资，估值超过 1 亿美元。用户在分答平台上可以自我介绍或描述擅长的领域，设置付费问答的价格，其他用户感兴趣就可以付费向其提问，对方用 60 秒的时长来回答。问答环节结束后，“游客”若感兴趣，可以继续花钱收听，所付的钱将由提问者和回答者平分。初期名人明星的加入以及分答独特的收入分配机制吸引了大批用户，然而，这也使得平台过于娱乐化，分答到底是知识变现时代的春天还是只是所谓的“朋友圈的爆款”呢？

关键词：知识＋分享＋经济；“偷听”；付费问答

引言

“国民老公”王思聪作为万达集团董事长王健林的儿子，还有什么是买不起的？他选择投资的标准是什么？他相信王子与灰姑娘的爱情吗？他会不会爱上一个长相平凡、身材一般的女生呢？

对于这些问题你是否和我们一样好奇呢？现在只要通过一款 App，支付一定的报酬，你就可以向他提问任何你感兴趣的问题。这就是分答，果壳网旗下“在行”微信公众号的一款付费语音问答产品。用户在分答平台上可以自我介绍或描述擅长的领域，设置付费问答的价格，其他用户如果感兴趣就可以付费向其提问，对方用 60 秒的时长来回答。问答环节结束后，“游客”若感兴趣，可以继续花钱收听，所付的钱将由提问者和回答者平分。

比如，某牙科医生标价 5 元可咨询相关问题，用户若有需求，则付费 5 元询问，当医生回答完毕后，“买卖双方”的第一轮“交易”完成。当有同样需求的人看到提问

者的问题后，可以支付 1 元来听取医生的回答，这 1 元由原始的提问者和回答者平分，听的人越多，问答双方的收益也就越多。也就是说在分答，不仅回答可以赚钱，连提问都可以赚钱，这种收入分配机制增加了信息的价值，使之成为知识零售型平台，同时也吸引了更多用户，激励大家创造出更加有价值的问题。

背景

在万众创业的今天，公司估值过亿美元的消息时常会出现，然而这次却非常不简单，一方面是因为这是在经验技能交换领域最大的一笔融资，另一方面是因为这款火爆的产品上线仅 24 天就估值过亿美元！

在朋友圈刷屏的分答到底做了什么？能给我们什么启发？

2016 年 5 月 15 日，果壳网的孵化产品——付费语音问答平台“分答”上线，在短短一个多月的时间里，分答上的热门话题就频频刷爆朋友圈、微博，登上各大媒体，这使“分答”成为互联网热议度超高的现象级“爆款”。

从 2016 年 5 月 15 日在微信上线到 6 月 27 日举办对外发布会，分答一共产生了 1 000 多万个授权访问，吸引了 100 多万个付费用户，有 33 万人开通了答主页面，产生了 50 万条语音问答，获得 1 800 万元的总订单额，复购率达到 43%。

其中入驻的名人、明星、大 V 也越来越多，如汪峰、章子怡、papi 酱、罗振宇、程维、蒋方舟、张泉灵等。截至 2016 年 5 月 26 日，著名编剧史航已回答问题 1 018 个，每回答一个问题收费 38 元，共收入 51 132 元，可见问题的“偷听率”也是蛮高的。当然除了作家和编剧，分答热度靠前的还有创业公司 CEO、医生、微博知名人士等，收入从几千元到几万元不等。而网友的问题也大多集中在创业赚钱、减肥健身、两性话题、娱乐八卦等方面。

百度指数显示，“分答”的指数从 2016 年 5 月 28 日到 5 月 30 日增长近 10 倍，达到 2.3 万多。而就在这几天，王思聪以“网红、投资人、哲学家”的身份登录分答，回答了 32 个问题，问题包括投资理念、择偶标准等，甚至对大尺度的生活隐私问题，他都一一坦率回答，引来了媒体的关注和众人的围观。截至 2016 年 5 月 30 日，微博上“王思聪分答”的话题已超过 1 000 万次阅读量。王思聪的每个问答都有数千甚至上万的用户“偷听”，收入已经超过 25 万元。

6 月中旬，分答结束了 A 轮融资，元璟资本与红杉资本中国基金联合投资，王思聪的普思资本和罗辑思维参与跟投，融资金额为 2 500 万美元。

传统模式

传统模式主要分为三类，分别是“知识＋分享”“知识＋经济”以及“分享＋

经济”。

其中“知识+分享”模式类似于我们所说的交流，常见的形式是各类专业论坛，更早的线下形态是沙龙。这种组合面临商业化的巨大难题：一是圈子小、门槛高、私密性高，商业化难度高；二是它天生就是为了满足精神层面的需求而服务的，其本身并不具备盈利的因子，缺少商业化的意愿。在具体操作层面，比较适合这种组合的是会员制，但收取会费的主要目的也并非盈利，而是更好地为会员服务，运作难度较高。

“知识+经济”的模式也就是咨询，这种组合的业务模式已经十分成熟，常见于各类关于知识的有偿服务。消费者比较熟悉，接受程度也高，例如教育、培训、诊疗、顾问等。在这种模式下，服务商通常扮演专家的角色，利用自己在某一具体领域的智力优势，解决客户的具体问题，并获取相应的报酬。在具体操作层面，就是咨询方式。在这种模式中，专家拥有足够高的壁垒，具有很强的话语权。值得一提的是平台和专家的关系，平台例如医院、律所、公立学校。上述平台通过政策限制、提供场地、配置器械、掌握客源等方式，增强自身的议价能力，对抗专家的话语权，并最终达到某个平衡点，完成平台和专家的联合。对于线上平台来说，对于专家的掌控能力极为有限，难以颠覆传统模式、引诱专家从线下“上线”。以互联网教育为例，它多年来一直不温不火，主要原因在于传统根基稳固、专家足够强势，线上难以撼动线下。偶尔有起色的，要么是平台疯狂烧钱补贴，难以长久，如诸多昙花一现的夭折项目；要么是依托线下强大的实力，线上作为新的拓展渠道，运作难度适中。

“分享+经济”的模式常见于各类媒体，主要盈利模式是广告。媒体的生意可以用一个词概括：“眼球经济”。它的运作模式是：利用无形的内容服务，实现对受众注意力的影响和控制，并进一步占据用户的心智，然后将这块区域租赁给广告主。对于大众来说，广告模式已经是十分熟悉、见怪不怪了。除此之外，媒体业获利方式还包括各类定制和增值服务，如提供专享内容、会员特权、额外福利等，我们在日常生活中都很容易接触到。信息技术的飞速发展催生出了互联网媒体、新媒体等行业，这些行业以前根本不存在，而如今却发展壮大，极大地冲击了传统媒体。对于这些媒体而言，人类获取信息的方式是它们的安身立命之本，假如有一天智能穿戴设备取代了手机，虚拟影像装置淘汰了电视电脑，媒体也将不可避免地与时俱进，延伸到新的信息终端之中。

知识变现时代的春天

分答凭什么能够吸引那么多名人参与“真心话大冒险”呢？这大约有几个方面的

原因：第一，有名。名人需要曝光，分答采用60秒问答的方式，并不太难就可以获得更高的关注度。第二，有利。只需60秒语音回答就可以获得可观的收入。第三，有趣。游戏规则简单，答主可以充分展现自己的口才和思维能力；问者既可以得到自己想要的答案，又可以分享偷听收入，可谓一举两得；偷听者花1元钱就可以满足自己的猎奇心理，与名人零距离接触，何乐而不为呢?

分答一上线就引起了业界的关注，有的媒体甚至将它称为一种“现象级”的创新，将引领知识分享的新时尚。静下心来想想，除了60秒给听众带来的诱惑和无限遐想外，分答与微博有什么区别吗? 应该说其基本的产品生态结构是没变的，还是一群粉丝围着大V转，双方的互动还是粉丝对大V的膜拜、簇拥和窥探，因此有人认为新浪微博只要开通付费问答功能，分分钟就秒杀分答。问题并没有这么简单，它需要考虑二者不同的时空背景和社会发展趋势。在奇葩的知识分享产品里，分答并不孤单，人们可以轻而易举找到像罗辑思维罗振宁、papi酱、直播平台主播等网红经济学的例子。王思聪只是分答的一个营销噱头，而非分答的全部。同样的，分答只是网红经济学的冰山一角，它的背后隐藏着一个关于技术变迁、社会重构与价值再造的宏大叙事故事脚本。

“知识＋分享＋经济”商业模式中的稀缺资源在于分享者，他们是内容提供者和吸引受众的因素，出于对分答付费分成模式的认可和新社交互动方式的好奇，大量网红(包括明星在内）涌入分答平台，用他们的影响力和号召力支撑起了分答目前的火爆。

分答的走红在于建立了比较合理的分配机制，让知识分享者和提问者共同从中受益。过去的知识分享一直没有太好的变现方式，往往是一开始明码标价，最后却逐渐萧条，而分答建立的偷听机制可以维持热络的场面，这是它走红的基本原因。根据分答机制，偷听者付费收听问题，在平台抽佣后该问题的提问者和回答者平分偷听费。也就是说，虽然某个问题的提问者向王思聪提出一个问题需要支付3 000元甚至4 999元，但如果这个问题能吸引更多的人来偷听，提问者除了能赚回提问的钱，甚至能从中赚取一笔钱。

分答在前期通过明星入驻的方式吸引了大量流量和关注，这种方式也有很大的缺陷，使得平台过于娱乐化，跟“知识＋分享＋经济”的模式背道而驰，长此以往，恐怕又要跟知识绝缘了。为了改变这一现状，分答推出新举措，吸引机构入驻，并吸引更多专业人士。截至目前，医学领域“答主”5 028人、教育领域“答主”4 366人、职场导师3 371人、科研科普工作者1 881人。在明星带来了大量流量和关注的同时，分答更加关注于各垂直领域内专业知识服务建设。

分答的游戏规则

果壳网的分答与知乎的值乎、知乎Live类似，都是对知识变现、知识共享模式的探索。分答的游戏规则并不复杂，有三个角色设定：回答者、提问者和偷听者。回答者只需要说明自己擅长的领域，然后设置付费问答的价格，该价格规定为1～500元，感兴趣的用户可以付费后对回答者进行小于等于50字的文字提问，最后答主通过小于等于60秒的语音来回答问题。此外，用户还能付1元钱来偷听其他人提出的问题所得到的答案。被偷听一次，提问者与回答者分别得到0.5元。所以回答能赚钱，提问也能赚钱。

分答的收入分配机制增加了信息的价值，分答中信息接收者被区分成了两种身份。首先提问的人是一种付费悬赏模式，当回答完毕内容沉淀下来之后，旁听者就进入了付费看答案的形式，对问答双方都给予激励，问题和答案能给问答双方都带来“睡后收入”。

在互联网时代，技术让知识分享不再拘泥于课堂，甚至可以学到很多在课堂上永远学不到的独家经验，这无疑是一次变革。首先，知名人士在分答上借助“粉丝经济”获得较多收听者和提问者，通过分享自己的知识、经验和人生故事，传道授业解惑，不可谓不是功德一件；其次，通过分享让粉丝更加了解自己，也是吸粉、增粉的大好机会；最后，他们还获得了知识转化而来的经济报酬，可谓“一石三鸟”。对于普通人而言，在分答上也许关注度没那么高，但可以将自己的分答链接转发至朋友圈，通过熟人互动，分享自己的专业知识、生活小窍门甚至是育娃经等。

提问和回答的本质是思考。有时候提出一个问题比回答一个问题更重要，尤其是在分答这一平台上。提出一个好问题，偷听的人多了，“你睡了，你的问题还在为你赚钱”的梦想也就实现了。那么如何向分答提出好问题呢？首先问题要简单易懂，覆盖人群广；其次问题要有一定的针对性、代表性，并尽可能有趣。

诞生之初的走红、盈利模式的不明朗以及国人为知识付费的习惯尚未养成，让分答饱受争议，有人认为它是昙花一现，是朋友圈的又一爆款，也有人比较乐观，认为是一次知识变现的成功尝试。无论是何种结局，都有待时间检验。但只要人类的求知欲不减，对知识分享模式的探索就会一直向前。

分答保持着每日不少于一个版本的迭代频率，iOS完整版也于2016年6月26日上线，包括限时重录、过期免费答以及追问等一批系列优化体验的功能也已经火热上线。未来，分答答主可以根据意愿开通语音服务，为用户提供更加丰富和持续的知识服务。

除了个人答主以外，目前已有超过800家机构用户申请入驻分答。针对机构用户的特殊需求，分答已经开发了专业工具版。

分答的产品迭代和运营

最小成本精益迭代

据分答产品总监朱晓华透露，创立分答的想法产生于讨论轻量化知识交换平台的过程中，姬十三想做一个语音问答平台，从确定要做到产品正式上线，中间只用了一周时间。第一版分答非常简单、简陋，只有最基本的提问和偷听功能，而且还有不少漏洞，但这并不影响产品上线和验证用户需求。以最小成本、最短时间做出一个最小化可行性产品（MVP）是精益迭代的核心之一。

在创业时大部分的想法都来自于创始人的灵光一闪，大部分情况下投放到市场上验证时会发现用户并没有需求。创业者的时间、精力有限，要让验证的周期尽可能缩短。用最小成本做出一个 MVP 可以尽快验证出用户的需求是否靠谱。如果用户反馈很好，就可以继续加大投入，如果用户反馈有问题，也可以及时调整，避免浪费更多精力。

分答上线后团队马上邀请了一部分“在行”之前积累的行家，在部分渠道放出这个产品，由于产品本身具有一定的趣味性、传播性，很快在朋友圈里流行了起来，用户的快速增长也超出了团队的预期，进而团队全力投入到了产品迭代中。在上线之后，分答团队基本上保持每天发布至少 3 次新版本的节奏进行更新。

除了精益迭代的团队认知之外，产品形态的选择也是产品能够快速迭代的基础。分答第一版的产品形态不是基于手机客户端的，而是在微信环境内使用的一个 H5 页面，并通过服务号完成通知、支付等服务。比起直接开发手机客户端，基于微信服务号进行开发有几个非常明显的好处：

1）用户使用成本低：不需要下载客户端，打开网页就可以使用。

2）开发成本低：如果针对 iOS、Android 两大阵营的客户端进行开发直接导致双倍工作量，而且还有各种适配。

3）迭代成本低：不需要在去应用市场提交新版本后，让用户下载安装包进行更新，在服务器端直接进行更新就完成了迭代，完全无感迭代。

尽可能降低用户使用门槛

为了降低用户使用门槛，分答做出了两个最重要的创新——“60 秒语音回答”和“偷听收益问者答者平分”，这两个核心的变化，把整个产品的玩法都改变了。

在沟通门槛上，见面＞电话＞短信＞微信文字＞微信语音，分答一下子把沟通形式从门槛最高的见面变成了微信语音。而且对于一些明星、网红的粉丝来说，能听到他们的声音就会感到很亲切、很真实，这也是分答为什么把广告语从“值得付费的语音问答”变成“上分答，听他亲口说”的原因。而且更巧妙的是，分答对回答语音进行了 60 秒的长度限制，这有几个好处：

1）回答者成本很低，比打字轻松。

2）由于时间短，回答者会有意识地提炼出精华。

3）提问者知道只有 60 秒，不会对内容的深度有过高期望。

这个 60 秒的限制，可以媲美当年微博通过 140 字的限制降低门槛，让原本只有一些有写作能力才能玩转的博客，一下子成为每个人都可以参与的产品，于是微博迅速火爆起来。360杀毒通过降低付费使用正版杀毒软件的门槛，把自己装在了几亿台电脑上。安卓系统通过让手机厂商免费使用，占领了手机系统83.7%的份额。在平衡体验甚至优化体验的基础上，这种使用门槛的降低带来的红利是巨大的。有不少群众被分答吸引的一个原因是有王思聪、章子怡、佟大为、汪峰、papi酱、罗振宇这样的数百位明星大V进驻，这给分答带来了巨大的曝光度。分答在人脉和业务拓展上做得不错，但你有想过吗，一模一样的团队，也就意味着一模一样的资源，为什么"在行"时期没有这么多明星和大V过来站台呢？

这确实是因为分答的门槛真的很低，不需要填资料，不需要专门拿出时间线下约见，只需要在碎片化的时间里，拿出几分钟回答一下粉丝的问题，加上"在行"团队已经有的人脉资源，分答约明星来回答问题，很容易就可以拓展。

让所有参与者共赢

在知识传递的体系里，有两方角色，一方是知识贡献者，一方是知识接收者，分答利用"偷听收益问者答者平分"这个机制，巧妙地实现了两方共赢。首先，分答让问答加入付费这个门槛，因为需要付费能够筛掉一批伸手党和劣质的问题。由于提问需要付费，提问也会更加认真，这过滤掉了很多比较低级的问题，问答环境会舒服很多。有金钱回报会让回答者有动力，即使赚钱不多，也有知识被尊重、有价值的感觉。

其次，分答把知识接收者分成了提问者和偷听者两个角色，偷听者可以偷听他人的问答，极大地扩大了知识分享的范围。而之前"在行"的"吱"及"大弓"产品，提问和回答都是点对点的，知识传播的效率其实很低，如果行家面对类似的问题，还需要不断重复地回答，成就感会很快降低。而偷听功能减少了回答者的重复劳动。最重要的是，来自每位偷听者的收益会由提问者和回答者平分。想到有可能赚回提问费，提问者的积极性大大提升，同时还降低了提问的心理门槛。

由于会有后续收入，提问者也会很积极地把问答链接分享到朋友圈和微信群里，这样也为分答平台带来了更多的流量，带来了更多的偷听者，也增加了回答者和提问者。

同时作为一个号称"打造知识型网红""躺着就能赚钱"的知识分享平台，各种知识型大V也许为了试试这个有趣的产品，也许为了让自己在才华榜上有个位置，纷纷开始在个人朋友圈、公众号里推广自己的分答二维码。

由于这些大V本身就是各自领域的KOL（关键意见领袖），他们推荐的产品会让粉丝更跃跃欲试。粉丝们平时只能被动接收推送文章，现在花10元左右就可以向欣赏的大咖提问，说不定还能赚回提问费，于是不少粉丝开始使用分答。提问者、回答者、偷听者这三者利益共赢、彼此获益，分答的用户和内容生态就这样自运营起来了。

聚焦核心功能优化

对于分答来说，满足用户需求最核心的流程是什么？就是用户发现自己感兴趣的行家和问题，然后进行提问或偷听。所以在分答的24天迭代中，主要功能的迭代都围绕在这个核心周围，而不浪费时间开发一些无关紧要、花里胡哨的功能。具体体现在以下几方面：

1）才华榜、新晋榜、搜索、收听、生成个人二维码、大V身份认证等都是为了让用户更好地发现感兴趣的人。

2）限时免费听、6小时免费听、值得一听、我听、问题置顶、问答精选等都是为了让用户更好地发现感兴趣的内容。

把最有限的资源，投入在最核心的战略上！

尾声

分答也存在一些局限：

1）是否违背互联网“开放共享知识”原则？

互联网因其开放、免费的特性，近年来获得了飞速发展，它是人类最伟大的发明，使得知识不再是处于社会顶层的极少数人才能掌握的资源，而分答的知识付费模式的这种封闭的态度与互联网精神背道而驰，使得知识只在这个“精英”小圈子里传播。

2）严重的信息不对称。

目前用户在分答上的回答流程是这样的：提出问题—付费—得到回答。回答者的回答时间只有60秒，很难保证问题得到清楚的回答，回答的专业性也无法保证。即使用户对回答结果不满意，也没有清晰的判责标准和申述途径，要想得到更加细致的回答只能继续付钱。这种严重的信息不对称使得提问的专业性降低，回归到了一般性的猎奇、无聊的话题。

3）娱乐化。

60秒的回答时间限制使得回答者很难清楚地对提问者进行解答，使得用户还是倾向于在同类型竞争平台知乎上进行提问，而分答的回答者则以明星为主，提问主要是八卦问题，不断趋于娱乐化。为了改进这一问题，分答推出新举措，吸引机构入驻，并吸引更多专业人士加入答题行业，在利用明星效应带来大量流量的同时，更加关注各垂直领域内专业知识服务建设。

4）用户留存。

分答能在知识变现的路上火多久是不少人担心的问题，分答中网民比较关注的大多是明星、网红、大V的隐私和八卦问题。值得注意的是，王思聪在分答上回答了32个问题后便销声匿迹。网红答主容易流失，网民的新鲜感也会逐渐降低。依靠明星、网红赚热度、吸引眼球，很难维持用户对平台的黏性，待新鲜感降低后，分答的处境就比较尴尬了。回答者是知识变现平台的核心，让回答者保持高度活跃，从而提高提问者、偷听者的黏性是一个趋势。从知识变现的路径来看，分答现在的根基是网红，以后应该是行业专家。知识变现平台接下来将会聚焦在行业大V用户的资源争夺上。

问题

1. 以娱乐化的方式引爆朋友圈的分答，在没有明星和网红关注后，逐渐归于平静，知识付费模式该如何转型?

2. 受邀答题者在应答后就会获得“赏金”，而答题质量却没办法保证，答题者应付回答，提问者对回答不满意，从而造成用户流失，这一问题该如何解决?如何评估答题质量?如何构建提问者与答题者之间良好互动的生态系统?

参考文献

［1］分答密码：知识时代的网红物语. http://www.tuicool.com/articles/yQbyU-rA.

［2］知识共享变现的春天是否来临?. http://media.people.com.cn/n1/2016/0606/c40606-28413417.html.

［3］分答快速圈钱背后：盈利模式前景难料. http://money.163.com/16/0618/05/BPQQAJ9A00253B0H.html.

28. 速途网络——打造中国领先的“新媒体生态运营商”

创业格言：新媒体生态链条中最重要的两大核心资源是做好内容的人和有影响力的渠道。

主角：范锋，速途网络 CEO

摘要：桌面互联网向移动互联网转移已不再是趋势，而是现实。以微信为平台的移动互联网生态正在催生新媒体和新营销的业态变革。移动新媒体和网络营销正在成为移动互联网的风口之一。速途网络自成立以来一直不断创新，坚持在新媒体运营和内容营销方向上积累和沉淀。速途网络旗下微媒体联盟，最早开创自媒体联盟模式，目前也是国内最大的自媒体联盟，是国内最具代表性的新媒体领域的风向标之一。十几年来，每一次媒体新业态的变革（门户网站、搜索引擎、网络视频），均在 3～5 年的时间里，发展成为百亿元以上市场。移动新媒体为速途网络带来了广阔的发展空间，在未来三年里，速途网络瞄准百亿元市场蛋糕，致力于成为中国新媒体和网络营销领域的创新者和领导者。

关键词：新媒体运营；生态圈；内容营销

引言

范锋毕业于中国人民大学，管理学博士，多年来他一直致力于网络营销的研究、培训和实践工作，是国内最早提出网络公关概念和方法体系的专业人士。早年服务于南方报业传媒集团、《经济观察报》。2003—2004 年，服务于西岸奥美公司，任客户总监。2004—2008 年，任天极传媒集团副总裁兼总编辑，分管内容和市场。2005 年担任中国互联网协会网络营销工作委员会副秘书长，2009 年再次当选。2009 年 4 月，范锋创立了速途网络。

2015 年 5 月，速途网络挂牌新三板，在当日给员工的内部信中，范锋除了感谢社会创业环境、感谢新媒体时代、感谢股东以及感谢员工的努力奋斗外，还提到，企业发展的根基是业务，而不是单纯的所谓资本运作。新媒体、新营销的发展前景广阔，媒体正从过去的中介价值逐步转向推动“互联网＋”企业前进的发动机，这也是包括速途网络在内的不少新媒体公司能成为风口的根本原因。

背景

速途网络成立于2009年，是中国领先的“新媒体生态运营商”，主营业务包括新媒体产品与服务、内容营销服务、新媒体营销平台业务三大业务板块，具有业内领先的新媒体全生态链服务能力。

目前，速途网络旗下拥有微媒体联盟、微社群联盟、媒界PRAD等知名新媒体业务品牌，其中微媒体联盟已成为国内最大的微信自媒体联盟之一，覆盖互联网、汽车、娱乐、教育、游戏等几十个行业，拥有创意社、互联网新鲜事、心理测试、速途网、电影天堂、娱乐大爆炸、每日瑜伽等500余个知名微信公共账号，每天贡献超过100篇优质原创内容，同时入驻今日头条、百度百家、网易新闻、搜狐新闻等多个移动客户端平台，覆盖移动端用户超过一亿人。

速途网络在2014年获得达晨创投A轮融资1 000万元，2015年6月，速途网络完成B轮融资，为近年新媒体领域较大的一笔投资。2015年5月，速途网络挂牌新三板。速途网络致力于成为中国领先的“新媒体生态运营商”，这也是业内首次有企业提出“新媒体生态运营商”概念。速途网络具备新媒体营销的全产业链综合服务能力，并在各类服务中体现出不同于传统媒体公司的核心竞争力，是中国领先的新媒体生态运营商。

新生态：移动新媒体＋内容营销

2015年，自“互联网＋”概念出现以来，线上线下融合，整合构建生态成为众多行业的关键词。而在媒体行业，以微信自媒体平台、微博平台、今日头条平台等为代表的移动新媒体早已打破了大众媒体时代垄断的话语权，信息传播呈现即时性、互动性、去中心化等特点，传统媒体向移动互联网转型，与新媒体融合，已是大势所趋。

基于媒体行业的显著变革，广告与内容营销行业开始融合，由企业主、新媒体运营商、新媒体营销服务商、消费者等所组成的新媒体生态圈开始出现。同时，由于互联网营销传播途径的改变，企业广告主的需求更加精准，从单纯的广告推送，发展至希望与消费者建立强关系，并追求频繁互动，积累粉丝，而此类需求对于内容的要求变得更高。

速途网络致力于成为中国领先的新媒体生态运营商，强大的内容营销策划及传播能力是其核心优势之一。速途网络帮助联想控股开通并代运营官方微信账号——联想控股微空间，创意和编写新媒体栏目及内容，策划“千人提问柳传志”活动，用创新形式解读联想控股及成员企业管理方法论，荣获由《中国新闻周刊》、财视传媒、新榜联合评选的“2015 企业级自媒体价值榜 TOP15”荣誉。

公司拥有每天超过 100 篇各类高品质原创文章的策划、撰写能力，可策划与生产大批量创意和针对性较强的新媒体内容，对于优质内容产出的能力底气十足。这底气来源于哪里？速途网络核心高管团队均为资深平面与网络媒体和营销人士，拥有十年左右的平面媒体、网络媒体及市场营销从业经验，媒体圈人脉资源深厚，如资深媒体人荀冠龙、胡明沛都在速途网络身居要职；同时，速途网络是一家年轻人挑大梁的公司，“90 后”员工占比超过 65%，有着各种奇思妙想、能量爆棚的“90 后”骨干员工遍布公司各个部门，这也是速途网络优质内容的能量源泉。

就是这样一只充满活力又不失沉稳的生力军，获得了很多大企业的认可。速途网络的主要客户包括联想控股、奇虎 360、阅文集团、美团、神州专车、奇酷手机、路路达润滑油、蓝色光标、爱奇艺、腾讯、彩生活、搜狐、用友、京东、红星美凯龙等。

新媒体生态运营商：“运营”必须够强大

传统的广告公司或者公关公司，绝大多数不具备自有渠道，常见的模式是与媒体签订框架协议，提升对于渠道的议价能力，再将这些资源推荐给客户赚取差价。而在移动新媒体时代，单个知名微信公众账号的粉丝数量就相当于一档电视节目的观众数量，或者一家平面媒体的发行量，影响力可想而知。如果一家新媒体公司运营着数百个微信公众号，其可能爆发的能量难以估量，这也是新媒体生态运营商与传统服务商之间的最大区别。

速途网络旗下的微媒体联盟为目前国内最大的移动新媒体联盟之一，覆盖互联网、汽车、娱乐、教育、游戏等几十个行业，运营超过 500 个微信公众号，覆盖移动端用户上亿人，是目前国内覆盖粉丝最多、行业最广的专业自媒体联盟之一。

速途网络构建了新媒体生态链条中最重要的两大核心资源，即做好内容的人和有影响力的渠道。不可忽视的是，由于拥有自运营新媒体渠道，速途网络的内容营销业务不再 100%依赖于第三方媒介渠道，再加上将自有资源销售给传统的广告、公关公司所获得的收入，企业利润率显著提升。

数据显示，速途网络旗下微媒体联盟（见图 28 - 1）服务超过 1 000 家企业客户、广告及公关公司等中介渠道。2014 年度、2015 年度，速途网络分别实现营业收入 3 002万元、6 319.7万元，2016 年上半年营业收入为 4 308.84 万元，净利润为1 033.62

万元。公司员工400余人。

图 28－1 速途网络微媒体联盟

资料来源：速途网络申请挂牌新三板，首提“新媒体生态运营商”概念. http://www.csdn.net/article/a/2016-02-02/15834985.

速途网络旗下微社群联盟也颇具规模，该产品以群内互动维护、线上线下联动为形式，以新创意、新玩法、新交互为手段，沉淀了巨大的线上线下精准人脉网，实现了有信任、有参与、有互动、有反馈的新推广爆发力，具备最新锐的互动式新媒体运营能力。目前微社群联盟活跃用户超过50万人，是中国最大的微社群联盟之一。

平台化：新媒体生态发展的关键

区别于传统广告的排期模式，目前在网络广告、视频网站广告领域，已经出现了广告投放平台，广告主可以选择在资深用户所喜爱的网站页面或者视频节目中投放广告，提升广告的精准性。而在新媒体领域，平台化趋势也已经显现，甚至可能成为新媒体生态发展的关键因素。

目前，互联网新媒体自身汇聚了大量流量和人气，具备较高的广告价值；但对于广告主来说，投放新媒体广告的效果难以评估、执行时间不好掌握等问题也确实存在。这时，平台的价值就凸显出来，平台能够让广告主快速找到资源，各类信息生产者、信息消费者得以连接，海量信息在其中相互激荡，推陈出新，形成了世界上最复杂多元、最生机勃勃的信息生态系统，也让新媒体广告模式更有效率。

速途网络在平台方面早有布局，速途网络分三期开发了拥有自主知识产权的平台技术，包括微媒体商务服务平台、微信技术服务平台以及PRAD新媒体检索平台，在业内居于领先地位。

用速途网络的话说，PRAD平台就是新媒体领域的“淘宝”，其界面见图 28－2 所示。该平台提供新媒体资源检索功能，广告主可根据不同行业、地域、兴趣等细分标签对微信公众账号、微博、微社群、移动客户端等各类新媒体进行选择，降低渠道执行成本。根据不同品牌或产品的推广需求，平台还提供不同的营销模式，并自动匹配相关度高的媒体进行投放，做到传播推广的精准性。

图 28－2　PRAD 新媒体检索平台界面

值得一提的是，速途网络还具备数据分析及研究能力。速途研究院是速途网络旗下的基础数据研究机构，创立于 2012 年，对电子商务、网络广告、互联网、移动互联网等众多领域进行深度研究。

拥有独立研究机构，有助于速途网络及时把握行业走向，为广告主提供更为合理的营销建议，对于行业以及速途网络营销平台的发展起关键作用。同时，新媒体平台发展还存在不确定因素，增值服务和收入模式还需要进一步挖掘。

三大驱动力推动速途网络发展

Forever Young：年轻就是未来

当看到 70 多岁的鲍勃·迪伦（Bob Dylan）一次又一次登上舞台，唱起“Forever Young”的时候，我们免不了热泪盈眶，为老爷子的不老之心由衷赞叹，也怀念自己那些宝贵的年轻岁月。

速途网络所拥有的就是一支“Forever Young”的活力部队！据说在速途网络，业绩最好的销售团队平均年龄只有 26 岁，而这个销售团队一年能够贡献超过 3 000 万元的营收，这在新媒体行业内十分引人侧目。

“很多人都说现在的年轻人不够勤奋，不够努力，但是我在速途网络看到的并不是这样，这些年轻人一个人就能为公司贡献几百万元的销售业绩，新媒体行业，就是一个创造奇迹的行业。”速途网络副总裁兼华南办总经理刘敏华这样表示。

在速途网络，“90后”骨干员工成为速途网络内容创意的来源。那么，“70后”“80后”就老了吗？并不是，所谓三十而立，四十不惑，这些人在速途网络是定海神针，但也都说自己是“90后”，并把自己的办公室命名为“暴走少年”“闪电侠”等，活力十足。其实，速途网络核心高管成员均为资深媒体和营销人士，拥有十余年传统媒体、网络媒体及市场营销从业经验，熟悉网络媒体产品形态、传播规律以及各种技术手段，并拥有深厚的产业背景和深厚的媒体圈人脉资源。

不知疲倦、勤奋和热爱是速途网络的核心信条

对玄幻网络小说感兴趣的人都知道南派三叔，他的文字天马行空，很多粉丝都痴迷于他的天赋异禀，但往往忽略了他超乎常人的勤奋以及对于写作的热爱。他每天更新8 000字，坚持很多年，即便在他的儿子和女儿出生的那天，也是如此。

而和很多互联网公司一样，速途网络加班也是常态，这群人的勤奋以及对行业的热爱让人印象深刻。以速途研究院为例，自成立以来，速途研究院发布超过500份数据报告，产量颇高，其中有很多报告受到行业广泛关注，得到国内各大媒体的转载和引用。

而负责新媒体运营的人员更是365天全年无休，只为每天能够为广大粉丝奉献优质的文章；负责内容营销的人员更是只能跟着客户的时间转，比客户上班早，比客户下班晚；随便一个创意需求，就能使设计的小伙伴们忙到半夜。

速途网络旗下拥有百万粉丝的微信公众账号“创意社”主编梁闪闪曾说：“每一个热爱生活的人，都值得被温柔对待。”的确，一群有着大脑洞而且特别勤奋的年轻人，有谁不喜欢呢？

谁说程序员玩不转新媒体？

很多人认为媒体和技术并不相干，但速途网络从成立之初就有自己的技术团队。早在2009年，速途网络所用的内容发布系统就是由自有团队开发；而时至今日，速途网络不仅分三期开发了拥有自主知识产权的新媒体平台，甚至其内部所用的OA系统，也都出自公司技术团队之手。

据介绍，速途网络自主研发的微媒体商务服务平台（vmt-mall）可为微信公众账号所有者提供商务推广服务，主要功能包括：账号发布及管理，账号信息自动采集，业务统计，商务流程管理；微信技术服务平台（vmt-center）系统功能采用模块化结构，可为微信公众账号提供平台化的服务，同时为企业提供微网站、微商城、微信在线客服、营销等多种服务。

值得一提的是，速途网络内部孵化的项目“媒界PRAD”，起初定位于打造新媒体领域的“淘宝”，而后由于业内同质化严重，团队迅速转变思路，转而专注于提供新媒体资源检索功能，打造“公关人必备的新媒体刊例”。此外，速途网络还于2016年成立了北京助力互联信息技术有限公司，主要专注于新媒体技术服务，如H5网页制作、微信端开发等。

年轻、勤奋、创新，三个最简单的词构成了速途网络前进的驱动力。

尾声

截至2016年6月30日，速途网络上半年营业收入为4 308.84万元，同比增长68.28%；净利润为1 033.62万元，同比增长336.26%。其中，新媒体产品与服务类收入快速增长，同比增长169.40%，占总体营业收入总额50.28%；内容营销服务收入同比增长18.56%，占营业收入总额47.17%。同时，速途网络净利润大幅提升。半年报显示，速途网络净利润比上年度同期增长336.26%，已经超过2015年全年利润总和。在报告期内，公司毛利率由43.35%上升至49.93%，盈利能力明显提升。

作为业内领先的新媒体生态运营商，速途网络2016年上半年在新媒体多个细分行业也进行了布局。半年报显示，速途网络相继成立了VR新媒体事业部、速途娱乐事业部、趣玩车新媒体事业部等多个部门，推进垂直领域布局，并有望成为未来公司新的营收增长点。

值得一提的是，速途网络已于2016年6月成立网红工作室，它将成为速途网络2016年下半年着力发展的重点业务。

此外，2016年上半年，速途网络也获得了业内多个奖项。速途网络微社群联盟荣获由清博大数据·新媒体指数和NewMedia联盟颁发的“2015最具影响力社群”称号；由速途网络参与的“联想控股微空间”（联想控股官方微信）运营传播案例荣获第十二届中国最佳公共关系案例大赛“社会化媒体传播管理类金奖”；在中国国际公共关系协会（CIPRA）发布的《中国公关关系业2015年度行业调查报告》中，速途网络入选最具成长性公司TOP10榜单。

速途网络董事长兼CEO范锋表示：“2016年上半年，速途网络保持了一贯的创新力和执行力，在包括网红、VR、汽车、娱乐等多个细分领域展开布局，同时保持了公司核心业务的高速稳定发展，为迎接新媒体市场的寡头格局时代做好准备。”

但是，新媒体企业如何不断地保持热度吸粉，同时又提高用户的活跃度，并采用人工智能、深度学习、增强学习的方法充分利用大数据资源，是速途网络下一步需要考虑的问题。

问题

1. 新媒体运营重在“新”，运营模式的可复制性很强，需要不断创新，速途网络该如何不断推陈出新，保持平台的创新性？

2. 在大数据时代，数据成为企业的重要资产，速途网络应如何有效地积累客户的数据？这些数据又能给企业带来什么？

参考文献

[1] 速途网络申请挂牌新三板，首提“新媒体生态运营商”概念. http://www.csdn.net/article/a/2016-02-02/15834985.

29. 微盟——微信第三方服务商的发展

创业格言：站在“台风口”，就是一头猪都能飞起来。

主角：孙涛勇，微盟创始人兼 CEO

摘要：随着微信迅速席卷移动互联网，第三方微信平台的数量也迅速增加。所谓第三方微信平台，无非是借助于微信提供的接口服务，设计出适合中小企业的微信营销平台。微盟从 2013 年成立以来，相继完成三轮融资，成为目前中国境内最大的微信第三方开发服务商。同时建立特有的三级分销功能，帮助客户完善微信营销体系，给企业提供完整的移动电商解决方案。微盟已形成一套相当成熟的一站式服务模式。广大中小企业通过微盟可以低成本轻松快速地建立移动电商平台，并通过微盟提供的营销工具及推广渠道，快速获取优质流量和潜在客户。而到达商家平台的客户及消费者，通过微盟提供的在线客服、在线支付等一系列工具，轻松实现有关商品及服务的洽谈和交易。

关键词：微盟；解决方案；分销渠道

引言

做过微信的人都有一种感觉，微信上的公众号界面实在过于简陋，在底部加一条菜单看上去高级一点，但也无法摆脱早期互联网风格。

原本在一家医院做运营的孙涛勇，因为看到这一趋势而在 2013 年创立微盟。经过几年的高速发展，微盟已从 16 人的创业小团队发展到近 1 500 人，由最初的微信第三方开发服务升级为一家多元化移动互联网公司。2015 年 4 月，微盟推出移动社交电商平台萌店，不到一年时间吸引超过 2 000 万注册用户，月交易流水超过 5 亿元。截至 2015 年年底，微盟全球代理商突破 1 225 家，入驻商户超过 170 万家，成为目前中国境内最大的微信第三方开发服务商。

2014 年 7 月，微盟完成 A 轮融资，融资金额为 3 000 万元人民币。2015 年 4 月，微盟完成B轮融资，融资金额为1.5亿元人民币。2015年11月，微盟完成C轮融资，融资金额为5亿元人民币，由海航资本领投。微盟借此完成战略升级，微盟业务由微信第三方开发拓展到移动社交电商平台、O2O、全球购、移动社交广告平台和互联网金融等多项业务。

当前公司旗下的主要产品有：微盟、萌店、iWork365等。其中萌店是基于移动端的C2C微商平台，以“直销＋信任经济＋共享经济”的模式帮助微商快速建立分销渠道，让粉丝主动传播和宣传产品。iWork365是基于微信企业号，向企业级用户提供快捷审批、考勤签到、悬赏招聘、请假报销、企业邮箱、通讯录及微名片等多项管理应用于一体的社会化办公协作平台。

微盟是公司的主营产品，是微信第三方开发服务商，致力于帮助传统行业向移动互联网行业转型和升级，基于微信、微博等移动社交媒体为企业提供开发、运营、培训、推广的一体化解决方案，主要功能是针对微信商家公众号提供与众不同的、有针对性的营销推广服务。通过微盟平台，用户可以轻松管理各类微信信息，对微信公众账号进行维护，开展应用智能客服、发在线优惠券、抽奖、刮奖、发会员卡、打造微官网、开启微团购等多种活动，对微信营销实现有效监控，极大扩展潜在客户群，实现企业的运营目标。微盟平台很好地弥补了微信公众平台本身功能不足、针对性不强、交互不便利的问题，为商家公众账号提供更为贴心的满足核心需求的功能和服务。发在线优惠券、抽奖、发会员卡等推广服务更是让微信成为商家推广的利器。智能客服的可调教功能让用户真正从微信烦琐的日常客服工作中解脱出来，真正成为商家便利的新营销渠道。

背景

微盟成立于2013年4月，是一家专门从事移动互联网技术服务的公司，为客户提供以开发、运营、培训、推广为一体的移动电商解决方案，包括微电商、智慧餐厅、智慧城市、移动广告、移动办公等。其中微电商解决方案通过“直销＋信任经济＋共享经济”的模式，致力于为零售业提供全渠道的电商解决方案，通过自建商城以及社会化分销平台（SDP）帮助企业搭建新一代的微电商销售体系，实现线上线下互通，去中心化流量聚合，客户和粉丝沉淀，助力企业快速步入移动电商时代。

微盟的愿景是做一家伟大的互联网公司！始终奉行诚信、敬业、合作、创新、专注极致、快速迭代、拥抱变化、客户第一的价值观，秉持一切以客户成功为基准的经营理念。自成立以来获得诸多荣誉，2014年，被WeMedia评为最佳微信第三方服务商，获中央电视台关于《微服务兴起　体验智慧生活》的专题采访，同时成为腾讯广点通首批微信服务商。

什么是微商?

在微盟 CEO 孙涛勇（见图 29－1）看来，我们对于微商的认知存在很大的问题，拿“朋友圈代购”当微商十分片面，而这一模式必然会遭遇更迭。未来，移动社交才是微商的核心，而 C2C 微商将成为 B2C 微商的个人分销商。也是基于此，他对微商的前景始终抱有乐观的态度。微盟借着微商的大势来创业，风口的力量让其可以快速发展。在微商刚开始出来时，有人存在一些质疑，也有人存在着期许。

图 29－1　微盟 CEO 孙涛勇

在孙涛勇看来，我们对微商的认识还存在几点误区。很多人认为微商是在朋友圈卖货，这个说法是片面的。微商等于微店，等于微商城，这些同样都是片面的理解。微商是企业或个人基于社会化媒体开店的新型电商，是一种社会化的电商，简而言之就是移动社交电商。为了便于理解，可以把微商分为两种，一种是基于微信服务号的微商，我们称之为 B2C 微商；另一种是基于朋友圈开店的微商，我们称之为 C2C 微商。真正的微商，应该是移动社交电商，应该跟淘宝一样，既有淘宝集市也有天猫平台。

C2C 刚出来的时候，业界质疑声很大。现在很多在朋友圈开店的人，也是借助了朋友圈的红利期，暴力刷屏，破坏了我们的用户体验。很多产品质量低劣，以假乱真，以至于现在有很多人说微店是“伪”店。很多个人用户不太注重自己的长期信用，把假货拿来卖，导致了信用缺失。同时还存在没有维权机制、产品同质化严重、用户没有选择权等一系列问题。

C2C 除了对用户来说是一种损伤之外，对品牌来说同样是一种损伤。一是它们面临的最大问题是假货冲击。品牌都希望用户买到真品，但是现在存在很多代理商卖假货的现象。二是价格不稳定。现在整个渠道体系非常混乱，每个人可以自由定价，没有一个标准化的价格管控体系。三是管理不系统。很多微商品牌管理十几个代理商，下级代理商由上级代理商管控，品牌完全接触不到终端的渠道和消费者。四是售后服务不完善。通过朋友圈卖东西，品牌跟终端消费者无法建立连接，导致售后服务不完善。

在孙涛勇看来，C2C，也就是朋友圈卖货，必然会遭遇洗牌。这种形态一定会存在，既然现在人人可以收发快递，人人可以卖房，那么人人也可以做电商。未来基于朋友圈信任的推荐是非常有价值的，但是B2C微商才是真正的未来，C2C微商将成为个人分销商，因为C2C不具备好的货源渠道和质量保证。但是现在很多较大品牌，比如韩束、植美村等，开始进入微商领域，这些真正有品牌、有质量保证的商家正在发展自己的个人分销商。

整个B2C微商成熟的基础条件，一是要有一个完善的基础交易平台。淘宝有一个完善的交易体系，而微信里面暂时是没有的。二是需要完善的社会化分销体系。现在这个体系非常乱，很多微商品牌分销体系已经接近传销的界限了。三是完善社会化客户关系管理系统，系统地管理企业会员。四是建立完善的售后维权机制，与消费者直接沟通。

公司的主要业务和服务模式

微盟的核心思路可以概括为四个环节：吸粉、沉淀、交易、服务。企业要想经营自己的微店，首先要吸粉，通过微信吸引企业粉丝，并为此提供一套完整的解决方案。二是客户的沉淀，微盟也提供了一套对应的系统。很多人把关注者当成粉丝，其实这不是粉丝，需要层层渗透。三是构建完整的交易平台。四是构建一套完善的售后维权服务机制。

在这个过程中，首先要搭建一个独立的微信商城，企业可以在商城中很方便地建立店铺，进行支付管理等。同时，也有会员中心并开放大量营销插件，提高粉丝活跃度。此外，也提供了数据魔方和开放平台，同时开放了一个接口，便于企业已有系统的接入。

目前最核心的一步，就是帮助企业吸引粉丝和帮助新型的电商、微商构建社会化分销体系。微盟有三个角色：一个是供货商，主要是品牌商、厂商；一个是分销商，主要是经销商、代理商、批发商、加盟商和直营店；一个是微客，主要是粉丝和消费者等。

这就是微盟整个SDP平台的模式。后台系统可以建立无数个分销商，可以是你之前已有的代理商，也可以是零售门店，特别是传统零售行业，劣势其实是在线上，优势是在线下。供货商可以给每一个分销商开一个独立的后台，其中有一个二维码管理系统，可以针对不同的分销商分配不同的二维码。当消费者通过引导来扫二维码或者购买商品的时候，消费者进入的是品牌商的统一后台，而不是分销商的后台。每一个分销商也可以发展和管理自己的粉丝、订单，并且永久参与分成，这很好地解决了供货商和分销商之间的利益分成问题，从而实现线上线下一体化。

同时，微盟也引入了“微客”的概念。微客把商品分享到朋友圈，如果微客的好友通过链接购买了商品，微客就可以直接拿到佣金。在这样的体系下，大量的微客就会主动帮品牌和厂商做宣传，如果平均 1 个人可以影响 250 个人，那么未来的概念也就是人人电商的概念。

对于微商而言，正确的主张是分享而不是销售。微商现在面临的第一个问题就是销售方式问题。现在朋友圈卖货主要依靠不断刷屏，这种行为会极大影响客户体验，相反，应该鼓励的是分享的行为。比如说我发现了一些有创意的商品，当我分享给朋友的时候，朋友看到非常喜欢，马上进行购买，这才是分享。纯粹的销售是不长久的，需要对经销商渠道进行良好的管控。

第二个是库存问题。消费者到底在哪里？他们喜欢什么？怎么跟他们沟通？利用微盟可以把顾客聚到微信里面，可以时时沟通，了解消费者的需求，从而实现按需生产。第三个是利益分配不均的问题，在 SDP 模式下，供货商和分销商的利益可以得到很好的分配。第四个是客户沉淀问题。

公司客户

截至 2015 年年底，入驻微盟的商户数已突破 170 万家，市场需求旺盛。成功案例包括良品铺子、韩后、YFAN 伊梵、廊坊万达广场、品尚红酒等，涉及电商、餐饮、汽车、房地产、医疗、旅游等多个行业。良品铺子是国内零食连锁知名品牌，微盟社会化分销平台 SDP 的接入帮助良品铺子搭建新一代微电商分销体系，实现线上线下互通，去中心化流量聚合，实现客户和粉丝沉淀。而与萌店的合作，则让更多想做却没有方法和工具做良品微电商的人有了门路。

服务渠道通路

微盟创立以来，主要通过代理商本地分销，辅以总部上海市场直销的模式开拓业务，除服务一线城市之外，更是同步深耕二、三、四线城市，由总部提供技术及产品支持，除定期更新产品外，还提供品牌建设及市场营销支持，充分利用其技术实力和品牌影响力拓展代理商业务，规模领先同业。

微盟也上线了三级分销功能，想通过佣金激励促进微客裂变发展，从而实现企业网络销售迅速扩张。其实早在微盟的三级分销功能上线之前，市面上就有很多微信的三级分销系统了。

微盟的三级分佣是商家设定一部分利润作为佣金奖励，在购买链条上，直接购买者的三个上级微客均可获得相应比例的佣金。为提升微客推广效果，微盟还对手机端微客进行了改版，新增订单、微客、客户几大模块，同时对佣金、商品、二维码和新增的各模块明细数据进行了优化。

同时微客不仅可获得自己客户的订单佣金收入，还可获得下级微客和下下级微客店铺的订单佣金收入，对于业绩突出的微客，品牌商还可将其升级为分销商，以进一步激励微客。其实微盟的三级分销功能早在很久之前就有很多系统拥有了，像 HiShop 销客多专注微信分销解决方案，三级分销、三级分佣的主打模式顺应市场趋势，同时帮助很多商家迅速抢占市场。微盟的三级分销功能如图 29 - 2 所示。

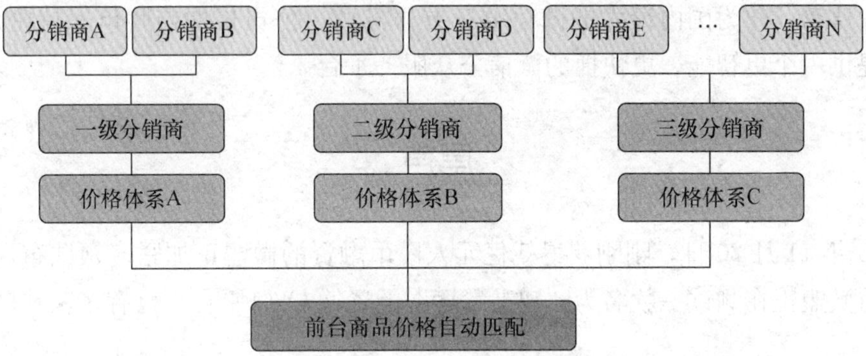

图 29 - 2　微盟的三级分销功能

三级分销功能的优点：

1）分销商管控：商家能随时随地掌控分销商的一切信息。

2）无库存积压：分销商无须压货，商家也能召集更多的人卖货。

3）利益分配公平：所有利益分配都是商家提前分配好的，公平公正。

4）客户沉淀：全渠道客户沉淀和聚合，通过微信实现个性推荐与精准营销。

三级分销功能的缺点：

三级分销功能最大的缺点就是模式的争议性，因为这种三级分销模式类似传销，再加上在微商界的不合理使用导致信誉下降，所以虽然好处很多，但是关于合法性的争议还是不可避免。

微盟的三级分销功能其实就是改变之前的一级分销模式，顺应市场三级分销的发展。对于想做这块的商家来说，与其选择入驻平台时面临诸多限制，还不如自行搭建微信三级分销商城，因为微盟三级分销功能的推出已经晚了先行者好多步，市场估计也被抢占得差不多了。

公司核心资源或技术

服务平台：微盟提供三大服务平台，即基础建设、营销互动、业务板块，助力商家微信营销。

操作简单：微盟平台的管理界面简单易用、操作方便，大量人性化的设计使一分钟开启微信营销成为可能，无须安装任何软件，全自动“云”平台，实现多账号管理，只需要简单设置即可完成复杂的微信营销功能。

功能强大：通过微盟平台，用户可以轻松管理微信中的各类信息，对微信公众账号进行维护、监控以及开展多种活动，让微信真正成为商家便利的新营销渠道，极大扩展潜在客户群和实现商家的运营目标。

专业团队：一站式管理，平台支持，拥有多年网络营销经验的管理团队。

资深背景：作为国内最大的微信第三方服务商，公司长期与腾讯保持密切合作，为商家提供一个更智能、更快捷的微信公众服务平台。

尾声

2015 年 11 月 20 日，刚刚获得 5 亿元人民币融资的微盟正加紧多领域布局。据了解，日前微盟正在测试一款名为“智慧餐厅”的餐饮 O2O 平台，已有多家知名餐饮集团参与。

微盟计划通过该平台，为商家提供包含排队取号、微信点餐、智能支付、场景营销、会员管理系统在内的一站式服务，对接商户的门店和线上营销。

与其他 O2O 平台不同的是，微盟智慧餐厅将排队、支付、营销等一系列环节整合到餐饮企业独立的微信公众号中，进而为其搭建 O2O 平台。换言之，采用微盟智慧餐厅平台的餐饮企业，将自主独立地整合自身的顾客来源，而非依附于第三方 O2O 平台，餐饮企业可借助微盟提供的各类营销工具，制定符合自身需求的解决方案，从等位、点餐、支付和会员活动等方面形成一个属于企业自身的场景化 O2O 闭环。微盟方面确认已有多家知名大型餐饮集团参与了“智慧餐厅”测试。

微信推出“朋友共享的优惠券”（简称“朋友的券”），用户在线下门店领取一张优惠券后，朋友也可在自己的微信“优惠券”中看到该券，并前往门店使用，微盟已计划将该项目融入智慧餐厅产品中。

微盟已形成一套相当成熟的一站式服务模式。广大中小企业通过微盟可以低成本轻松快速地建立移动电商平台，并通过微盟提供的营销工具及推广渠道，快速获取优质流量和潜在客户。而到达商家平台的客户及消费者，通过微盟提供的在线客服、在线支付等一系列工具，可轻松实现商品及服务的洽谈和成交。而与此同时，微盟还为广大商户提供了供应链风险管理、流量分析等一系列工具，帮助商家更好地对用户行为进行分析、对客户进行管理，更好地优化推广及业务流程，提升企业推广及营销投资回报率，帮助数千万中小企业抓住移动浪潮，低成本地实现移动O2O及电商服务。

微信已经成为移动流量的主要入口，微盟也开始逐步蚕食传统电商领域，微盟还有哪些机会？还面临哪些问题？这些都值得思考。

问题

1. 腾讯新推出了小程序的应用，基于小程序，设想微盟有哪些可以做的事情？

2. 当前，公众对于微商存在误解，认为微商就是朋友圈卖货的，针对这一现象，微盟有哪些可以做的事情？如何利用营销手段扭转微商形象？

参考文献

［1］上海晖硕信息科技有限公司. http://baike. baidu. com/link? url＝EVOyli-VurFPBD-4mPd5Bn7owNoGDRB2RRyE2mweo0cixJ51Pmg1ojWBUgfPiNi2x _ bFIRiL-qHo _ VsmfCOJBPCaPO0e5MHVDTIuqqnKxfNwF3sfnVmGtwnYX10azJfDwx9Y9RH-x58_fAKS1z4mcaiuuxCCQmNd3SOklILjI47FLaMsGdhUzHjOIemNBoZWo_KD4SrleI_FQLUto8TNW－M9w22JhdTs_xV_5Lw_iXqx5y_.

社区电子商务篇

30. 穿衣助手——电商导购市场的“搭配学院”：从“淘货”变成“选货”

创业格言：暂时的真理和永远的迭代。

主角：顾莹樱，穿衣助手创始人兼 CEO

摘要：女性作为互联网购物的主力，社会化导购“她经济”前景光明。女性消费市场的重要性已是不争的事实。随着穿衣助手、蘑菇街等导购类平台的发展壮大，涌现出一大批穿衣助手的模仿者和学习者，但是社区电商照搬照抄别人的商业模式无疑是没有前途的。选择什么样的商业模式和如何经营电商平台，成为从事社区电商的企业和创业者必须考虑的问题。本案例试图通过分析穿衣助手在社区电子商务经营方面的探索和实践，期望在社区电商的发展方向和上述问题上对相关的社区电商企业和创业者有所启发。穿衣助手在创业过程中根据客户的反馈和实际经营情况不断创新、调整其企业商业模式的行为亦足资创业者借鉴。

关键词：社区电商；PGC；创业

引言

“女为悦己者容”这句话并不全对，事实上穿着得体漂亮不仅仅是为了自己心爱的人，还可以让自己的心情变好，以更自信、更从容的状态面对生活。穿衣助手目前提供了一个功能——“明天穿什么”，把“招桃花”“求加薪”“做学霸”等生活愿望与穿衣打扮联系在一起。几乎每个女孩子都希望自己能在不同的社交场合中穿得更漂亮，更引人注目，可即使是明星都不免会穿错衣服引得八卦记者吐槽，更别说普通人了。

背景

不在于做成一件事，而在于自己的思考被精准地验证了；果断、利落，永远谨记目标，毫不纠结；顾莹樱从众多服装电商中杀出重围，短短三年，书写了一个商业神话。

1985年出生的顾莹樱绝对想不到，穿衣助手成立才两年，就梦幻般地获取了B轮融资，京东商城、祥峰投资共投入超过1 000万美元。

从小家境优越的顾莹樱，在读书上并不太用功。她以为，和考一个好学校相比，选择喜欢的生活方式更重要，这种情形在她高一那年发生了改变。

这年，父母因工作原因被调动到了另一个城市，原本在学校处处受照顾的她，进入新学校后，坐到了最后一排。顾莹樱和母亲说，黑板上的字看不清，要换到前面去坐。母亲说，你只能自己争取。好胜的顾莹樱开始发奋学习，还常帮助班主任做些管理工作。一年后，她坐上了教室最好的位置。这件事对顾莹樱触动非常大，她意识到，靠自己，才能拥有想要的。18岁那年，她以高出一本线100分的成绩被浙江大学录取。

进入大学的她，第一年就获得了校园辩论大赛的金奖。大二时由于参加创业大赛，获得国赛银奖而被保研，而且是当届最年轻的国奖得主。但狂热的喜悦还没退去，顾莹樱意外出了问题：人家邀请她辩论和参赛，她会以各种理由拒绝。她去看心理医生。医生说她拒绝是因为有了光环，害怕不能超越之前的高度，更怕万一失败了人们看待自己的眼光。

顾莹樱开始给自己治病，到处参加比赛，有失败也有成功。她发现，成功了，没人觉得她有多么重要；失败了，也没人会给她异样的眼光。大三这年，顾莹樱被选入浙大鼓励创业创新的“创管班”。她和同学在导师的引领下，创立了泛城科技，进入了互联网创业圈。在泛城科技，顾莹樱是唯一的女生，但她的果断、执行力比几个男生还略胜一筹，在处理协调问题上情商更高。在她与伙伴们的努力下，泛城科技几年内市值已估价5亿元。

到了2009年，顾莹樱研究生毕业时，泛城科技几个创始人已陆续离开，重新创业。此时泛城科技的主营项目——游戏也面临国内外大公司的市场争夺，做得十分辛苦，顾莹樱觉得未来不可预测，于是出售了股份，带着4 000余万元的人生第一桶金，去美国加入了一个金融投资咨询服务公司。

在美国的一年里，她每天面对海量金融信息，判断挑选出有价值的，提供给投资人。她看书，看行业新闻，了解行业情况，练就了一双发现商机的火眼金睛。

2011年年底，顾莹樱回到中国，准备做投资人。昔日的创业伙伴陈伟星已是快的打车的CEO，他力邀顾莹樱加入团队，顾莹樱笑着拒绝。她和他一样，不会给任何人打工。

2012年春节，顾莹樱陪同学在网上买衣服，同学要去参加一个国际高端会议。各大网站上琳琅满目的衣服让两人眼花缭乱。选了大半天，不是上装不合，就是裤子颜色不对。好不容易衣服选好，又选不到合适的饰巾搭配。精疲力竭的同学抱怨说，要是有个软件就好了，告诉它要出席国际高端会议，软件就会帮忙选好服装。

顾莹樱心中一乐，这可真是一个好主意。她立刻创立了一个图片自拍社区模式的穿衣助手，在一个多月里，按照清新、淑女、民国、职场等20多个风格，挑选并上传了数万张女模特的自拍图片。一时间，图片社区吸引了百万粉丝，穿衣助手迅速流传。

发展历程

直到2012年年底，历经几次变革，穿衣助手演化成了一个品质电商平台：以服装搭配为切入点，鼓励买家以“组合搭配”的形式购买服饰。

顾莹樱的定位是：卖家不再单纯推销商品，而是协助用户调配服装。为此，她通过各种方式，招到一些专职模特或信誉好的卖家，让他们组合出各具个性的成套服装，拍下来传到网站，协助用户简化调配进程。

穿衣助手的平台也不像许多网站那样复杂。点开一张中意的相片，便可以看到所有单品，包含鞋子、上衣、底衫、裤子、帽子、首饰等的链接和报价。

让许多人大跌眼镜的是，看似简单的定位，使平台被海量用户挤破了门槛。一套奇妙的搭配，能让看似一般的衣服刹那间夺人眼球。穿衣助手轻松协助用户完成一衣多搭、整套采办、单品求调配等的需求，顾莹樱为自己的神来之笔暗暗叫好。

从要做投资人到创建“穿衣助手”，转型几乎在眨眼间。“创业方向上我不会执着。市场本就是千变万化，这个方向走不通，就变换一下。”顾莹樱云淡风轻地说。果断不纠结，尊重这个世界，绝不碰得头破血流，是她的几个核心理念。

女人一直是互联网购物的主力。在百货类电商渠道中，女性用户约占总用户的六成以上，而在美妆类电商渠道、社会化共享媒体中，女性用户能占到八九成。2015年5月，顾莹樱邀请一位时尚杂志的老总给员工讲课。在时尚杂志纷纷倒闭的大环境下，这本杂志却一骑绝尘。那位老总说：“多数杂志人都在栏目如何变化、如何取悦读者上绞尽脑汁，却没人去思考这本杂志当下为何存在，它究竟要为读者带来什么，这是杂志生存的本源，也是所有努力的最终目标。”

此时，穿衣助手的对手是已经做成大鳄的几家服装电商：淘宝、唯品会、美丽说。

顾莹樱发现，在淘宝上，“玩流量”是最重要的事。直通车怎么玩，搜索排名怎么弄，规则复杂。几乎所有商家都要花大量时间去研究怎么上首页，对顾客来说最重要的“如何选到好产品”反而显得不被重视了。

经过思考，她独辟蹊径，建立了一条完全不同的营销规则：在穿衣助手后台，管理人员根据商家提供的货品、定价，检测图片的售卖比，然后结合信誉度，把流量分配给商家。商家不用费精力去运作流量，专心把产品做好即可，久而久之，就会形成良好的生态链。

所以，当其他服饰电商声称要招商到上万个卖家时，穿衣助手的卖家只有500余个，活跃的卖家只有200余个。顾莹樱觉得，把流量放在营销首位，是销售中的本末倒置。不是流量大才有好产品，而是先有好产品，才有大流量。让所有电商比拼产品、质量和价格，最终受益的是广大消费者。穿衣助手的界面如图30-1所示。

精准的战略使穿衣助手的交易额每天都以倍数疯狂增长。2015年6月，穿衣助手已被估价8亿元，而这距离其创立仅仅过去了两年半。

图30-1　穿衣助手的界面

因为发展讯速，顾莹樱着急的是人才短缺。她信奉一个选人原则：宁缺毋滥，人才是公司成长的核心。她很喜欢目前以“90后”为主力军的团队，每个人都以公司为家，没有小群体利益，没有办公室政治，面对他人的批评心存感恩而非排斥。

用社区化的模式打造品质电商平台

顾莹樱分享了她的观点：“购物是一项技能，有一些人可以买到更好看、更便宜的衣服，并用它们搭配出自己的风格。”

如果购物和搭配是一项技能，有人有天赋，有人没有天赋，那是不是可以让那些有天赋又愿意分享的用户，将自己的搭配成果分享出来呢？基于这一点，顾莹樱将穿衣助手定义为一个时尚自媒体平台，在这一平台上，“时尚达人们”可以建立起自己的时尚影响力，而普通用户则可以通过追随“达人”来让自己变得更美。

所谓自媒体，一定有内容产生者。对于穿衣助手来说，它的内容产生者就是一个个时尚达人。在穿衣助手上，你可以根据自己的喜好选择到符合你审美的时尚达人，然后跟随她们，她们有的走欧美风，有的是日韩甜美系，有的信仰极简主义，有的走朋克路线，也有的混搭一些简单单品，却搭出了明星风范……这些众多的时尚达人们共同构建起了穿衣助手的自媒体平台。

不同于资讯类自媒体难以变现的情况，穿衣搭配的自媒体达人们天然具有变现能力，顾莹樱解释说："这些时尚达人们有的本身就是淘宝的小店主，有的则可以通过与卖家、服装品牌合作，实现影响力落地，将影响力转化为经济收入。"

当提到与美丽说、蘑菇街的差异时，顾莹樱说："我们跟它们本质上是不同的。美丽说和蘑菇街采用单品导购的模式，它们推的是单品，而穿衣助手是以搭配作为切入点的，给的是搭配方案。此外，穿衣助手以时尚自媒体平台作为自己的定位，并不将淘宝客的返利作为主要的盈利和流量来源，所以淘宝对导购网站的限制也并不对穿衣助手构成太大的影响。"

虽然目前顾莹樱非常看好自己的项目，但在创业初期也曾迷茫和面临抉择。她初期看到的大方向是"女性＋移动互联网"，于是打算做一款照片分享软件，在这个项目的调研过程中，她逐步发现了一个问题：什么样的照片最有分享和保存价值？是那些45°俯拍的美肤照片吗？并不是，真正让女生感兴趣并愿意持续分享的是穿衣搭配的照片。于是她萌发了做穿衣助手的想法。

在穿衣助手创办初期，也讨论过是采用UGC（用户产生内容）还是PGC（专业产生内容）的方式？后来她发现在穿衣搭配领域，UGC本身就是一个悖论，普通人产生的内容会让内容质量不断降低，在权衡过后，穿衣助手最终选择了PGC方式。

暂时的真理和永远的迭代

目前穿衣助手已经经历了四个阶段。第一个阶段是"时尚自媒体社区"。当时穿衣助手团队认为整个行业已经到了一个消费升级的过程中，女性需要更多关于时尚技能的信息，或者需要一个社区去讨论。在这个过程中会产生很多数据，然后从一个泛概念不停去收窄，收窄到"时尚是什么"这个问题，最终缩小到搭配师这个概念，进入第二个阶段，即"搭配师社区电商"，这是根据社区中的用户和博主的对话所抽象出来的。又因为用户会不停地说，他们不希望只得到资讯，而是要所见即所得，继而进入"品质电商"阶段。最后品质电商又将发展到"快时尚平台"阶段。

顾莹樱说，创业其实是一步一步被验证和缩小的过程，穿衣助手是经过四个阶段完成的，也许还会有第五个阶段。创业是一件需要不停去迭代的事情。从第一个阶段找的方向基本都是错的，不用害怕今天创造的东西和四五年后创造的东西完全不一样，因为创业就是在迭代中奔跑。

这个时候有两点非常重要，就是推翻假设的勇气和不停推翻后还能假设的勇气。

顾莹樱强调，在穿衣助手创立的第一年，非常重要的理念就是“暂时的真理和永远的迭代”。在创业过程中找到的那个答案，它的有效期永远不超过两个月。每个人都想花1元钱取得100元钱的效果，但是所有花1元钱取得100元钱效果的案例，无一例外都是抓住了某一个市场的红利，但当它被普及之后，市场红利就消失了。如果想持续这么做，只能成为这个市场最早的进入者。这就是思维的迭代。

第二个是产品的迭代，穿衣助手最初的迭代周期是15天一个版本，而很多公司的战略甚至是以3个月为单位进行迭代的，这是一个风险极高的事，到C端的产品面临的是几千万用户，无论大家的思维多么缜密，都不可能完全揣测如此多用户的所思所想，所以要敢于假设，并把假设迅速推向市场，根据市场的反馈一个版本一个版本地往前走，自然会改到对的程度，最重要的是要跑起来。如果3个月一个版本，一年只能迭代4次，也就是有4次决策的机会。如果这4次决策错误，公司就很难存活。但如果一个月有2次迭代，一年就有24次迭代的机会，做对的概率会很高。所以，即便今天穿衣助手已经有上千万用户，也会保持这样快速的迭代。而当研发团队扩大的时候，没有办法保持这么高效的迭代，可以将其分成小的产品线，尽量让所有研发线分得非常细微，保持快速迭代的节奏，让整个公司决策层相对安全。

近日，穿衣助手开始启动“无名良品”计划，将目光投向尚未在电商平台发声的中国服装原创力量，成为他们的品牌孵化器，协助他们电商化，从而革命式地精简商品路径，提高服装商业效率，促进中国服装产业及电商行业朝着更健康的方向发展。

顾莹樱坚信“中国制造”不会再活在国际品牌的阴影下，在信息时代，真正的好东西会自己发声，这是“中国制造”最好的时代，好东西不用再沉默，将会走向镁光灯。穿衣助手愿意架起这样一座桥梁，让“中国制造”直接走向用户，也走向世界。

华丽的转身

从2012年创立至今，穿衣助手在用户需求的驱动下，已成功完成两次华丽的转身。从UGC（用户产生内容）类的女性时尚分享社区，到提供专业指导和建议（PGC，专业产生内容），供女性用户晒搭配、看搭配和淘搭配的女性穿衣搭配时尚社区。随后，穿衣助手逐渐意识到引导用户去其他电商网站购买衣服很难保证衣服和服务的质量。为了给用户提供更为有保障的服务，经过一段时间的试水和优化之后，穿衣助手于2014年5月正式转型，打造针对女性以“搭配购”为亮点的品质电商，在社区基础上搭建了购物系统，让粉丝变成购买力。

“搭配购”模式下的招商、选品方式与传统模式完全不同，穿衣助手在挑选入驻商家时以买手店为主，买手店必须“搭配选货”形成明显的风格取向，从选品开始就围绕“搭配”来做，而不只是做简单的营销策划。同时，“搭配购”是一种更迎合用户直觉的消费模式，用户可以根据一个个具体的生活场景来成套挑选衣服，不仅能节约时间，更能切中用户的需要。并且由于在穿衣助手上成套购买可享受9折优惠，用户还能节省一定的购衣成本。

尾声

虽然针对纯女性用户的“搭配购”是一个很不错的创意点，但穿衣助手想在竞争激烈的电商领域获得发展和收益要面临来自多方的挑战。显而易见，电商领域的用户量、流量和交易量等能很快变现的特性，吸引了众多创业者积极进入。此外，由于国内淘宝、天猫、京东、当当等老牌电商已存在多年，所以在商业模式、商家招募和监管、用户基数、购物体验、技术支持水平等方面已经经过了长时间的打磨，优势十分明显。如何突破重围成为包括穿衣助手在内的诸家电商共同思考的问题。

就穿衣助手而言，其亮点是搭配购和品质保证，那么如何招募到懂时尚并能为用户提供个性穿搭风格的卖家，如何确保这些卖家所提供的商品的质量，是否建立有效的机制和流程来监管这些卖家的服务品质，如何梳理好自身的业务逻辑，确保用户购物流畅等一系列问题才是更能决定其成败的关键，也是穿衣助手需要发力的地方。

问题

1. 虽然针对纯女性用户的“搭配购”是一个很不错的创意点，但穿衣助手想在竞争激烈的电商领域获得发展和收益要面临来自多方的挑战。挑战来自众多创新者的积极进入和国内淘宝、天猫、京东、当当等老牌企业的激烈竞争，穿衣助手应该如何突出重围?

2. 就穿衣助手而言，其亮点是搭配购和品质保证，那么如何招募到懂时尚并能为用户提供个性穿搭风格的卖家，并且如何确保这些卖家所提供的商品的质量？穿衣助手应该如何从产品品质上吸引更多的用户?

参考文献

[1] 穿衣助手顾莹樱：用社区化的模式打造品质电商平台. http://www.cyegushi.com/1796.html.

[2] 穿衣助手创始人顾莹樱：让自己不纠结的理由. http://www.cyzone.cn/a/20150428/272993.html.

[3] 穿衣助手顾莹樱：做产品只有暂时的真理和永远的迭代. http://www.cyzone.cn/a/20151025/282355.html.

[4] 穿衣助手：遇见更美好的自己. http://www.100ec.cn/detail-6259759.html.

31. 美啦——美妆社区的 C2C 之路：从小工具到美妆共享平台

创业格言：“悦他”是次要的，“悦己”才是真理。

主角：张博，美啦创始人兼 CEO

摘要：随着消费模式的升级，中国已经进入用户对产品的需求越来越个性化的时代。发现、引导、满足这些个性化的需求，是社区电商创业非常好的切入点。美啦拥有全球时尚达人和买手资源，他们是社区电商非常重要的、优质的内容生产者，是美啦的核心资源，让美啦在行业中形成了强有力的竞争壁垒。选择什么样的商业模式和如何经营电商平台，是从事美妆电商的企业和创业者必须考虑的问题。本案例试图通过对美啦在美妆电子商务经营方面的探索和实践进行分析，期望在美妆电商的发展方向和上述问题上对相关的美妆电商企业和创业者有所启发。美啦在创业过程中根据客户反馈和实际经营信息不断调整其企业商业模式的行为亦足资创业者借鉴。

关键词：美妆；C2C；创业

引言

电子商务在中国的发展已有近 20 年的时间，在这期间，电子商务先后经历了市场化、用户化和平台化等不同的阶段，并最终迎来当前平台化＋垂直化发展的局面。在这种局面下，以京东、阿里巴巴等为代表的巨头引领了产业发展，而美啦 App 等一系列专注细分领域的垂直类移动电商，虽然其行业有所不同，却不约而同地推动着中国互联网向前发展。

背景

张博的履历表可以用“简单”两字形容，她在哈尔滨工业大学管理学院攻读学士和硕士学位，毕业后进入深圳腾讯工作，历练6年半，辞职创业，打造出了国内第一大移动端美妆社区电商App——美啦。

张博在大庆出生，父亲做生意，家境优越。高中时代学习成绩优异，从大庆考到了哈尔滨工业大学。脱离了父母监管之后的张博，就像一只自由的小鸟，肆无忌惮地直奔广阔天地。大学时代的张博，也曾忘了初心，活在当下，不管未来。成绩差到险些被降级，她却不在乎，人生失去了目标，只看得到眼前的繁华与享乐。

时光飞逝，大学生活转眼就要结束，身边的同学对毕业后的人生都有了各自的安排。此时她突然意识到她已经跟大家脱节了。知耻而后勇，张博决定听从家人的建议去考研。此时离考研时间仅有半年，她破釜沉舟，势在必得。

“就这样拼了半年，我顺利考上了研究生，这让我再次有了自信，我相信在这个世界上没有什么是做不到的，只要你足够努力，虽然看起来你比别人起跑慢了，可未来还是有机会追上大家的。”张博说。

成长的道路是曲折、螺旋上升的，我们要允许自己在成长过程中的不完美。通常那些让你觉得痛苦艰难的时刻，才是成熟蜕变的时刻。

在腾讯第一个半年考核中，张博得了C，是全公司绩效最差的员工，被全公司通报，她说：“我感觉自己突然从天上掉到了地上，还砸出了一个坑。”

这位棱角多、个性强、自视高的女孩不再贪玩享乐，开始踏踏实实努力做事了。她开始周末去单位加班，也慢慢养成了好的工作习惯，比如她会每天习惯性地写一条简短的工作收获日记，记录“向领导汇报工作的邮件应对重点内容加下划线，字号放大加粗”等工作细节。每两个月她就会再回顾这份日记以加深记忆。很快，她的业务能力就有了显著增长。

2012年2月，张博从腾讯辞职，从此踏上了创业之路。这是她的初心。

在选择创业方向的时候，张博也对比过其他一些行业。至于后来为什么选择化妆品，张博说有几个原因：首先，在微博的搜索关键词中，美食和美容排在前两位，相对于其他类别，美妆品牌的集中度不高，而且“85后”消费群体有去品牌化的趋势，所以有丰富的用户基础；其次，从商业角度分析，这个细分市场产业链上每个环节的毛利都很高，行业竞争不够充分，在互联网社区环节上基本空白。

一年后，“美啦”App诞生了，一个专注于女性美丽的垂直社区。

发展历程

已经获得数千万美元的C轮融资，估值达数亿美元的美啦，让资本寒冬里的创业者们感受到了一丝暖意。其实和大多数创业公司一样，美啦同样经历过诸多坎坷。

美啦 1.0：一个并不成功的工具

美啦一开始是一款工具。

2013 年，美啦创始人张博离开腾讯创业，最早做的是一款美妆产品查询工具。用户通过与美妆产品相关的关键词或条形码，可以快速查询到这款产品的品牌、介绍、价格等信息。美啦 1.0 的界面见图 31－1 所示。

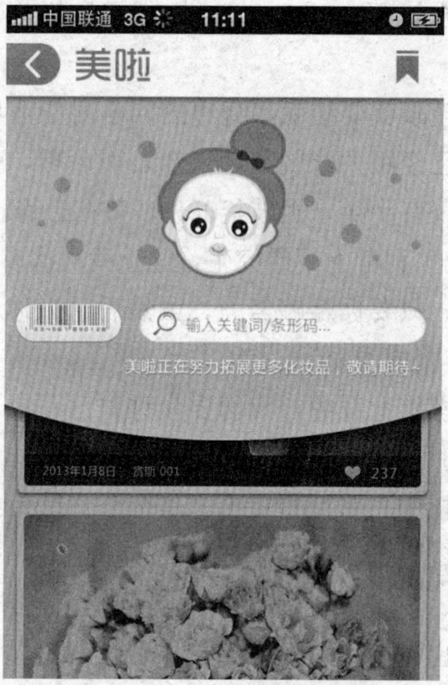

图 31－1　美啦 1.0 界面

这确实是一款好工具，但这款工具并不成功。做产品的一般思路是有用、好用、好看、好玩、高频刚需。查询化妆品的信息虽然有用，但不是一个高频率的事情，而且用户使用百度查询更方便，所以作为工具的美啦难以在用户的手机中占有一席之地。

美啦 1.0 版本在 2013 年 4 月发布上线，从用户反馈和数据上看，这款工具不是用户认可的独立产品，频次低，留存差。当时其在线时长仅仅为平均 5 分钟，新用户次日留存率仅仅为 10%。

通过做大量的女性用户研究，美啦团队发现女性在选择化妆品时，通过工具查询信息、鉴定真伪只是很小的一个环节，这个环节是非常短暂的，而且在这个过程中产生的链接仅仅是“工具—用户”的简单链接。工具的完善过程取决于团队对海量链接数据的整理，但这个链接是单调的、缺乏生命力的。其实女性用户选择化妆品的更多乐趣在于选择的过程、选择过程中的交流、选择过后使用心得的分享，垂直社区或许是承载这种需求的更优的产品形态。

于是，美啦团队迅速做出了方向上的调整。

美啦 2.0：UGC 美妆垂直社区的闪电战

2013 年 6 月 27 日，美啦社区产品上线，从工具到社区，这个过程仅仅用了不到 3 个月的时间。美啦 2.0 的界面如图 31－2 所示。

图 31－2 美啦 2.0 界面

用户关系和内容的产生相辅相成。随着美啦社区人群数量的增长，美啦社区渐渐地冒出了一个又一个关键意见领袖，即美妆达人。美妆达人在社区生产原创内容，普及美妆知识，推荐商品，普通用户则是内容的消费者，同时会根据美妆达人的建议选购商品。普通用户基于对兴趣的认同，在长期的关注和互动过程中，对美妆达人的信任度逐步提升，美啦逐步形成以美妆达人为中心的一对多的用户关系，产品形态从工具过渡到了美妆垂直社区。

美妆达人中有大部分人的现实身份是国外买手。买手与美妆达人随着美啦用户人数的增长开始自然融合，美妆达人告诉你什么东西好用，买手基于地域优势，到性价比最高的地方帮你购买。随着用户人数的不断增长，两个群体融合的趋势越来越明显，两种身份合二为一，达人买手为用户推荐性价比较高的产品，并通过交易，获取正常利润，用户则以低于市场价格的价格买到产品。在美啦平台上，买手达人群体已经占到30%以上。

从用户活跃数据看，美啦App的下载量达5 000万次，日活跃用户数为100余万人。其中，新用户次日留存率提升到了30%以上，在线时长提升到了平均30分钟以上，相对1.0版本的次日留存率10%，在线时长平均5分钟，这是一次巨大的飞跃。

美啦3.0：让用户不解的多元化尝试

用户人数的增长让人欣慰，美啦总是想让自己的平台满足用户更多的需求，给用户提供更多的服务，然而却没有考虑这些服务是否是用户真正需要的。

2014年年初，美啦开始尝试多元化服务，拓宽产品场景，美甲频道、美发频道、穿衣搭配频道陆续上线。美啦3.0的界面如图31-3所示。

图31-3　美啦3.0界面

在改版后，用户的反馈是，她们心目中所熟悉的专注于美妆的美啦忽然变得让人不认识了，由此产生了认知模糊。

2014年8月，美啦及时调整战略，重回美妆垂直领域，深挖美妆领域的用户需求，推出结构化图片社区和包含25万件产品的产品库内容，打造化妆品百科。它的数据源于用户上传，后台会进行数据结构化处理，同时进行数据挖掘，逐步优化推荐算法，为用户推荐更适合的内容。

美啦 4.0：共享经济的电商模式

2014 年 8 月，美啦获得 2 000 万美元的 B 轮融资，开始电商布局，坚持“C2C＋美妆”的定位，聚焦美妆市场，做重度垂直模式。

2014 年 12 月 19 日，美啦低调测试了电商模型，命名为“美购”。至此，美啦 App 累计下载量已超过 1 亿次。

漏斗模式

美啦采用的商业模式是漏斗模式，把流量抓过来之后对流量进行筛选、清洗，然后跟合作伙伴合作，将流量导出给下游交易平台，如果用户在该平台有交易成交，美啦则从中分享很小的一部分利润。

美啦是目前移动互联网上第一家尝试做结构化博客社区的公司。

美啦和别的女性电商定位有着本质的不同，美啦是以美妆分享为基础的社区电商平台，内容充分结构化，让用户在学习化妆护肤方法的同时，对产品有更深刻的了解，从而产生购买行为，让女生足不出户，购遍全球正品美妆。除此之外，美啦的另一个特色是社区工具化，帮助用户从海量 UGC 里快速获取有价值的优质内容，例如，化妆教程可以按部位细分到眼部、眉部，或按身份细分到学生、新娘、白领等，让用户直达内容，快速解决美妆困扰。

针对这种与众不同的商业模式，张博曾对媒体表示，美啦聚焦在美妆细分市场，最重要的特色还是在于平台商业模式——美啦在内容和电商上一直坚持 C2C，平台思路推动用户创造优质内容、提供优质妆品，让内容与商品建立连接，通过时尚博主、专家顾问、明星、化妆师、美妆专业买手与用户互动，给用户带来“分享＋交易”的美妆体验。

美啦从商业模式、产品、用户群体等方面别出心裁，并未像其他平台型电商走单纯的流量批发模式，而是采取精准社区模式，这使得美啦在女性经济方面探寻出了一条属于自身的特色之路。

美啦的发展

连接买手与用户的美妆共享经济平台

电商成为美啦水到渠成的商业模式，而且美啦是基于其现有的达人买手资源的电商平台。如果仅仅是做买手的 C2C 平台，则毫无特色，美啦选择的是封闭的买手电商模式。

买化妆品，尤其是海淘，最大的问题就是假货问题。现有的C2C电商平台都是开放的，质量问题不好把控。而美啦不是，这保证了对买手的监管，使买手不再良莠不齐。

共享经济是这两年互联网产品发展的一个重大风口。共享经济平台作为移动互联网的产物，通过移动LBS应用、动态算法与定价、双方互评体系等一系列机制的建立，使得供给方与需求方通过共享经济平台进行交易。信用机制的建立和完善尤其重要，在平台初期，信用机制不够完善，过于开放和高速增长极有可能会对用户造成伤害，美啦采用了封闭的买手电商模式让这个平台健康成长。

在这个时期，封闭的生态系统非常重要，封闭才是可控的，才是安全的。但是，封闭和快速扩张又是矛盾的，如何在质量和速度中找到产品节奏是个难题。

多数海淘平台是开放的买手平台，由于门槛低，各种层次的买手入驻和交易，造成各种买卖纠纷。而美啦建立了一套健康的安全的封闭生态系统，按照平台标准严格签约买手，每个买手都有案可查。

美啦对于买手的筛选机制非常严格，均是在各个国家面对面现场签约买手，除了硬性的居住证、留学证证件外，还需要在美妆方面有很强的专业性。张博表示："我们希望买手都有自己的标签，例如消费区间、产品风格、生活态度等，这样用户在寻找、购买她喜欢的某一类型产品时，就能够有针对性地、快速地找到她需要的买手以及相应的美妆产品。"

满足以上条件后，买手与美啦签署合约，成为美啦的"海外员工"，部分核心买手还会获得美啦期权，建立起长期的战略合作关系。美啦在海外还设立了专门的事业部，以确保海外买手长期的、可持续的产品品质保障。而产品从海外买手手中寄回国内，美啦会先行拆包裹进行质量检测，经平台认证保证正品后，再发出给用户。

封闭限量的买手体系：保证商品质量

张博说，如果美啦是一个B2C平台，封闭会使成长速度缓慢，SKU不多的话，用户没办法在美啦这里产生更多的购买需求。但是C2C海淘模式的优势在于，哪怕只有一个买手，都可以告诉你，在美啦可以买到全世界的好货，因为采取预售制度，你需要什么我可以提前备货。

质量服务体系是非常重要的。C2C平台上的购买行为，品牌官方是不介入的，如果发生问题，用户找到买手，买手也不会理睬，不退换货。但是美啦支持退换货，而且中间有质检环节。另外发货也是美啦发货，而且包邮。如果一个用户以往在电商平台，通过十个买手买了十件商品，她会收到十个包裹，而在美啦平台，她只会收到一个包裹。在移动互联网时代，美啦重新定义了美妆电商这个模式。

结合明星效应，借力文化产业，提升品牌知名度

通过运营垂直社区，建立信用机制，采用封闭的买手电商模式，提供个性化的商品与日趋完善的服务，美啦逐渐建立起了品牌美誉度，培养起了用户忠诚度。美啦相继获得了B轮、C轮融资后，开始启动品牌知名度提升策略。

张博表示，美啦结合明星效应，跟文化产业进行深度整合，甚至不排除与一些明星开设合资公司，以提升品牌知名度。也就是说，在文化产业井喷式发展的大势下，美啦利用这一势能，让更多的用户知道美啦。

比如在邀请Angelababy代言美啦（见图31－4）之后，年轻用户因为她而知道了美啦App。在《女神新装》播出时，用户下载美啦的数量并未见明显增长。但之后美啦在用户调研时发现，有相当数量的新增用户都是从这个节目中知道了美啦，当她有需要的时候，就会主动去下载美啦。

图31－4　Angelababy为“美啦”代言

从社区开始做电商

美啦App的种子用户，是基于美啦美妆社区积累而成的。美啦依托C2C社区的产品模式，形成了可信任的、高黏性的封闭环境，该方式可概括为：美妆达人攻略＋用户UGC反馈。

在沉淀出以用户体验为基础的好口碑后，2015年，美啦转型升级为美妆社区电商，百日成绩单如下：日活跃用户260万人，日单过万笔，在垂直领域迅速积累拥趸。

美啦App打造了国内最大的化妆品数据库，所含信息远高于行业水平。社区沉淀的UGC内容是美啦App的内容中心。围绕美妆购物的前后环节，美啦App为用户提供了完整的、场景化的、一站式的购物体验。

最后美啦上线的C2C买手模式，将社区美丽资讯与电商全球购打通，来自国内外的美妆达人，基于“内容＋风格”模式，为用户提供全球美妆导购服务，上线仅3个月就完成了订单破万笔的佳绩。

"场景电商"如今已成为一种新经济形式，美啦从美妆社区升级到场景电商，不只需要打通功能，更重要的是营造氛围。美啦不仅在杜绝假货上毫不含糊，而且在用户留存和品牌塑造上也下了功夫。美啦选用了在女性用户群体中热度和美誉度均极高的著名影星 Angelababy 为形象代言人。与此同时，美啦将 Angelababy 聘为其首席设计师及首席美妆盟主，围绕 Angelababy 的个人形象对美啦 App 进行了整体包装与改版，令品牌形象愈发青春活泼又不失精致优雅。

只有产品与内部氛围还不够，要牢牢抓住用户，还需持续发力。例如美啦"818全球美妆大促"，让用户体验了一把集数千款品牌于一体的超级促销活动。

值得关注的是，美啦还大手笔地携手社交网络中极具女性话题和人气的《偶像来了》《女神新装》等电视节目，成为它们的特约合作伙伴。此举可谓找准点打破植入式营销困局，改变了传统而僵硬的品牌合作模式。

尾声

随着消费模式的升级，中国已经进入用户对产品的需求越来越个性化的时代。为发现、引导、满足这些个性化的需求，社区电商成为了非常好的切入点。

回看今天美啦的成功，或如京东原副总裁吴声在其所著的《场景革命》一书中所说的："场景时代已经来临，场景革命将重塑电商的产品、营销、渠道和连接方式。"

2016 年，这是美啦发展里程中的第三年。从一款并不成功的小工具，到现在连接买手与用户的共享经济美妆平台，美啦前方依然有太多的挑战。

问题

1. 目前美妆电商行业中存在着非常激烈的竞争，面对淘宝、聚美优品等大平台的疯狂竞争，美啦应该如何在艰难的处境中立足？它可以采取什么措施提高竞争力？

2. 随着消费模式的升级，中国已经进入用户对产品的需求越来越个性化的时代。美妆行业风格各异，多姿多彩的妆容让人眼花缭乱，美啦应该如何发现、引导、满足这些个性化需求？

参考文献

[1] 美啦是如何抓住"她经济"一"美"而起. http://www.toutiao.com/i4679341434/.

[2] 美啦 CEO 张博：别以为积累了人脉就可以创业. http://www.prnews.cn/press_release/155065.htm.

[3] 美啦：从小工具到数亿美金的美妆共享经济平台的豹变. http://blues.baijia.baidu.com/article/259392.

［4］美啦美妆 CEO 张博：一直在做粉丝经济. http://tech.163.com/14/0728/16/A28N28DO00094OPU.html.

［5］美啦：一场后阿里京东时代的场景突围. http://nishu.baijia.baidu.com/article/159269.

32. 辣妈帮——打造一站式的母婴在线综合体：从社区型产品到母婴生态链

创业格言：走出一条康庄大道，让别人锦上添花。

主角：金赞，辣妈帮创始人兼 CEO

摘要：面对移动互联网这一新的风口，互联网公司们对移动端的投入都下足了功夫，因为简单地复制 PC 端难以适应用户在需求上的改变，这对于很多相对来说已经发展得比较成熟的互联网公司来说不亚于二次创业。所以在移动战略的布局和实施上，每家公司都在充分利用并突出自己的特点。选择什么样的商业模式和如何经营电商平台，成为移动女性社区电商领域的企业和创业者必须考虑的问题。本案例试图通过对辣妈帮在移动女性社区电商领域的探索和实践进行分析，期望在移动女性社区电商的发展方向和上述问题上对相关的移动女性社区电商领域的企业和创业者有所启发。辣妈帮在创业过程中根据客户反馈和实际经营信息不断创新、调整其企业商业模式的做法亦足资创业者借鉴。

关键词：移动女性社区；C2B2C；跨境母婴电商；创业

引言

身穿一套黑色小洋装的孙俪从金赞手中接过“最受欢迎辣妈奖”，成为辣妈帮的首位形象代言人。在外界看来，这可能是稀松平常的明星商业活动，而在辣妈帮 CEO 金赞的眼中，这是一位用户的认可和支持。

2015 年年初，辣妈帮启动明星代言计划，在内部进行“头号明星辣妈”调查时，孙俪以 72%的得票率领先。孙俪正当红，邀约代言的品牌商很多。金赞在向孙俪发代言邀请时，心里没有底。然而孙俪爽快地答应了，而且从发出邀请到双方签约前后不到两个月。

背景

听到辣妈帮，很多人的第一反应是依靠《辣妈正传》的热度而打造的产品，事实上辣妈帮的上线比《辣妈正传》的播出要早一年多，而且是一份丈夫送给妻子的礼物。

辣妈帮 CEO 金赞曾在中兴通讯和德州仪器从事多年软件开发工作。2011 年，他的孩子刚满一岁，但他和太太却都没有足够的时间坐在电脑前专心查阅育儿知识。金赞发现，女人怀孕和生孩子后，生活方式也改变了很多，她们不仅需要不停地学习知识、照顾孩子和家庭，也需要互相交流甚至发泄抱怨。这让金赞萌生了在手机端做母婴应用的想法。

毋庸置疑，母婴市场是一块巨大的蛋糕。早在 PC 时代，就涌现出宝宝树、摇篮网、丫丫网等诸多垂直网站。在移动互联网时代，这个领域的创业依然无比活跃，而孕期工具、社交、商城几乎成为母婴类项目的标配，辣妈帮也不例外。

在竞争激烈、产品同质化严重的母婴垂直市场，辣妈帮凭什么脱颖而出？它未来又能够走多远？

尽管大方向已定，金赞最初还是走了一段弯路。他先是开发了一款叫“爱宝宝365”的应用，定位为记录宝宝成长过程的分享型工具，但他很快发现，单纯分享育婴过程并非刚需，用户活跃度不佳且流失严重。

在产品分区和子社区主题设置上，金赞做了很多调查和尝试。最初希望借助幼儿园、医院等群体集中的地方确定社区分类，以此吸引家长和产妇加入。然而在前期测试的过程中，金赞发现按位置分类虽然相对细化和精准，但范围太小，难以形成有规模和高质量的讨论。

为了增加用户黏性，金赞将目光转向母婴社区。彼时，不少在 PC 端积累了一定用户量的网站也在向移动端转型，不过，它们的定位并未发生变化——依然是以媒体属性为主，即为用户提供全面的母婴资讯。金赞认为，这并不符合移动端屏幕较小、展示信息有限的特性。因此，辣妈帮一开始定位为移动端的母婴社区。

发展历程

构建用户壁垒

乘着触屏手机普及和移动互联网兴起的东风，辣妈帮在移动端很快完成了积累和沉淀，然而传统 PC 端的平台也加快了切入移动互联网的速度，与此同时，移动端的女性和母婴类产品创业投资项目如雨后春笋般涌起。在竞争对手的环绕中，辣妈帮的壁垒是什么？

金赞分析，移动端和 PC 端在产品和运营思维上有着很大的区别，很难做到单纯的用户导入。以工具类切入是当前较为普遍的做法，但在女性和母婴类产品的垂直领域中，工具类极易被他人模仿。只有社区能带来用户群的黏度和活跃度，容易形成用户壁垒。移动端的内容只能一步步沉淀，而辣妈帮已经快人一步。

辣妈帮打造产品的逻辑是，首先有个社区，里面有很多内容，使用者进入后找到自己喜欢的东西，再通过兴趣去结识其他用户。与媒体属性的社区或 PGC（专业产生内容）社区不同，辣妈帮以 UGC（用户产生内容）为主导，鼓励用户在线上的互动交流中自主产生内容，打造出一个已婚妈妈的闭环生态系统，帮已婚妈妈解决问题。

金赞采用“引路人+放养”的形式把控内容质量。团队制定一定的准则，对内容进行引导和规范，给生产优质内容的用户评达人，形成帮内明星效应。经过一段时间的信息交流，用户之间自然会形成基于共同爱好的一种关系，这种类似圈子的关系一旦形成，社区就会对用户产生黏性，而上辣妈帮则容易变成常规动作。

众所周知，App 的用户量和在线用户率是两个差别很大的概念，而在线用户率是权衡 App 影响效果的一个关键要素。让母婴类平台更痛苦的是，因为行业的特殊性，用户会随着宝宝年龄的增长而流失，需要不断吸引新用户。辣妈帮用户间的口碑传播成为最大的流量来源。

在增强用户黏性上，线上线下联动是一个关键要素。辣妈帮在线下举办各类 LBS 同城活动、本地生活服务，采用去中心化的形式，鼓励用户以信息分享的形式建立、寻找、维护不同的社群，根据共同的需求和喜好，找到属于自己的圈子，并从线上走到线下。

2014 年，辣妈帮用户在全国自发组织了 660 多场下午茶聚会，遍布全国各线城市。最为典型的线下活动是“辣妈年会”。每年 11 月辣妈帮公布举办年会的城市名单，此后的筹备和执行一应由各地辣妈组织实施，以众筹的方式解决人力、物力、财力问题。线上、线下的联动让辣妈帮的用户有了更多交互，产品的深入和落地扎根也带来了更多的新用户，曾经有一位妈妈为辣妈帮吸引了近 5 000 位新妈妈用户。

跨境母婴电商

对于大多数社交软件而言，在给予用户价值的同时寻找到良好的商业模式是一个很大的挑战。2014 年 9 月，辣妈帮推出辣妈商城（见图 32－1），上线首日即收获 1 000 笔订单，3 个月后单月成交总额突破 5 000 万元。辣妈帮能够快速引爆的秘诀是什么?

“辣妈商城完全是以用户为本位打造的产品，从选品、上架、销售到后续采购策略的制定，都由妈妈们做主。”金赞这样说。很多妈妈选择商品的依据来自身边朋友的推荐，也就是口碑。妈妈们在辣妈帮的互动中，形成了线上信任的达人妈妈或者圈子，经常会讨论到母婴用品问题，形成了大量的需求数据。例如，一个孩子 4 个月大的辣妈加入了“同龄宝宝”的群组，看到群里讨论给孩子选奶瓶的问题，其中提到了 PPSU 智能奶瓶，虽然她从未听过这种奶瓶，但基于线上大量辣妈的讨论和使用体验，她信任了该产品，并在辣妈商城搜索 PPSU，接受商品推荐，买到一款 PPSU 智能奶

图 32－1　辣妈商城

瓶，体验很好后又在自己所加入的群组里向其他妈妈推荐，这种反馈就成就了“C2B2C”模式的闭环。

“母婴类产品与其他电商产品有很大的不同，一个商品介绍页面和用户评价页面很难形成令妈妈们放心的导购环境。宝宝之间具有很大的差异性，哪一款奶粉婴儿吃了不上火？过敏体质的婴儿该选什么奶粉？这些问题传统的母婴电商无法解决。”金赞说。

辣妈帮的定位为跨境母婴电商平台。据金赞介绍，母婴类产品海外购物非常火，早在 2013 年，辣妈帮通过大数据分析发现帮内妈妈们对于进口母婴用品的需求量很大。

据预测，到 2018 年，中国的海淘消费者将达到 3 560 万人，市场规模将达到 1 万亿元。随着国内保税区的设立和开放，给企业提供更多的空间经营境外商品。然而采购、支付、物流、售后等环节对于运营平台而言是极大的挑战。辣妈帮在 C 轮融资中引入了唯品会的投资，能够借助唯品会在电商领域的资源和服务。

以用户需求为绝对导向的众荐模式

作为中国最大的移动女性社区辣妈帮的官方跨境母婴类电商平台，辣妈商城于 2014 年 9 月上线首日即收获 1 000 笔订单，一个月后销售额突破千万元门槛，电商初体验的成功给辣妈帮的电商路开了一个好头。但想要做好电商，不是一个开局的满堂彩就能支撑的，金赞还有很多担忧的问题，包括物流、品控、服务方面的挑战，同行之间的激烈竞争，供应链的持续维护以及深入探索等，正是因为有这些担忧，辣妈帮才更加迫切地追求创新与战略落地。

辣妈商城以辣妈帮强大的用户基础为依托采用C2B2C众荐模式。这种模式主要是通过对辣妈帮社区内产生的原生数据加以分析利用来为用户提供更为精准的产品推荐、购买一条龙服务，简单来讲，众荐模式是一种以用户需求为绝对导向的电商模式，而不只是简单地在产品品类及规模上寻求最大化，被动地满足用户的多样化需求的传统电商模式。在这种模式下，后端用户的需求对于前端的产品优化也将起到一定的促进作用，加速产业链的优化。而从模式本身来讲，"众荐模式"综合了社区的信息传递优势与电商平台的消费特点，实现了两种产品形态相互取长补短的发展模式。社交平台帮助电商更好地进行商品的精准推荐，而电商平台产生的实际效益又成为社区新的盈利点，使社区平台保证良好的社交环境，这种模式形成了一种良性发展的服务闭环。

有了可持续发展的平台架构以及服务体系之后，量变带来的问题也随之显现。庞大的交易量以及后续的处理都为平台的运作带来了挑战，支付、物流、售后等方面的服务能否保持优势也是决定能否让用户产生持续消费行为的根本。在交易过程中出现的支付系统崩溃、收货期大幅延迟等问题，对于目前处在竞争白热化的电商领域的母婴类电商平台来说简直是致命的。所以，为了最大限度地提升辣妈商城的服务质量，辣妈帮在C轮融资中引入了唯品会的投资，唯品会在电商领域的资源优势、服务优势以及在垂直电商领域多年历练出来的经验都将为辣妈商城的发展提供助益。

如何俘获女人心

有人说女人的钱是世界上最好赚的，但其实想要赚女人的钱并不容易。随着智能手机的普及，移动营销已经成为产品获取用户、培养粉丝的重要手段。辣妈帮微信公众账号仅仅10天就获得了12万粉丝的成绩，这究竟是如何做到的？

不做工具，专做移动社区

目前国内以美柚、大姨吗为代表的女性专属工具App大约为30多个，但它们大部分停留在工具层面，很难使用户"沉淀"下来。因为对于这类经期记录工具，女性使用的时间，一个月最多在一周左右，记录时间也不超过5分钟。因此，单一的记录工具很难得到女性的长期青睐。

而辣妈帮直接跳过工具阶段，从移动社区入手。"因为要照看孩子，妈妈们需要大量育婴知识和心情分享，但又不能离开孩子坐在电脑前专心查阅育儿知识，所以手机应用显然成为更适合妈妈们的沟通工具。"辣妈帮CEO金赞在一次采访中表示，"移动应用辣妈帮为妈妈们提供了一个绝佳的交流场所，她们可以充分利用碎片的时间，和他人分享为人母的幸福，移动社区的定位为辣妈帮带来了不少粉丝。”

辣妈帮借力微信广告变更“辣”

辣妈帮为了俘获更多的女性用户，除了专注于移动社区外，在移动营销方面也做了积极尝试。在微信广告刚开始公测时，辣妈帮就投放了广告，并取得了出乎意料的推广效果。投放了10天广告后，辣妈帮微信公众账号增长12万粉丝，广告文字链点击率最高达到了5.15%，远远高于其他推广渠道的推广效果。

“借助微信广告平台的大流量资源优势以及广点通的智能推荐能力，辣妈帮实现一天增加一万多用户的效果，而我们的用户关注成本不到一元，高转化率为辣妈帮未来继续进军女性应用市场打下了坚实的基础。”辣妈帮相关负责人表示。

巧用大数据，瞄准潜在用户主动出击

除了很好地利用推广平台外，辣妈帮对用户行为有着清晰的认识，这是辣妈帮能抓住目标用户、扩大市场占有率的前提条件。“辣妈帮通过对社区的数据进行分析，已经非常了解社区里妈妈们的活跃时间、地域、年龄、兴趣爱好等情况。辣妈帮主要的用户是“80后”“90后”的辣妈，除了与育儿有关的内容，妈妈们的兴趣大多还集中在美容时尚、美食、情感等方面，而这些用户行为信息可帮助我们有效地筛选潜在女性用户。”辣妈帮相关负责人如是说。

在互联网快速发展的今天，大数据已成为非常重要的资源，巧妙地利用好这些数据便可以准确地触达目标用户，从而提高产品的市场占有率。例如，辣妈帮此次投放微信广告时，首先利用广点通的定向能力，选定广告投放筛选条件，再将广告信息推送给“感兴趣”的用户，即潜在的目标用户。这种方式不仅为辣妈帮提高了广告转化率，还节约了广告投放成本。

随着移动互联网的深入发展，传统广告模式已经不再适应时代的需求，没有针对性的广告对于用户来说，就像情感达人所说的那样，“我只是想要一个苹果，你却送我一车的香蕉”，永远无法得到用户的关注。同样，一个产品要取得成功，不仅在于要满足用户的需求，注重用户的体验，更在于当产品运营时，分清楚给谁香蕉更合适，并将香蕉送到其手中。

布局流量入口，搭建一站式母婴在线综合体

与其他行业不同，随着宝宝年龄的增长，母婴行业面临不断拉新人的问题。辣妈帮通过与中国妇女发展基金会建立长期战略合作关系，共同发起“中国辣妈优生计划”公益项目，深入全国3 000余家医院，每年为1 500万名准妈妈提供服务。目前，辣妈帮在全国5大区的46个城市中设置了项目执行专员，通过每月与医院共同举办的6 000余场孕妇课堂、孕育App空中课堂、陪伴孕期每一天的280个专家视频等活动及内容的推送，让准妈妈和新手妈妈从中受益，并得到了妇幼保健系统、基层单位以及广大医务工作者、母婴家庭的普遍欢迎和认可。此外，辣妈帮与中国妇女发展基金会倾力打造的“加油准妈妈”作为“中国辣妈优生计划”的重要子活动之一，将线下妈妈课堂公益活动与线上孕期、新生儿知识体系成功打通，集合全国权威专家及主任级以上医师力量，致力于给各地准妈妈带来最实用、最正确的孕期指导。辣妈帮通过线下医务渠道多重布局，从源头上布局流量入口。辣妈帮一站式母婴综合体如图 32－2 所示。

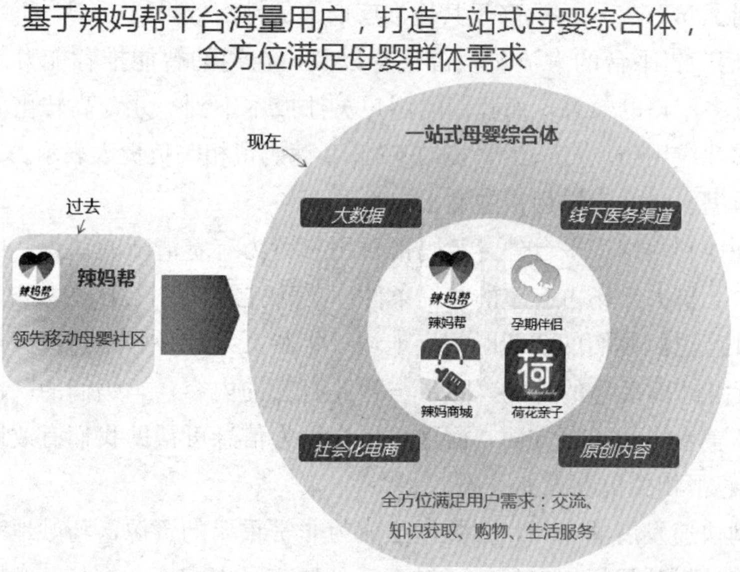

图 32－2　辣妈帮一站式母婴综合体

资料来源：辣妈帮：粘住 5 400 万辣妈. http://www.boraid.cn/article/html/280/280461.asp.

辣妈帮从移动母婴类社区起家，2014 年电商平台辣妈商城、孕育工具孕期伴侣两大 App 上线，2015 年年中收购首个母婴达人团购 App 荷花亲子，正式完成一站式母婴在线综合体，搭建母婴生态链，全面满足辣妈群体交流沟通、知识获取、购物和本地生活四大需求。辣妈帮通过用户调查发现，对于妈妈来讲，尤其是准妈妈和新手妈妈，更需要的是专业的指导，内容需求才是刚性需求。

大数据时代下的升级

近日，辣妈帮全新 7.0 版本正式上线，借助大数据的力量，辣妈帮成为母婴行业首家以技术为驱动，实现千人千面大数据个性化推荐的 App。通过大数据挖掘和分析，每个用户打开辣妈帮 App 时都将看到独一无二的个性化页面，它会根据用户所处的不同阶段，如备孕、孕期、产后等准备有针对性的内容，根据其不同的阅读及搜索习惯推荐不同的文章，真正实现“个性化定制”。

金赞指出，过去在PC端用户属性和用户画像都极度弱化，无论用户处于怀孕阶段还是宝宝已经长大了，可能打开网站看到的内容都是一样的。相比之下，移动端就更容易实现个性化，因为用户在手机上的行为包含了更多信息，用户画像更加清晰，从而能够实现更精准的内容推送，使得用户获取信息的效率大大提升。

辣妈帮拥有海量的用户数据，为了能够让这些数据真正发挥作用，辣妈帮成立了大数据研究院，对数据进行充分的分析。辣妈帮大数据研究院负责人王安静博士介绍，在对海量数据进行采集、清洗、分析和优化之后，会给每个用户打上标签，这些标签就构成了你的画像，描绘出你是谁，喜欢什么，需要什么。平均每个用户会有20多个标签，而最多的用户可能拥有90多个标签。

除了基础属性标签、行为标签之外，辣妈帮还有能力标签，显示出该用户的影响力，有助于挖掘出辣妈中的关键意见领袖。此外还有热点标签、广告标签、渠道标签等，这些对于广告主来说都有很重要的意义，可以帮助广告主实现更精准的营销。

由于辣妈帮的垂直领域优势，辣妈帮还可以利用大数据帮助品牌进行站内舆情分析、新品调研，从而更好地制定营销策略。作为行业的领头羊，辣妈帮还将大数据挖掘的成果制作成行业报告进行分享。

"每个妈妈怀孕育儿的过程都是独一无二的，因此我们希望能够更加个性化地满足用户需求，让我们的产品真正成为孕育助手。"金赞表示，"移动互联网经过前几年的爆发式增长之后，将进入一个相对平稳的时期，接下来就是数据的竞争了，这就是辣妈帮要做大数据的原因。"

大数据带来的个性化精准推荐不仅可以更好地协调统一用户和广告主的利益点，让二者同时得到满足，所产生的实际效益又可成为社区新的盈利点，以保障平台良好的社交环境，形成一种良性发展的服务闭环。辣妈帮的7.0升级将国内移动母婴类产品的社区市场带入了一个新时代。

尾声

当一个市场经历过野蛮生长后，率先进行规范运作的那家企业一定会是最后的胜利者。跨境母婴类产品的需求旺盛，且在未来几年仍将保持较快的增长速度，完全可以形成一个独立的产业，规范化是打开市场空间，让企业获得增长的唯一途径。规范化之后就会是规模化，能在商业上和法律上站得住脚的运作方式，通过实践检验后形成流程化，会是这些电商企业的核心竞争力。

可以想象，未来国内跨境母婴电商必将硝烟四起，行业洗牌即将开始，最后能留存下来的公司将只有几家，实力较弱和无法进行规范化运作的公司将被淘汰。而像辣妈商城这种已在供应链管理、品控和服务上有了较深入探索，已形成自己一套标准打法的公司，将会乘市场高速发展的东风，在未来成为跨境母婴电商市场的主导力量。

问题

1. 据预测，到2018年，中国的海淘消费者将达到3 560万人，市场规模将达到1万亿元。随着国内保税区的设立和开放，给了企业更多的空间经营境外商品。然而采购、支付、物流、售后等环节对于辣妈帮而言该如何完善及改进?

2. 电商行业已经达到了前所未有的热度，面对激烈的竞争，辣妈帮通过裁员等行为努力不被淘汰，在这样艰难的处境中，辣妈帮应该如何做到盈利最大化?

参考文献

[1] 辣妈帮：粘住5 400万辣妈 . http://www. boraid. cn/article/html/280/280461. asp.

[2]“新贵”辣妈帮. http://www. 21cbr. com/html/magzine/2015/165/syms/2015/0409/22713. html.

[3] 如何俘获女人心　辣妈帮移动营销启示录. http://mi. techweb. com. cn/2014-07-28/2059443. shtml.

[4] 辣妈帮：让广告的打扰变成精准的温柔. http://www. yidianzixun. com/home? page=article&id=0CyTHDnE.

[5] 融1亿美金，跨境电商再起烽火. http://gejia. baijia. baidu. com/article/55694.

O2O 应用篇

33. e 家洁——“互联网+”背景下三年两度转型，用 O2O 撬开万亿元市场

创业格言：我们干一件事情，别人还没想出来，即便想到了也只能追随我们。

主角：云涛，e 家洁创始人兼 CEO

摘要：“互联网+”背景下的传统服务行业面临着众多应运而生的转型考验，O2O 成为互联网行业企业新的创业契机。创业者需要综合考虑商业风口、市场切入点和团队能力等多种因素，弄清楚三个问题——“为谁提供服务”“提供什么服务”以及“如何持续保持竞争力”。e 家洁是国内 O2O 家政市场的先行者，本案例试图通过对 e 家洁在创业历程中转变创业方向和探索商业化道路进行分析说明，期望在“互联网+”背景下的 O2O 互联网企业的商业模式发展上对相关的企业和创业者有所启发。e 家洁在创业过程中根据市场环境和客户需求而不断创新、调整其企业商业模式的做法，亦值得创业者借鉴。

关键词：O2O；家政服务；商业模式；创新

引言

云涛从来不缺乏想法，创新是他的标签，执行是他的通行证。

走在前面的人，命运往往有两种，一种是抢得先机，活得很好；另一种则是枪打出头鸟，死得很快。而这两种命运都经历过的人，e 家洁创始人云涛就是其中一位，一个对自己所要做的事、要走的路看得透彻、做得自信干脆的创业者。

从嘟嘟快捷租车到嘟嘟叫车，再从嘟嘟叫车到 e 家洁，三年两度转型，云涛在 O2O 行业跌倒又爬起来。在这不断的创业中，他收获的是成熟的创业团队、敏锐的商业嗅觉和极强的执行力。而如今，帆已打开，一切的积淀都将蓄势待发……

背景

e 家洁，并不是云涛的第一次创业。

2011 年 6 月，出国留学不到一年的云涛返回国内。同年 7 月，云涛成立了自助式汽车租赁平台嘟嘟快捷租车，这是他人生中的第一次创业。当时云涛的做法是和汽车租赁公司合作，把车租过来再装上自有设备出租。但是跟汽车租赁公司的合作并不顺利，这给云涛带来了巨大的成本压力。而且鉴于当时国内诚信体系和法律意识的状况，这种共享租车的概念太过超前，经过几个月的市场测试，并没有得到市场认可，云涛便放弃了嘟嘟快捷租车。2012 年 11 月，他上线嘟嘟叫车，基于移动互联网解决人们出行叫车问题，模式类似 Uber。当时嘟嘟叫车旨在将私家车资源进行整合，但是受到了政府监管及政策限制，嘟嘟叫车的发展遇到了壁垒。在嘟嘟叫车上线一周后，滴滴打车上线，滴滴打车瞄准出租车行业，当时打车市场的切入口出租车比专车需求更大，正是这样不同的市场切入点，让两个项目有了不同的命运——滴滴打车发展得风生水起，而嘟嘟叫车却面临失败。

“我们的商业嗅觉非常敏锐，因为没人做打车的时候，我们就觉得打车是一个巨大的市场。我们甚至比滴滴打车上线要早，只不过是商业嗅觉到了，但市场切入点没选对，当时我们选择了私家车，而滴滴打车选择了出租车。加上那个时候我们的团队执行力也没达到要求，切入点选错了，风口找对了，三个要素缺了两个。”云涛后来回忆时这样说。

可以就可以，不行就迅速转向，在经历了打车行业的创业坎坷之后，一向果断的云涛开始思索新的发展方向。“虽然在打车市场做失败了，但我很快速地把创业方向切换到 e 家洁，我要证明第二件事情，那就是市场切入点要选对。”在嘟嘟打车与易代驾合作期间，云涛发现了一个现象，就是代驾司机的配偶多数都是小时工，这让云涛首次留意到家政行业的潜在机会。在实地调研各个方向的发展潜力后，云涛毅然选择了有着极大前景且没有政府监管的家政行业，他带领团队开始转变方向，转向家政服务领域。

于是，云涛和团队的第二次创业开始了。

e 家洁成立初期的探索之路

从 C2C 中介模式到 B2C 去中介化模式

“一个合格的 CEO 不仅要看到风口，还要有在风口里选择的能力。”云涛这样说。

家政行业是一个发展将近 20 年的成熟行业，由于中国人的居住环境、生活习惯以及贫富差距等因素，决定了家政领域目前以及之后的潜在市场非常大。在云涛看来，保洁是人人都需要的。所以即便当时他尚未想清楚怎么解决跑单和服务标准化的问题，还是扎进了家政 O2O 领域。“保洁是刚需，这证明对于市场的切入点我选择对了，而这也是最关键的，做了 e 家洁后，我现在做任何事情都会想切入点，哪个是最好进入的，接受度最高还不会被别人颠覆。”云涛强调。

云涛对家政服务市场进行调研之后，得出了用户的三大痛点：一是服务质量要求高。尽管各种服务非标准化，但具体服务至少做到八成标准，另外两成用户需求本身就不标准。二是服务要方便快捷。一线城市用户生活节奏快，预约家政服务后等待时间为半小时到一小时，理想状态是随叫随到。三是要有安全保障。家政服务必须配备保险，一旦出现问题能有效解决。

起初，e 家洁与传统家政中介公司合作，从对方手中获取小时工资源，搭建线上 O2O 平台供用户选择小时工，具体的执行工作由家政公司完成。但在实际操作中，这种合作模式逐渐显现出问题：传统家政公司赚钱就靠两头忽悠，派活儿不分远近，小时工普遍迟到，而且磨洋工；传统家政公司管理松散，既不筛选也不培训小时工；传统家政公司的小时工跟用户接触后就会留私单；传统家政公司抽成高达 30%，其中很多都是把活儿转给其他公司做，从中吃差价，服务质量无法保障，严重影响用户体验；传统家政公司不愿和 e 家洁共享客户信息。这种合作模式下产生的问题与 e 家洁渴望解决家政市场用户痛点的初衷恰恰背道而驰。

在意识到这些传统家政公司滋生的问题会严重影响自身业务拓展后，云涛开始逐步切断与中介公司的合作，将资源揽到自己手中。e 家洁决定转移寻找保洁阿姨的策略，用“地推”方式寻找好保洁阿姨。云涛曾经带着自己的团队来到北京东四环百子湾的一个小村庄，敲锣打鼓招保洁阿姨。几个小时之后，全村 300 户人口中来了 200 多人报名。云涛发现，村里的家庭主妇约有 2/3 都是小时工，全部服务对面的百子湾小区。几乎同时，云涛还带着团队去地铁发传单，收到的反馈也超出预期，1 000 份传单中有 200 多人打电话询问。

在通过“地推”方式获得一定数量的保洁阿姨资源之后，云涛团队一方面在需要拓展的新区域开设门店，吸纳该地区的保洁阿姨；另一方面，通过保洁阿姨之间的相互介绍，增加保洁阿姨的规模。在北京地区，截至 2013 年 8 月，已经有 3 000 名保洁阿姨加入，截至 2013 年 12 月，已经拥有 6 000 名保洁阿姨。相比较其他新进入市场的保洁家政应用，e 家洁已经建立起自己的竞争门槛。

云涛回忆团队拓展保洁拥有的过程很是有趣：“说服保洁人员其实比说服出租车司机还要容易，一是不从保洁拥有的服务中抽成，二是给保洁人员一点儿甜头，比如一袋米，她们就很满足。”比如，云涛告诉保洁阿姨，只要说服自己认识的 20 名保洁阿姨加入 e 家洁就可以获得一袋米的奖励，保洁阿姨有的第二天不去干活儿也要去说服其他保洁阿姨。“和保洁阿姨聊天的时候，保洁阿姨的眼睛就盯着那袋米看。”云涛笑言。在保洁阿姨的数量上来之后，为了解决保洁阿姨与智能手机脱节的现象，e 家洁团队为保洁阿姨配置智能手机，指导她们学会并习惯使用 e 家洁应用平台。

保洁阿姨数量的上升使得 e 家洁开始摆脱中介模式的束缚，真正用自己的腿走路，从 C2C 中介模式走向线上的 B2C 模式。B2C 模式下的具体举措包括：取消家政公司的中间环节，服务价格统一为 2 小时 30 元（目前已涨为 2 小时 60 元），并设置加价功能，不对小时工抽成；通过线上客户端平台让小时工与用户直接对接；对小时工进行筛选和身份验证，并设立服务评价系统激励客户与小时工；在线下建立自营实体店，作为品牌寄托和培训中心；扩大全职小时工规模，并优先推送订单，保障服务质量和用户评价。

从 B2C 自营模式到加盟模式

B2C 自营模式初见成效后，仅维持了一个季度的时间，云涛又做出了一个大胆果断的决定。2015 年第二季度，云涛开始把保洁阿姨的招聘与培训分开，由线下家政公司招聘保洁阿姨，e 家洁负责培训。e 家洁转变了单纯的 B2C 自营模式，逐渐使用加盟模式来招募保洁阿姨。采用这种加盟的模式可以快速聚拢保洁阿姨资源。

e 家洁转型加盟模式是从家政服务响应速度这个角度入手的。因为一般来说，家政服务保洁阿姨的活动半径基本在一两公里的范围内。针对某些比较具体的服务地点，如果仅仅凭借 e 家洁自身的力量去招募保洁阿姨，会耗费很多的时间和资源。而在这些特定的地区范围内，一些小家政公司的老板反而能找到更多的资源，因为他们可以发动老乡，招募保洁阿姨时只需要打个电话回乡里，告诉他们的乡亲下周坐火车来北京做家政工作即可。当局部区域的保洁阿姨资源都充沛起来后，在 e 家洁用户当天都能订得到服务，在竞争对手那里可能完全订不到。

e 家洁的两次模式转型真正满足了用户对保洁服务互联网化的刚需，解决了用户的经济、快捷、安全三大痛点。

跑单和服务水平差异问题的解决

尽管保洁阿姨在 e 家洁的收入大大超过在传统家政公司的收入，但是 e 家洁在发展过程中仍面临很多问题。首先是跑单问题，跟打车应用相比，家政 O2O 的用户黏性差，用户和一个保洁阿姨建立起联系后，容易绕开 e 家洁平台，直接与保洁阿姨线下联系。这样，e 家洁就只能起到最初连接用户和保洁阿姨的作用，后续的平台价值并没有体现出来。其次是服务标准不一致问题，每个保洁阿姨打扫的洁净程度不一，e 家洁需要一遍又一遍地将服务细节传递给每个保洁阿姨，这种重复教育和优化的时间很长。并且在拓展新城市时，需要重复做保洁阿姨拓展和规范服务的工作，相比打车领域的拓展，家政领域的异地拓展困难很多。此外，安全信任问题也令人担忧。

针对这些情况，e 家洁采取了一些面向保洁阿姨和用户的双重激励政策，如保洁阿姨报单数到达一定数量或赢得用户一定的好评之后，她的服务在 e 家洁上的市场价格会有所提升，从而提高保洁阿姨的保单积极性；另外，用户在第二次使用 e 家洁 App 时，打开后默认出现的是上次所使用保洁阿姨的联系方式，可以直接通过 App 拨号，十分方便。e 家洁也通过保险等方式鼓励用户通过 App 再次预约使用过的保洁阿姨。当这些措施实施之后，e 家洁的跑单率大幅度降低了。现阶段 e 家洁正在积极加强与技能培训学校的合作，力求对入住 e 家洁平台的保洁阿姨进行统一标准化的培训。在服务安全方面，e 家洁跟专业的保险公司合作，为保洁阿姨上保险，如果出现用户物品受损问题，会通过免赔险解决。

借力合作平台，完善渠道布局

“越高频的东西，越需要 BAT 的附加价值，像打车、外卖等，就是 BAT 之间的流量竞争。你想自己做，基本上没有这种机会了，因为你面临着支付问题，逃不过 BAT 的基础设施。”云涛充分认识到了 BAT 对于 e 家洁拓展业务、抢占市场的重要作用。

其实，e 家洁最早进入媒体和公众视线也恰恰是因为百度世界大会。2013 年 8 月，百度 CEO 李彦宏在试用 e 家洁后，觉得比以前电话预约模式更方便，在百度世界大会上李彦宏谈到百度推出百度轻应用的原因时，是以 e 家洁为例的。这不仅仅是因为 e 家洁是一种移动互联网与传统行业相结合的有代表性的典型例子，也因为它是首个在线家政平台。随后，媒体开始大规模报道 e 家洁，e 家洁接连登陆《新闻联播》《新闻直播间》等有影响力的媒体，不断增加曝光率，三波宣传热使 e 家洁的种子用户迅速攀升至三四万人。2014 年 8 月，e 家洁相继完成淘宝、美团、大众点评等渠道布局。

e 家洁的商业化道路

云涛说他是天生的创新型人格，而他也把这一特性融进了 e 家洁：“我们要做创新，这是 e 家洁的特点。我们干一件事情，别人还没想出来，即便想到了也只能追随我们。”这种创新的特质让云涛和团队在盈利模式上不断能找到创造更多盈利点的业务，通过多元化发展实现盈利，为 e 家洁的持续、健康发展提供源源不断的动力。云涛带领团队针对企业端（B 端）和个人端（C 端）的服务均进行了创新的延伸式发展。

B 端服务的创新延伸

e 家洁的商业模式和盈利探索最先放在了 B 端。2015 年第三季度，e 家洁正式上线企业业务。

在企业业务上，e 家洁给中小企业提供办公室清洁服务。e 家洁对企业客户收取保洁费用，在支付保洁人员清洁费用和合作家政公司管理费用后，留取属于 e 家洁的固定比例的抽成。

企业保洁在云涛看来是一举多得的一项业务。“企业保洁是可以直接抽成的，每一单都是可以挣钱的，企业本身也更愿意跟面向 B 端的企业合作，公对公打账开票，这是很正规的方式，所以没有跑单这一说，这意味着我的控制力变得很强，从一开始进入企业保洁领域就赚钱了。”云涛说，“保洁阿姨一般都是周末比较忙，周一到周五比较清闲，而企业保洁则充分利用了保洁阿姨们周一到周五的时间。接单一多，收入自然也就上去了。”最令云涛满意的则是企业保洁的无限延伸空间。“与家庭保洁不一样，当一个保洁阿姨进入企业之后，其他更多的增值服务就加进去了，比如提供企业里的水、绿植、耗材、下午茶、空气净化器等，所有跟行政相关的都可以。我们的目标是要成为全中国最大的企业后勤服务平台。”云涛说。

e家洁将企业保洁的服务目标锁定在办公场地在200～500平方米的中小企业，现已进驻北京、上海、苏州、杭州和南京5座城市，有中小企业客户1万家，2016年的目标是拓展20座城市，扩展10万家中小企业客户。

C端增值业务的丰富多元化

与其他O2O家政公司类似，针对C端用户，e家洁主要从增值服务入手，比如空调、油烟机、微波炉、冰箱等家电的清洗，管道疏通，地板打蜡，地毯清洁，沙发清洗等。在这一业务上，e家洁的抽成在10%至40%不等。

与此同时，e家洁融合时下最受欢迎的日本“断舍离”生活哲学，针对不同水平家庭生活的市场需求，提供阶梯收费的收纳服务套餐。依据用户需求提供衣橱、客厅、书房、厨卫等空间规划和管理服务，由经过专业培训的收纳师上门开展定制化整理收纳服务，让家居空间井然有序，打造明净、简洁、舒适的家居环境，提高空间利用效率。

和目前不少O2O公司一味烧钱增加用户量不同，e家洁并非靠大规模烧钱贴补来解决用户留存率问题，而是将钱花在了新服务品类拓展、全国城市布局、线下推广等部分。公开数据显示，e家洁已经覆盖北京、上海、广州、深圳、南京、成都等25个城市，截至2015年12月，e家洁日均订单量近3万单，同比增长了7倍；注册家庭用户近300万人，拥有43%的用户次月留存率，用户月均使用频次高达3次。同时企业服务上线三个多月，服务的企业已经超过1万家。2015年，e家洁在主要家政O2O平台中用户覆盖率最高，达80.2%（见图33-1），而且e家洁移动用户的关注度也明显高于同行其他企业。

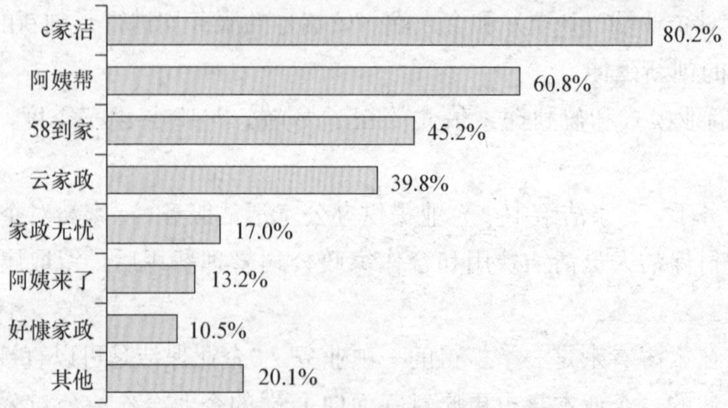

图33-1　2015年主要家政O2O平台用户覆盖率分布

资料来源：比达咨询数据中心。

尾声

e 家洁企业服务平台将以企业保洁业务这一刚需来撬动市场，一边建立规模市场，一边引入高质量合作伙伴，为企业用户提供增值服务。云涛计划将 e 家洁打造为全中国最大的企业后勤服务平台，做中小企业的办公管家。目前全国共有两千多万家中小企业，其中符合 e 家洁企业后勤服务平台的目标用户标准（办公环境在 200～500 平方米）的企业约占 10%。200 万用户量的市场，让 e 家洁在企业保洁这个领域的未来充满了想象。未来，e 家洁还将根据企业办公服务场景开发出不同的增值服务，实现从规模增长到企业盈利的转变。

家政服务市场十分广阔。e 家洁选择从用户关系更为稳定、市场培育更加完善、场景更加丰富的保洁阿姨入手，最后的愿望也就在于此——通过将保洁阿姨的连接价值开发到最大、最深，搭建出一个商业大生态。保洁阿姨将成为 e 家洁的入口，e 家洁将借此开发第三方商业。可以想象的场景是，保洁阿姨除了日常保洁，提供洗衣服务，还可以进行简单赠品体验甚至商品导购等服务，后期还可以进行商超配送等专业服务。另外，通过保洁阿姨还可以收集到用户的大量生活数据，包括家用电器维修保养的信息数据，冰箱里的东西反映的家庭饮食生活数据等，这些数据都是精准分析用户，为用户提供更多家庭生活服务的重要信息资源。

通过不断创新，可以找到能创造更多盈利点的业务，通过多元化发展实现盈利，为 e 家洁的持续、健康发展提供源源不断的动力。

云涛把 e 家洁看做第一次拓荒在线家政领域的先行者，要做的是将 e 家洁打造成一个被行业、用户和保洁阿姨三方都认可的主流家政平台，促进家政行业标准的建立和标准化运作。

作为首家拿到新三板入场券的“互联网＋上门服务”企业，云涛带领的 e 家洁正在快马加鞭的扩张中，朝着推进整个 O2O 行业的目标前行。家政行业市场容量巨大，但如今未有一家独大的情况，e 家洁如何占领家政行业霸主地位，向更多高盈利空间的家政服务领域延伸，还需要更多思考。

问题

1. 现如今家政行业市场容量巨大，除 e 家洁以外，也涌现了越来越多的家政 O2O 平台，如阿姨帮、家政无忧、阿姨来了、云家政等，但未有一家独大的情况，e 家洁应如何在众多竞争者中脱颖而出，占领家政行业霸主地位?

2. e 家洁应如何在市场逐渐变得饱和的形势下，开发更多家政服务领域，从而持续获得盈利空间?

参考文献

[1] 互联网上门服务挂牌第一家　腾讯从天使到跟投四次. http://mt.sohu.com/

20160426/n446365021. shtml.

［2］“e 家洁”创始人：从打车到家政. http://www. cyzone. cn/a/20131105/246773. html.

［3］对话 e 家洁云涛（一）：我为什么做家政 O2O. http://365jia. cn/news/2013-10-23/3DC7D21910929CB4. html.

［4］他创立 e 家洁，3 年里如何做到行业领先、挂牌新三板. http://mt. sohu. com/20160218/n437776623. shtml.

［5］e 家洁家政云涛：我要用 O2O 撬开万亿级在线家政市场. http://www. cy-one. com. cn/Article/Article_29973. html.

［6］e 家洁举行新三板挂牌敲钟仪式　天风证券为其主办券商. http://business. sohu. com/20160603/n452665334. shtml.

［7］e 家洁云涛：2016 年营收目标 10 亿. http://www. chinaz. com/news/2016/0425/525489. shtml.

［8］“腾讯概念股”e 家洁挂牌新三板，估值超 5 亿，家政 O2O 第一股. http://pe. pedaily. cn/201604/20160420396000. shtml.

［9］e 家洁出现的原因和运作模式. http://www. hishop. com. cn/ecschool/o2o/show_17432. html.

［10］e 家洁创始人：O2O 创业的痛点与深坑. http://news. paidai. com/15657.

34. 爱鲜蜂——赢在最后一公里，领跑社区 O2O

创业格言： 一寸近，一寸金。

主角： 张赢，爱鲜蜂创始人兼 CEO

摘要： 随着 LBS、线上支付、手机移动化的普及，O2O 平台为传统零售打破了地理位置的桎梏，线上流量和线下门店的结合改变了零售行业的业态，而供应链的响应速度和成本等问题却仍困扰着众多 O2O 社区电商。O2O 社区电商爱鲜蜂以社区为单位，定位为"掌上一小时速达便利店"，通过整合现有社区便利店资源完成线上、线下的升级，创新性地解决了最后一公里的配送问题，满足了消费者即时性的消费需求。本案例试图通过对爱鲜蜂创业历程中的商业化道路进行分析，期望在 O2O 社区电商的商业模式和业务发展上对相关的企业和创业者有所启发。爱鲜蜂在创业过程中根据市场环境和客户需求而不断创新、调整其企业商业模式的做法，亦值得创业者借鉴。

关键词： O2O；社区电商；众包物流；最后一公里；商业模式

引言

传统社区便利店作为线下实体天然流量入口，却因地理位置不够醒目、店铺面积过小等原因遭遇着销售不温不火的局面。另外，人们对社区小店的理解还停留在商品不全、保质期堪忧的层面上，此类问题严重影响着社区小店价值最大化的实现。如此落后的社区小店还有改造的空间和价值吗？

张赢一手创办的爱鲜蜂让这样的局面得到了改变。

背景

爱鲜蜂的故事要从创始人张赢的经历讲起。

和很多海归精英的经历大同小异，2004年，张赢从得克萨斯A&M大学供应链专业毕业，MBA毕业后供职于IBM，任高级咨询总监，负责全球SAP执行项目，因为不喜欢国外一眼就看到头的安逸生活，他想回国创业。2009年，他被派回国内，3年后离开IBM。这时他在北京结识了一位朋友，那位朋友经营着国内一个知名的卤味品牌，对方邀他做电子商务经理，不久又安排他去拓展长沙和武汉市场。在那里，张赢自己开了两家旗舰店，同时管理着几十家连锁卤味小店。

开小店之后，他才体会到小型店主的艰辛：看一个小店能否活下来大概需要两年时间，前两年都是积累，第三年才开始挣钱。他就琢磨：能否通过互联网方法缩短盈利时间？他觉得卖鸭脖很适合微博消费场景：大家刷着微博，鸭脖广告跳出来，链接进去后，用支付宝付款，一个小时货就送到办公室了。张赢发现，一个鸭脖店拥有1 200个粉丝就能活得很好。微信出现之后，顾客在上面发布消息，货就送去了，既节约成本，又能掌握顾客信息。

张赢利用社区便利店销售鸭脖等卤味，并且利用便利店的闲置冰箱、闲置人员来做仓储配送，解决最后一公里配送难的问题。60%的卤味通过小店店主直接送到顾客家中或办公室，从开卤味店的经历中，张赢知道了用户对水果、生鲜等鲜食类商品的需求场景及消费习惯，新鲜度和及时性是用户的重要需求，顾客越容易获得商品，就越容易促成消费。既然能送卤味，是不是也可以送酸奶、冰激凌、水果、零食？于是，他开始筹备爱鲜蜂项目。

爱鲜蜂的O2O社区电商探索之路

瞄准白领人群

加班时想喝杯星巴克、宅在家时想吃点水果零食……高频、多元的消费场景需求正随着移动互联网席卷而来。快节奏的生活方式催生了许多零散、即时、高品质的购物需求，生活环境和消费环境的变化引发了消费需求的不断升级。

在张赢和团队创业初期，通过对市场的一系列调研，他们最终锁定一二线大城市的白领人群为核心目标客户群体，且以25～35岁的女性为主，这个群体具有较强的消费能力，基本上在家下单的时间和在写字楼下单的时间各占50%。为了满足白领群体的消费理念，张赢将爱鲜蜂定位为“掌上一小时速达便利店”，打通线上用户和线下便利店的通道，连接最后一公里，用新兴的服务模式解决现代白领消费者的痛点。在保证及时、高频、丰富的SKU的同时，爱鲜蜂在创业前期就力争将销售渠道覆盖白领群体聚集的商业区、生活区。

在张赢和团队看来，以前传统零售首要的决定因素是地段，现在年轻一代的消费者不见得愿意走很远，而且个人消费的时间很有限，因为信息不对称，这些消费者可能不知道身边有什么好吃的、好喝的、好玩的。而现在只需要打开手机订购就可以了，用户不需要知道这家店在哪里，只要能把想要的东西送上门就好，门店的地段变得没有那么重要。爱鲜蜂合作的门店也因为有了移动互联网，迸发了新的生命力，卖出了更多东西。这些门店的服务很贴心，东西很新鲜，能够把一个小区、一栋写字楼服务得非常好。

"这其实是很多白领的刚需。用户也不是懒，他们在大都市生活压力很大，路上要花费两三个小时，疲惫地回到家还要加班，又有雾霾……我们希望让他们的生活变得轻松一点儿。"这也恰恰是张赢创办爱鲜蜂的初衷。

打造以快取胜的"轻重搭配"供应链

自成立以来，爱鲜蜂有意成长为一个"重"模式，对供应链发力，实现对终端渠道的掌控，以实现成为"最大的互联网连锁便利店"的目标。用户对商品品质的要求越来越高，生鲜的新鲜度是用户考量的重要标准，但电商的集中式仓储再由快递公司接力配送的模式，既增加了配送时间，又让冷链成本和报损成本日益增长，并没有引爆生鲜市场。在爱鲜蜂团队的眼中，目前电商巨头的超市和到家服务更像是"搬运工"，并没有跟实体零售有机结合，也没打造出自己的服务渠道通路。

基于以快制胜的竞争思路和现有生鲜电商的发展瓶颈，在社区 O2O 的探索之路上，爱鲜蜂并没有选择代买跑腿的模式，而是着力创新自己的供应链，向上链接上游供应商，向下整合社区便利店，在全链条上进行探索，形成"轻重搭配"的模式；采用前端自建物流和"最后一公里"众包物流相结合的方式；在供应链端"重"运营，"重"在控货、控店，而"轻"在用共享经济模式解决"最后一公里"的宅配问题，实现物流配送的"轻"运营。这种方式帮助爱鲜蜂完成了许多巨头没能完成的"一小时闪送"服务。

爱鲜蜂主打"即时性消费"，在最接近货源的供应链上游，爱鲜蜂关注商品的质量问题，在水果、生鲜等重点产品类上，通过集中采购、产地直采等策略，降低货源成本，规避市场不稳定的风险，提高水果、生鲜等商品的质量和供货速度。与此同时，爱鲜蜂建有自己的果园，并与生鲜食材供应商或者生鲜直采区的政府达成合作，提供实时供货。爱鲜蜂在每座城市的不同区域建有转运站，通过同城干线物流和销售预测，爱鲜蜂把生鲜食材提前从转运站大仓运送到店内，生鲜食材停留在室外的时间变短，有助于保质保量，从社区店送到消费者手中的时间也有了保证。有时小店把商品需求发过来，爱鲜蜂反馈上去之后也可以从厂家直接供货到店。自建物流往往意味着自建仓储，爱鲜蜂也不例外，但是得益于与社区便利店合作的模式，在完善自有仓储布局的同时，还可以充分调用社区便利店闲置的仓储空间，大大提升仓储优势。

"最后一公里"众包物流则位于最接近用户的供应链下游。在用户下单后，得到订单的便利店店主负责送货，同时完成支付。配送一般能控制在一个小时之内。在下游的便利店盘货方面，线上及爱鲜蜂供货的商品系统自动处理，店内自营商品需要手动盘货，根据库存情况备货。

“快”是爱鲜蜂与其他 O2O 社区电商竞争最有利同时也是最重要的因素，而之所以能做到“以快取胜”，正是因为“近”。早在两年前还在卖鸭脖的张赢就深深地体会到“一寸近，一寸金”的含义。张赢曾说：“为什么咖啡还是热的？为什么冷饮还是冰的？因为爱鲜蜂离你太近了。‘最后一公里’环节中的社区便利店无论在哪里都是离用户最近的消费端口，大大节省了顾客的时间成本和便利店的外卖配送成本，也成为爱鲜蜂制胜于人的最强武器。”爱鲜蜂移动端 App 界面如图 34－1 所示。

图 34－1　爱鲜蜂移动端 App 界面

与小店合作的共赢策略，发挥社区经济的共享价值

国内生鲜电商目前有三种主流模式，一种是把超市搬上网的平台模式，电商只负责配送服务，但靠“跑腿”难以盈利；另一种是 B2C 电商模式，但流程比较长，体验和损耗难以保证；还有一种是线上、线下相结合的 O2O 模式，例如爱鲜蜂。京东到家、DMALL 选择为大的连锁超市配送，相比之下，爱鲜蜂的合作对象则以夫妻店为主，充分利用了社区经济的共享价值。

与爱鲜蜂合作的这些小店首先需有相应的面积，以满足生鲜食材储存的基本条件；其次，小店需要有闲置运力，至少有一个人可保证现有业务流程，另一个人负责新增的线上业务。一般情况下，两人小店可以覆盖每天 40 单的线上订单，如果有更多流量支撑，小店店主则相应增加人力。

爱鲜蜂会协助小店升级改造成爱鲜蜂的闪送超市，合作的小店都要制作有“爱鲜蜂闪送超市”字样和爱鲜蜂标志的统一门头，爱鲜蜂还会为小店提供鲜食必备的冰柜、商品价签、应季的服装、电动车、保温箱等设备，提供统一配送货、店铺督导等管理服务，进行紧密的绑定合作，形成“1＋1＞2”的利益捆绑。

小店与爱鲜蜂合作之后一个明显的变化是，牛奶、卤味、水果等生鲜商品占订单的很大一部分比例，这在市场上是很有差异化的一部分。爱鲜蜂完善了小店固有的基本快消品的 SKU 结构，并利用线上平台增加了它的订单量，提高了整个线下运营的能力，同期配合爱鲜蜂数字化运营方式、数字化库存管理，对小店自身的提升是有巨大帮助的。

品类的丰富可以更好地覆盖小店成本，也正因为如此，爱鲜蜂在一小时闪送服务的物流成本上没有任何补贴，比如说没到免运标准的订单，爱鲜蜂对下单用户收取 5 元运费；当达到了订单免运标准，小店就将运费免掉，因为每单的毛利足以覆盖近距离的物流成本。

爱鲜蜂具有定位功能，为了保证一小时内完成配送，爱鲜蜂借鉴滴滴打车的形式，用户在线上下单后，依据地理位置分配小店和订单，由最近的小店负责配送，如果缺货或运力有限，这个店不接单，就由下一个店抢单，这也确保了用户需求在一个小时内得到满足。分单结束后，小店里的人自然就承担了配送环节的工作。

爱鲜蜂内部会面临订单和网点平衡的问题：一旦一个地区出现供不应求的情况，就要增加网点。爱鲜蜂拼的是区域的库存和流量的平衡，会在一定程度上允许爱鲜蜂闪送超市之间的自由竞争。

“品类＋即时”是爱鲜蜂提升用户黏性的抓手，爱鲜蜂的“便利店＋闪送”模式打造了一个快速响应用户需求的服务渠道通路，能够充分满足用户临时性的速食需求，而非计划性的采购需求。

截至 2016 年 1 月，爱鲜蜂已经在中国控店 12 000 家，布局城市 16 个，计划在全国最富裕的前 50 个城市铺设业务。爱鲜蜂通过高密度布店，实现服务范围的不断扩大，把分散模式的价值和效率发挥到极致。离用户最近的社区便利店不仅可以完成 1 小时内闪送服务，还可以在第一时间处理电商极为头痛的售后服务问题。这些社区便利店离消费者足够近，一般的退换货问题基本在 1 个小时内就可以完成，这样的优势也让爱鲜蜂的客服投诉率和 24 小时解决率远远低于电商平台的平均水平。

拓展业务品类，丰富消费场景

社区经济的核心需求是即时性和生活工作中的场景化消费欲望。所以，在商品品类选择上，爱鲜蜂以生鲜水果、快消商品切入，辅以生活急需品，锁定在 2 000 个 SKU，这样既保障用户的高频消费得到满足，又有效提高社区便利店的功效，确保高效即时配送。

为了实现线上线下平衡发展的模式，爱鲜蜂立足构建平台，在丰富流量资源后，依托强大的线下资源体系拓展自主经营品类。在成立的几年时间里，爱鲜蜂逐渐调整业务，首先在品类上增加高频生活用品，与箭牌、新希望、玛氏、三元牛奶、醇享等品牌商形成战略合作关系，成为600多家供应商的推广渠道和流量终端。从易到难，爱鲜蜂也在挑战沙拉、烘焙等保质期较短、操作难度大的商品。其中“蜂觅”是爱鲜蜂的自有品牌，主打直采类商品；还成立基金，投资一些调性相符的互联网品牌，比如精酿啤酒、果切、卤味等。

此外，爱鲜蜂于2015年下半年推出“次日达”的预定配送服务，满足社区用户计划性的场景需求，比如白领周末在家做饭的需求。这项业务与此前的“闪送”同在一套仓储、配送系统中完成，并没有增加新的操作环节。相比较“闪送”模式下商品规格小、客单价低的特点，次日达商品往往大规格、大包装，品类更偏向家庭场景，因而客单价更高，且具有相对固定的消费频次。

资本推动业务发展

作为一家创业公司，爱鲜蜂的发展速度相当快：2014年5月中旬产品上线，上线之初便获得了来自清流资本的1 000万元人民币的天使投资；10月中旬，尚未推出独立App的爱鲜蜂又获得红杉资本领投的2 000万美元的A轮融资；11月，爱鲜蜂App上线；2015年3月，爱鲜蜂完成B轮融资，估值高达3亿美元；同年9月，获得C轮7 000万美元的融资。投资方包括高领资本、红杉资本等投资机构。

图34-2　爱鲜蜂仅用一年完成4轮巨额融资

资料来源：爱鲜蜂张赢：一个卖鸭脖的海归，如何获得红杉2千万美元融资. http://news.mydrivers.com/1/340/340838.htm.

雄厚的资本推动和夯实了爱鲜蜂的业务发展，促使其不断打磨细节、优化流程、提升用户体验。爱鲜蜂内部数据显示，公司成立短短一年多时间就积累了超过500万用户，日订单量达到10万单，合作便利店在全国16个城市已超过1万家，月流水超过1亿元。同时建成水果类自品牌“蜂觅”，拥有15度蜜梨、红富士、鲜蜂蜜柚等爆品。

“零售＋”计划打造 360 度无死角新零售业态

随着 LBS、线上支付、手机移动化的普及，以爱鲜蜂为代表的 O2O 平台为传统零售业打破了地理位置这一决定因素的桎梏，通过线上流量和线下门店相结合，打造出一种全新的销售业态，激发零售的活力。

爱鲜蜂凭借生鲜等高频消费入口，30～60 分钟“最后一公里”的极速送达服务和社区小店的高覆盖率，打通了爱鲜蜂的全新零售渠道，兼具线上电商公司，线下连锁公司和以供应链为基础的分销公司三种公司的功能，为传统零售业带来新的想象空间。

张赢认为，爱鲜蜂既是支付、金融的入口，充分发挥想象，也可以是卖金融产品、旅游产品的入口，因为社区小店不仅仅有前置仓功能，更重要的是有推广功能和黏住顾客的功能，在爱鲜蜂的商业蓝图中，它希望每个小区都有一个小蜜蜂标志的小店，为这个社区所有人群服务，定位为爱鲜蜂的社区生活店。成千上万的供应商，从世界各地送货到爱鲜蜂的大仓，日配到小店，小店总是能够拿到最新鲜的东西服务这个社区各种各样的人群。

所谓“用户数据即财富”，爱鲜蜂已积攒了上千万用户的大数据信息，可以通过用户地理分布和购买习惯，进行以人为本的数字化精细运营。爱鲜蜂将为合作的社区便利店实现软硬件的升级，把这些社区便利店打造成社区生活店，满足时间碎片化、需求碎片化的都市人随时、随地、随意购买的需求。

与此同时，爱鲜蜂整个社区小店体系实现了线上、线下的无缝链接，突破了传统零售实体终端边界，让爱鲜蜂的社区小店同时成为商品入口、服务入口、推广入口、信息入口和金融入口，成为众多新零售品牌和老品牌新商品上市推广的加速器。爱鲜蜂的“零售＋”计划希望与更多零售商合作，共同打造爱鲜蜂线上、线下相结合的全新零售业态，把更多的商品接入都市年轻人的生活消费场景。爱鲜蜂 App、微信服务号可以为商品进行线上推广，爱鲜蜂合作社区便利店的货架和店内海报同步为商品进行线下展示。

目前，“零售＋”计划已初见成效。可口可乐、加多宝、箭牌、君乐宝、福成等众多国内外知名快消品牌已先后与爱鲜蜂建立了深度合作，寻求新的销售增长点，并通过爱鲜蜂把产品融入年轻人即时性的消费场景。

尾声

完成 C 轮融资的爱鲜蜂正在准备 D 轮的融资，资金的用途将是两大模块：一是市场推广，市场教育和用户培养仍然需要完善；二是供应链与物流，不断优化货源选品和配送体系。

从更加长远的发展前景来看，爱鲜蜂的模式也存在一定的先天不足，还有些地方需要在未来持续优化和突破：

1）爱鲜蜂做的是典型的夹层式生意，它的业务模式夹在京东的当日达和周边社区店的几步路之间，所以客户的购买需求和生意规模有天然的“天花板”。虽然这个天花板够高，但是也会显著地影响爱鲜蜂的市场拓展速度、运营效率以及客户的购买意愿。另外，如果京东、顺丰优选等大电商的物流服务继续下沉，会对爱鲜蜂形成冲击。

2）爱鲜蜂采用分布式的仓储，商品储存在各小店。这个模式好的方面是用最低的成本实现了半小时速递；不好的方面是仓储的周转效率相对较低，挤占存货和流动资金。

3）爱鲜蜂主打的部分冷鲜食品保存时间短，而爱鲜蜂当前每个店铺的日均订单数过低，所以对短保质期产品的销售预测、配货规划和补货效率仍然有很高的要求。

问题

1. 在竞争激烈、融资困难的大环境下，疯狂烧钱带来流量、单量和用户的病态式发展拖垮了不少社区 O2O 企业，爱鲜蜂是否能通过内部微创新，内源式驱动其健康增长，最终度过资本寒冬？

2. 爱鲜蜂这种社区 O2O 企业的模式是否能取得长远的发展？

参考文献

[1] 爱鲜蜂张赢：一个卖鸭脖的海归，如何获得红杉 2 千万美元融资. http://news.mydrivers.com/1/340/340838.htm.

[2] 爱鲜蜂：一小时配送的秘诀. http://magazine.cyzone.cn/articles/201411/3550.html.

[3] 爱鲜蜂：“掌上 1 小时便利店”如何养成?. http://www.tuicool.com/articles/NvAnQnr.

[4] 爱鲜蜂：玩转众包物流. https://xueqiu.com/2371424990/54777380.

[5] 爱鲜蜂：整合线下资源、依靠内源式增长，增长不靠补贴. http://money.163.com/16/0524/21/BNS57I0F00253B0H.html.

[6] 注重生鲜品类，爱鲜蜂 O2O 社区电商模式凸显优势. http://www.yidianzixun.com/home? page=article&id=0DnYhFjl.

[7] 爱鲜蜂的恐惧与战栗. http://www.iyiou.com/p/29030.

[8] 盘活落后社区店　爱鲜蜂有“鲜招”. http://news.163.com/16/0802/18/BTG0BIG500014SEH.html.

[9] 牵手供应链，爱鲜蜂打造水果外卖配送完美闭环. http://www.yangtse.com/cjnews/2016/08/0434892.html.

35. 厨临门——打造低成本、高质量的互联网云餐厅

创业格言：把餐厅的元素打散，以互联网思路重新组织起来。

主角：涂炬，厨临门联合创始人兼 CEO

摘要：随着互联网经济的发展，“买家思维”逐步影响着传统餐饮行业的发展，O2O 成为餐饮行业新的创业契机。厨临门作为国内互联网 O2O 餐饮企业的创业先行者，始终以用户为中心设计服务场景、优化服务模式，本案例试图通过对厨临门在创业历程中对商业模式的探索进行介绍与说明，期望在 O2O 互联网餐饮企业的商业模式发展上对相关的企业和创业者有所启发。厨临门在创业过程中根据市场环境和客户需求而不断创新、调整其企业商业模式的行为，亦值得创业者借鉴。

关键词：O2O；餐饮；商业模式；云餐厅

引言

把餐厅的元素打散，以互联网思路重新组织起来。时间、地点用户来定，随时随地场景化。这是涂炬的梦想，也是他的厨临门团队正在做的事情。

“作为第一家围绕着消费者‘转’的云餐厅，我们想把一顿饭变成一个很有幸福感的回忆，让客人能够感受到主人的心意。这就是我们想做的事，也是我们公司存在的价值。”涂炬说。

背景

涂炬在创业之前，曾任职于惠普、谷歌等大企业，就职于销售部门的他曾开辟了谷歌与中国电商行业的合作，离开这样的国际大公司平台，选择从零开始创业，对于很多人来说并不是一个轻松的决定。

“我想要有‘成就感’。就是有种想要把一个‘想法’一点点打磨出来，创造一个

真正有用的东西的感觉！而且这件事是完全从零开始，跟兄弟们一起做得越来越成熟。这成就感本身是非常大的回报！”涂炬认为创业其实是一种选择，虽然回报可能会比在大公司打工强，但风险也很大，但创业是一种燃烧自己时间和生命的方式，最对得起自己的时间。所以，涂炬一直在寻找创业的时机和方向。

厨临门已经是涂炬的第二次创业了，第一次创业是在一起作业网下面做的淘名师，是一个为学生提供一对一辅导、寻找和匹配辅导老师的网站。做了一年半后，因为各种原因他停掉了淘名师网的创业脚步。涂炬和很多胸怀梦想的创业者一样，一次创业结果不理想之后会接下来继续创业，但先后两次的创业方向截然不同。

“一是要选和生活相关的领域，这毫无疑问是最大的一个机会领域，”涂炬说，“二是要选与手艺人相关的 O2O 项目。淘名师网做的就是一个家教上门辅导的项目，也是与手艺人相关的 O2O 项目。很多东西模式上来讲是相通的，研究了国内外的情况以后，我最终决定做厨临门。”生活领域机会最大化加上 O2O 模式的大力发展最终促成了涂炬去尝试厨临门的创业项目。

涂炬希望做一家纯互联网品牌的云餐厅，这个想法也来自他自己的痛点。当代人天天都在外面吃，相对固定的餐厅和餐品已经没有了吸引力，同时考虑到交通等因素，去餐厅也有许多麻烦。把客人请到家里来，人和人之间的关系可以变得更加友好亲密。如果是自己做饭，菜的口味不见得好，吃饭结束后还要自己做拖地、刷锅、洗碗等家务，劳累程度可见一斑。但是，这顿饭的重点其实不在于是不是亲手做，而在于有没有把朋友招呼好。如果这部分需求没有很好地得到满足，自己却被拴在了厨房，就非常得不偿失。

涂炬希望能有专业的人来做这件事，他发现 2010 年硅谷就有人做，2012 年纽约也有人做，由专业或者相对专业的人处理请客的全部事宜。涂炬希望这次厨临门的上线，可以实现食材、酱料、餐具、酒具的准备工作，餐品制作工作以及餐后的清洗、收拾厨房等后续工作，提供一条龙服务。

涂炬的第二次创业的团队阵容可以用“豪华梦之队”来形容，负责运营、技术、出品的联合创始人都是所属业界的顶尖精英。主管运营的联合创始人曹攀有着十几年的销售及运营经验，曾任职于 Gartner、惠普等，曾是惠普全国销售冠军；主管技术的联合创始人林志峰是百度技术专家，ECharts 创始人；负责出品的卓有公则有着 30 年厨龄，20 年上门服务经验，是外交部培养的第一批厨师。其他的合伙人也都来自酒店、互联网等相关行业，无论是职场经历还是能力都无懈可击。

买家时代下的“互联网＋餐厅”模式

“厨临门想做的是一家餐厅，而不是纯粹把人（厨师）卖到用户家里面去，把菜做熟就走了。”对于厨临门究竟是做“互联网＋厨师”模式还是“互联网＋餐厅”模式，涂炬和团队选择了后者。

“互联网＋餐厅”模式不是在单纯地销售厨师的服务和时间，而是在向用户销售整个流程的用餐体验，就像去餐厅一样，而不只是厨师做完饭就可以离开。

涂炬和团队觉得“互联网＋厨师”模式是不完整的，而且是有波动性的，他们希望将厨临门做得更加规范化。与此同时，涂炬也考虑到客观环境的限制，没有选择“互联网＋厨师”模式，举例说，对消费者非要吃某个师傅的饭菜的情况，虽然这件事情在美国有，在日本、韩国也可以见到，但在中国好像还没有发展到这一阶段。

随着互联网经济的发展，好的商品和服务匮乏的情况在逐渐消失，同类产品的卖方增加，原来市场中的“卖家思维”也在转变，买家时代正式到来了。其中，消费能力不低的“85 后”和“90 后”拥有更加独立、独特的消费导向。

“有没有一家饭店能做到你想什么时候在哪里吃就能吃到这一点？这个背后更本质的思考是我们认为一个‘买家时代’到来了。”这是涂炬的思维，“以前是‘卖家思维’在上，买家得追着卖家，买家经受过很多服务态度不好的情况，现在是你不卖有别人卖，因此要让买家获益，所以我们的目的是打造一家让消费者获益的餐厅，让消费者自己来说什么时候吃、吃什么、在哪里吃，然后餐厅围着消费者转。”他希望厨临门能彻底颠覆以往在餐厅吃饭的体验，采用一种新的组织流程和成本结构去做一件餐饮企业的事情，利用互联网和线下资源构建一个随时随地、场景化的餐厅，围绕着吃饭的买家转。

这看似简单的一个“转”字，其实意味着厨临门要把餐饮业的组织流程和成本结构打散。“不能固定在一个地点，所以我们餐厅的很多生产要素是移动的，比如餐具在我们仓库里，食材在厨房和加工中心里，厨师和服务员在自己家里，不会总在一个地方一待待一天。”涂炬说，“你只需要告诉我你什么时候吃、在哪里吃，比如在你家里吃，那么我们将所有生产资料按照你的时间和地点，按照我们已经规定好的服务流程和服务标准准备到位，进行现场生产和服务，你吃完以后再各自散去。”

虽然把模式做轻是互联网的一般思路，但厨临门的模式却很“重”，这间互联网云餐厅几乎做了所有的事情，相较于线上的工作，线下的工作则更繁重。厨临门所代表的互联网餐饮行业是一个崭新的业态，既是互联网，又要与传统行业有机结合，二者之间需要“互生”，但是这既不属于互联网，也不属于传统餐饮，因为从组织结构、生产流程、用户体验等方面，与二者又有所不同。

细分市场的选择与发展

涂炬和团队将厨临门的用户群体锁定为 20～50 岁这个年龄层，主要的细分市场集中在“80 后”群体的中产阶层。这样选定细分市场的原因与消费观念和场景需求这两个因素息息相关。

第一个因素是消费观念。厨临门团队在调查中发现，很多 40 多岁的人尽管收入水平不错，但并不愿意尝试或者花钱。反而是毕业两到三年的年轻人，虽然收入没达到这个水平，却愿意尝试这种生活方式，因为可以把自己的时间省下来和朋友交流。

第二个因素则是场景需求。任何产品刚出来的时候都是解决一到两个场景，两口之家在家吃饭用厨临门的产品其实是不太合适的，所以团队也决定暂时不去解决这种场景。厨临门要解决的典型场景是请朋友来家里聚会，为了简化用户的工作量和提高聚会餐品的品质，厨临门的产品负责把这份“麻烦”承包下来。此外，过生日、乔迁新居这些在家吃饭的事情也是厨临门所考虑的典型场景。虽然厨临门现在要解决的场景比较有限，但是涂炬相信扩展与优化场景是一个长期阶段性的工作，一开始的全面发展场景对于创业阶段的厨临门来说可能适得其反，会起到揠苗助长的反作用。

为了实现随时随地的场景化服务，在厨临门的微信公众号或者移动端（见图 35－1）应用里，可以选择提前一天订餐，平台会帮助联系厨师；第二天，厨师会买好食材来到用户家中。与用餐相关的厨具也会在当天以物流的形式送到用户家中。厨临门没有自建物流团队，而是以接入的方式与同城物流平台闪送合作配送。

图 35－1　厨临门移动端界面

目前，厨临门平台中已有超过 13 种中西菜系，将近 70 个菜单可供用户选择。从传统的中式菜系比如粤菜、湘菜、淮扬菜、鲁菜等，到西式的法餐、意餐、智利餐、德餐等，在菜系的丰富性上，已是北京排名第一。每个菜单都经过主厨和厨临门研发团队的精心设计，选材考究，味道和口感的设计多样而丰富，另外视觉摆盘上也力求给用户带来美的享受。

目前客单价在 1 000 元左右，下单用户大多数是“75 后”和“80 后”，多用于家庭聚会、好友聚会等场景。一个有意思的现象是，下单的大部分用户是女性，因为她们更希望有更好的用餐品质和省事轻松的用餐体验。

精挑细选的线下厨师资源

作为买家时代下的互联网云餐厅，围绕着买家转的厨临门强调自身的线下布局，而厨师作为线下资源最重要的一部分，涂炬和团队自然花费了很多心血和精力。

涂炬和团队一个一个去寻找并筛选厨师，在几百位厨师中只选择了 10%左右的人。对于这项工作，涂炬是比较谨慎的，并没有在一开始就圈定几千个厨师的筛选范围。在厨临门成立后的四五个月的时间里，已有将近 100 位厨师。

在厨师的筛选上，厨临门会优先考虑厨师的专业性，再考虑其来自哪个餐厅。专业厨师是指其靠厨师这行吃饭，且厨龄最少在十年以上。涂炬认为，在自己擅长的领域有非常深厚的积累，对食材有追求，这位厨师才会真的把心沉下来，就像一个手艺人或者匠人，在这个方面一直精专研究。目前，厨临门的主厨主要是来自大使馆的国宴西餐主厨、来自各大部委的国宴中餐主厨以及来自瑞吉酒店、莫尔顿牛排、威斯汀酒店、昆仑饭店等五星级餐厅的主厨。虽然现在的厨师资源主要局限在北京，不过团队也有日后拓展其他大城市的计划。厨临门厨师介绍界面见图 35－2。

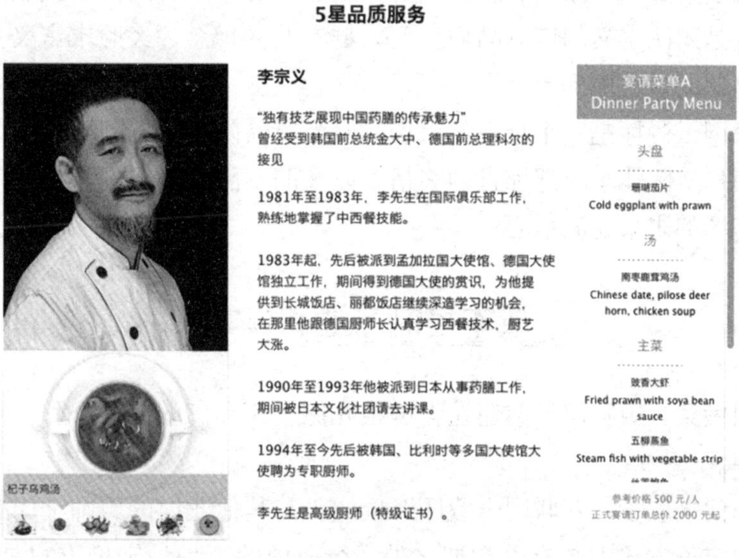

图 35－2　厨临门厨师介绍界面

对品质的坚守，对服务的坚持

从整个互联网上门餐饮行业的发展上来看，“非到店餐饮”是一个触手可及的未来和巨大的市场，在这样一个巨大的增量市场中，创业企业从不同的模式和角度切入来做，都会有一定的机会。但在“互联网＋餐厅”的模式及定位上，厨临门独此一家，与其他的互联网餐饮企业确实有很大的差异，所以在涂炬眼里也谈不上有激烈的直接竞争。厨临门的直接竞品稀少，但是随着“互联网＋”热潮的逐渐升温，同等模式的进入门槛降低，竞争对手数量增加是不可避免的趋势，因此厨临门也在逐步扩大属于自己的竞争优势。

涂炬认为厨临门最大的优势源于对品质的坚守，对服务的坚持，以及其背后有一个强大互补的团队来做支撑。这种优势体现在严格的供给资源把控和出色的出品能力上。在对供给资源的把控上，厨临门选择先从顶级的厨师开始做，因为厨师行业内会有师徒派系的关系，如果一开始就能把顶级的厨师们吸引到平台上，那么后续这些“祖师爷”式的厨师们就能把自己的徒弟们也带到平台上来，平台方扩展供给的需求在后续就不会那么大；同时，在家庭厨房出品的能力也很重要，因为家庭厨房相对专业化的餐厅后厨来讲，设备和条件都简单很多，在烹调环境不充足的情况下要保证菜品水准依旧并不容易，而厨临门得益于其首批厨师有多年私人厨师服务的经验，因此可以保证在家庭厨房中出品的能力。

对自己的创业团队，涂炬有着强烈的归属感和自豪感。因为餐饮服务说到底还是吃和服务，这是团队定义的产品品质，而一群有共同理念、经验丰富又互补的人，是这个事情能做好的最大前提。

虽然互联网云餐厅是一个全新的市场，但当厨临门团队看到所做的事情对人们生活的改变，用户实际体验时那惊喜的表情，以及朋友圈里晒出的满满的幸福时，就会对这个全新市场的未来充满信心。

成本控制与盈利模式

除了上门做菜，厨临门目前还在尝试跟几家会所和高端餐厅合作，提高这些场所的资源使用率。

虽然厨临门采取了“互联网＋餐厅”模式，与其他业内的厨师上门公司有着根本的差别，但在定价方式上却有着相似之处。行业内的第一种定价方式是以套餐定价，价格相对较为亲民：在爱大厨上，最便宜的两人四菜套餐是 69 元；烧饭饭以 98 元为起步价。第二种方式则主要以厨师的资历和水平定价：在点大厨上，可以看到不同厨师所提供的菜谱，预约厨师上门做饭，价格 100～500 元起不等。爱大厨、烧饭饭、点大厨的订单界面如图 35－3 所示。

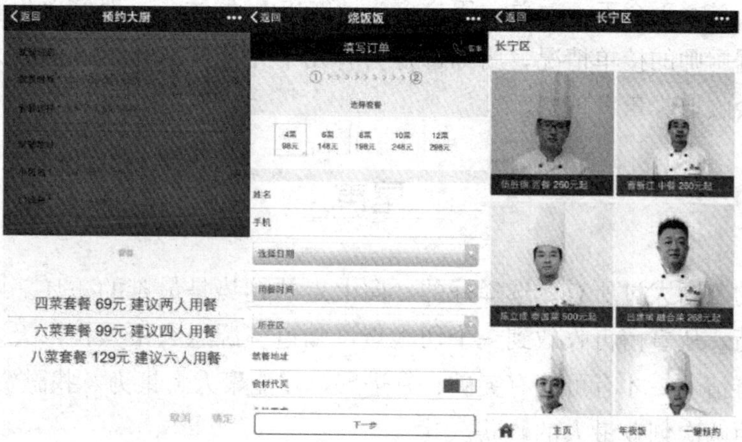

图 35－3　爱大厨、烧饭饭、点大厨的订单界面（从左往右）

厨临门在定价方式上更偏向第二种，根据不同的厨师和不同的菜品收取不同的费用，以人均价进行收费，宴请的人数不同，费用也会不一样。厨临门平台曾经做过人均 100 元的打折促销活动。在厨临门的平台上，即使最便宜、人数最少的套餐，也需要 400 元，这个价格包括原材料费用、厨师和服务员费用、餐具费用及餐后清理费用。由此也可以看出，相比其他价格亲民的平台来说，它的目标客户是中高端的消费人群。

虽然厨临门主打中高端一体化服务，但相较提供同等餐品和服务的线下餐厅，厨临门已经把人均 500 多元的价格降低到人均 200 元甚至人均 100 多元，不靠补贴的话，又如何能够维持平台的利润？

涂炬算了这样一笔账：在传统的餐厅中，收入的 20％用于房租，10％用于水、电、气，5％～5.5％为税费，20％则用于人工成本，剩下的部分则为毛利润，除去原材料和餐具的损耗，餐厅的纯利润为 10％左右。更具体的是，在餐厅的一道牛排中，与食物相关的原材料费用和厨师的人工费用一般不超过价格的 20％。

厨临门不做实体店可以带来成本优势，房租和水、电、气的费用可以忽略，但增加了物流成本。目前厨临门平台上的物流成本占 10％左右，还有可优化的空间。

在食材成本上，同样有可增加的利润空间。厨临门正着手自己采购食材，包括红酒等饮品，在降低成本的同时，把食品安全这一关把控在自己手里。而能否在供应商面前拿到话语权，还取决于厨临门能否积累一定的用户规模，能否提供良好的用户体验。对于一家致力于提供中高端客户体验的创业公司来说，这并不是一件简单的事情。

如果上面这些逻辑全部跑通且被验证，那么厨临门的上门厨师服务可以成为一个入口，为平台后续的盈利提供可能，比如说在家庭用餐场景里不可缺少的一个元素便是酒，厨临门打算依靠酒水的销售来获得利润。

从厨临门上线四个月的数据来看，其30%的用户会重复下单，最高复购率是一周两单，平均7～10天会下一次单，用户多为“80后”群体，一般客单价在800～2 000元左右。根据厨师的接单情况，厨师每月会有几千元至几万元不等的收入，平台不进行分成，但会收取少量管理费。

尾声

大方向的判断大过所有。选择好的、向上走的趋势是最难的一环。要把趋势收敛到具体的事情，从事情再收敛到一个切入点，知道资源怎么聚焦，每天多少个小时应该花到什么事情上，才有可能有突破、有进展，才能聚人、聚力、找融资。

这是涂炬两次创业最大的收获。

相信涂炬也在思索：未来的厨临门怎样才能进一步优化成本空间，完善个性化的互联网云餐厅服务，找到更好的创新运营方式，努力为更多人随时随地定制化的用餐需求提供一站式服务？

问题

1. 厨临门目前的知名度仍有待提高，你对其营销宣传工作有哪些具体建议？

2. 为了进一步扩大业务规模，厨临门的运营模式还有哪些可以创新的空间，以满足更多人随时随地定制化的用餐需求？

参考文献

［1］厨临门：离开谷歌以后，他做起了国宴. http://luxe.co/post/28429/.

［2］如何花400元在家里吃上一顿五星级大厨的“私人订制”. http://www.toutiao.com/a5211679297.

［3］厨师上门服务还有空间？“厨临门”用上门加线下布店方式为资深厨师开“线上餐厅”. http://36kr.com/p/5036459.html.

36. e 代驾——中国代驾行业的探索之路：让商业和竞争回归本质

创业格言：只有持续为用户创造价值，才能立于不败之地。

主角：杨家军，e 代驾联合创始人及 CEO

摘要：传统代驾行业存在服务收费高、响应速度慢、安全系数低等问题，“互联网＋”背景下的 O2O 转型成为必然的趋势，也为创业者带来了新的契机。创业者需要考虑清楚提供服务的模式及如何开拓市场边界以更好地满足用户需求。e 代驾作为国内 O2O 代驾服务的先行者，直击代驾市场的用户痛点，逐渐形成自己的技术和运营优势，持续为用户创造价值。本案例试图通过对 e 代驾在创业历程中对商业模式的探索进行分析，期望在“互联网＋”背景下 O2O 代驾企业的商业模式上对相关企业和创业者有所启发。e 代驾在创业过程中根据市场环境和客户需求不断创新、调整其企业商业模式的行为，亦值得创业者借鉴。

关键词：O2O；代驾；商业模式；补贴政策

引言

他志存高远但行事低调，他在人们都聚焦 BAT 的风云变幻时依旧不忘自己的发展初心，他在移动互联网大潮初来时便抓住机遇，用移动互联网技术改善传统行业并成为传统行业在新时代的引领者，他成为新时代司机师傅的挚友。在别人为互联网产业已经发现的金矿厮杀时，他静静筑起新的堡垒，通过手机应用激发起巨大的代驾需求，大大简化了代驾行业的流程和门槛，让无数人可以安心回家，他就是 e 代驾 CEO 杨家军。

背景

在 2011 年移动互联网大潮即将拉开的时候，杨家军注意到了移动互联网对行业的影响："第一，移动，什么业务和移动及位置服务相关？第二，哪些行业需要被改造？基于这两个思索，当然也经过了一些尝试，最终我选择了酒后代驾市场。"

传统代驾公司是怎么形成、运作的呢？一个代驾老板，跟某几家酒店有比较好的关系，他招几个司机，跟几个酒店谈好关系，跟酒店服务员说，如果再有人叫酒后代驾，就打这个电话。这个电话也许是司机的电话，也许是老板自己的电话。"传统代驾存在三个痛点：第一，收费高；第二，到达慢；第三，不管是对客人，还是对司机本身，代驾过程的安全问题没有保障。这就注定了传统代驾是特别小的一种业务，养活了一大堆小的代驾公司，这就是过去传统代驾的公司现状。"杨家军对传统代驾行业有着自己独特的看法。

针对这些痛点，杨家军开始考虑如何用移动互联网改造代驾这个传统行业？整个设计思路应该基于几点：第一，要把收费降下来，可以让客人直接和司机交流；第二，在定价问题上，要保证司机的收入恰当；第三，要保证到达得快，司机离客人下单的地方越近越好，用移动互联网在手机上显示离客人最近距离的司机，直接给他下单。对一少部分客人来讲，他们还不习惯使用 App，对这样的客人，由个人亲自下单变成由 400 中心接线员下单。整套系统是针对传统代驾的痛点设计的。

e代驾低调扎实的商业模式探索

技术硬：打造以技术为驱动的 O2O 闭环效率生态

移动互联网的快速发展给代驾行业的改造和创新带来了新的契机。

杨家军表示："2011 年，我们从决定做代驾起就在思考，如何借助移动互联网技术改造传统酒后代驾行业。"首先，e 代驾将 LBS 技术引用到代驾领域，用户打开 e 代驾客户端即可发现离你最近的 5 位司机，司机平均 9 分钟即可到达，成功解决了传统代驾到达慢的问题；其次，e 代驾为客户与司机提供了一个直接对接的平台，砍掉了传统代驾行业中间的抽成环节，降低了代驾费，对于传统代驾动辄 200～300 元的代驾费，e 代驾收费最低 39 元起。

杨家军的团队用技术手段解决了传统代驾的用户痛点。在这个过程中，他的团队发现 O2O 业务的核心是效率，如运营效率、客服效率、市场推广效率等。为此，e 代驾团队搭建了一个"小 e"智能运营系统，以技术为驱动，融合了客户接单、司机管理、市场推广、客户服务、品质监控等多个环节，建立自动反馈机制，不断优化服务品质和服务体验，形成一个高效的 O2O 闭环效率生态。

很多人认为 O2O 是一个很苦的行当，线上和线下都要抓，杨家军认为代驾的

O2O行业更是如此，因为代驾业务的线下部分很重，技术端也很重。除了“小e”智能运营系统，再比如e代驾的推送系统，这种推送模式与广播模式有点类似，e代驾的系统把单子发给目标司机，叫推送。如果做到响应快的话，推送本身的可靠性要有根本保障，这是一个技术难点。在推送的过程中，有这样两个指标，从客人点下单，经过后台，到司机接单以后反馈，系统保证每单响应速度在10秒之内，手机接单在铃响起的30秒之内必须接单，如果不接单，累计下来对司机会有统计和罚分要求，整个系统保证订单成功率达到98%。定点推送比滴滴等打车软件的广播推送难度更高，但信息更准确、快速，实现了订单的无缝对接，订单成功率高达98%；e代驾还是代驾行业内唯一采用计价系统的代驾企业，这些都需要强大的技术支撑。

在创业开始后的三年时间里，杨家军组建了一支强大的百人技术团队，团队成员多来自百度、人人网、网易等大型互联网公司，技术过硬的特点也为e代驾朴实低调的成功之路奠定了坚实的基础。

运营严：搭建最严格的司机管理系统

杨家军给e代驾确立了一个组织原则，即宁缺毋滥，宁可在这个城市找不到负责人，也不着急开通这个城市。所有关键节点卡在城市团队负责人的遴选和培养上，很多城市经常选三四个月也选不出来负责人，那就不开通这个城市。一旦出现服务投诉，淘汰机制立刻启动。

有了合格的城市团队负责人以后，所有服务体验都来自司机，e代驾对于司机的招募把关也同样严格。代驾行业内曾经流传这样一件事：一个32年驾龄的老司机未通过e代驾的考核。由此可见，e代驾在司机招募方面非常严格，除了必要的笔试、面试、培训、路考等环节外，还增加了司机的实习环节。

杨家军认为：“只有严格把关司机，才能确保我们客人的安全。5年以上驾龄是e代驾的硬性标准，目前我们的司机的平均驾龄为9.7年。e代驾的司机考核通过率只有30%。”

除了严格的司机招募流程之外，e代驾团队还自己开发了一套“代驾分”体系。与国家的驾驶证扣分标准相似，每位代驾司机有12分，在为客户服务的过程中，一旦出现违规，系统将自动进行扣分。比如没穿工服，一次性扣3分，一旦分数少于3分，代驾司机将无法接单工作。

e代驾在为客户服务的过程中，提出了40项标准化服务，并且通过夜查、神秘客户等方式不断提升自己的服务品质。比如司机绕路、多收费等问题，一经查实，司机必须三倍返还客户费用。此外，e代驾还有一些非核实项，比如未穿工服、态度恶劣等，直接以客户投诉为准。

e代驾对客人和司机还有一个承诺：“一管到底。”e代驾推出对个人车辆和人身代驾赔偿，最高赔偿额度为 200 万元。车一旦出险就要修，步骤是：第一，在修车过程中每天给客人补助 100 元交通费；第二，如果车主同意走自己车的保险，其车的保险费第二年上浮部分由 e 代驾一次性赔付。如果车主不愿意走保险，修车的所有钱由 e 代驾支付。

营销狠：重线下，打造一支地推铁军

通过市场营销才能扩大刚需，往外推市场边界。怎么推呢？经常有业内人士表示，地推是最有效、最厉害的营销方法。e 代驾用了 2 年时间，打造出了一支高效率、高执行力的地推铁军。杨家军直言，e 代驾今天取得的成绩源自对线下的极度重视。

作为一只技术过硬的团队，e 代驾也在逐步用技术来武装地推，所有的线下推广都可以通过智能地推系统判定是否到达预期效果，大大节省了人力成本，高效且准确。

把印着 e 代驾收费标准和二维码的牙签盒、烟灰缸、纸巾桶等物品铺到大小饭店。一个北京得有多少家这样的饭店？几万家、十几万家、几十万家都是有的，怎么铺进去呢？杨家军说靠狠劲儿。借助智能地推系统，在北京，一天就可以推一万家餐厅，每个餐厅大概发一百套“物料”。e 代驾团队中的市场人员不自觉地养成一个习惯，背包里面装着牙签盒、烟灰缸、纸巾桶，看到哪家餐厅没有就往里放。e 代驾的地推团队现在可以覆盖全国 100 个城市，一天之内能够进入一万多家餐厅。通过这种方式，e 代驾的市场边界极大扩展了。饭店的地推人员被杨家军称为“坦克部队”，在“坦克部队”工作一段时间之后，市场团队便加入了“空中部队”，在电台栏目里做一些广告，希望把酒后代驾消费变成人们日常聚会的一种必备生活方式，逐步培养用户习惯。

杨家军自豪地说：“原来我们说代驾是一种业务，现在可称之为一种行业。我们进入这个行业的时候做了一个调查，全北京一天满打满算大概两千单代驾订单，现在我们在北京每天大概有过去数十倍的单子。这就是能够创造一个自由职业行业的骄傲之所在。事实上我们给中低收入人群带来了用自己技能换钱的职业，这也是我们骄傲的地方。”

战略合作促进行业内共赢

e 代驾与 58 同城“化敌为友”

“化敌为友”是低调务实的杨家军将 e 代驾推向代驾市场巅峰的关键策略。“我们想能不能双方各退一步，做到双赢，从竞争到合作，这是一个更高档次的思路。”杨家军的这种思路催生了 e 代驾和 58 同城的首次合作。

2014 年 10 月，58 同城正式宣布注资 e 代驾 2 000 万美元，e 代驾与 58 同城从剑拔弩张的竞争者转变为合作者。

谈起两个合作伙伴的竞争，要追溯到 2014 年 4 月份。当时，58 同城推出自有产品“58 代驾通”，起步价 38 元、不收取司机佣金等差异化战略把竞争矛头直指 e 代驾，尽管 58 同城有大量流量，但该产品在移动端代驾市场上并没有取得突破性进展，原因主要包括以下三点：

1）用户品牌习惯较强。在移动互联网时代，一旦人们形成了使用某类品牌的产品习惯，要想改变该习惯，难度相当大。

2）市场的先入垄断壁垒较深。市面现存的可提供代驾服务的司机基本已被几大代驾服务商垄断，开发新的代驾服务人员难度较大。

3）标准化管理难度大。同城化服务标准建立时间长，代驾人员通过互联网渠道无法进行有效管理和调拨。

从战略融资和客户体验的补充两个方面来看，58 同城与 e 代驾的合作，不仅对 e 代驾的资本注入和业务拓展有着重要意义，也对 58 同城巩固其同城化品牌起到了巨大作用，可以说是一举多得。

e 代驾与神州专车的战略合作实现“1＋1＞2”

与 58 同城的合作可以视为杨家军的“化敌为友”策略，而一年后与神州专车的合作则呈现出了另外一番风景。神州专车采用“专业车辆、专业司机”的 B2C 运营模式，针对中高端商务用车用户群体提供优质高效的服务，是专车行业中的“老大”，与 e 代驾在市场细分上没有绝对的竞争存在。

各自领域中的两家龙头在 2015 年 10 月 15 日宣布达成战略合作协议，在业务和资本方面展开全方位合作。具体来说，e 代驾和神州专车将首先以大数据共享为切入口。深度开放 API 接口，实现产品服务的打通。在用户方面，双方将打通会员体系；在市场营销方面，双方将进行品牌联合推广，实现资源互补。

在司机方面，e 代驾和神州专车共同发起“高端司机培育计划”，e 代驾将代驾司机资源投放在神州专车的白天业务上，让代驾司机白天开专车，晚上做代驾，从而让代驾司机能够有更多的职业选择和收入来源。

“代驾市场的竞争很正常，没有竞争是不健康的，但我们不认为这是一个高频打低频、赢者通吃的市场。竞争要回到本质，不是流量为王、资本为王，只有持续为用户创造价值，才能立于不败之地。”杨家军这样看待日后竞争更为激烈的移动出行市场。而 e 代驾和神州专车共同打造移动出行服务平台的战略合作恰好实现了双方优势互补，充分发挥了“1＋1＞2”的协同效应，为平台用户、平台司机都带来了更多样化的价值补充。

与滴滴大战后，困境中期待重生

从高调宣布获得1亿美元D轮融资，到与神州专车达成全面战略合作，到曝出大幅度裁员30%，再到宣布初步实现盈利，对e代驾来说，这如同是过山车一样的体验。对杨家军来说，这也是一段起伏非常大的日子。

在经历连续几年的低调经营后，e代驾已俨然成为中国代驾市场的老大，一下子占据了整个市场80%的份额。而随着滴滴、快的合并，滴滴出行大举侵入代驾市场，刚开始e代驾在短短几个月时间内，团队从几百人一下子扩张到1500人，而在短短几个月后，形势快速变化，e代驾又连续进行了两次裁员，团队士气受到很大打击。

在这两年，O2O行业发生很大变化，烧钱模式不再受认可，不仅美团、大众点评这些"大腕儿"合并，连曾经估值6亿美元的博湃养车也宣布倒闭了。e代驾就是在一片O2O死尸堆里爬出来的幸存项目。幸存的e代驾恢复了正常的商业逻辑，2016年1月，其亏损开始逐渐收窄，在5月份基本实现盈亏平衡，并在2016年7月宣布正式盈利，这被杨家军视为是e代驾发展过程中的一个重要拐点。

在这场O2O行业烧钱大战中，包括博湃养车等不少O2O企业都对前景过于乐观，导致扩张太快，最终因资金量跟不上而倒闭，e代驾在这个浪潮中也曾遭遇了几个血泪教训。

反思裁员：要裁就一次砍到骨头里去

在与滴滴出行的大战中，e代驾在大举补贴和团队快速膨胀几个月后，并没有换取爆发性增长的市场。代驾业务的订单补充不了投资人的钱，若眼睁睁看着这个死穴而置之不理，e代驾会如战车冲下悬崖一般毁灭，于是杨家军决定裁员。

杨家军承认在裁员过程中，e代驾犯了一个错误，在已进行过裁员的情况下，又进行了一次裁员，尤其是后一次裁员，对团队士气打击太大，这也是杨家军在创业过程中犯过的很严重的错误。

第一次裁员后成本并没有降下来，因为在裁员时，往往越是工资高的人越舍不得裁，最终裁员人数够了，但成本空间却没有达到，持续下去e代驾还是支撑不起。不得已，e代驾在一个月后又启动了一次裁员，而这一次裁员给公司造成了很大的伤害。

"第二次裁员对高管的伤害、对我们自己的打击、对员工情绪的伤害比较严重，裁员两次，最终打击的是留下的这些员工。"裁员后，e代驾留下的是精英，但这些人不愁找不到工作。在经历两次裁员风波后，2016年春节刚过，很多心凉的人就走了。

针对这次裁员风波杨家军进行了深刻反思：要裁就一次砍到骨头里去，把肥肉全部割掉。

如今，e代驾业务也进行了调整。原来200人的呼叫中心已全部外包，客服也持续外包。加上之前的裁员及人员的流失，e 代驾真正的员工有 500 多人。

杨家军说："在开始时，人越来越多，但大家还觉得人手不够，裁完后大家反而效率更高，该干的事一点儿没少。现在大家得有信心慢慢爬起来，这对所有经历过的人都是最难能可贵的经历。"

反思补贴策略：商业要回归本质

早前，e 代驾采取精细化的运作模式，扎根服务和线下工作，基于口碑传播，很少对大众进行补贴。当滴滴出行涉足代驾业务并大幅度补贴"烧钱"时，e 代驾跟随其补贴政策，在持续补贴 2 个月后，e 代驾发现市场并没有发生根本改变，订单量并没有获得爆发性增长，长期维持烧钱状态并没有价值。杨家军猛然意识到，补贴战像一个无底洞，相比滴滴出行这样有几十亿美元融资的企业，就算有多少钱都不够用。

更严重的是，e 代驾在 2015 年 8 月的补贴狂欢，直到 9 月才看到结果，仅仅 1 个月，花了 1 亿元，这个资金上的坑一直到同年 10 月中旬才真正填完。

杨家军开始反思，意识到 e 代驾的运营要回归本质，即公司挣的钱要和人员工资、市场投入逐步匹配，如何进行补贴、市场费用该如何花、城市经理如何管理等都需要精细化运营。

这一切的思考引发了 e 代驾 2015 年 11 月的那一次裁员。这是 e 代驾不得不做的选择，业务必须健康发展，花销必须可控，否则就会眼睁睁看着公司倒闭。

在经历过那场补贴恶战后，e 代驾的新业务都围绕车主服务，寻找更多能成为盈利点的增值业务。第一个是跟 4S 店合作，进行机动车保养，这个业务在不断增长；另一个是跟平安保险公司合作，e 代驾的司机是高品质司机，可帮助平安保险做查勘。e 代驾还在尝试场景化营销，如帮客人做年检验车。e 代驾也尝试出售一些商品。

商业要回归本质，要做真正能为客户满足刚性需求的服务，且服务本身能赚到钱，足够支持运营。杨家军的团队在意识到这一点后，开始着力建设 ERP 系统，进行精细化运营。

"如果需求是刚需，你没必要为资本疯狂。当市场疯狂，大家在烧钱时，你必须考虑这个产业是否可以不烧钱，如果可以，坚决不要烧钱。"杨家军不否认滴滴出行所带来的影响，但对于 e 代驾来说，目前最根本的仍然是要赢得用户口碑。一旦公司可用现有业务养活自己，这就是杨家军期待的 e 代驾的根本转折点。

选高管需匹配：不能给拖拉机装火箭发动机

e 代驾空降的高管 COO 和 CTO 差不多在 2016 年初同时离开，杨家军曾对两人寄予厚望。在招募 e 代驾高管后，磨合时间远比招人所花费的时间长得多，而在磨合过程中企业又面临内忧外患的局面，有可能会产生新的问题。

如果公司发展可控，犯错误都可以有时间去校准。但 e 代驾从 2014 年下半年开始高速发展，面临竞争对手的压力，来自 BAT 企业的高管进入公司后若磨合不好，对公司也会造成巨大损失。“这好比是拖拉机装了火箭发动机，结果因太快把拖拉机撞坏了，最后只能把火箭发动机拆了。”外部竞争需一日千里去响应，内部又要磨合，这对整个团队来说是很痛苦的过程。

所以杨家军吸取了之前的教训，没有再从 BAT 等大企业中寻找高管。新 COO 万国平来自传统行业，对传统的成本结构有很精细的感悟，并非先做互联网流量，而是研究线上如何投入、如何产出，一切以信息化运营。

在经历过与滴滴出行的恶战后，随着公司运营逻辑的改变，大规模补贴的停止，e 代驾开始回归生意的本质——挣钱。到 2016 年 7 月，e 代驾已实现盈利，这在 O2O 普遍烧钱、倒闭的今天尤其难能可贵，曾经因裁员遭遇打击的员工的信心也开始恢复。e 代驾又走上了新的增长轨道。

“在 O2O 行业首先是活下来，剩者为王。”对 e 代驾而言，最大的竞争对手并不是滴滴出行，而是自己。经历了这一番波折后，e 代驾必然会迎来一个更大的发展空间。

尾声

“我现在挺享受这个过程的，失败跌倒后，能慢慢爬起来，然后又跌倒，再爬起来。我们一直前行，慢慢地开始有一定的影响力，即使狂风骤雨来了，也没把我们打死。”杨家军在经历了 1 年 2 个月的风雨后笑看这段经历。

补贴大战的资本泡沫淹没了很多风头正劲的 O2O 企业，留下了杨家军的 e 代驾，或许这也印证了活得久的企业都不太喜欢喊口号的事实。

问题

1. 当面对合并后的滴滴、Uber 时，除精细化运营的策略外，e 代驾如何才能保持住其在代驾行业的领先地位和独特竞争力？

2. 随着政府对叫车服务市场监管力度的增强，e 代驾在市场运营方面应该如何应对？

参考文献

[1] e 代驾媒体首秀，揭秘亿元融资背后的运营策略. http://tech.huanqiu.com/net/2014-10/5184010.html.

[2] e 代驾杨家军：如何让 4 万名司机挣到 10 亿. http://money.163.com/14/1031/09/A9SH7V4E00253G87.html.

[3] e 代驾获 58 同城 2 000 万美元投资，后者不再从事代驾业务. http://tech.ifeng.com/a/20141017/40840156_0.shtml.

[4] 58 同城为何处心积虑投资 e 代驾. http://www.sootoo.com/content/522345.

shtml.

[5] e代驾与神州专车，互联网进入了垂直整合时代. http://luochao.baijia.baidu.com/article/195716.

[6] 神州专车e代驾只合作未合并. http://epaper.jinghua.cn/html/2015－10/16/content_242992.htm.

[7] 从融资到裁员再到盈利 如同坐过山车的e代驾经历了哪些教训. http://www.lieyunwang.com/archives/196003.

图书在版编目（CIP）数据

电子商务创新与创业案例/杨波，王刊良编著．—北京：中国人民大学出版社，2017.7
ISBN 978-7-300-24545-4

Ⅰ．①电…　Ⅱ．①杨…②王…　Ⅲ．①电子商务-教材　Ⅳ．①F713.36

中国版本图书馆 CIP 数据核字（2017）第 129290 号

创新创业教育案例
电子商务创新与创业案例
杨波　王刊良　编著
Dianzi Shangwu Chuangxin yu Chuangye Anli

出版发行	中国人民大学出版社		
社　　址	北京中关村大街 31 号	**邮政编码**	100080
电　　话	010－62511242（总编室）		010－62511770（质管部）
	010－82501766（邮购部）		010－62514148（门市部）
	010－62515195（发行公司）		010－62515275（盗版举报）
网　　址	http://www.crup.com.cn		
经　　销	新华书店		
印　　刷	北京鑫霸印务有限公司		
规　　格	185 mm×260 mm　16 开本	**版　　次**	2017 年 7 月第 1 版
印　　张	22.25 插页 1	**印　　次**	2022 年 2 月第 5 次印刷
字　　数	418 000	**定　　价**	45.00 元